"十二五"普通高等教育车辆工程专业规划教材

汽车制造工艺学

QICHE ZHIZAO GONGYIXUE

（第三版）

韩英淳　主　编
王宝玺　主　审

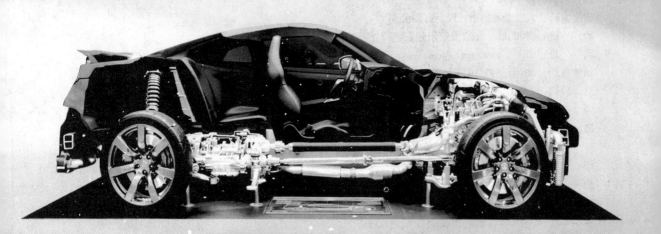

人民交通出版社
China Communications Press

内 容 提 要

本书内容涉及汽车制造的各种主要工艺过程，包括汽车零件毛坯的成型与精化、汽车零部件的机械加工工艺与装配工艺、汽车车身覆盖件的冲压成型工艺、汽车轻量化与塑料化以及复合材料的成型工艺等。

本书为高等工科院校车辆工程专业的教材，也可供其他相关专业学生作参考书。

图书在版编目(CIP)数据

汽车制造工艺学／韩英淳主编．—3版．—北京：人民交通出版社，2013.6
ISBN 978-7-114-09994-6

Ⅰ.①汽… Ⅱ.①韩… Ⅲ.①汽车—生产工艺 Ⅳ.①U466

中国版本图书馆CIP数据核字(2012)第185302号

"十二五"普通高等教育车辆工程专业规划教材

书　　　名：	汽车制造工艺学（第三版）
著　作　者：	韩英淳
责任编辑：	夏　犇
出版发行：	人民交通出版社股份有限公司
地　　　址：	(100011) 北京市朝阳区安定门外外馆斜街3号
网　　　址：	http://www.ccpress.com.cn
销售电话：	(010) 59757973
总　经　销：	人民交通出版社股份有限公司发行部
经　　　销：	各地新华书店
印　　　刷：	北京市密东印刷有限公司
开　　　本：	787×1092　1/16
印　　　张：	19.25
插　　　页：	1
字　　　数：	492千
版　　　次：	2005年11月　第1版 2009年7月　第2版 2013年6月　第3版
印　　　次：	2019年1月　第4次印刷
书　　　号：	ISBN 978-7-114-09994-6
定　　　价：	38.00元

(有印刷、装订质量问题的图书由本社负责调换)

"十二五"普通高等教育车辆工程专业规划教材

编委会名单

编委会主任

龚金科(湖南大学)

编委会副主任(按姓名拼音顺序)

陈　南(东南大学)　　　方锡邦(合肥工业大学)　　过学迅(武汉理工大学)
刘晶郁(长安大学)　　　吴光强(同济大学)　　　　于多年(吉林大学)

编委会委员(按姓名拼音顺序)

蔡红民(长安大学)　　　陈全世(清华大学)　　　　陈　鑫(吉林大学)
杜爱民(同济大学)　　　冯崇毅(东南大学)　　　　冯晋祥(山东交通学院)
郭应时(长安大学)　　　韩英淳(吉林大学)　　　　何耀华(武汉理工大学)
胡　骅(武汉理工大学)　胡兴军(吉林大学)　　　　黄韶炯(中国农业大学)
兰　巍(吉林大学)　　　宋　慧(武汉科技大学)　　谭继锦(合肥工业大学)
王增才(山东大学)　　　阎　岩(青岛理工大学)　　张德鹏(长安大学)
张志沛(长沙理工大学)　钟诗清(武汉理工大学)　　周淑渊(泛亚汽车技术中心)

第三版前言

本书是根据人民交通出版社于2011年3月末召开的"十二五"普通高等教育车辆工程专业规划教材编写会议审订的《汽车制造工艺学》编写大纲,对原书第二版内容进行修订而成的第三版。为进一步适应我国汽车工业大发展的形势和高等工程教育改革的需要,促进我国由制造大国向制造强国的转变,本次修订在保留前两版特色的基础上,将先进制造技术作为主线,努力贯彻先进工艺与制造装备相结合、制造科学与信息技术相结合、先进材料及成型工艺与汽车轻量化和节能减排相结合、理论与实践相结合的原则,进一步增加了近期国内外有关汽车制造技术的最新研究成果和实用技术,以期达到加速提升我国汽车制造技术水平和培养汽车工业急需的复合型、实用型人才的目的。本次修订的内容如下:

(1) 有关汽车轻量化的内容,增加了高强度钢板及其成型工艺,新增铝合金在汽车轻量化中的应用。还增加了管材内高压成型技术和板材冷弯成型技术等近净成型技术快捷制造轻量化汽车结构件的内容。

(2) 增加了先进、高效、柔性的汽车发动机零部件以加工中心为主体的柔性生产线和以大型多工位压力机为主机的车身覆盖件柔性冲压自动线等代表国际水平的制造技术与装备的内容。

(3) 增加了机床夹具CAD和计算机辅助三维仿真装配尺寸链设计及公差控制与分析。

(4) 由于新增加了精锻、压铸、液压胀形及冷弯成型等近净成型的内容,故删除了汽车典型零件的模锻成型工艺内容。

本书在前两版教学实践的基础上,经过本次修订,定会使读者增强掌握先进制造技术的自觉性与紧迫性,进而促进我国汽车工业的科技进步和提高专业人员的技术素质。

本书由吉林大学韩英淳教授主编,于多年教授任副主编,吉林大学王宝玺教授主审。吉林大学汽车工程学院余天明讲师参加了本书第2章、第3章、第5章和第8章新增和修订内容的编写工作。在编写修订工作中,得到了吉林大学教材建设项目的资助和吉林大学汽车工程学院的大力支持。修订内容得到一汽大众汽车公司、一汽轿车有限公司、济南铸造锻压机械研究所等单位提供技术资料与支持,在此一并表示感谢。

由于编者水平有限,书中难免有不当之处,恳请读者批评指正。

编 者

第二版前言

第二版的内容体系是在保留第一版特色的基础上,为进一步适应高等工程教育改革和国内汽车工业飞速发展的需要,促进我国由制造大国向制造强国的转变,更加注重内容的先进实用性。新教材贯彻先进工艺与制造装备相结合、制造技术与信息技术相结合、理论与实践相结合的原则,吸收了近期国内外有关汽车制造技术的最新研究成果和实用技术,以达到加速提升我国汽车制造技术水平和培养汽车工业急需的复合型实用人才的目的。具体内容充实与删改如下:

(1)彻底将传统的以商用车为主的制造工艺过程转变为乘用车制造工艺过程。

(2)增加了有关激光拼焊板技术在汽车轻量化中的应用。

(3)进一步充实了近净成形工艺在汽车制造中的应用实例及后续的加工自动化内容。

(4)增加了轿车总装配内容。

(5)删除了快速成型技术内容,新增了适于汽车制造的实用柔性制造技术。

本书由吉林大学韩英淳教授主编,于多年副教授任副主编,吉林大学王宝玺教授主审。在编写过程中,曾得到吉林大学"985 工程"二期建设项目的资助和吉林大学汽车工程学院的大力支持,其间一汽-大众公司、一汽轿车有限公司、白城中一精密锻造有限公司、长春东方压铸有限公司等单位提供了宝贵的技术资料。在此深表谢意。

由于编者水平有限,书中难免有不当之处,恳请读者批评指正。

编 者

第一版前言

本书内容涉及汽车制造的各种主要工艺过程，包括汽车零件毛坯的成型与精化、汽车零部件的机械加工工艺与装配工艺、汽车车身覆盖件的冲压成型工艺、汽车轻量化与塑料化的塑料与复合材料的成型工艺等。课程的重点内容是研究各种工艺过程，并重点突出核心工艺及与工艺相关的工艺设备与工艺装备。为了适应新时代与新型势的需要，还介绍了先进制造技术及其在汽车工业中的应用。

为了适应先进制造技术的工程教育改革，培养适应市场经济环境的复合型人才，本书在内容体系上作了较大变动，除保留传统的机械加工工艺内容外，新增加了车身覆盖件冲压成型工艺、实现汽车轻量化与塑料化的塑性加工工艺及塑料成型工艺方面的内容，从而形成了较完整而系统的汽车制造工艺内容体系，使学生通过本课程的学习，既能拓展视野，又能增强工程意识，获得较全面的实际能力培养。

本书与其他相关教材相比，有以下特点：

（1）内容较全面、系统，多学科交叉，有利于培养复合型人才。

（2）在保留传统基本内容基础上，增加了体现先进制造技术和汽车工业研究热点的新内容，以适应现代汽车工业发展的需要。

（3）本书中体现了工艺与设备相结合、制造技术与信息技术相结合、理论与实践相结合的原则，具有较强的综合性与实用性。

（4）本书贯彻了最新国家标准，书中名词、术语、代号等采用国家标准和法定计量单位。

本书由吉林大学韩英淳教授主编，吉林大学王宝玺教授主审。在编写过程中，曾得到了吉林大学汽车工程学院与吉林大学教材科的大力支持及"985工程"二期建设项目的资助，在此谨向他们致以深切的谢意。

由于编者水平有限，书中难免有不少错误和不当之处，恳请读者批评指正。

编 者

目 录

绪论 …………………………………………………………………………………… 1
第一章 汽车制造工艺过程概论 …………………………………………………… 4
第一节 汽车生产的主要工艺过程及生产组织 ………………………………… 4
第二节 汽车零件毛坯形状获得的方法 ………………………………………… 7
第三节 汽车零件机械加工方法及其经济精度 ………………………………… 14
第四节 先进制造技术对于汽车工业的重要性 ………………………………… 16
第二章 汽车生产用工程材料 ……………………………………………………… 20
第一节 汽车生产用常规工程材料 ……………………………………………… 20
第二节 汽车轻量化、塑料化及新型材料 ……………………………………… 31
第三章 汽车制造中的机械加工工艺 ……………………………………………… 52
第一节 机械加工工艺规程的设计 ……………………………………………… 52
第二节 工件加工时的定位与基准 ……………………………………………… 54
第三节 机械加工工艺路线的制订 ……………………………………………… 58
第四节 机床夹具设计 …………………………………………………………… 65
第五节 加工余量、工序间尺寸及其公差的确定 ……………………………… 86
第六节 工艺尺寸链的原理与应用 ……………………………………………… 91
第四章 机械加工质量 ……………………………………………………………… 104
第一节 机械加工精度与表面质量 ……………………………………………… 104
第二节 产生加工误差的主要因素 ……………………………………………… 107
第三节 机械加工表面质量的形成及其影响因素 ……………………………… 120
第五章 典型汽车零件的机械加工工艺 …………………………………………… 126
第一节 齿轮制造工艺 …………………………………………………………… 126
第二节 连杆制造工艺 …………………………………………………………… 135
第三节 箱体零件制造工艺 ……………………………………………………… 142
第六章 装配工艺过程设计 ………………………………………………………… 153
第一节 装配的基本概念和装配工艺规程的制订 ……………………………… 153
第二节 保证装配精度的装配方法 ……………………………………………… 163
第三节 汽车总装配工艺过程 …………………………………………………… 175
第七章 汽车先进制造技术 ………………………………………………………… 181
第一节 机械制造系统自动化与计算机辅助制造 ……………………………… 181

第二节　汽车制造中的冲压 FMS 与锻造 FMS……………………………………197
第八章　汽车车身覆盖件冲压工艺…………………………………………………………204
　　第一节　汽车车身覆盖件冲压成型特点………………………………………………204
　　第二节　车身覆盖件的冲压成型技术…………………………………………………207
　　第三节　车身覆盖件冲压工艺规程的设计……………………………………………220
　　第四节　车身覆盖件拉深模设计………………………………………………………227
第九章　车架、车轮及某些厚板零件的塑性成型…………………………………………238
　　第一节　车架零件的冲压工艺…………………………………………………………238
　　第二节　车轮的冲压工艺………………………………………………………………246
　　第三节　管材液压成型用于底盘结构件的近净成型…………………………………256
第十章　汽车制造中的轻量化与塑料化……………………………………………………263
　　第一节　汽车用主要塑料制品及其成型工艺…………………………………………263
　　第二节　纤维增强复合材料及其在汽车中的应用……………………………………279
　　第三节　汽车制造中的黏接工艺………………………………………………………285
附件　总装车间工艺流程图………………………………………………………………插页
参考文献……………………………………………………………………………………297

绪 论

汽车工业是国民经济的支柱产业,在社会进步和经济发展中起着举足轻重的作用。在现代社会中,汽车工业不仅能为人类提供数量最多且最适宜的交通运输工具,而且还能带动相关工业的发展,促进整个社会的繁荣。2011年,全世界的汽车年总产量已经超过8000万辆,在工业发达国家中汽车工业的产值已占其国民经济总产值的8%以上,占其整个机械制造业产值的30%。汽车工业在100多年的发展过程中,历经激烈的国际市场竞争与兼并改组、世界能源危机及第三次工业革命的冲击,依然发展势头强劲,并呈现出两种迥然不同的发展模式。一种是美、日、欧洲等主要工业发达国家发展汽车工业的模式:资本高度集中垄断,利用其高科技优势自主开发产品,频繁换型,采取大批量规模经营的生产方式,同时将产品输出转变为资本输出,以多种合作方式实现跨国经营,使汽车的生产趋于国际化。另一种是一些新兴工业国家与发展中国家发展汽车工业的模式:采用优惠政策引进外资及先进的技术与装备,先期进口散件(CKD)进行装车,之后逐步提高汽车零件的国产化率,进而达到零部件自给,最终形成自成体系的汽车工业。第二种模式中,韩国和西班牙率先获得了成功的经验,之后巴西、中国和墨西哥亦采取了这种模式使各自国家的汽车工业获得了快速发展。

汽车工业是当代工业大生产的典型代表。它实行大批量规模生产,追求大批量、优质量、低成本与高效益的综合经济目标。为达此目标,汽车工业要不断吸收与采纳新技术、新工艺和新材料方面的最新研究成果。目前,汽车工业已成为先进制造技术的重要载体,许多高效自动的加工制造技术,如柔性制造系统(FMS)、计算机集成制造系统(CIMS),均已应用于汽车制造业中。但是无论是传统的制造技术还是先进制造技术,其核心均是以工艺信息内容为中心。可见工艺问题在汽车制造乃至整个制造业中的重要性。

1. 我国汽车制造业的现状、差距与前景

在我国经过50多年的发展,特别是改革开放以来的30年中,汽车工业抓住机遇并充分利用国外的资金与技术,确定了以快速发展轿车制造业为重点振兴我国汽车工业的发展战略。在相继建成一汽、东风、上海三大轿车基地之后,又陆续建成天津、北京、广州等一些较小的基地,同时引进项目无论在合资协作、基本建设方面,还是在国产化和产品质量及技术消化方面均取得了很大成绩,从而使我国的汽车工业实现了跨跃式发展,汽车产量连年大幅度递增,至2011年我国的汽车年产量已突破1800万辆,总产量已跃居世界第一位。同时产品结构也趋于合理,扭转了"缺轻少重"、"轿车基本空白"的局面。

虽然我国的汽车工业在近期取得了举世瞩目的快速发展,但是与国外发达国家相比仍存在很大的差距。主要表现是:

(1)产品自主开发能力与工艺基础薄弱,缺少自主品牌,重复引进低档产品现象严重。

(2)汽车工业仍存在"散、乱、差"的弊病,致使投资分散,低档劣质产品充斥市场。

(3)制造技术水平低,全员劳动生产率低,关键零部件仍依靠进口。

(4)产品质量低,耗能与耗材高,企业管理水平较低缺乏国际竞争能力。

2. 今后的任务

随着经济快速发展和人民生活水平的提高,国内对轿车的需求量会继续增长。但是机遇与挑战共存,面对激烈的国际市场竞争与严峻的环境和资源的形势,我们应当与时俱进,迎接挑战,用科技进步来推动我国汽车工业的振兴,应当着重抓好以下工作:

(1)改变目前汽车生产厂家过多、投资分散、生产规模小的不合理状况。重点扶植2~3家汽车企业集团迅速发展成具有相当实力的大型企业,同时还要支持6~7家汽车企业成为国内的骨干企业,以增强参与国际竞争的能力。

(2)要尽快解决重复引进低水平产品的问题,努力提高汽车产品的自主开发能力。重点解决零部件开发滞后于整车开发的问题。

(3)以先进制造技术为重点,集中力量解决汽车产品规模生产的关键技术与装备问题,全面提升行业的科技水平。

3. 汽车制造工艺学的研究对象、目的与要求

汽车制造工艺学是以汽车制造中的工艺问题为研究对象的一门应用性技术学科。工艺是使各种原材料、半成品成为产品的方法和过程。它又包括获得毛坯形状的工艺、提高表面质量的工艺、改变性能的工艺以及连接与装配工艺4类。工艺是生产中最活跃的因素,既是构思与想法,又是切实可行的方法与手段。产品的结构要符合工艺性,而且要通过由设备、工艺装备、工模具及工件(毛坯)所组成的工艺系统经过多道加工工艺,才能获得合格的产品。因此,工艺知识是从事制造业技术工作者必备的技术素质。本课程的研究重点是制造汽车零部件的工艺过程,包括汽车零件的加工工艺过程与装配工艺过程以及适合于汽车制造中大规模生产的先进制造工艺,使学生通过学习,掌握如下基本知识与技能:

(1)掌握获得汽车零件毛坯的主要成型工艺,并具备制定冲压工艺规程、模锻工艺规程及注塑成型工艺规程的初步能力。还要了解激光拼焊板与高强度钢板在汽车轻量化中的应用等。

(2)掌握机械制造工艺的基本理论(包括定位与基准理论、工艺与装配尺寸链理论、加工精度与误差分析理论等),学会研究分析加工质量的方法。

(3)学会制定汽车零件机械加工工艺过程和部件、产品装配工艺过程的方法。

(4)掌握机床夹具设计的基本原理与方法。

(5)重点掌握汽车三大总成(发动机、底盘、车身)中典型零件的制造工艺过程,特别是车身制造中特有的覆盖件冲压工艺及模具设计。同时还要了解适用于汽车制造的先进制造技术,如数控机床、柔性加工系统、计算机集成制造系统及自动化生产线与装配线的知识,初步具备主管汽车生产工艺规划与综合管理的能力。

(6)了解应用数字化制造技术,以专业的仿真技术为基础,来三维仿真整车的生产过程。

4. 本课程的特点与学习方法

汽车制造工艺学是车辆工程专业的主干专业课。本课程的特点是工程实践性强、涉及面广且内容丰富。因此本课程的教学过程要采取课堂理论教学与实践性教学环节(如生产实习和课程设计)相结合的方式进行。在学习中要根据课程特点,注重以下3点。

1)勤于实践,学以致用

本课程的内容来源于生产和科研实践,学习工艺学的目的在于应用,在于不断提高工艺水平。因此,在学习过程中要重视实践环节,通过下厂参观实习,获得感性知识,并通过课程设计将基本概念与理论在实际中初步应用。

2) 综合掌握，灵活运用

由于本课程的内容广泛，涉及各类制造工艺和过程，因此在学习时，要善于综合运用已学过的专业基础课和专业课的知识，并运用辩证分析方法，如在分析产品设计与制造工艺这一对矛盾时，通常设计是矛盾的主要方面，制造工艺要服从产品设计，但在市场快速变化需迅速提供新产品时，矛盾的主要方面就会转化，这时就会强调设计适应制造。另外还要学会处理关于质量、生产率与经济性之间的辩证关系，力求在保证产品质量的前提下，不断提高劳动生产率并降低成本，采用优质、高效、低耗的生产工艺去完成汽车零件的加工与装配，并收到较好的经济效益。

3) 重视学习和推广应用先进制造技术

要从发展战略高度重视学习和掌握先进制造技术，并将其应用于从汽车产品设计、加工制造到产品销售及市场维修全过程，以全面提高我国汽车制造业的技术水平。

第一章　汽车制造工艺过程概论

本章概要介绍汽车生产过程的主要内容,汽车生产中的工艺过程的基本概念,汽车专业化生产的组织形式。然后,分别讲解汽车生产中的毛坯制造工艺与汽车零件的机械加工工艺的要点。最后,阐述了先进制造技术对汽车工业可持续发展的重要意义。

第一节　汽车生产的主要工艺过程及生产组织

汽车是由上万个零件组成的大型行走机械,并由诸多零件构成其三大总成——发动机、底盘与车身,从而形成具有动力源、行走系、转向系与制动系以及乘坐与承载系的齐全的功能。当代汽车制造业都采取专业化分工与协作的方式组织规模生产,以提高劳动生产率,保证产品质量与降低生产成本。

一、汽车生产过程方框图

将原材料或半成品通过各种工艺过程制成汽车零件,并经过装配制成各种总成,最终将各总成再总装成整车的过程即为汽车的生产过程。图 1-1 所示为汽车生产过程方框图。由图可知,它包括各种毛坯的制造、零件的机械加工、毛坯与零件的热处理和表面处理、部件(总成)装配和产品总装配。此外还包括毛坯、半成品及零部件的采购、运输与储存、质量检验、性能测试等。整个汽车的生产过程形成了一个庞大的信息流与物资流,其核心是按照既定的工艺信息科学地组织生产与协作。

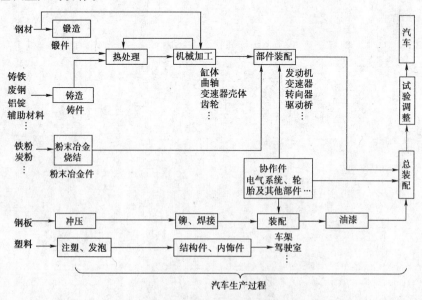

图 1-1　汽车生产过程方框图

二、有关工艺过程的基本概念与定义

1. 工艺过程

在生产过程中,直接改变生产对象的形状、尺寸、相对位置和性质等,使其成为成品或半成品的过程称为工艺过程。如将原材料经过锻造或铸造过程制成锻件或铸件即为锻造工艺过程或铸造工艺过程。可以将这两种工艺过程与塑料成型工艺及粉末冶金成型工艺统称为毛坯形状获得工艺。毛坯需要使用各种加工设备和工具来加工成零件,主要是进一步改变其形状与尺寸,称为机械加工工艺过程。亦称其为提高尺寸精度与表面质量的工艺。将半成品或成品通过焊接、铆接等连接成部件或将零件按一定的装配技术要求装配成部件(总成)或汽车整车称为连接与装配工艺过程。本书主要研究汽车生产过程中毛坯或半成品的锻造、特种铸造、冲压与注塑成型工艺、零件的机械加工工艺和装配工艺过程。

2. 工艺过程的组成

工艺过程都是按一定顺序由若干工序组成。一个(或一组)工人,在一个工作地(机械设备)上对同一个(或同时对几个)工件所连续完成的那一部分工艺过程,称为工序。划分工序的主要依据是工作地是否改变和加工是否连续完成。工序是工艺过程的基本组成部分,也是生产计划的基本单元。工序又可细分为安装、工位和工步。

1)安装

工件通过一次装夹后所能完成的那一部分工序称为安装。工件在一道工序内可以一次安装或几次安装。但为了提高生产效率和减小位置误差,应尽可能减少安装次数。

2)工位

在一次装夹后,工件(或部件)与夹具或设备的可动部分一起相对于刀具或设备的固定部分所占据的每一个位置,称为工位。

3)工步

在加工表面、加工工具不变的条件下,所连续完成的那部分工序称为工步。在汽车零件的机械加工中,为了提高生产率,常采用多个刀具同时加工几个表面,这也算作一个工步,称其为复合工步。

三、汽车专业化生产的组织形式

1. 生产纲领

企业根据市场需求和自身的生产能力,规定在一定计划期内应当生产的产品产量和进度计划,称为生产纲领。它的大小决定了产品(或零件)的生产类型,而各种生产类型下又有不同的工艺特征,制定工艺规程必须符合其相应的工艺特征。因此生产纲领是制定和修改工艺规程的重要依据。

2. 生产类型

根据工厂(车间、工段或班组)的生产专业化程度的不同和生产纲领中年产量的不同,存在着3种不同的生产类型,即大量生产、成批生产和单件生产。表1-1列举了汽车制造厂生产类型与生产特征及年产量之间的关系。

汽车制造厂机械加工车间生产类型的划分　　　　　表1-1

生产类型		汽车特征 轿车或1.5t以下商用车 年产量（辆）	商用车或自卸汽车年产量（辆）	
			2~6t 汽车	8~15t 汽车
成批生产	小批	2000以下		500以下
	中批	2000~10000		500~5000
	大批	10000~50000		5000~10000
大量生产		50000以上	30000以上	10000以上

1) 大量生产

若每年生产的产品品种是单一的或只是几种系列化产品，而且产品的年产量很大，于是大多数工作地（或设备）常年固定地按照一定的节拍重复地进行某个或某几个相似零件的某一次工序，这样的生产称为大量生产。例如汽车、轴承、手表等的制造，通常都是以大量生产的方式进行的。

大量生产的车间（分厂）是按部件（总成）原则组织的，每个车间（分厂）固定生产一个或几个部件（总成）。如变速器车间，先将毛坯经机械加工变成变速器各零件，然后送至装配线装配成变速器，经调试合格后再送往总装配车间。为了提高生产率，生产线上多采用高生产率的专用机床和工艺装备，而设备是按工艺过程顺序排列的，即组织流水线或自动生产线。

2) 单件生产

每年生产的产品品种很多或品种不确定，每个品种的数量不确定，每台设备生产不同的产品，很少重复，称为单件生产。例如重型机器制造、专用设备制造以及汽车制造厂中的新产品试制车间与设备修造车间的生产均属于单件生产。

3) 成批生产

单品的数量较多且每种产品均有一定的数量，一年中轮番周期性地制造几种不同的产品，其制造过程有一定的重复性，称为成批生产。一般机床制造厂和中型汽车厂、拖拉机制造厂是成批生产的典型例子。

根据产品结构特征、生产纲领和批量等，成批生产又可分为小批生产、中批生产和大批生产。大批生产的工艺特征与大量生产相似。在成批生产中，为适应多品种产品的制造，设备和流水线必须具有可调性和较高的生产率。在一些中、小批生产的汽车制造厂中，除了广泛采用通用机床和专用机床外，对于一些关键零件或其主要工序，以及产量较大零件的加工，还采用一些高生产率的可调性好的专用机床和组合夹具等。

不同生产类型的汽车制造厂的工艺特征如表1-2所示。

为了大批量高效率地制造汽车，当代大的汽车制造厂都是按照产品（部件）专业化、工艺专业化原则组织协作化生产。如第一汽车集团公司设有专门生产铸锻件毛坯的铸造公司与锻造公司、生产发动机的发动机分厂、生产底盘的底盘分厂及生产车身总成的车身分厂等骨干专业分厂。这些分厂（车间）只是汽车生产过程中的一部分。但是汽车制造厂的主机厂并不是自家生产装配整车所需的全部零部件，还有大量的协作件，如玻璃、轮胎、电器及车灯等，由其他专业厂供应。

不同生产类型的汽车制造厂的工艺特征　　　　　　　表1-2

生产类型 特征	大批、大量生产	中批生产	单件、小批生产
产品	生产单一产品或系列化产品,数量很大。每台设备常年生产某一种零件的某一工序。产品改型后,原来的生产设备很难改装	生产单一产品或几种产品,数量较多。每台设备完成多种零件的相同工序。产品改型对生产有影响	生产多种产品,数量很少。产品改型对生产影响不大
生产组织	采用流水线或自动生产线。按部件(总成)组织生产	成批轮番生产。部分零件按流水线生产,部分按同类零件组织生产	零件生产无流水线。按零件类别划分车间或工段
生产设备	广泛采用高生产率的专用机床、组合机床、半自动或自动机床和自动生产线	采用万能机床,部分采用高效率的专用机床和组合机床、数控机床等	广泛采用万能机床,部分采用数控机床、自动换刀数控机床等
工艺装备	广泛采用专用复合刀具、成型刀具;专用高效率量具或自动化量具;高效率专用夹具	部分采用标准刀具、万能量具、夹具,部分采用高效率的专用刀具、量具、夹具和组合夹具	广泛采用标准刀具、万能量具、万能夹具、组合夹具
机床调整方法	工件在已调整好的机床上加工	工件大部分在已调整好的机床上加工,部分用试切法工作	基本上用试切法加工
对毛坯的要求	高精度、余量小的各种毛坯。大量采用精铸件、压铸件、金属模铸件、模锻件、粉末冶金件、冲压件、挤压件等	主要采用金属模铸件、模锻件或胎模锻件,部分采用精密铸锻件等	采用木模铸件、手工造型,自由锻件等,毛坯精度低,余量大
工艺文件	有详细的工艺文件,重点工序有工序调整卡	有工艺过程卡,重点工序有工序调整卡	工艺文件简单,只有工艺过程卡

第二节　汽车零件毛坯形状获得的方法

　　汽车的许多承载零件,如连杆、曲轴、齿轮,都是采用模锻工艺先制成毛坯,再经过机械加工制成零件。据估计,模锻件要占到汽车行业锻件的90%以上。另外,车身覆盖件和车架的许多零件都是采用冲压工艺制成半成品和成品的。在汽车生产过程中,冲压的工作量和冲压零件的数量,均占整个汽车生产工作量与汽车总零件数量的30%以上。因此,塑性加工技术(包括锻造、冲压与粉末冶金)在汽车生产过程中占有举足轻重的地位。本节将介绍为汽车制造提供毛坯的模锻工艺以及毛坯精化的近净成型工艺。

一、模锻工艺

1. 模锻成型过程及其优点

1) 模锻

利用模具使坯料变形而获得锻件的锻造方法称为模锻。按变形的特点,模锻可分为开式模锻和闭式模锻。按所用设备的不同,模锻可分为锤上模锻、热模锻压力机上模锻、平锻机上模锻、摩擦压力机上模锻等。

2) 模锻成型过程

通常,(锤上)模锻是经过制坯工步、预锻和终锻工步、切断工步来锻制所需的锻件的。完善的模锻工艺过程应包括下料、毛坯质量检验、加热、模锻、切边冲孔、表面清理、校正—精压、锻件热处理、质量检验、入库等工序。

3) 模锻工艺的优点

模锻是成批或大批量生产汽车锻件的主要制造毛坯的工艺。由于是在锻压设备动力的作用下,使毛坯在锻模的型槽中被迫塑性流动成型,从而获得质量较高的锻件。

模锻具有如下优点:

① 生产效率高;

② 锻件形状较复杂,尺寸精度和表面质量较高;

③ 可使金属流线分布更为完整合理,从而提高了零件的使用寿命;

④ 锻件的机械加工余量较小,材料利用率较高;

⑤ 锻件成本较低;

⑥ 易于组织机械化、自动化生产线。

2. 汽车典型模锻件的模锻工艺与锻模设计

目前汽车中的重要承载构件,如连杆、曲轴、前梁(轴)、万向节等,仍然采用传统的模锻工艺制成毛坯。有关这些典型锻件的模锻工艺与锻模设计,请参考《锻造工艺学》、《锻压手册》等专著中的规范计算与设计。下面重点介绍有关毛坯精化及近净成型新工艺。

二、毛坯精化及近净成型工艺

模锻件由于带有机械加工余量、毛边、工艺敷料等,其材料利用率通常在50%左右。为了提高生产率和材料利用率并提高锻件的精度,锻造毛坯的精化及近净成型新工艺在汽车工业中获得了广泛的应用。下面简要介绍几种锻件毛坯精化的近净成型工艺实例。

1. 精密模锻

与普通模锻相比,精密模锻能获得表面质量好、机械加工余量少和尺寸精度较高的锻件。精密模锻主要应用于两方面:一是精化毛坯,即利用精锻工艺取代粗切削加工工序,将精锻件直接进行精加工而得到成品零件;二是精锻零件,即通过精密模锻直接获得成品零件。

以下为精化毛坯的应用实例:

【例1-1】 圆柱齿轮轮坯无毛边模锻

模锻如图1-2所示的圆柱齿轮,当其直径在170~300mm范围时,可在10000kN螺旋压力机上进行无毛边模锻。对于直径小于200mm的齿轮坯不需要镦粗制坯,可以直接对毛坯进行终锻。对于直径较大且轮毂高而过渡圆角半径小的齿轮坯,为了保证轮毂处能充满,则应镦粗制坯,经镦粗后毛坯的高度 H_r 可用下面经验公式计算:

$$H_r = \frac{V_c}{\pi \left(\dfrac{D_B}{2}\right)^2} \tag{1-1}$$

式中: V_c ——齿轮轮毂体积,mm^3;

D_B ——轮毂直径,mm。

【例1-2】 行星齿轮的精密模锻

以图1-3所示的东—20行星齿轮为例,其精锻工艺流程为:下料→车(或磨)削外圆以除去表面缺陷层→加热→精密模锻→冷切边→酸洗(或喷丸)→加热→精压→冷切边(或喷砂)。

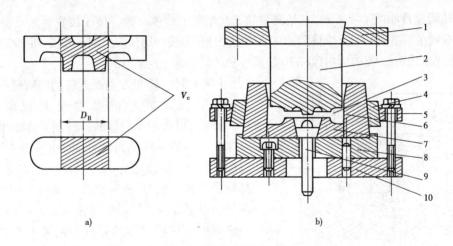

图1-2 齿轮轮坯无毛边模锻
a）齿轮坯；b）模具结构
1—上模压板；2—上模；3—锻件；4—压套；5—压紧圈；6—模套；7—下模；8—下模座；9—顶杆；10—垫板

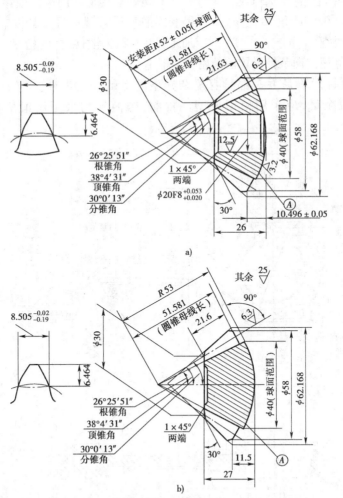

图1-3 东—20 行星齿轮的零件图和精密锻件图
a）零件图；b）精密锻件图

其精锻模具如图1-4所示,它是典型的开式精密模锻模。为了便于放置毛坯及顶出锻件,凹模9安放在下模板13上。同时采用双层组合凹模,凹模9用预应力圈6加强,而凹模压圈7仅起固紧凹模的作用。模锻后由顶杆10将锻件从凹模中顶出。

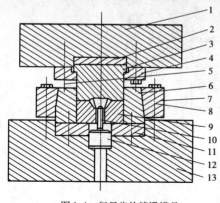

图1-4 行星齿轮精锻模具

1-上模板;2-上模垫板;3-上模;4-压板;5、8-螺栓;6-预应力圈;7-凹模压圈;9-凹模;10-顶杆;11-凹模垫板;12-垫板;13-下模板

【例1-3】 轿车发动机连杆的精密模锻

为了保证连杆的锻件精度和质量公差（≤±5g）,以适用于后续的连杆加工自助线（见第5章5.2节）,轿车发动机连杆应采用精密模锻成型。以图1-5所示的捷达1.6L轿车发动机的连杆为例,其精锻工艺流程为:剪床精密下料→电加热→辊锻制坯（5道次）→液压模锻锤精密模锻（预锻、终锻）→热切边→热校正→热处理→喷丸→金相组织检验→机械性能检查→探伤→精压→外观检查→称重→弯检→防腐包装→入库。

其精锻模具是采用锤锻模镶块结构,分别是预锻和终锻型槽。型槽采用精密三维电火花成型机加工,故可保证连杆锻件的精度与质量公差。

【例1-4】 等速方向节钟形罩的精密温冷锻造

等速方向节钟形罩是大头部具有复杂异型内形的杆类锻件。为了提高材料利用率和减少机械加工余量,应采用精锻成型。目前,国内外均采用温锻成型与冷锻精整相

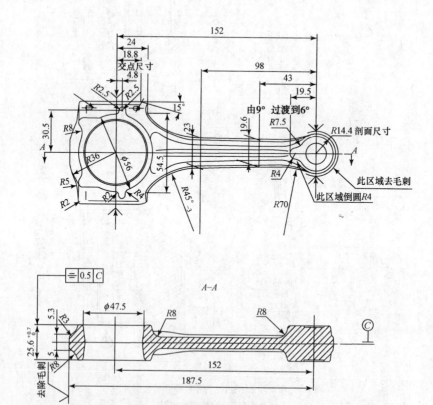

图1-5 捷达1.6L轿车发动机连杆的精密锻件

结合的复合成型工艺来成型钟形罩。即基本成型工序采用多工位温锻来实现,将所得的工序件经过退火和磷化处理后再进行冷精整和冷缩径,最终得到近净成型的精密锻件。图1-6所示为国内的采用液压机的钟形罩六工位温冷复合精密模锻工艺。图1-7所示为国外的钟形罩六工位温冷精密模锻工艺,图a)、b)、c)、d)分别为正挤阶梯形杆部、头部镦粗、头部冲孔和头部反挤工序。其头部冲孔主要是为头部反挤时提供反挤冲头的定位。

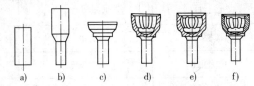

图1-6 等速方向节钟形罩的六工位温冷精锻工艺
a)下料;b)正挤阶梯形;c)头部镦粗、反挤;d)底部冷精整;
e)冷缩径;f)精锻件图

精锻时,坯料的加热温度为(780±20)℃,即温锻温度。前4道工序在一台12500kN多工位机械式精锻压力机(德国舒勒公司生产)上完成。之后将中间锻件经过退火与磷化处理后进行精整得到如图1-6e)所示的工序件。最后再进行冷缩径挤压成型便得到最终的精密锻件(图1-6f)。

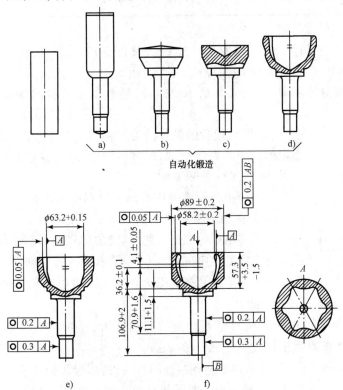

图1-7 国外的钟形罩六工位温冷精密模锻工艺

【例1-5】 轿车用锥齿轮的冷精整工艺及模具

轿车用锥齿轮的零件图如图1-8所示。虽然其锻件可采用类似图1-4的模具精锻成型,但是由于精锻模具在服役过程中会因磨损与热疲劳而导致模腔产生微小差异,引起锻件的尺寸出现波动。为了稳定齿轮坯的精度和表面粗糙度,并解决其应有的互换性问题,特增加了冷精整工艺,并设计了模腔修正尺寸。

该锥齿轮的基本参数见表1-3。

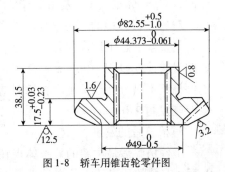

图1-8 轿车用锥齿轮零件图

锥齿轮的基本参数及精锻模膛修正尺寸(单位:mm)　　　　表1-3

项　目	零件图要求	精锻模具膛修正尺寸	精整后的锻件尺寸
模数 m	5.08	5.08	5.08
压力角 α	22°30′	22°30′	22°30′
齿数 z	16	16	16
齿全高	9.245	9.345	9.245
齿根高	3.759	3.859	3.759
弦齿厚	7.305	7.505	7.305
节锥角/(°)	58	58	58
齿面粗糙度 $R_a/\mu m$	3.2	3.2	1.6

1) 冷精整模具的设计要点

(1) 精整凸模的设计。通过用 Q-FORM 锻造软件分析可知：凸模在精整过程中只能压在工件的大端平面上，并让小端面漏空，不宜"面面俱到"，这样，精整力主要集中在齿部，齿部能得到充分地精整，如图 1-9 所示。因此，精整凸模的模膛深度要大于工件柄部的长度。

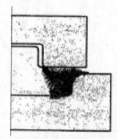

图 1-9　整形模具工作情形

(2) 凹模模膛的设计。为了将凹模在服役间的磨损、弹性变形所造成的误差降到最小，凹模材料选用硬质合金，硬度达到1037HV 以上，抗压强度达到 3900MPa。

为了解决凹模模膛在电加工过程中因电极的烧损和电加工规准造成的误差，对精整模膛的放电加工采用粗加工→中加工→半精加工→精加工多电极的加工工艺，电极的材料选择铜钨合金。同时要合理选择各工序的放电间隙，其中，精加工的放电间隙单边只有 0.015~0.02mm，基本上消除了电火花加工时因电极烧损和电规准对模具造成的误差，保证了精整模膛的一致性。

为了减小精整工件齿形金属与模具表面的流动阻力，要对精整模具模膛进行珩磨和超声波抛光，使模膛表面粗糙度达到 $R_a = 0.2\mu m$。

(3) 模具模膛的修正。工件齿部要达到精整的目的，齿部金属就必须有流动，这就需要对原有精锻模具的模膛进行修正。通过修正精锻模具模膛的大径、弦齿厚及模膛深度，取得了较好的效果，具体见表 1-3 及图 1-10。

2) 精整过程中的注意事项

精整前去除工件齿部等处的毛刺，并用压缩空气清除工件表面和模具模膛的杂质。压力机的滑块速度以 25~30mm/s 为宜。精锻成型时，要保证工件大端高度的一致性。高度过低，工件精整不充分甚至整不到；过高，造成精整力过大而损坏模具。一般精锻后的工件大端高度误差应控制在 0.4mm 内。

3) 精整后的效果

工件精整后最主要的效果体现在安装距的变动范围上：未精整前安装距的变动范围为≤0.35mm；精整后安装距的变动范围≤0.2mm。对同一产品不同精整模精整后的安装距的误差≤0.03mm。确保了产品的一致性和互换性。表面的粗糙度 R_a 也由 $3.2\mu m$ 减小到 $1.6\mu m$，如表 1-3 所示。精整后的锻件如图 1-11 所示。

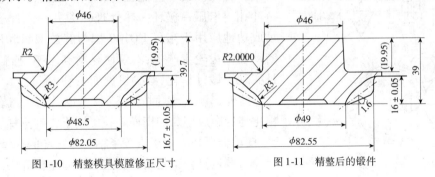

图 1-10　精整模具模膛修正尺寸　　　　图 1-11　精整后的锻件

2. 金属回转加工

仅金属毛坯回转或仅成型工具回转亦或两者都回转的塑性加工方法统称为金属回转加工。如特种轧制、摆动辗压、辗环、旋压等，其特点是在回转过程中使毛坯发生连续局部塑性变形，从而能降低成型设备的吨位，并能使模锻时难以成型的锻件在回转过程中渐次积累而成型。

下面介绍一些典型应用实例：

1）后桥半轴套管的正挤与横轧成型工艺

后桥半轴套管是一个带凸缘的变径变截面的中空管形件。目前世界各国多采用整体模锻工艺生产，该工艺的致命缺点是材料利用率低（低于35%），后续机械加工量大，生产率低，制造成本高。若采用我国自主开发的正挤与横轧成型新工艺，则可实现该类锻件的近净成型。

正挤与横轧工艺简介：如图 1-12 所示，局部加热好的管坯由芯模推进到由 3 个成型轧辊组成的回转型腔中。在轴向进给时，由于轧辊成型角所产生的阻力迫使管坯前端产生缩径。在轴向推挤与径向横轧的复合作用下，使管坯在经过 2 个成型角后产生 2 次缩径，并在缩径的同时增加壁厚。半轴套管的外形由轧辊成型面形成，内腔则由芯模保证。

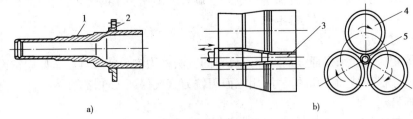

图 1-12　半轴套管正挤与横轧工艺原理图
a）产品分体式结构；b）正挤与横轧原理
1—半轴套管体；2—凸缘；3—芯模；4—成型轧辊；5—轧件

本技术已成功地应用于 CA1040 轻型车、CA67800 轻型车及 BJ2310、BJ2815 农用运输车上。采用新工艺比模锻工艺材料利用率提高 20%，减少机械加工量 33%，提高生产率 1～3 倍。

2）汽车从动锥齿轮辗环成型

环形毛坯在旋转的轧辊间进行辗扩的成型方法称为辗环，如图 1-13 所示。本工艺可用于生产轴承环、凸缘、齿轮等环形锻件。

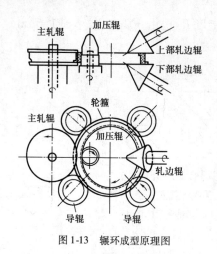

图 1-13　辗环成型原理图

采用辗环工艺可以取代锤上模锻工艺生产汽车从动锥齿轮坯。其工艺流程为：下料→加热→镦粗、规圆→冲孔→卡压→辗环→热处理→喷丸→入库。本工艺已成功地应用于东风 EQ140 型与解放 CA150P 商用车的从动锥齿轮生产中，不仅使材料利用率提高 15%，而且实现了锻件精化，减少机械加工量 25%。

此外，其他金属回转加工技术也已用于汽车锻件的精化与近净成型。如楔横轧技术用于轧制阶梯轴及偏心轴；摆动辗压技术用于汽车半轴与齿轮坯的成型；楔横轧与径向锻造复合工艺用于制造空心变速杆等均已用于生产实际。

第三节　汽车零件机械加工方法及其经济精度

人们经过长期的生产实践，创造出许多机械加工方法。这些方法可以使汽车零件的各表面具有一定的尺寸精度、形状精度、位置精度和表面质量。

一、获得工件尺寸精度的方法

1. 试切法

通过试切—测量—调整—再试切，反复进行直到工件尺寸达到要求为止的加工方法称为试切法。试切法由于需要多次试切、测量和调整，所以生产率低。但它不需要复杂的装置，其加工精度取决于工人的技术水平和计量器具的精度，故该方法常用于单件小批生产。

2. 调整法

在加工一批工件之前，先调整好刀具与工件在机床上的相对位置，并在该批工件的加工过程中保持这个位置不变，以保证工件被加工尺寸的方法称为调整法。显然，调整法比试切法具有更高的生产率，而且加工尺寸的稳定性也好。调整法对调整工的要求高，但对机床操作工的要求不高，常用于成批生产和大量生产。

3. 定尺寸刀具法

用刀具的相应尺寸来保证被加工部位尺寸的方法称为定尺寸刀具法。如用钻刀、铰刀、多刃镗刀块的尺寸保证被加工孔的尺寸，用三面刃铣刀直接保证工件槽宽的尺寸等。

4. 主动测量法

在加工过程中，边加工边测量加工尺寸，并将测量结果与设计所要求的尺寸比较后，或使机床继续工作，或使机床停止工作，这就是主动测量法。目前在一些精密机床中已利用检测装置测量和控制被加工表面的尺寸，并能数字显示。主动测量法质量稳定、生产率高，是发展方向。

5. 自动控制法

这种方法是把测量、进给装置和控制系统组成一个自动加工系统，加工过程依靠系统自动完成。目前已采用程控机床（NC）或数控机床（CNC），以及能适应加工过程中加工条件的变化，自动调整加工用量，按规定条件实现加工过程最佳化的适应控制机床进行自动控制加工。自动控制法加工质量稳定、生产率高、加工柔性好、能适应多种生产，是目前机械制造的发展方向和计算机辅助制造的基础。

二、获得工件形状精度的方法

1. 刀尖轨迹法

依靠刀尖的运动轨迹获得工件形状精度的方法称为刀尖轨迹法。刀尖的运动轨迹取决于刀具和工件的相对成型运动,因而所获得的形状精度取决于成型运动的精度。普通车削、铣削、刨削和磨削等均属于刀尖轨迹法。

2. 仿形法

刀具按照仿形装置进给对工件形状进行加工的方法称为仿形法。仿形法所得到的形状精度取决于仿形装置的精度及其他成型运动的精度。仿形车、仿形铣等均属于仿形加工法。

3. 成型法

利用成型刀具加工,获得工件表面的方法称为成型法。成型法所获得的形状精度,取决于成型刀具的形状精度和其他成型运动精度。使用成型刀具(或砂轮)的车、铣、刨、磨、拉削等均属于成型法。

4. 展成法

利用工件和刀具作展成切削运动进行加工的方法称为展成法。展成法所得的被加工表面是切削刃和工件作展成运动过程中所形成的包络面。该方法所获得的精度,取决于切削刃的形状和展成运动的精度。滚齿、插齿、磨齿、滚花链均属于展成法。

三、获得工件表面相互位置要求的方法

工件表面相互位置要求取决于工件的装夹(定位和夹紧)方式及其精度。工件的装夹方式有:找正装夹、划线装夹、夹具装夹。其中夹具装夹适用于汽车零件大批量生产。

四、机械加工经济精度和表面粗糙度

由实践可知,各种机械加工方法(如车、铣、刨、钻、磨等)所能达到的加工精度和表面粗糙度都有一定范围。同时经过机械加工所获得的工件表面,无论是尺寸,还是形状、位置总会存在一定的加工误差。在机械加工中,某一种加工方法能经济地达到某一偏差等级,可用加工经济精度来表示。所谓"经济"是指辩证统一地处理生产效率、成本和加工质量间的关系。

1. 加工经济精度

所谓加工经济精度,是指在正常生产条件下(采用符合质量标准机床、工艺装备和使用标准技术等级的技术工人,不延长加工时间)所能保证的偏差等级。各种加工方法都有一个加工经济精度和表面粗糙度范围。因此,在选择表面加工方法时,应当使得工件的加工要求与之相适应。

有关各种加工方法的经济精度和表面粗糙精度,可参考《机械制造工艺学》等专著及《金属机械加工工艺人员手册》,来选择合理的加工方法。

2. 选择表面加工方法应考虑的主要因素

选择表面加工方法时,应首先根据零件的加工要求,查表、参考有关资料或根据经验来确定哪些加工方法能达到所要求的加工精度。同时还必须考虑下列因素,才能最后确定下来。

1) 工件材料的性质

如有色金属或不锈钢不宜采用磨削,因为有色金属易使砂轮堵塞或黏附,因此应改用高速

精车削或金刚镗等切削加工方法。

2）工件的形状和尺寸

如形状较复杂、尺寸又较大的零件,其上的孔不宜采用拉削或磨削;直径大于60mm的孔不宜采用钻、扩、铰等。

3）选择加工方法应与生产类型相适应

一般说来,大批大量生产应选用高生产率和质量稳定的加工方法;而单件小批生产则应尽量选择通用设备和避免采用非标准的专用刀具来加工。

4）结合生产的具体条件

要结合现有生产条件,充分利用现有设备和工艺手段。

第四节　先进制造技术对于汽车工业的重要性

为了应对激烈的国际竞争形势,保证我国汽车工业持续发展和促进产业结构升级,必须大力推广先进制造技术在汽车工业中的应用。对此,国家中长期科学和技术发展纲要已将其列为重大专项之一。因此,从事汽车制造和汽车工程教育的相关人员应当对这一重要战略决策予以高度重视。

一、先进制造技术的内涵与特点

先进制造技术(Advanced Manufacturing Technology,AMT)是世界制造业为适应时代要求,不断吸收机械科学、电子信息、材料科学、能源环保以及管理学科的最新成果,将其与传统制造技术相结合,并综合运用于市场分析、产品设计、制造过程、监控控制、生产管理和质量保证、售后服务等制造全过程,对制造技术不断优化及推陈出新,以实现优质、高效、精简、清洁、敏捷生产,并取得理想的技术经济效益的制造技术的总称。

1. 先进制造技术必须以工艺过程为主体

重视制造技术中的最活跃的因素——工艺过程技术(process technology),并强调以工艺为中心,实行多学科交叉,把制造过程中的产品设计、生产流程设计、加工技术、装配与质量检验等作为一个可控制的技术群,进行优化。以保证制造过程高效、高精和成套连线。

2. 先进制造技术的重要性

先进制造技术是制造业赖以生存和可持续发展的主体技术。环视当今世界,综合国力的竞争,首先是制造技术水平的竞争。因此,先进制造技术已成为衡量一个国家先进与发达程度、标志一个国家经济发展成功的重要因素。

必须强调,基于先进制造技术的重要性,相应的工程教育也应当转变观念。应当在"大工程(Engineering with big E)"的概念下,也即包括产品设计、制造过程、工程管理、市场营销等全工程过程下,使学生在保持较宽学科基础的前提下,应具备较强的系统的工程训练,使其具备设计和开发具有竞争能力产品的能力,具备集成知识系统的开发能力,还要具备开发市场与管理企业的综合能力。

概括起来,提升思维方式,强化实践能力,具备创新能力、融合能力和团队创造协作能力是先进制造技术对工程教育在能力培养方面提出的综合要求。只有这样,才能培养出符合时代要求的复合型、实用型人才。

3. 先进制造技术的主要特点

1) 多学科交叉、融合一体化

先进制造技术是在传统制造技术基础上将计算机、信息、自动化、管理等科学技术综合应用于制造全过程,从而形成了一系列新技术。如机电一体化技术群(含 NC 机床与加工中心、柔性制造技术、计算机集成制造系统)。它综合运用机械、电子、传感器、计算机、自动控制与网络技术等,实现了加工设备的升级换代和生产过程布局的革新,达到保证生产高效、高精的目的。

2) 设计与制造工艺一体化

产品设计与制造工艺是相互制约又相互促进的一对矛盾。多数情况下设计是产品研发的主宰,工艺应服从产品设计而处于次要地位。但是当前随着市场竞争的激烈化,为了缩短设计周期和制造周期,达到质优价廉的目的,此时工艺问题便成了矛盾的主导方面,这就需要解决设计与工艺的统一问题。于是就出现了 CAD/CAE/CAM 一体化技术和快速成型技术(RPM),实现了设计与工艺一体化。

3) 制造科学与制造技术一体化

由于信息与网络技术的融合与支撑,利用 CAD,并通过计算机分级网络监测以控制和管理制造系统的各阶段的工作,达到精良(Lean)、敏捷(Agile)和柔性(Flexible)的新型制造模式,形成了制造科学系统。该综合学科的基础是数学,即采用数学模型实现信息的组织、处理与传递,变成本质为数字化的系统,从而把设计、制造和管理集成起来构成科学的制造系统,其典型是数字化工厂(digital factory),目前已应用于解决复杂的制造技术,如发动机制造与装配,汽车白车身的焊装等。

4) 制造技术与管理科学一体化

先进制造技术突出了以人为中心的先进的生产组织与管理的重要性,即"向管理要效益"。在先进制造技术中,人的主观能动性处于核心地位,而且对人的综合素质要求很高,如对 NC 机床的操作者、计算机分级监控人员等,必须事先进行专业培训。

4. 现代先进制造技术的主要发展领域

先进制造技术本身是动态变化的,它反映在不同时期、不同地区与国家之间的先进制造技术有本身重点发展的目标与内容。在我国现阶段,为确保生产持续发展,效益稳步提高,变制造大国为制造强国,主要应在下述领域中大力推动先进制造技术的应用。

1) 加速市场响应能力和原创性设计

为应对激烈的市场竞争,提高自主开发能力,抢占先机,应该加速并行工程、RPM 技术、客户化生产方式的应用。

其中 RPM 技术是利用分层离散、逐层堆积成形的先进制造技术,它综合利用 CAD、逆向工程、先进材料、激光和数控技术,能在短期内加工出工件的快速原型。经过分析、修改后定型,为产品开发提供了快捷、价格低廉的捷径,也为原创性设计提供了模型与样件。这对提高自主开发能力和市场快速响应能力至关重要。

2) 研发超精密加工技术

目前普遍认同,被加工工件尺寸精度为 $1\mu m$,表面精造度 $Ra<0.025\mu m$ 及加工机床的精度高于 $0.01\mu m$ 者称为超精密加工。超精密加工技术是一个国家制造技术水平高低的重要标志。精密机床、仪器仪表、计算机、电子及微电子技术的性能、质量及可靠性均有赖于超精密加工技术,如计算机芯片、光盘基面、光学精密仪器、汽车与航空发动机、精密模具等,均靠超精密加工来制造。因此,发展和应用超精密加工技术对提升我国制造业技术水平和增强综合国力

均具有重要意义。

3）应用与开发先进成型及改性技术

将原来的粗旷形的成型技术转变为近净成型(Net or Near-net Shape Forming)，即可免去繁琐的多次机械加工，收到节材、节能和节约机械加工费用的综合效益，显著减少加工过程链，还能具有降低环境污染的绿色制造特征。

目前，工业发达国家皆致力于先进成型技术的研发与应用，尤其是在汽车制造业中推广诸如精密锻造、精冲、精密铸造、液压胀形、激光加工等先进成型技术。我国在该领域中的研发与应用也已受到高度重视，也已列入"863项目"及国家科技攻关项目，并已取得了可喜的成果。

4）开发与应用先进材料

材料科学是当代重点发展的领域，材料是制造业的基础，先进材料是推动产品更新和提高其性能的动力，也是发展先进制造工艺及制造装备的源头。

目前，随着科学技术的发展，已开发成诸如功能材料、轻量化材料和复合材料等一组新材料，用于特殊需要，满足轻量化要求，正日益取代传统的工程材料，对此应给予高度重视。

二、先进制造技术在汽车工业中的应用综述

1. 汽车工业是先进制造技术的重要载体

经过百年的发展历程，汽车工业已成为当今世界的支柱产业和自成系统的庞大的制造业龙头。一方面汽车工业能拉动其他产业发展；另一方面汽车工业作为先进制造技术的重要载体，更需要应用先进制造技术来提高自身的技术水平、产品质量，争创优质、高效及低成本的综合经济效益。

高效、高精、成套是汽车制造业对工艺及装备的基本要求。汽车工业是大批大量生产部门，其整车性能要求满足安全性、可靠性，其配套零部件则应按"高起点、大批量、优质量"原则组织生产。因此，为了实现高效、高精与成套的目标，就必须采用先进制造技术改变传统的制造模式，其重点则是工艺及装备的先进性、高精性及成套性。现简述如下：

（1）高效率生产零部件。应尽量采用高端的、高效的专用设备，来胜任复杂零部件的加工，如用于加工曲轴、凸轮轴、十字轴等件的高效专用NC机床；其次是采用加工中心及NC高速机床构成的高效柔性自动线。另外，还要采用近净成型技术，如精锻、精铸、激光加工等，尽量减少机械加工的切削工作量，并为采用高效专用NC机床做好前期准备。

（2）采用高精度机床保证关键零件的高精度。重点是解决以汽车发动机总成为代表的高精度零件的制造，精密模具的制造以及汽车电子产品的制造。

（3）先进工艺与高效、高精装备的成套技术。现代汽车制造能充分采用先进制造技术，来体现其适用于大批量生产中的高效、高精及成套技术与装备的特点和优势。近十余年来，世界各大知名汽车公司均已采用各种自动生产线、柔性生产线及制造单元的系统集成来解决整车各大总成和发动机关键零部件的制造问题。在这些自动线或系统集成中具有将工艺系统——机床、刀具、量检具、夹具等；物流系统——原材料处理、存储、上下料装置、设备之间工件传输装置等；信息系统——生产线控制、刀(模)具更换、工装及附件更换、工件调度、自动编程、自动监控、自动补偿、工件质量自动检测、刀具磨损或破损后的自动更换及报警等部分集成为柔性自动生产线的能力。进一步能将各种现代高新技术(如数字化技术、柔性自动化技术、NC高速加工技术、仿真技术、绿色制造技术等)按照精益、快捷理念集成为新一代柔性自动线，涌现出诸如发动机零部件柔

性自动生产线、车身覆盖件柔性冲压自动线、白车身焊装柔性加工线及油漆自动线等。从而极大地提高了汽车制造的技术水平,彻底改变了传统的制造模式,并收到显著的经济效益。

2. 先进制造技术在汽车三大总成制造中的应用实例

1) 发动机关键零部件的柔性机械加工线

为了提高生产效率和加工精度,目前已形成了由高速加工中心为主组成的缸体、缸盖柔性加工线,曲轴、连杆加工的高效柔性生产线。

2) 底盘系统的毛坯近净成型技术

(1) 齿轮与轴件的近净成型。对于传动齿轮中的从动螺旋齿轮坯广泛采用辗扩成型,而相应的主动齿轮则采用楔横轧工艺成型;变速器等齿轮则采用闭塞精锻成型或粉末冶金成型;传动轴采用管材旋压成型,转向节、十字轴等采用精锻成型;货车的驱动桥壳应用液压胀型或机械热扩胀成型。这些近净成型技术的应用,显著地减少了机械加工量、收到节材、节能及降低制造费用等显著经济效益。

(2) 高速、高精机械加工自动线。在采用近净成型制取齿轮坯轴坯等的基础上,采用数控机床加工齿坯和切齿,不仅提高了生产效率,还提高了齿轮的精度。

对于差速器壳体、十字轴等则采用高速、高精加工自动线生产。

3) 汽车车身的轻量化及相关新材料、新技术

车身轻量化是整车轻量化的重要内容,为解决车身轻量化,开发与应用如下新材料与新工艺。

(1) 对于钢制车身,已广泛采用高强度钢板(HSS)、激光拼焊板(TWBs)。同时应用管材液压胀型工艺(THF)来生产副车架、车窗框、座椅骨架等结构件。

(2) 扩大轻质材料的应用,其中塑料已广泛用于制作内饰件,外装件。铝、镁合金的应用也在逐年增加。

(3) 大型多工位压力机车身覆盖件冲压柔性生产线。

近十年来,随着大型多工位压力机及柔性技术的日趋成熟,使轿车车身覆盖件生产发生重大变革。带数控液压气垫的大型多工位压力机的出现及其周边系统自动化系统的成套装置的运用,彻底摒弃了传统的双动拉深生产覆盖件的理念。在该冲压柔性生产线上,真正将覆盖件的拉深成型工序与其他冲压工序组合到1台多工位压力机上完成。其主机是带数控液压气垫的多工位压力机。其中数控液压气垫是该设备的技术核心,它通过四角控制即可调节拉深工作的压边力,从而实现单动拉深,多工位压力机能按顺序完成覆盖件冲压的不同工序。生产线的其他硬件组成包括拆垛装置、码垛装置、传送系统、检验系统等。整条生产线采用现场总线控制,各单元控制与总线控制相结合。根据所生产的覆盖件具体形状及所需工序,通过程序控制及调整并更换模具和传送装置,就可在一台大型多工位压力机上实现某一品种多批量生产。从而节约多台大型压力机,减少占地面积,提高生产效率。

综上所述,现代汽车工业必须采用先进制造技术,才能在激烈的市场竞争中,持续、健康的发展,必须在应用先进制造技术中谋求高效、高精与优质的综合效益。

第二章 汽车生产用工程材料

本章主要介绍汽车制造中用以制造零件或产品的工程材料,包括常用的钢材、钢板、塑料等的性能、规格及选用。此外,还介绍了汽车轻量化、塑料化中所采用的轻质材料,如高强度钢板、激光拼焊板、铝合金、工程塑料等。

第一节 汽车生产用常规工程材料

汽车工业既是国民经济的支柱产业,又是材料消耗大户,20世纪60年代之前,汽车工业所用的材料一直以钢铁为主。但是随着科学技术的发展,新材料不断出现,同时面对资源与环保的严峻形势,实施轻量化以降低油耗已成为汽车工业的发展方向。于是,高分子合成材料(塑料)在汽车上的应用与日俱增,近30年来,塑料在汽车中的应用以年增长率14%的速度迅猛发展。因此,了解工程塑料的性能与在汽车结构轻量化中的应用,是汽车专业工作者必备的基础技术知识。

一、钢

钢是以铁和碳为基本组成元素的铁碳合金,由于其具有良好的使用性能(力学性能,物理、化学性能)和工艺性能(热加工成型性、切削加工性能和热处理性能等),而且价格低廉,供应充足,所以它一直是汽车制造业中应用最广泛的工程材料。

结构钢主要用来制造汽车结构件(如车身、底盘)和汽车零件(如齿轮、连杆、轴等)。按其化学成分、力学性能和冶金质量等特点,结构钢又可分为碳素结构钢、低合金高强度结构钢、优质碳素结构钢和合金结构钢等。

1. 碳素结构钢

碳素结构钢价格便宜,具有一定的力学性能,大量用于制造各种金属构件和要求不高的汽车零件。

碳素结构钢的牌号、化学成分和力学性能,见 GB/T 700—2006 有关内容。

2. 低合金高强度结构钢

在碳素结构钢基础上加入少量合金元素(如 Mn、Si、Ni、V、Nb、Ti)就形成强度较高、加工性能良好的低合金高强度钢。低合金高强度钢一般在热轧退火或正火状态下供货,使用时不进行热处理。它广泛应用于车辆、船舶、拖拉机、矿山机械、锅炉等行业中,用来制造结构件。常见的低合金高强度结构钢的牌号、化学成分、力学性能见 GB/T 1591—2008。

3. 优质碳素结构钢

与普通碳素结构钢相比,优质碳素结构钢所含的有害杂质(硫、磷)及非金属夹杂物较少,故塑性及韧性较高,并可通过热处理强化,多用于较重要的零件,广泛应用于机械制造中。优质碳素结构钢的牌号、成分、性能,见 GB/T 699—1999。

根据含碳量的不同,优质碳素结构钢分为低碳钢、中碳钢和高碳钢:

(1) 低碳钢。其含碳量(质量分数)小于等于0.25%,由于含碳量低,因而具有良好的塑性和韧性,但强度、硬性较低,其塑性加工性能和焊接性能优良。主要用于制造冲压件、焊接件和强度要求不高的机器零件。还可作为渗碳钢来制造要求韧性较高的中小机械零件。

(2) 中碳钢。其含碳量(质量分数)为0.25%~0.60%,具有较高的强度、硬度和较好的塑性、韧性,热锻、热压性能良好,切削性能较好,只是焊接性能较差。中碳钢经调质处理后,可得具有良好综合力学性能的零件,广泛用于制造齿轮、轴类及套筒等零件。

(3) 高碳钢。其含碳量(质量分数)大于0.60%,经热处理能得到良好的韧性和高强度,具有较高的硬度及耐磨性,其弹性很好。高碳钢主要用于耐磨零件及弹簧的制造。

优质碳素结构钢的特性及应用举例,可参考《机械设计手册》选用。

4. 合金结构钢

合金结构钢是在优质碳素钢的基础上加入适量的一种或几种合金元素,能形成满足更高性能要求的钢种。它比碳素结构钢的综合性能好,广泛用于制造各种重要的机器零件和各类工程结构。合金结构钢根据其热处理特点和主要用途分为合金渗碳钢、合金调质钢和合金弹簧钢。

(1) 合金渗碳钢。其含碳量为0.15%~0.25%,渗碳淬火后,心部保持有足够的韧性,表面具有高硬度和良好的耐磨性。其热处理工艺通常为渗碳、淬火、再低温回火。常用合金渗碳钢的牌号、化学成分、力学性能及用途见表2-1。

(2) 合金调质钢。其含碳量为0.25%~0.50%,采用淬火和高温回火调质处理后,可得到高强度和足够的韧性。合金调质钢多用于制造高强度、高韧性、综合力学性能优良的重要机器零件,如齿轮、各种轴类(发动机曲轴、机床主轴)及高强度螺栓。常见合金调质钢的牌号、化学成分、力学性能和用途见表2-2。

(3) 合金弹簧钢。合金弹簧钢因其主要用于制造弹簧而得名。由于弹簧一般要在动态负荷下工作,故弹簧钢应具有高的抗拉强度、屈强比(σ_s/σ_b)和疲劳强度,同时还应具有足够的塑性和韧性以及良好的表面质量。合金弹簧钢的含碳量为0.45%~0.75%,加入的合金元素有 Mn、Si、Cr、Mo、W、V 及微量 B,常用于制造承载大、截面尺寸大的弹簧。常用弹簧钢的牌号、热处理、力学性能,见 GB/T 1222—2007。

(4) 非调质钢。它能通过控制锻造工艺使零件在空冷后达到调质的性能,从而省去调质热处理,故称其为非调质钢。非调质钢是基于复合微合金化技术而设计的,目的在于使微量元素 V、Ti、Nb 的碳化物沉淀析出并使铁素体晶粒细化,控制珠光体组织细化而强化,同时通过调节珠光体量、沉淀物的体积分数来调节非调质钢的强度和韧性的配合。因此,锻件改用非调质钢后,可节能26%,节约成本25%。非调质钢具有易切削性、良好的高频淬透性和表面氧化性,故广泛用于汽车工业来制造连杆、曲轴、前梁、半轴等锻件。有关非调质钢的牌号、力学性能等,参见 GB/T 5216—2004。

表 2-1

常用合金渗碳钢的牌号、化学成分、力学性能及用途（摘自 GB/T 3077—1999）

牌号	化学成分（质量分数）(%)									力学性能				供货状态硬度 (HBS) ≤	应用举例
	C	Si	Mn	Mo	Cr	Ni	V	Ti	B	其他	σ_b (MPa)	σ_s (MPa)	δ_5 (%)	ψ (%)	A_K (J)		
20Mn2	0.17~0.24	0.17~0.37	1.40~1.80	—	—	—	—	—	—	—	785	590	10	40	47	187	用于制造十字头销、活塞销、气门挺杆等小截面渗碳零件
20MnV	0.17~0.24	0.17~0.37	1.30~1.60	—	—	—	0.07~0.12	—	—	—	785	590	10	40	55	187	用于制造冷轧、冷拉加工零件，如活塞销、链条等
20Mn2B	0.17~0.24	0.17~0.37	1.50~1.80	—	—	—	—	—	—	—	980	785	10	45	55	187	用于制造汽车气门挺杆、转向轮轴、调整螺栓等小载面渗碳零件
15MnVB	0.12~0.18	0.17~0.37	1.20~1.60	—	—	—	0.07~0.12	—	0.005~0.035	—	885	635	10	45	55	207	用于制造高强度螺栓、汽缸盖螺栓、半轴螺栓、连杆螺栓等
20MnVB	0.17~0.23	0.17~0.37	1.20~1.40	—	—	—	0.07~0.12	—	0.005~0.035	—	1080	785	10	45	47	207	用于制造较大载荷的渗碳零件，如汽车后桥的主从动齿轮
15Cr	0.12~0.18	0.17~0.37	0.40~0.70	—	0.70~1.00	—	—	—	—	—	735	490	11	45	55	179	用于制造活塞销、活塞环、曲销等小断面渗碳零件
20Cr	0.17~0.24	0.17~0.37	0.50~0.80	—	0.70~1.00	—	—	—	—	—	835	540	10	40	47	179	用于制造小齿轮、小轴、活塞销、凸轮轴等面渗碳零件
20CrMnMo	0.17~0.23	0.17~0.37	0.90~1.20	0.20~0.30	1.10~1.40	—	—	—	—	—	1175	850	10	45	55	217	用于制造高强度、高耐性较大重要渗碳件，如曲轴、高耐性凸轮轴连杆
20CrMnTi	0.17~0.23	0.17~0.37	0.80~1.10	—	1.00~1.30	—	—	0.04~0.10	—	—	1080	835	10	45	55	217	广泛用于制造汽车齿轮、齿轮轴圈、十字轴等重要零件
12CrNi2	0.10~0.17	0.17~0.37	0.30~0.60	—	0.60~0.90	2.75~3.25	—	—	—	—	785	590	12	50	63	207	用制造传动轴、冲击、活塞销、磨损要求高的渗碳零件

表 2-2 常见合金调质钢的牌号、化学成分、力学性能及用途（摘自 GB/T 3077—1999）

牌号	化学成分（质量分数）(%)								力学性能					供货状态硬度(HBS)≤	应用举例
	C	Si	Mn	Mo	Cr	Ni	V	Ti	B	其他	σ_b(MPa)	σ_s(MPa)	δ_5(%)	ψ(%)	A_K(J)		
35Mn2	0.32~0.39	0.17~0.37	1.40~1.80	—	—	—	—	—	—	—	835	685	12	45	55	207	可代替 40Cr,用于制造力学性能要求较高的冷锻螺栓、小轴、操纵杆、小连杆等
40Mn2	0.37~0.44	0.17~0.37	1.40~1.80	—	—	—	—	—	—	—	885	735	12	45	55	217	用于制造半轴、杠杆、连杆、活塞杆等重载工件
45Mn2	0.42~0.49	0.17~0.37	1.40~1.80	—	—	—	—	—	—	—	885	735	10	45	47	217	用于制造齿轮轴、万向接头轴、连杆盖、摩擦盘等
50Mn2	0.47~0.55	0.17~0.37	1.40~1.80	—	—	—	—	—	—	—	930	785	9	40	39	229	用于制造传动轴、花键轴、齿轮等
27SiMn	0.24~0.32	0.17~0.37	1.10~1.40	—	—	—	—	—	—	—	980	835	12	40	39	217	用于制造高韧性、高耐磨热冲压件
35SiMn	0.32~0.40	0.17~0.37	1.10~1.40	—	—	—	—	—	—	—	885	735	15	45	47	229	用于制造主轴、心轴、齿轮、飞轮等
42SiMn	0.39~0.45	0.17~0.37	1.10~1.40	—	—	—	—	—	—	—	885	735	15	40	47	229	用于制造中速、重载零件,如主轴、齿轮、滑块
40B	0.37~0.44	0.17~0.37	0.60~0.90	—	—	—	—	—	0.005~0.035	—	785	635	12	45	55	207	代替 40Cr,用于制造轴、齿轮轴、凸轮等
45B	0.42~0.49	0.17~0.37	0.60~0.90	—	—	—	—	—	0.005~0.035	—	835	685	12	45	47	217	用于制造截面较大、强度要求较高的零件,如连杆、曲轴

续上表

牌号	化学成分(质量分数)(%)									力学性能				供货状态硬度(HBS)≤	应用举例
	C	Si	Mn	Mo	Cr	Ni	V	Ti	B	其他	σ_b (MPa)	σ_s (MPa)	δ_5 (%)	ψ (%)	A_K (J)		
50B	0.47~0.55	0.17~0.37	0.60~0.90	—	—	—	—	—	0.005~0.035	—	785	540	10	45	39	207	代替50钢,用于制造强度较高的轴、齿轮、转向拉杆等
40MnB	0.37~0.44	0.17~0.37	1.10~1.40	—	—	—	—	—	0.005~0.035	—	980	785	10	45	47	207	用于制造汽车半轴、转向轴、花键轴等
45MnB	0.42~0.49	0.17~0.37	1.40~1.40	—	—	—	—	—	0.005~0.035	—	1030	835	9	40	39	217	用于制造中、小耐磨的调质件、高频淬火件
40MnVB	0.37~0.44	0.17~0.37	1.10~1.40	—	—	—	0.05~0.10	—	0.005~0.035	—	985	785	10	45	47	207	用于制造重要调质件,如汽车和机床上的轴和齿轮
30Cr	0.27~0.34	0.17~0.37	0.50~0.80	—	0.80~1.10	—	—	—	—	—	885	685	11	45	47	187	用于制造耐磨或受冲击的零件,如齿轮、扛杆、摇杆
35Cr	0.32~0.39	0.17~0.37	0.50~0.80	—	0.80~1.10	—	—	—	—	—	930	735	11	45	47	207	用于制造齿轮轴等重要调质件
40Cr	0.37~0.44	0.17~0.37	0.50~0.80	—	0.80~1.10	—	—	—	—	—	980	785	9	45	47	207	广泛用于制造齿轮、主轴、曲轴、连杆等
45Cr	0.42~0.49	0.17~0.37	0.50~0.80	—	0.80~1.10	—	—	—	—	—	1030	835	9	40	39	217	用于制造表面高频淬火的轴、齿轮、套筒等
50Cr	0.47~0.54	0.17~0.37	0.50~0.80	—	0.80~1.10	—	—	—	—	—	1080	935	9	40	39	229	用于制造重载耐磨的零件,如传动轴、齿轮等
38CrSi	0.35~0.43	1.00~1.30	0.30~0.60	—	1.30~1.60	—	—	—	—	—	980	835	12	50	55	255	用于制造汽车、拖拉机小模数齿轮、拨叉轴等

二、型材、板材与供货状态

在汽车生产中需要采购大量的钢材,主要是指用于锻造零件毛坯或直接切削加工成零件的型材和用于冲压加工所用的板材。

1. 型材

1)热轧圆钢和方钢

根据锻件的形状和尺寸,在模锻时,须通过必要的工艺计算来确定所需毛坯的下料尺寸。实际生产中常采用圆钢作原毛坯,多数用作锻件坯料,也有少数直接用于切削加工。热轧圆钢和方钢尺寸可参考《汽车常用金属材料标准汇编》及 GB/T 702—2008。

2)冷拉圆钢、方钢

冷拉圆钢、方钢,因其尺寸公差和表面质量优于热轧型材,常用于自动切削和冷热顶锻中。有关其尺寸规格,可参考《汽车常用金属材料标准汇编》。

2. 板材

在汽车车身与车架的生产中,大量使用冷轧或热轧优质碳素钢板。其中车身覆盖件冲压所需钢板的质量要求较高。

1)车身覆盖件用冷轧薄钢板

适用于汽车工业深拉深复杂零件的冷轧薄钢板的牌号及力学性能见表2-3。

优质碳素结构钢冷轧薄钢板的牌号及力学性能(摘自 GB/T 13237—1991)　　表2-3

牌号	拉深级别				
	Z	S 和 P	Z	S	P
	拉抗强度(MPa)		伸长率 δ_{10}(%)不小于		
08F	275~365	275~380	34	32	30
08、08Al、10F	275~390	275~410	32	30	28
10	295~410	295~430	30	29	28
15F	315~430	315~450	29	28	27
15	335~450	335~470	27	26	25
20	355~490	355~500	26	25	24
25	—	390~540	—	24	23
30	—	440~590	—	22	21
35	—	490~635	—	20	19
40	—	510~650	—	—	18
45	—	530~685	—	—	16
50	—	540~715	—	—	14

注:①拉深级别分为三级:最深拉深级——Z;深拉深级——S;普通拉深级——P。
②牌号的化学成分应符合 GB/T 699—1999 的规定。
③钢板的尺寸规格应符合 GB/T 708—2006 的规定。

(1)深拉深用冷轧铝镇静薄钢板的技术要求。此类材料除了要保证有足够的强度和刚性外,还必须满足深拉深冲压工艺的要求并具有良好的冲压成型性能。其主要技术要求如下:

① 分类、代号。

按表面质量分为3组：

    特别高级的精整表面   I

    高级的精整表面   II

    较高的精整表面   III

按拉深级别分为3级：

    用于冲制拉深最复杂的零件   ZF

    用于冲制拉深很复杂的零件   HF

    用于冲制拉深复杂的零件   F

② 钢的牌号及化学成分和性能。

目前汽车车身用量最大的冷轧铝镇静钢板的化学成分和力学性能，见表2-4。

汽车车身覆盖件用冷轧铝镇静钢板的化学成分和力学性能 表2-4

钢号	冲压级别	厚度(mm)	化学成分(质量分数)(%)						屈服点 σ_s(N/mm²)	抗拉强度 σ_b(N/mm²)	伸长率 δ_5(%)
			C	Si	Mn	P	S	Al			
08Al	ZF	全部	≤0.08	≤0.03	≤0.40	≤0.020	≤0.030	0.02~0.07	≤195	255~325	≥44
	HF								≤205	255~335	≥42
	F	>1.2							≤215	255~345	≥39
		0.2							≤215	255~345	≥42
		<1.2							≤235	255~345	≥42
08Al	Z	全部	0.05~0.12	≤0.03	0.25~0.65	≤0.035	≤0.035	0.015~0.065	—	275~390	≥32
	S								—	275~410	≥30
	P								—	275~410	≥28
St12		全部	≤0.10		≤0.50	≤0.035	≤0.035	—	≤280	270~410	≥28
St13		全部	≤0.08		≤0.45	≤0.030	≤0.035		≤240	270~370	≥34
St14		全部	≤0.08		≤0.40	≤0.020	≤0.030		≤210	270~350	≥38
St15		全部	≤0.06	0.03	≤0.35	≤0.020	≤0.025	0.025~0.070	≤195	250~330	≥40

注：表中St12、St13、St14、St15系按德国标准DIN由我国宝山钢铁公司生产的钢板。

③ 表面质量分为3组。

I组表面：正面（表示质量好的一面）不得有任何缺陷。反面允许有深度不大于厚度偏差1/4的轻微麻点和轻微划痕。

II组表面：正面允许有小于钢板厚度公差1/2的轻微麻点、划痕和轧辊压痕。反面允许有厚度偏差范围内不大于钢板厚度最小范围的下列缺陷：轻微的麻点、划痕和轧辊压痕。

III组表面：正面允许有钢板厚度公差1/2范围内的轻微麻点、划痕及轧辊压痕。反面允许在厚度偏差范围内但不得使钢板厚度超出允许的最小范围内的下列缺陷：轻微的麻点、划痕和轧辊压痕。

④ 冲压成型性能试验方法及指标值。

各种冷轧铝镇静钢板的艾利克森值见表2-5和表2-6。

08A1 冷轧钢板的艾利克森值(单位：mm) 表 2-5

厚 度	ZF	HF	F	Z	S	P
0.5	9.5	9.3	9.1	9.0	8.4	8.0
0.6	9.8	9.6	9.4	9.4	8.9	8.5
0.7	10.3	10.1	9.9	9.7	9.2	8.9
0.8	10.6	10.5	10.3	10.0	9.5	9.3
0.9	10.8	10.7	10.5	10.3	9.9	9.6
1.0	11.2	10.8	10.7	10.5	10.1	9.9
1.1	11.3	11.0	10.9	10.8	10.4	10.2
1.2	11.5	11.2	11.1	11.0	10.6	10.4
1.3	11.7	11.3	11.3	11.2	10.8	10.6
1.4	11.8	11.4	11.4	11.3	11.0	10.8
1.5	12.0	11.6	11.5	11.5	11.2	11.0
1.6	—	11.8	11.7	11.6	11.4	11.2
1.7	—	12.0	11.9	11.8	11.6	11.4
1.8	—	12.1	12.0	11.9	11.7	11.5
1.9	—	12.2	12.1	12.0	11.8	11.7
2.0	—	12.3	12.2	12.1	11.9	11.8

St12～St15 冷轧钢板的艾利克森值(单位：mm) 表 2-6

厚 度	St12	St13	St14			St15
			F	HF	ZF	
0.5	8.8	9.5	9.6	9.7	9.8	11.1
0.6	9.0	9.8	9.8	9.8	10.0	11.2
0.7	9.2	10.0	10.1	10.2	10.3	11.3
0.8	9.4	10.2	10.3	10.5	10.6	11.5
0.9	9.6	10.3	10.5	10.7	10.8	—
1.0	9.8	10.5	10.7	10.8	11.2	—
1.1	9.9	10.7	10.9	11.0	11.3	—
1.2	10.1	10.8	11.1	11.2	11.5	—
1.3	10.2	11.0	11.2	11.3	11.7	—
1.4	10.4	11.1	11.4	11.4	11.8	—
1.5	10.5	11.2	11.5	11.6	12.0	—
1.6	10.6	11.3	11.6	11.8	—	—
1.7	10.7	11.5	11.7	12.0	—	—
1.8	10.8	11.6	11.8	12.1	—	—
1.9	11	11.7	11.9	12.2	—	—
2.0	11.1	11.8	12.1	12.3	—	—

(2) 超深冲 IF 冷轧钢板。在超低碳钢（C≤0.005%，N≤0.0004%）中，加入足够量的 Ti 和 Nb，使钢中的碳、氮原子完全被固定成碳、氮化合物 Ti(C、N)，Nb(C、N)，钢中无间隙固溶原子存在，这种钢即称为"无间隙原子钢"，即 Interstitial Free Steel，简称 IF 钢。IF 钢冷轧钢板具有杂质元素（Si、Mn、P 和 S）含量少、屈服点低（σ_s < 180N/mm²）、低屈强比（σ_s/σ_b≤0.55）、塑性伸长率大（δ_{10}≥45%）、硬化指数 n 值和厚向异性系数 r 值高等优点，具有很优异的深冲性能。

目前国内可供应的 IF(St16)冷轧钢板的成分和性能，见表2-7 和表2-8。

IF(St16)冷轧钢板的成分和性能 表2-7

化学成分（质量分数）(%)									屈服点 σ_s (N/mm²)	抗拉强度 σ_b (N/mm²)	伸长率 δ_5 (%)	r 值	n 值
C	Si	Mn	P	S	Al	Ti	Nb	N					
≤0.008	≤0.03	≤0.30	≤0.020	≤0.015	≤0.07	注①	注②	≤0.004	≤190	260~330	≥41	≥1.8	≥0.22

注：① Ti = (4C + 3.43N + 1.5N)(1~4)；
　　② Nb = (0.01~0.3)Ti。

IF(St16)冷轧钢板的实际成分和性能 表2-8

化学成分（质量分数）(%)								屈服点 σ_s (N/mm²)	抗拉强度 σ_b (N/mm²)	伸长率 δ_5 (%)	r 值	n 值
C	Si	Mn	P	S	Al	Ti	N					
0.003~0.006	0.001~0.003	0.13~0.17	0.007~0.009	0.005~0.012	0.031~0.038	0.047~0.071	0.001~0.003	131~167	290~320	40~48	1.8~2.2	0.22~0.24

(3) 深拉深用的表面涂覆薄钢板。为了提高汽车覆盖件的抗腐蚀性能，开发了镀锌冷轧板和镀铝冷轧板。这两种表面涂覆钢板的拉深性能更优异，尤其适合于轿车车身覆盖件的生产。

① 镀锌钢板。

汽车用镀锌钢板有电镀锌钢板和热镀锌钢板两大类，其中电镀锌钢板的拉深性能更好。电镀锌钢板的牌号、化学成分与性能，见表2-9 和表2-10。

电镀锌钢板的化学成分(%) 表2-9

钢号	脱氧方式	C	Si	Mn	P	S	标准
SECC		≤0.12	≤0.05	≤0.50	≤0.035	≤0.035	Q/BQB 430—1994
SECD	铝镇静	≤0.10	≤0.03	≤0.45	≤0.030	≤0.035	（宝钢标准）
SECE		≤0.08	≤0.03	≤0.40	≤0.025	≤0.030	

电镀锌钢板的力学性能   表2-10

钢 种	抗拉强度 σ_b(N/mm²)	伸长率δ(%),b_0=25mm,l_0=50mm					
		<0.4	0.4~0.6	0.6~1.0	1.0~1.6	1.6~2.5	≥2.5
SECC		≥32	≥34	≥36	≥37	≥38	≥39
SECD	≥270	≥34	≥36	≥38	≥39	≥40	≥41
SECE		≥36	≥38	≥40	≥41	≥42	≥43

②镀熔化铝钢板。

此类钢板是在深拉深钢板的表面镀以薄层熔化铝,从而提高钢的耐腐蚀性和易涂覆性。目前国内采用的镀铝钢板的牌号及种类见表2-11,表中JIS系日本国家标准。

镀铝钢板的牌号及种类(摘自JIS G3314—2006)   表2-11

种 类		牌 号	适 用	
			主要用途	铝板的镀熔量标记
1种	C	SA1C	耐热用(一般用)	40,60,80,100
	D	SA1D	耐热用(拉深用)	
	E	SA1E	耐热用(拉深用)	
2种	C	SA2C	耐候用(一般用)	200

其力学性能见表2-12。

镀铝钢板的力学性能(摘自JIS G3314—2006)   表2-12

牌号	伸长率δ_5(%)			弯 曲	
	厚度(mm)			弯曲角度	弯曲内侧间隔
	>0.40 <0.60	>0.60 <1.00	>1.00		
SA1C	—	—	—	180°	表示厚度的板4张
SA1D	>30	>32	>34	180°	表示厚度的板1张①
SA1E	>24	>36	>38	180°	表示厚度的板1张①
SA2C	—	—	—	180°	表示厚度的板4张

注:①抗拉强度作为参考值,其值大于275MPa。
　　SA1D及SA1E的厚度大于1.6mm的弯曲内侧间隔,可为表示厚度的板2张。

2)汽车大梁及其他中厚板冲压件用钢板

制造汽车纵梁、横梁用低合金热轧钢板:

①尺寸、外形。

根据GB/T 708—2006冷轧钢板和钢带的尺寸、外形、重量及允许偏差的规定,钢板尺寸应符合表2-13(GB/T 3273—2005)。

汽车大梁钢板的尺寸要求(单位:mm)　　　　表 2-13

厚度 \ 宽度	210	260	272	280	300	310	320	332	356	370	375	377	395	400	422	460
2.5~6.0	5000	4450	5000	4450 2720	2000 2500 5200	4750 5200 5480 5830 5900 6550	4930	4800 6185	6600	4300 4430 4800	4460 5670 5915 6390 6445					
6.5~8.0								6835 6600 7900 6430 7830 8710 9250		5930	7090 7430	7000				7210 9000
8.5~10.0														7150	8900	

厚度允许偏差应符合表 2-14(GB/T 709—2006)。

热轧汽车大梁钢板厚度的允许偏差(单位:mm)　　　　表 2-14

厚度	5~6.5	7~8	9~10
偏差	+0.3 / −0.5	±0.5	±0.55

②技术要求。

钢板的钢的牌号、化学成分及力学性能和工艺性能应符合表 2-15 的规定。

汽车大梁用钢板的钢牌号、化学成分、力学性能和工艺性能(摘自 GB/T 3273—2005)　　　　表 2-15

牌号	化学成分(%)							厚度(mm)	屈服点 σ_s (MPa) 不小于	抗拉强度 σ_b (MPa)	伸长率 δ_5 (%) 不小于	180°冷弯试样厚度 a 弯心直径 d 宽 b=35mm
	C	Si	Mn	V	P	S	其他					
					不大于							
09MnXtL	≤0.12	0.20~0.60	0.70~1.00	—	0.040	0.040	加入 Xt[①]	2.5~10	250	≥380	32	$d=0.5a$
09SiVL	0.08~0.15	0.70~1.00	0.45~0.75	0.04~0.10	0.040	0.040		5~7	360	520~620	24	$d=a$
16MnL	0.12~0.20	0.20~0.60	1.20~1.60	—	0.040	0.040		2.5~7 8~10	360 350	520~620	24	$d=a$

续上表

牌号	化学成分(%)							厚度(mm)	屈服点 σ_s (MPa) 不小于	抗拉强度 σ_b (MPa)	伸长率 δ_5 (%) 不小于	180°冷弯试样厚度 a 弯心直径 d 宽 $b=35mm$
	C	Si	Mn	V	P	S	其他					
					不大于							
16MnXtL	0.12~0.20	0.20~0.60	1.20~1.60	—	0.040	0.040	加入Xt	2.5~7 8~10	360 350	520~620	24	$d=a$

注：①稀土(Xt)加入量由生产厂控制，分析结果应填入质量证明中。

第二节 汽车轻量化、塑料化及新型材料

行车安全、节约能源与环境保护是当代汽车工业所面临的三大重要课题。其中整车轻量化与零部件塑料化是直接与节能、安全相关的最佳技术措施。根据试验研究，对于自身质量为1360kg的汽车，若其自身质量减小10%，则可收到节能8%的效果。实现汽车轻量化，除了运用先进的设计方法，使其结构更合理与紧凑之外，更重要的是采用新型材料。

一、塑料及其在汽车中的应用

1. 有关塑料的基本概念与术语

塑料是以有机合成树脂为主要成分(40%~95%)，在一定的温度和压力下能模塑成具有一定尺寸和形状的零件，并在常温下保持该形状的一类材料的总称。

常用工程塑料的名称、缩写与主要物理及力学性能，见表2-16。

2. 塑料的热性能术语

塑料的物理和力学性可由表2-16查得。有关塑料使用和加工成型的热性能主要有以下几项：

(1)线胀系数和成型收缩率。

线胀系数——温度升高1℃时，每1cm长的塑料的伸长量。若表示塑料在某一温度区间的线胀特性时，就称为平均线胀系数。

成型收缩率——塑料在热模中成型，脱模冷却后成为制品，必然有收缩之自然现象，即制品尺寸小于模腔尺寸，这就是成型收缩量，以mm/mm表示。成型收缩量乘以100%即为成型收缩率。

(2)比热容。比热容是1g塑料温度升高1℃所需的热量。塑料的比热容通常是钢材的3~5倍。

(3)导热系数。指单位面积、单位厚度的塑料试样，温差为1℃时，在单位时间内所通过的热量，常用W/(m·K)作单位。塑料的导热系数仅为钢的1%左右，所以是良好的隔热材料。

(4)耐热性。塑料的耐热性是指温度与变形之间的关系。可以用不同的方法测定其应变-温度曲线来研究耐热性。最常用的方法有马丁耐热法、维卡耐热法和热变形温度试验法3种。

(5)玻璃化温度。通常将塑料高聚物的容积-温度或形变-温度曲线中的突变点表示为玻璃化温度 T_g。在 T_g 的前后，塑料的许多性能如形变、比热容、硬度、密度、折光率等均有突然性变化。当塑料的温度降至 T_g 时，就成为玻璃态固体。

表 2-16 常用工程塑料的主要物理、力学性能

塑料名称	代号	密度 (g/cm³)	吸水率 (%)	抗拉强度 (MPa)	拉伸模量 (GPa)	断后伸长率 (%)	抗压强度 (MPa)	抗弯强度 (MPa)	冲击韧度 悬臂梁、缺口 (J/m²) 简支梁、无缺口 (30~40kJ/m²)	硬度 洛氏/邵氏②布氏 HR/HBS②/HBS	成型收缩率 (%)	无负荷最高使用温度 (℃)	连续耐热温度 (℃)
聚氯乙烯, 硬质	PVC	1.30~1.58	0.07~0.4	45~50	3.3	20~40	—	80~90	简支梁, 无缺口 30~40kJ/m²	14~17HBS	0.1~0.5	66~79	—
聚氯乙烯, 软质	PVC	1.16~1.35	0.5~1.0	10~25	—	100~450	—	—	—	50~75HSA	1~5	960	—
聚乙烯(高密度)	HDPE	0.941~0.965	<0.01	21~38	0.4~1.03	20~100(断裂)	18.6~24.5	—	80~1067	60~70HSD	1.5~4.0	79~121	85
聚乙烯(低密度)	LDPE	0.91~0.925	<0.01	3.9~15.7	0.12~0.24	90~800	—	—	853.4	41~50HSD 10HRR	1.2~40	82~100	—
聚乙烯,超高分子量	UNMWPE	0.94	<0.01	30~34	0.68~0.95	400~480	—	35~37	简支梁, 无缺口 190~200kJ/m² 未断	50HRR	4.0	—	—
聚甲基丙烯酸甲酯(有机玻璃)	PMMA	1.17~1.20	0.20~0.40	50~77	2.4~3.5	2~7	—	84~120	14.7	10~18HBS	0.2~0.6	65~95	—
聚丙烯	PP	0.90~0.91	0.03~0.04	35~40	1.1~1.6	200	—	42~56	10~100	50~102HRR	1.0~2.5	88~116	—
聚苯乙烯	PS	1.04~1.10	0.03~0.30	50~60	2.8~4.2	1.0~3.7	—	69~80	10~80	65~80HRM	0.2~0.7	60~79	—
甲基丙烯酸甲酯-丁二烯-苯乙烯	MBS	1.09~1.10	—	42~55(屈服)	2.2~2.7	12~18(断裂)	—	—	50~150	100~120HRR	—	—	—

续上表

塑料名称	代号	密度 (g/cm³)	吸水率 (%)	抗拉强度 (MPa)	拉伸模量 (GPa)	断后伸长率 (%)	抗压强度 (MPa)	抗弯强度 (MPa)	冲击韧度 悬臂梁,缺口 (J/m²)	硬度 洛氏/邵氏②/布氏 HR/HBS②/HBS	成型收缩率 (%)	无负荷最高使用温度 (℃)	连续耐热温度 (℃)
丙烯腈-丁二烯-苯乙烯	ABS	1.03~1.06	0.20~0.25	21~63	1.8~2.9	23~60	18~70	62~97 (1.8~3.0GPa)①	123~454	62~121HRR	0.3~0.6	66~99	130~190
聚砜	PSU	1.24~1.61	0.3	66~68	2.5~4.5	2~5 50~100	276	99~106 (2.7~5.2GPa)①	34.7~64.1	69~74HRM	0.4~0.7	149	—
聚酰胺(尼龙)-6	PA-6	1.13~1.15	1.9~2.0	51~78	—	150~250	60~90	70~100	53.3~64	85~114HRR	—	82~121	—
聚酰胺(尼龙)-66	PA-66	1.14~1.15	1.5	57~83	—	40~270	90~120	60~110	43~64	100~118HRR	1.5~2.2	82~149	—
聚酰胺(尼龙)-610	PA-610	1.07~1.09	0.5	47~60	1.6	100~240	70~90	70~100	简支梁,无缺口 3.5~5.5kJ/m²	90~130HRR	1.5~2.0	—	—
聚酰胺(尼龙)-1010	PA-1010	1.04~1.07	0.39	52~55	2.4~3.6	100~250	65	85~89 (1.8GPa)①	简支梁,无缺口 4~5kJ/m²	71HBS	1~2.5	—	—
聚酰胺(尼龙)铸型	PA-MC	1.10	0.6~1.2	77~92	2.9~3.1	20~30	—	120~150	简支梁,无缺口 500~600kJ/m²	14~21HBS	径向3~4 纵向7~12	—	—
聚甲醛(均聚)	POM	1.42~1.43	0.20~0.27	58~70		15~75	122	98 (2.9GPa)①	64~123	118~120HRR 80~94HRM	2.0~2.5	91	121

续上表

塑料名称	代号	密度 (g/cm³)	吸水率 (%)	抗拉强度 (MPa)	拉伸模量 (GPa)	断后伸长率 (%)	抗压强度 (MPa)	抗弯强度 (MPa)	冲击韧度 悬臂梁,缺口 (J/m²)	硬度 洛氏/邵氏[2]/布氏 HR/HBS[2]/HBS	成型收缩率 (%)	无负荷最高使用温度 (℃)	连续耐热温度 (℃)
聚甲醛(共聚)	POM	1.41~1.43	0.22~0.29	62~68	2.8	40~75	113	91~92 (2.6GPa)[1]	53~85	120HRR 78~84HRM	2.0~3.0	100	80
聚碳酸酯	PC	1.18~1.20	0.2~0.3	60~88	2.5~3.0	80~95	—	94~130	640~830	68~86HRM	0.5~0.8	121	120
聚氯醚		1.40	0.01	42~56	1.1	60~130	66~76	54~78	简支梁,无缺口 >40kJ/m²	100HRM	0.4~0.6	—	—
聚酚氧		1.17~1.18	0.13	55~70	2.4~2.7	50~100	—	83~110 (2.3~2.8GPa)[1]	80~127	118~123HRR	0.3~0.4	—	65~80
聚对苯二甲酸乙二(醇)酯	PETP	1.37~1.38	0.08~0.09	57	2.8~2.9	50~300	—	84~117	0.4	68~98HRM	—	79	—
聚对苯二甲酸丁二(醇)酯	PBTP	1.30~1.55	0.03~0.09	52.5~65	2.6	—	—	83~103 (2.2GPa)[1]	35.4	118HRR	1.5~2.5	138	—
聚四氟乙烯	PTFE	2.1~2.2	0.01~0.02	14~25	0.4	250~500	—	18~20	107~160	50~65HSD	1~5 (模压)	288	—
聚三氟氯乙烯	PCTFE	2.1~2.2	0.02	31~42	1.1~2.1	50~190	—	52~65	192	74HSD	1~2.5	177~199	—

续上表

塑料名称	代号	密度 (g/cm³)	吸水率 (%)	抗拉强度 (MPa)	拉伸模量 (GPa)	断后伸长率 (%)	抗压强度 (MPa)	抗弯强度 (MPa)	冲击韧度 悬臂梁,缺口 (J/m²)	硬度 洛氏/邵氏②/布氏 HR/HBS②/HBS	成型收缩率 (%)	无负荷最高使用温度 (℃)	连续耐热温度 (℃)
聚全氟乙烯丙烯	FEP	2.1~2.2	0.01	19~22	0.35	250~330	—	—	—	60~65HSD	2~5	204	—
聚苯醚	PPO	1.06~1.36	0.06~0.12	48~66	2.3~2.6	35~60	69~113	57~97	214~374	115~120HRR 93HRM	0.5~0.8	79~104	60~121
聚酰亚胺(均苯型)	PI	1.42~1.43	0.2~0.3	94.5	—	6~8	>276	117 (3.2GPa)①	—	92~102HRM	—	260	60~88
聚酰亚胺(醚酐型)		1.36~1.38	0.3	120	—	6~10	>230	200~210 (3.3GPa)①	—	—	0.5~1.0	—	—
聚酰亚胺(聚醚型)		1.27	0.25	105~140	3.0	60	140	152 (3.3GPa)①	53.4~64.1	109~100HRM	0.5~7	170	—
聚酰亚胺(聚酰胺型)		1.42	0.33(饱和)	152	4.5	7.6	221	189~241 (5.03GPa)①	144	86HRE	0.6~1.0	—	—
酚醛(木粉)	PF	1.37~1.46	0.3~1.2	35~62	5.5~11.7	0.4~0.8	172~214	49~97	10.7~32.0	100~115HRM	0.4~0.9	149~177	—
环氧树脂(玻纤)	EP	1.6~2.0	0.04~0.20	35~137	20.7	4	124~276	55~207	16.0~53.4	100~112HRM	0.1~0.8	149~260	—

注:本表数值供参考用。
① 弯曲模量。
② 按 GB 2411"塑料邵氏硬度试验方法",塑料的邵氏硬度用 H_A 或 H_D 表示,此处为与洛氏及布氏硬度的写法一致,特用 HSA 及 HSD 表示。

(6) 熔体流动速率(亦称熔融指数)。熔体流动速率 MI 是热塑性塑料在一定温度和压力下,熔体在 10min 内通过标准毛细管的质量值,以 g/10min 表示。MI 值越大,该塑料在熔融时的流动性越好,反之亦然。

3. 塑料加工成型方法简介

采用成型加工才能将液态或固态的塑料制成形状一定、规格不同、性能各异的塑料制品。最常用的塑料成型加工方法有挤出、注塑、压延、吹塑 4 种。

1) 挤出成型

热塑性塑料混料后,在挤出机料筒中受到外热及机械剪应力、摩擦热的作用而塑化熔融,再在螺杆的推进下,熔融的物料通过滤板进入有不同型孔的挤出口模,而制得连续长度的各种异型材(板、棒、管、膜等),这种塑料成型方法称为挤出成型法。挤出成型属于塑料一次加工,主要生产量大面广的各类型材。

2) 注塑成型

注塑成型也称注射成型。塑料颗粒在注塑机料筒内塑化熔融成流动状态后,以很高的压力和较快的速度通过狭小的喷嘴注射到闭合的温度较低的模具中,经过一定时间的保压与冷却定型,开启模具即可获得塑料制品。这种成型方法即为注塑成型。注塑成型所用的注射模如图 2-1 所示,这类模具一般由以下 8 个部分组成。

(1) 成型零部件。成型零部件是指动、定模部分有关组成型腔的零件。如成型塑件内表面的凸模和成型塑件外表面的凹模以及各种成型杆、镶件等。如图 2-1 所示的模具中,型腔是由动模板 1、定模板 2 和凸模 7 等组成的。

(2) 合模导向机构。合模导向机构是保证动模和定模在合模时准确对合,以保证塑件形状和尺寸的精确度,并避免模具中其他零部件发生碰撞和干涉。常用的合模导向机构是导柱和导套(图 2-1 中的 8、9),对于深腔薄壁塑件,除了采用导柱导套导向外,还常采用在动、定模部分设置互相吻合的内外锥面导向、定位机构。

(3) 浇注系统。浇注系统是熔融塑料从注射机喷嘴进入模具型腔所流经的通道,它包括主流道、分流道、浇口及冷料穴等。

(4) 侧向分型的抽芯机构。当塑件的侧向有凹凸形状的孔或凸台时,在开模推出塑件之前,必须先把成型塑件侧向凹凸形状的瓣合模块或侧向型芯从塑件上脱开或抽出,塑件方能顺利脱模。侧向分型或抽芯机构就是为实现这一功能而设置的。

(5) 推出机构。推出机构是指分型后将塑件从模具中推出的装置,又称脱模机构。一般情况下,推出机构由推杆、推杆固定板、推板、主流道拉料杆、复位杆及为了该机构运动平稳所设置的导向机构所组成。图 2-1 中的推出机构由推板 13、推杆固定板 14、拉料杆 15、推板导柱 16、推板导套 17、推杆 18 和复位杆 19 等组成。

常见的推出机构有推杆推出机构、推管推出机构、推件板推出机构。此外还有凹模推出机构、顺序推出机构和二级推出机构等。

(6) 加热和冷却系统。加热和冷却系统亦称温度调节系统,它是为了满足注射成型工艺对模具温度的要求而设置的,其作用是保证塑料熔体的顺利充型和塑件的固化定型。注射模具中是设置冷却回路还是设置加热装置要根据塑料的品种和塑件成型工艺来确定。冷却系统一般是在模具上开设冷却水道(图 2-1 中 3),加热系统则在模具内部或四周安装加热元件。

(7) 排气系统。在注射成型过程中,为了将型腔中的空气及注射成型过程中塑料本身挥发出来的气体排出模外,以避免它们在塑料熔体充型过程中造成气孔或充不满等缺陷,常常需要开设排气系统。排气系统通常是在分型面上有目的地开设几条排气沟槽,许多模具的推杆或活动型芯与模板之间的配合间隙可起排气作用。小型塑料制件的排气量不大,因此可直接利用分型面排气。

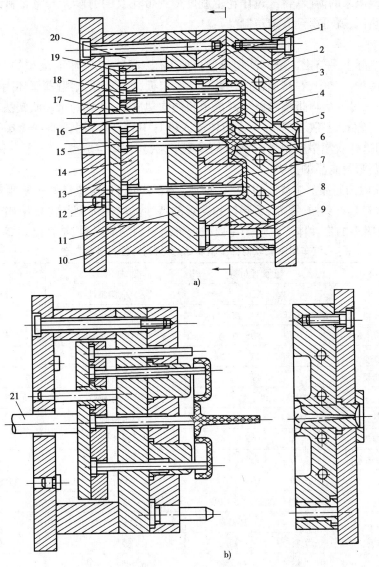

图 2-1 注射模的结构
a)注射合模、保压;b)开模、脱件

1-动模板;2-定模板;3-冷却水道;4-定模座板;5-定位圈;6-浇口套;7-凸模;8-导柱;9-导套;10-动模座板;11-支撑板;12-支撑柱;13-推板;14-推杆固定板;15-拉料杆;16-推板导柱;17-推板导套;18-推杆;19-复位杆;20-垫块;21-注射机顶杆

(8)支撑零部件。用来安装固定或支撑成型零部件及前述的各部分机构的零部件均称为支撑零部件。支撑零部件组装在一起,可以构成注射模具的基本骨架。

整个注塑成型过程可分为加料、熔化、注射、冷却定型、脱模几个步骤。因其生产效率较高,成型自由性大等优点,目前在轻工、电子仪表、家电、汽车工业中获得了广泛应用。有关注射成型模的设计,可参考《塑料模设计手册》等资料。

3) 压延成型

压延成型是采用辊筒进行连续压延(类似轧制)将塑料成型为片材的加工方法。通过多个辊筒进行多道次热压延,将经混料与塑化的物料压延成不同厚度的片材或薄膜。

经过压延辊出来的薄膜,再经过压花辊就可得到带花纹的薄膜。若将布料和薄膜分别导入压延辊经过热压,就可得到人造革制品。

4) 吹塑成型

吹塑成型实际上是挤出成型和注塑成型再加上压缩空气的吹胀而成型的,它包括吹塑薄膜与中空成型两种。其中,在挤出机前端装设吹塑口模,把挤出的熔融薄管坯用压缩空气自由地吹胀成薄膜管,冷却后再折叠卷绕成双层单膜的吹塑成型,亦称为挤出吹塑法。用挤出机或注塑机先成型熔融的型坯(拉管),再将型坯放入模具中,合模后用压缩空气吹胀使其贴紧模腔而冷却定型,这样吹塑中空制品(如瓶)的成型工艺,亦称中空成型。

4. 汽车主要塑料制品的分类

(1)汽车软内饰制品。主要是以安全、舒适、美观为目的,构造良好的乘坐环境并起到保护作用,要求材料具有吸振、缓冲、手感好和美观的特性。软内饰制品主要采用聚氨酯泡沫塑料(PU)做缓冲吸振的弹性体。汽车用主要软内饰塑料制品的材料、特性见表2-17。

汽车用主要软内饰塑料制品的材料、特性及成型工艺　　表2-17

零件名称	主要原材料		要求特性	有前途的取代材料
仪表板芯	ASG		强度、涂漆性	增强聚丙烯
仪表板缓冲垫	(ABS+PVC)皮+PU		耐光、安全性	冷硫化PU
仪表盖板	ABS		尺寸稳定、耐热	增强聚丙烯
杂物箱	PP		铰链特性	—
仪表板底托架	PP		价格低	
转向盘	PP、PU		耐热、手感性	热塑性弹性体
制动杆手柄	PP		价格低	
前支柱装饰条	ABS		耐热性	
中、后支柱装饰条	PP		成型性、价格低	
控制箱	ABS		成型性、加工性	PP,硬质聚氨酯
扶手	PVC表皮+PU+PE		缓冲性	
车门内饰板	表皮	PVC革	柔软、耐寒	—
	填料	PU	缓冲性	PE泡沫
	芯材	硬纸板	成型性、价格低	PP+废纸
车顶篷衬里	表皮	PVC革	柔软性、耐寒性	布
	填料	PU	缓冲性	PE泡沫
	基材	塑料毡+酚醛	成型性	PS泡沫
成型地毯	PVC+废纤毡		成型性、缓冲性	

(2)工程塑料注塑硬质汽车塑料制品。工程塑料除了制造汽车内饰制品之外,多用于制造汽车结构件。目前所采用的工程塑料主要有聚丙烯(PP)、聚乙烯(PE)、聚氯乙烯(PVC)、苯乙烯-丙烯腈-丁二烯共聚物(ABS)四大类。另外还有聚酰胺(PA)、聚甲醛(POM)、聚碳酸酯(PC)、有机玻璃(聚甲基丙烯酸甲酯、PMMA)等。汽车用主要注塑硬质塑料制品的材料、特性及成型工艺参数,见表2-18。

表 2-18 汽车用主要注塑硬质塑料制品的材料、特性及注塑成型工艺参数

项目		单位	聚丙烯 PP	聚乙烯（PE）			聚氯乙烯（PVC）		ABS	有机玻璃 PMMA372	聚甲醛（POM）		聚酰胺（PA）		聚碳酸酯 PC
				PE(L)	PE(M)	PE(H)	PVC（硬）	PVC（软）	ABS		POM(C)	POM(H)	尼龙66	尼龙1010	
物理性能	相对密度		0.90~0.91	0.94~0.96	0.92~0.94	0.91~0.92	1.38	1.3~1.5	1~1.05	1.18	1.41	1.43	1.05	1.04~1.09	1.2
	熔点	(℃)	164~170	120~130	120~30	105	>145	110~150	>200	149~158	164	175	250~260	200~210	240
	耐寒温度	(℃)	-35	-70	—	-80	-30	-40	-40	—	-60	-60	-30	-40	-60~-100
	分解温度	(℃)	—	—	—	—	>180	>180	—	>270	>250	>260	>350	>350	>350
	吸水率	(%)	0.7	<0.01	<0.01	<0.01	0.4~0.6	0.15~0.75	0.1~0.3	<0.2	0.3	0.3	1.5	1.2~1.7	0.06~0.16
力学性能	拉伸强度	(MPa)	29.4~37.7	23.1~37.9	8.2~28.0	7.4~15.8	34.5~49.0	10.3~24.1	32.3~46	49	58.5	68.6	68.6~73.5	53.9~58.8	64.7~68.6
	拉伸弹性模量	(MPa)	1097~1378	—	—	—	2144~4007	—	—	3110~3444	2744	2821	1225~2822	—	2322
	压缩强度	(MPa)	64~74	22	—	—	55~90	6.2~11.8	76	78~103	121	123	69.6~96	61.7~65.7	77~78
	冲击强度	(kJ/m²) 缺口	1.1~3.3	8.18~10.9	27.3~30.3	不断	2.18~10.9	—	30	1.6	7.7	8.1	10	>5	>24
	伸长率	(%)	300~700	50~100	50~500	90~650	20~40	200~450	10~40	3	60	15	100	200	100~130
	硬度		R90~110	D60~70	D50~70	D41~46	D70~90	D20~30	R118	M75~78	M78	M94	HB13	HB11.2	M80
	疲劳强度	(MPa)	—	—	—	—	—	—	0.19~0.24	—	24.5~34.3	—	20.6	—	6.86
	摩擦系数		—	0.23	—	—	—	—	—	—	0.17	—	0.36	—	0.30

续上表

		聚丙烯	聚乙烯(PE)		聚氯乙烯(PVC)	ABS	有机玻璃	聚甲醛(POM)		聚酰胺(PA)		聚碳酸酯
热性能	线膨胀系数 ($10^{-4}/℃$)	1.3	—	3~7	3~4	0.6~1.3	5.4	0.85	0.81	0.8~1.0	0.85~1.6	0.5
	导热系数 [$kcal/(cm \cdot s \cdot ℃)$]	3.8	—	3~7	3~4	1.6~8.6	3~4	1.6	5.5	5.85	1~4	4.6
	连续耐热温度 (℃)	121~160	104~121	82~100	66~79	60~121	127	158	170	80~149	80~120	121
	比热 [$kcal/(kg \cdot ℃)$]	0.46	0.55	0.55	0.3~0.5	0.4	—	0.35	0.35	0.5	—	0.32
	热变形温度 (0.45MPa/℃)(1.81MPa/℃)	99~116	62~82	41~49	—	56~107	85~99	158	170	182~184	—	141 129
	日光影响	微变脆	褪色	变脆	变色老化	微变黄	无变化	微变白	微变白	稍褪色	稍褪色	微脆
	流动性	极良	极良	极良	极良	良	良	极良	良	极良	极良	良
注塑工艺参数	原料干燥 (℃/h)	—	—	—	—	80/2~4	—	可不干燥	可不干燥	105/24	105/24	110/24
	注塑温度 (℃)	200~260	180~280	160~230	150~200	180~280	180~280	180~220	180~280	240~350	220~300	220~320
	注塑压力 (MPa)	68.6~117.6	49~98	19.6~78	78~196	39~78	58.8~117.6	—	58.8~117.6	58.8~137	68.6~117.6	68.6~137	78.4~137
	成型收缩率 (%)	1.0~2.5	1.5~3.5	3	2~5	0.01~0.6	2~4	0.3~0.8	0.5~4.2	0.2~3	1.5~2.2	0.5~4	0.6~0.8

二、高强度钢板

由于轿车自重的30%在其钢制车身上,故用于车身的高强度钢板便在汽车轻量化中占据了举足轻重的地位。近十多年来推广超轻量钢制车身(Ultra Light Steel Auto Body,简称UL-SAB)项目的实践表明,采用高强度钢板可在不增加成本的前提下使车身降重25%(以四门轿车为例),且静态扭转刚度提高80%,静态弯曲刚度提高52%,车身第一阶模态动特性提高58%,并且全部满足有关碰撞法规的要求。因此,推广和扩大高强度钢板在汽车中的应用已成为业界的热门课题。

1. 汽车用高强度钢板的定义,分类与应用实例

关于高强度钢板的定义、界定与分类,在国际上尚有不同的提法。如日本将 $\sigma_b > 340$MPa 的冷轧钢板和 $\sigma_b > 490$MPa 的热轧钢板称为高强度钢板(HSS);而德国则将 $\sigma_s > 300$MPa 的冷轧钢板称为高强度钢板(HSS),将 300MPa $< \sigma_s < 600$MPa 的称为先进高强度钢板(AHSS),将 $\sigma_s > 600$MPa 者称为超高强度钢板。

1) 高强度钢板的分类与应用实例

目前应用于汽车车身制件的高强度钢板主要有以下几类:

①双相钢(dual phase)。其主要组织成分为铁素体、马氏体、奥氏体,其中马氏体含量在 5%~20%之间。其化学成分主要是碳和猛,也可有适量的铬、钼及CrMo。此类钢板具有较低的屈强比、高硬化指数和高烘烤硬化性能。一般用于制造要求有较高强度和较高抗碰撞吸收性能且成型要求严格的零件,如车轮轮毂、保险杠、悬架系统件和加强板类件。

②相变诱导塑相钢 TRIP(transformation–induced plasticity)。其主要组织成分是铁素体、贝氏体和残留奥氏体;主要化学成分是碳、硅、锰,其中硅的作用是抑制贝氏体转变时渗碳体的析出。此类钢的屈服强度 σ_s 在 600~800MPa 间,与同级别的其他类高强度钢板相比,TRIP 板最大优点是兼具高强度和高延伸性能,故可冲压成形较复杂的零件;它还具有高碰撞吸能性能,能在车身遭到碰撞时通过自身形变来吸收能量而不向外传递,常用于制作保险杠和底盘类件。此外,它还具有优异的高速力学性能和抗疲劳性能,故可制作结构件及其加强件以及深拉深件,如机油盘、车门、罩壳等。

③复相钢 CP(compoex phase)。其主要组织成分为细微铁素体和高比例的硬相(马氏体、贝氏体)。其化学成分中需添加 Nb、Ti 等合金元素。此类钢的屈服强度 σ_s 为 800~1000MPa,并具有较高的吸收碰撞能性能和吸收扩孔性能。特别适于制作车门、防撞杆等零件。

④烘烤硬化钢 BH(Bake Hardenable)。其具有一定的高温硬化性能,在烘烤之前 σ_s 低,便于冲压成型。在白车身涂装时经过烘烤,钢板便产生硬化,从而提高了车身的强度和刚度。其烘烤硬化机理为:冷轧退火钢板中的碳、氮原子以间隔固溶状态存在,钢板经过冲压成型导致基体内位错密度增加,使碳、氮原子向位错扩散的距离缩短。涂装时的烧烤相当于高温时效处理,会使碳、氮原子扩散的激活能提高,并在位错处聚集、钉扎位错

⑤马氏体钢(martensitic)。其主要组织成分是通过将高温的奥氏体组织快速淬火,转变为板条状马氏体。其化学成分中含有较高的 Mn、Si、Cr、Mo、B、V、Ni 等合金元素。该类钢强度高,但成型性能差。主要用于成型性要求较低的车身零件来替代管状件。

2) 常见高强度钢板的命名法、牌号及特征值

随着我国汽车产量跃居世界第一和车身轻量化进程的加速,冶金工业相继推出了一系列汽车用优质钢板。但目前这些新钢板和高强度钢板的产品牌号、技术性能、种类等主要执行企

业标准,尚未纳入国家标准。因此,有必要对其命名法、技术性能等加以介绍,供产品设计与制定工艺时参考选用。主要介绍我国宝钢公司及日本产的高强度钢板。

①上海宝钢公司产品的命名法及其技术性能。

a. 一般冲压用高强度钢板命名法:

以 B210P1——深冲压用高强度钢;

　　B250P——一般加工用含磷高强度钢;

　　B180P1——深冲用烧烤硬化钢,为例说明:

其中,B——宝钢产;

　　　210——其屈服强度为不小于 210MPa;

　　　P——强化方式(P:含磷强化,H:烘烤硬化);

　　　1——尾数 1 表示超低碳;2 表示低碳。

b. 冷成型用高强度冷连轧薄板、带钢牌号:

如 SPCC、SPCD/CD03、SPCE/DC04,整体表示冷冲压用冷轧碳素钢薄板及带钢,相当于 08Al。具体字符含义为:

S——钢(steel);P——板(plate);C——冷(cold);后边 C、D、E 表示一般用冷轧碳素钢薄板的商业牌号。

c. 冷轧高强度钢板的命名法:

如 H220YD+Z 板,通式为 H×××　×D+Z,具体字符表示:

H——高强度冷成型用钢;

×××——前三位表示屈服强度 σ_s 的下限值;

×——第 5 位×由 B、P、Y 表示(B:烘烤硬化,P:含磷强化,Y:IF 钢);

D——热镀锌;

Z——末位 Z 表示镀层种类(Z 表示纯锌,ZF 表示合金化)。

d. 冲压用热轧高强度结构用钢板:

如 S280GD+Z 与 S350GB+ZF 钢板,其中具体字符的含义为:

S——结构用钢;

280、350——其抗拉强度 σ_b 的下限值;

G——特征符号;

D——热镀锌;后边 Z 及 ZF 表示镀层种类(同上)。

②日本生产的汽车用高强度钢板。

日本生产的热轧和冷轧钢板的系列产品的规格和特征值分别见表 2-19 和表 2-20。

2. 有关高强度钢板成型中的问题及解决办法

采用高强度钢板制造汽车车身零件的目的,是为了减轻自身质量、降低油耗以及增加车辆强度与提高车辆使用寿命。但由于高强度钢板虽然强度(σ_s、σ_b)比普通低碳钢冷轧钢板高得多,而其 n 值、r 值却比较低,故高强度钢板的冲压成型性能比普通低碳钢冷轧钢板差,其成型极限也小,在采用高强度钢板冲压成型时会出现质量问题。为了保证高强度钢板冲压成型的质量,不仅要避免破裂和起皱,更重要的是设法保证零件的形状和尺寸精确度。表 2-21 列出了部分高强度钢板的冲压成型质量问题及解决办法。

日本产高强度热轧钢板的规格和特性值   表 2-19

	规格	强化机制	σ_s (MPa)	σ_b (MPa)	δ_s (%)	屈服比 (%)	扩孔率 (%)
汽车结构件用热轧板	SAPH32	固溶体强化	250	360	44	69	65
	SAPH38		290	420	40	69	50
	SAPH41		310	450	39	69	45
	SAPH45		310	490	37	69	40
汽车用小型件热轧板	SANH50	固溶体强化	380	550	33	69	40
	SANH55		420	600	29	70	35
	SANH60		510	650	26	78	30
汽车用优质热轧板	SAFH55D	固溶体强化 复合组织强化	370,340	600	30	62,57	60
	SAFH60D		410,380	650	29	63,57	50
	SAFH80D		550,510	850	22	64,60	25

日本产高强度冷轧钢板的规格和特性值   表 2-20

	规格	σ_s (MPa)	σ_b (MPa)	δ_s (%)	屈服比 (%)	n 值	r 值	强化机制
汽车用小型件冷轧板	SANC40	300	430	34	76	0.19	1.3	固溶体强化
	SANC45	340	470	33	72	0.17	1.2	
	SANC50	410	540	31	76	0.17	1.0	
	SANC55	430	610	29	62	0.16	1.0	
	SANC60	480	630	26	76	0.15	1.0	
汽车用优质高强度板（高 r 值型）	SAFC35R	250	380	38	66	0.21	1.6	固溶体强化
	SAFC40R	280	430	36	65	0.21	1.5	
	SAFC45R	340	480	34	71	0.21	1.4	
汽车用优质高强度板（复合组织型）	SAFC50D	320	550	32	58	0.23	1.0	复合组织强化
	SAFC55D	340	580	30	59	0.22	1.0	
	SAFC60D	370	660	27	56	0.22	1.0	
	SAFC80D	460	850	20	54	0.18	1.0	

高强度钢板冲压成型质量问题和解决办法　　　表 2-21

问　题	典型零件	解决办法	
		材料方面	工艺方面
破裂和起皱	深覆盖件	(1)降低 σ_s(防皱) (2)提高 $\bar{r}$ 值(避免破裂)	降低成型深度
表面几何缺陷	外覆盖件	(1)降低 σ_s (2)提高 $\bar{r}$ 值 (3)提高硬化指数 n^*	(1)凹模面光滑 (2)缩短贴模时间差 (3)减少拉深成分 (4)采用阶梯拉深
定形性 (形状冻结性)		降低 σ_s	(1)增大压边力 (2)增大拉深筋的作用
回弹	型钢梁(保险杠件)	降低 $\dfrac{\sigma_s+\sigma_b}{2}$	(1)用辊压代替冲压 (2)凸模下面加反压弹性垫 (3)调整压边力和反压力
曲度(中凸反翘)	型钢梁	降低材料强度	(1)采用自由成型 (2)加预变形 (3)优化设计凹模相对圆角半径 r_d/t 和相对间隙 C/t
磨损	所有零件	降低材料强度	(1)改善凹模材料和润滑 (2)降低压边力 (3)浅成型

3. 超高强度钢板冲压件的热成型工艺

由于超高强度钢板强度更高,其冷冲压成型性能显著降低。为了扩大超高强度钢板在车身中的应用,应采用热成型技术来解决其冲压件的型问题。超高强度钢板冲压件的热成型有间接热成型和直接热成型两种。

1)间接热成型工艺

此时板料先经过冷冲后进行预成型,然后将预成型件加热至奥氏体化温度,保温一段时间后再放置进具有冷却系统的模具中进行最终成型与淬火。其优缺点为:

(1)可以成型具有复杂形状的车身构件,几乎可制成承载式车身中所有的冲压承载构件。

(2)预成型后,后续热成型工艺无需过多考虑板料的高温成型性能,能确保板料淬火后获得所需的马氏体组织。

(3)预成型后可进行修边、翻边、冲孔等工序。

(4)其缺点是模具复杂且费用高,生产节奏慢。

2)直接热成型工艺

直接热成型是指将板料加热至奥氏休化温度并保温一段时间后,将其直接放入带有冷却系统的模具中进行热成型与淬火。其优缺点为:

(1)能在一套模具中完成冲压件成型与淬火,节省了预成型模具费用,并加快了冲压生产节奏。

(2)由于板坯加热前为一平板,这样不仅可节省加热面积,节省能源,而且还可采取多种加热方式,如感应加热。

(3)其缺点是成型复杂形状零件较困难,其模具冷却系统复杂,后续修边等需要激光切割设备。

应用实例:将含硼(B)超高强度钢板加热至900℃左右,直接热成型并利用余热进行淬火,经处理后冲压件的抗拉强度σ_b可达1500~2000MPa。但需要对成型件进行精喷丸,以去除氧化皮。

三、激光拼焊板

激光拼焊板(Tailored Welded Blanks,简称TWBs)是指将不同厚度、不同成分、不同力学性能、不同轮廓形状及不同表面涂镀的多片母材板用激光拼焊在一起制成冲压成型前的整块板坯。采用该整块板坯冲压成型,可获得满足特殊用途及要求的车身冲压件。通常将生产激光拼焊板和用激光拼焊板制造车身冲压件的技术合称为激光拼焊板技术。采用该项新技术能显著降低车身质量,减少油耗与排污,提高构件的强度与抗撞性,还可简化制造工艺、优化用材、降低生产成本。因此,近来激光拼焊板技术在汽车车身制造中获得了广泛的应用。

1. 激光拼焊板在轿车中的应用及其优势

图 2-2 所示为目前激光拼焊板在轿车车身中的应用情况。

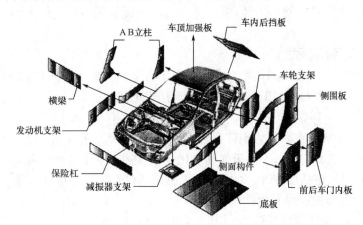

图 2-2 激光拼焊板在轿车车身中的应用

根据国际钢铁协会的超轻钢制车身(Ultra Light Steel Auto Body,简称 ULSAB)项目的研究结果表明,以四门中型轿车为例,采用激光拼焊板制成的车身会比原来的车身质量降低 25%,抗扭刚度提高 65%,振动特性会改善 35%,同时还增加了构件的弯曲强度。此外,激光拼焊板技术还有如下显著的技术经济效益:

(1)减少了车身冲压件的数量,通过整体化冲压成型,相应地简化了工艺过程并减少了所用工艺装备。

(2)提高了材料利用率。一方面因为生产激光拼焊板时已进行了板材的优化与组合;另一方面废料还可加以拼合利用,故可节省材料 25%~40%。

(3)能收到局部补强和整件轻量化的效果。

(4)能满足车身不同部位对板料的材质、厚度、力学性能及防腐的需求,提高了车身产品设计的自由性。

2. 有关激光拼焊板成型中的质量问题及对策

由于激光拼焊板是由不同的母材拼焊成的,会因母材的差异和焊缝与热影响区的存在,导致激光拼焊板的冲压成型性能较母材有所下降。具体表现为:在拉深成型中焊缝发生移动;同时较易发生破裂与起皱等质量缺陷,而且这些缺陷多发生在较弱(指厚度薄弱或强度较低)的母材一侧。根据实验研究与模拟分析的结果,解决激光拼焊板冲压成型质量缺陷问题的措施主要有:

(1)优化具体冲压成型件所用激光拼焊板的焊缝位置与方向,以增强整体板料塑性变形的协调性。

(2)针对不等厚激光拼焊板成型时薄侧母材一方易发生起皱和焊缝移动的问题,采用"阶梯形压边圈"或"阶梯形压边圈+焊缝夹紧柱"两种控制焊缝移动的措施,来抑制薄侧母材的起皱和破裂趋势。

(3)采用变压边力和增设优化拉深筋相结合的方法,如采用带液氮弹簧的压边圈以增大压边力;在难成型部位处调整压料面设计并添加优化的拉深筋,便可防止起皱和局部拉裂。

四、铝合金

铝合金密度小,其密度约为钢铁的1/3,但其比强度和比刚度高,其成型性能及切削性能良好,并具有良好的抗腐蚀性。因此,铝合金成为汽车轻量化中替代钢铁的最具潜力的金属材料。

1. 汽车用铝合金的品种

用于汽车上的铝合金分为铸造铝合金和变形铝合金两大类。这两类铝合金因其化学成分不同,组织与性能不同因而成型工艺不同,具体应用也不同。

1)铸造铝合金

该类合金按化学成分主要分为铝硅系合金、铝铜系合金及铝镁系合金。其特点主要是具有熔点低,流动性好,收缩率小,不易吸气和氧化,产生热裂、冷裂和变形的倾向小。因此,广泛用于制作汽车用铸件,包括压铸件、重力铸造件,低压铸件和半固态压铸件等。

(1)铸造用铝合金的牌号及化学成分。

铸造铝合金牌号及化学成分(摘自 GB/T 1173—1995)见表 2-22。

铸造铝合金牌号及化学成分(摘自 GB/T 1173—1995)　　表 2-22

合金牌号	合金代号	主要元素(质量分数)(%)							
		Si	Cu	Mg	Zn	Mn	Ti	其他	Al
ZAlSi7Mg	ZL101	6.5~7.5		0.25~0.45					余量
ZAlSi7MgA	ZL101A	6.5~7.5		0.25~0.45			0.08~0.20		余量
ZAlSi12	ZL102	10.0~13.0							余量
ZAlSi9Mg	ZL104	8.0~10.5		0.17~0.35		0.2~0.5			余量
ZAlSi5CulMg	ZL105	4.5~5.5	1.0~1.5	0.4~0.6					余量
ZAlSi5CulMgA	ZL105A	4.5~5.5	1.0~1.5	0.4~0.55					余量
ZAlSi8CulMg	ZL106	7.5~8.5	1.0~1.5	0.3~0.5		0.3~0.5	0.10~0.25		余量
ZAlSi7Cu4	ZL107	6.5~7.5	3.5~4.5						余量
ZAlSi12Cu2Mg1	ZL108	11.0~13.0	1.0~2.0	0.4~1.0		0.3~0.9			余量
ZAlSi12Cu1Mg1Ni1	ZL109	11.0~13.0	0.5~1.5	0.8~1.3				Ni0.8~1.5	余量

续上表

合金牌号	合金代号	主要元素(质量分数)(%)							
		Si	Cu	Mg	Zn	Mn	Ti	其他	Al
ZAlSi5Cu6Mg	ZL110	4.0~6.0	5.0~8.0	0.2~0.5					余量
ZAlSi9Cu2Mg	ZL111	8.0~10.0	1.3~1.8	0.4~0.6		0.10~0.35	0.10~0.35		余量
ZAlSi7Mg1A	ZL114A	6.5~7.5		0.45~0.60			0.10~0.20	Be0.04~0.07①	余量
ZAlSi5Zn1Mg	ZL115	4.8~6.2		0.4~0.65	1.2~1.8			Sb0.01~0.25	余量
ZAlSi8MgBe	ZL116	6.5~8.5		0.35~0.55			0.10~0.30	Be0.15~0.40	余量
ZAlCu5Mn	ZL201		4.5~5.3			0.6~1.0	0.15~0.35		余量
ZAlCu5MnA	ZL201A		4.8~5.3			0.6~1.0	0.15~0.35		余量
ZAlCu4	ZL203		4.0~5.0						余量
ZAlCu5MnCdA	ZL204A		4.6~5.3			0.6~0.9	0.15~0.35	Cd0.15~0.25	余量
ZAlCu5MnCdVA	ZL205A		4.6~5.3			0.3~0.5	0.15~0.35	Cd0.15~0.25	余量
								V0.05~0.3	
								Zr0.05~0.2	
								B0.005~0.06	
ZAlRE5Cu3Si2	ZL207	1.6~2.0	3.0~3.4	0.15~0.25		0.9~1.2		Ni0.2~0.3	余量
								Zr0.15~0.25	
								RE4.4~5.0②	
ZAlMg10	ZL301			9.5~11.0					余量
ZAlMg5Si1	ZL303	0.8~1.3		4.5~5.5		0.1~0.4			余量
ZAlMg8Zn1	ZL305			7.5~9.0	1.0~1.5		0.1~0.2	Be0.03~0.1	余量
ZAlZn11Si7	ZL401	6.0~8.0		0.1~0.3	9.0~13.0				余量
ZAlZn6Mg	ZL402			0.5~0.65	5.0~6.5		0.15~0.25	Cr0.4~0.6	余量

①在保证合金力学性能条件下,可以不加元素铍(Be)。
②混合稀土中含各种稀土总量不小于98%,其中含铈(Ce)约45%。

注:1. 合金代号由ZL(铸、铝汉语拼音第一个字母)及其后三个阿拉伯数字组成,ZL后的第一个数字表示合金系列,其中1、2、3、4分别代表铝硅、铝铜、铝镁、铝锌系列;ZL后第二、第三两个数字表示合金的顺序号。优质合金在数字后面附加字母"A"。
2. 铝硅系需要变质的合金用钠(含钠盐)进行变质处理,在不降低合金使用性能前提下,允许采用其他变质剂或变质方法进行变质处理。
3. 在海洋环境中使用时,ZL101铜含量不大于0.1%。用金属型铸造时,ZL203硅含量允许达3.0%。
4. ZL105中当铁含量大于0.4%时,锰含量应大于铁含量的一半。
5. 当ZL201、ZL201A用于制作高温下工作的零件时,应加入锆0.05%~0.20%。
6. 当提高力学性能,在ZL101、ZL102中允许含钇0.08%~0.20%;在ZL203中允许含钛0.08%~0.20%,此时,其铁含量应不大于0.3%。
7. 与食品接触的铝合金制品,不许含有铍;砷含量不大于0.015%,锌含量不大于0.3%,铅含量不大于0.15%。
8. 当用杂质总和来表示杂质含量时,如无特殊规定,其中每一种未列出的元素含量不大于0.05%。

(2)铸造铝合金的力学性能见表2-23。

铸造铝合金力学性能(摘自 GB/T 1173—1995)　　　　表 2-23

合金牌号	合金代号	铸造方法	合金状态	力学性能,不低于		
				抗拉强度 σ_b/MPa	伸长率 σ_s(%)	布氏硬度(HBS)(5/250/30)
ZAlSi7Mg	ZL101	S、R、J、K	F	155	2	50
		S、R、J、K	T2	135	2	45
		JB	T4	185	4	50
		S、R、K	T4	175	4	50
		J、JB	T5	205	2	60
		S、R、K	T5	195	2	60
		SB、RB、KB	T5	195	2	60
		SB、RB、KB	T6	225	1	70
		SB、RB、KB	T7	195	2	60
		SB、RB、KB	T8	155	3	55
ZAlSi7MgA	ZL101A	S、R、K	T4	195	5	60
		J、JB	T4	225	5	60
		S、R、K	T5	235	4	70
		SB、RB、KB	T5	235	4	70
		JB、J	T5	265	4	70
		SB、RB、KB	T6	275	2	80
		JB、J	T6	295	3	80
ZAlSi12	ZL102	SB、JB、RB、KB	F	145	4	50
		J	F	155	2	50
		SB、JB、RB、KB	T2	135	4	50
		J	T2	145	3	50
ZAlSi9Mg	ZL104	S、J、R、K	F	145	2	50
		J	T1	195	1.5	65
		SB、RB、KB	T6	225	2	70
		J、JB	T6	235	2	70
ZAlSi5Cu1Mg	ZL105	S、J、R、K	T1	155	0.5	65
		S、R、K	T5	195	1	70
		J	T5	235	0.5	70
		S、R、K	T6	225	0.5	70
		S、J、R、K	T7	175	1	65
ZAlSi5Cu1MgA	ZL105A	SB、R、K	T5	275	1	80
		J、JB	T5	295	2	80
ZAlSi8Cu1Mg	ZL106	SB	F	175	1	70
		JB	T1	195	1.5	70
		SB	T5	235	2	60
		JB	T5	255	2	70
		SB	T6	245	1	80
		JB	T6	265	2	70
		SB	T7	225	2	60
		J	T7	245	2	60

续上表

合金牌号	合金代号	铸造方法	合金状态	抗拉强度 σ_b/MPa	伸长率 σ_5(%)	布氏硬度(HBS)(5/250/30)
ZAlSi7Cu4	ZL107	SB	F	165	2	65
		SB	T6	245	2	90
		J	F	195	2	70
		J	T6	275	2.5	100
ZAlSi12Cu2Mg1	ZL108	J	T1	195	—	85
		J	T6	255	—	90

(3)汽车用铸造铝合金的主要零部件。

按汽车组成系统分类,铸造铝合金的主要零部件见表2-24。

汽车用铸造铝合金的主要部件系统　　　　表2-24

部件系统	零件名称
发动机系统	发动机缸体、缸盖、活塞、进气管、水泵壳、发动机壳、启动机壳、摇臂、摇臂盖、滤清器底座、发动机托架、正时链轮盖、发动机支架、分电器座、汽化器等
传动系统	变速壳、离合器壳、连接过渡板、换挡拨叉、传动箱换挡端盖
底盘行走系统	横梁、上下臂、转向机壳、制动分泵壳、制动钳、车轮、操纵叉等
其他系统部件	离合器踏板、制动踏板、转向盘、转向节、发动机框架、ABS系统部件

国产轿车用铝合金压铸件主要品种见表2-25。

轿车用铝合金压铸件　　　　表2-25

部件系统	零件名称
发动机总成	汽缸盖罩盖、油底壳、发动机左/右支架、发动机左/右悬置支架、点火线圈支架、扭转支架、支架总成、机油泵体、机油泵盖、节温器转接段、节温器盖、曲轴箱、曲轴后盖、水泵壳体、出水管座、隔热板、发动机缸体、同步链罩壳
传动器总成	离合器壳体、变速器壳体、变速器左右支架
转向器总成	齿条壳体(转向柱管壳体)、蜗轮壳体
其他	空调压缩机支架、动力转向泵支架、机油滤清器壳体、空压机曲轴箱

2)变形铝合金

此类铝合金的化学成分不同于铸造铝合金,主要性能要求是具有较高的延展性和冷、热状态下的良好的塑性成型性,以满足采用塑性成形工艺将其加工成板、带、管、棒、线及异型材与锻件。

有关变形铝及铝合金的化学成分、铝合金代号,可参见 GB/T3190—2008 及 GB/T 16475—2008。

变形铝合金在汽车轻量化中的应用见表2-26。

汽车用变形铝合金的主要部件系统　　　　表2-26

部件系统	零件名称
车身系统部件	发动机罩、车顶蓬、车门、翼子板、行李舱盖、地板、车身骨架及覆盖件等
热交换器系统部件	发动机散热器、机油散热器、中冷器、空调冷凝器和蒸发器等
其他系统部件	冲压车轮、座椅、保险杠、车厢底板及装饰件等

2. 铝合金汽车零部件的主要成型工艺

1) 铸造铝合金的压铸工艺

(1) 压铸工艺及其特点。压铸是一种将熔融或半熔融状态的金属浇入压铸机的压室,并在高压力作用下以极高的速度充填在压铸模型腔内,之后在高压下使金属液冷却凝固成型而获得铸件的金属模精密铸造方法。目前压铸所用的合金有锌、铝、铜和镁,其中铝合金所占比例最高,约占40%~60%。压铸合金,压铸机和压铸模是构成压铸生产的三要素。

压铸的特点是高压、高速、高精度和高效率。压铸时采用的压射压力一般为20~200MPa;充填速度一般为0.5~120m/s,充填时间一般为0.01~0.2s;压铸件的尺寸精度高,一般为IT12~IT11级;表面粗糙度为$R_a 3.2 \sim 0.8 \mu m$,尺寸稳定,互换性好;产品组织致密,强度比砂型铸件提高25%~30%。由于压铸件尺寸精确,表面光洁,可不进行机加而直接使用,或加工量很小,因此既提高了金属利用率,又可节省机加工时。压铸是所有铸造方法中生产率最高的先进工艺,一般冷室压铸机平均8h可压铸700件以上。综合上述特点,压铸工艺特别适用于汽车产业这种大批量生产的工业部门,而且能实现毛坯净化和结构轻量化。

(2) 压铸工艺生产过程简介。如图2-3所示的压铸工艺生产过程中,有三大关键问题。第一是压铸合金的选料与合金熔炼。第二是根据压铸件图和所选用的压铸机,设计并加工压铸模。第三是选择合适的工艺参数(压射压力、压射速度、压铸温度和模具预热温度以及合理的冷却条件)。

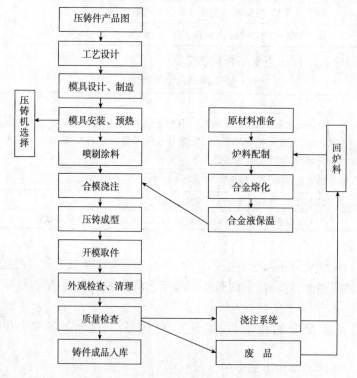

图2-3 压铸工艺生产过程

(3) 低压铸造与离心铸造工艺。低压铸造用于发动机缸体、缸盖及活塞的毛坯成型,而离心铸造则主要用以制造车轮的轮辐、轮毂等。详细工艺可参考有关专著。

2) 变形铝合金的成型工艺

(1) 变形铝合金在车身部件中的应用。由于变形铝合金塑性好,故可采用压延、拉拔及型材挤压工艺将其制成板材和异型材(开口型材、闭口中空型材)。用这些铝型材再经过冲压成型和特种焊接,可很方便的制成车身部件(骨架、覆盖件、窗框等)。由于车身质量约占整车总质量的30%,故采用铝合金制作车身部件,已成为当今汽车轻量化的热门课题。如德国的 Audi A8 轿车已采用6000系(Al-Mg-Si系)铝合金制成全铝车身,成为当今世界最轻量化的车身。

(2)铝基复合材料制汽车零部件的成型工艺。用陶瓷纤维、Al_2O_3 或 SiC 等微粒作为增强材料,生产的铝基复合材料,其比强度、比弹性模量、耐磨性、耐热性将大幅度提高。于是可采用粉末冶金工艺制成汽车发动机的零部件,如活塞、连杆,甚至缸体。不但改善了这些零部件的强度,提高了耐热性、耐磨性和抗疲劳性能,还显著收到了轻量化的效果。

(3)采用铝合金带材经过冷弯成型和特种焊接制造热交换器系统部件,如生产散热器(水箱),可节省昂贵的铜材和钎焊焊料。不仅能降低生产成本,还能达到轻量化。

3. FRP 在汽车上的应用实例

表2-27 为美国1980年型汽车上的 FRP 零部件的情况。

美国1980年型汽车上的 FRP 零部件情况　　　　表2-27

使用部位	零部件	材料	使用部位	零部件	材料
外板、外装	顶盖空气导流板	SMC	外板、外装	三角窗板	SMC
	前挡泥板延伸部	SMC、BMC		三角窗框	SMC
	前端板	SMC、BMC		后窗框	SMC
	前端板支撑板	BMC、SMC		阻流挡泥板延伸	SMC、BMC
	前端部装甲板	BMC		后盖阻流板	SMC、BMC
	后端板	SMC		后盖阻流端罩	SMC
	后侧板延伸部	SMC、BMC		发动机罩进气口	SMC、BMC
	车顶外侧	HLU、RTM		空气分离器	BMC
	顶盖平衡板	HLU、RTM		尾灯壳	SMC
	顶盖加强筋	RTM		前灯壳	SMC
	前轮外罩	SMC、BMC	发动机罩下部	空调器壳	BMC
	发动机罩	SMC		热蒸发器叶轮	BMC
	发动机罩通气道	SMC		风扇护罩	BMC
	装饰条	SMC		暖风壳	BMC
	尾灯壳	SMC、BMC		暖风接头	BMC
	尾板	SMC	内装	变速控制器	BMC
	油灯罩	SMC		仪表板支架	BMC
	弯头总成	SMC		仪表板接头	BMC
				发动机室	BMC
				发动机挡板	BMC

第三章　汽车制造中的机械加工工艺

本章主要讲解汽车制造中的机械加工工艺,即如何根据零件的特点与生产类型来制定加工工艺规程,采用合理的装夹、定位,使用各种工、夹具与设备,改变毛坯的形状和尺寸将其加工成零件。此外,还要介绍机床夹具设计、加工余量、工序间尺寸与偏差确定的一般方法,介绍尺寸链原理与应用等。

第一节　机械加工工艺规程的设计

一、机械加工工艺规程的作用、类型及格式

1. 工艺规程的作用

工艺规程是在总结生产实践经验的基础上,根据多种学科的理论和必要的工艺试验后制定的,反映了加工过程中的客观规律。工艺规程是指导工人操作和用于生产、工艺管理工作的主要技术文件,又是新产品投产前进行生产技术准备的依据和新上项目的原始资料。正确的、经过层层审批的工艺规程,是企业中一切有关人员应该认真执行的工艺纪律。

2. 工艺规程的类型与格式

根据原机械电子工业部指导性技术文件 GB/T 24737.5—2009《工艺管理导则　工艺规程设计》中规定工艺规程的类型有:

1) 专用工艺规程

针对每一个产品和零部件所设计的工艺规程。

2) 通用工艺规程

(1) 典型工艺规程——为一组结构特征和工艺特征相似的零部件所设计的通用工艺规程。

(2) 成组工艺规程——按成组技术原理将零部件分类成组,针对每一组零件所设计的通用工艺规程。

3) 标准工艺规程

已纳入标准的工艺规程。

二、机械加工工艺规程的设计原则、步骤与内容

1. 机械加工工艺规程的设计原则

制定工艺规程的基本要求是在保证产品质量的前提下,尽量提高生产率与降低成本。设计工艺规程应遵循以下原则:

(1) 必须可靠地保证零件图图纸上所有技术要求的实现。若发现产品图纸有的技术要求不适当,只能向有关部门提出修改建议,不得擅自修改图纸或不按图纸要求去做。

(2) 在规定的生产纲领与生产批量下,通常要求工艺成本最低。

(3)充分利用现有的生产条件和资料,力求做到少花钱、多办事。

(4)尽量减轻工人的劳动强度,提高生产率,并保障生产安全,创造良好、文明的劳动条件。

2. 设计机械加工工艺规程的步骤与内容

阅读产品装配图和零件图,了解产品的用途、性能和工作条件,熟悉零件在产品中所处的地位和作用。审查产品图纸上的尺寸、视图和技术要求是否完整、正确、统一,是否符合相关标准;找出主要技术要求和分析关键技术问题并确定核心工艺;审查零件的结构工艺性。

在制定机械加工工艺规程之前,应先对零件结构进行工艺性分析。

(1)零件结构工艺性概念。

零件结构工艺性是指所设计的零件能在满足使用要求的前提下制造的可行性和经济性。它包括零件制造全过程中的各种工艺性,如零件结构的锻造、冲压、铸造、焊接、热处理、切削加工及塑料成型的工艺性等。在制订机械加工工艺规程时,需要进行有关零件切削加工工艺性分析。

(2)合理标注零件的尺寸、公差和表面粗糙度。

零件图中尺寸与公差的标注对切削加工工艺性有较大的影响,是零件结构工艺性的重要内容之一。尺寸标注既要满足设计要求,又要便于加工。满足设计要求的尺寸,都是直接影响装配精度的尺寸,要通过装配尺寸链的分析来标注。其余多数尺寸则应按工艺要求标注:

①按照加工顺序标注,避免多尺寸同时保证。如图3-1a)所示的齿轮轴零件的尺寸标注,其端面 A 和 B 要最终磨削。磨削 A 面后,同时获得尺寸45mm和165mm;磨削 B 面后,同时获得尺寸45mm、60mm和145mm。这两组尺寸中,都有一个尺寸可直接获得,其余尺寸则要进行工艺尺寸链换算才能获得。由工艺尺寸链理论可知,这将会增加零件的精度要求,故工艺性不好。若改成如图3-1b)所示的尺寸标注,即两个45mm分别标注成120mm和100mm,并标注总长尺寸370mm,则磨削端面 A 时,只须保证尺寸165mm;磨削端面 B 时,仅保证60mm尺寸,没有多尺寸同时保证问题,符合按照加工顺序标注尺寸,因而不必进行工艺尺寸链换算,也不增加零件的加工难度。

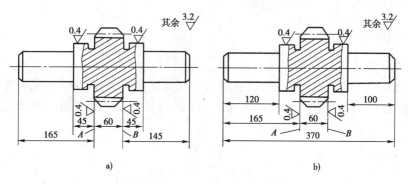

图3-1 按照加工顺序标注尺寸的实例
a)不正确;b)正确

②由定位基准或调整基准标注尺寸,避免基准不重合误差。如图3-2是在多刀车床上加工阶梯轴时尺寸标注的实例。图3-2a)所示阶梯轴以左端面为定位基准,紧靠在固定支撑上,前顶尖轴向可以浮动。故零件的轴向尺寸应以左端面为基准标注。若左端面距加工面较远,调整或测量不方便时,可改用图3-2b)以作为调整基准的某轴肩为基准标注轴向尺寸,并标注尺寸 L 连接定位基准和调整基准。

③由形状简单和易于接近的轮廓要素为基准标注尺寸,避免尺寸换算,若零件上的轮廓要素是平面或圆柱面,则应从这些表面标注尺寸。若轮廓要素由一些复杂的不规则表面组成,则孔是较好的基准,由孔的轴线为基准标注尺寸。

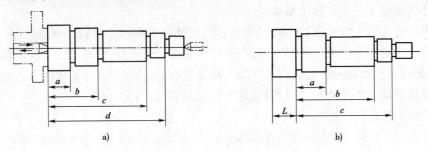

图 3-2 在多刀车床上加工阶梯轴的尺寸标准实例
a)从左端面定位基准标注尺寸;b)从调整基准(某台肩)标注尺寸

零件上的尺寸公差、形位公差和表面粗糙度的标注,应根据零件的功能经济合理地决定。过高的要求会增加加工难度和成本,过低的要求会影响工作性能,两者都应避免。

零件结构要素是指组成零件的各加工面,显然其工艺性会直接影响零件的工艺性。零件结构要素的切削加工工艺性归纳起来有以下三点要求:

第一,各要素的形状应尽量简单,面积应尽量小,规格力求标准与统一。

第二,能用普通设备和标准刀具进行加工。

第三,加工面与非加工面应明显分开,加工面之间也应明显分开。

第二节 工件加工时的定位与基准

在制订机械加工工艺规程时,正确的选择定位基准对保证零件间的尺寸与位置精度和安排加工顺序都有很大的影响。采用夹具装夹时,定位基准的选择还会影响到夹具的结构。故定位基准的选择是一个很重要的工艺问题。

一、工件的定位

1. 工件的装夹

工件在机床上或夹具中的装夹方法主要有直接找正装夹、划线找正装夹和夹具找正装夹 3 种。这 3 种装夹方法,都会遇到定位的问题。下面将从定位原理开始介绍什么是工件的定位和怎样实现工件的定位。

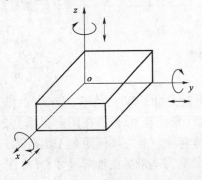

图 3-3 自由度示意图

2. 定位原理

以下介绍六点定位原理:

(1)六点定位原理。一个物体在空间可以有 6 个独立的运动,以图 3-3 所示的长方体为例,它在直角坐标系 $oxyz$ 中可以有 3 个平移运动和 3 个转动。3 个平移运动分别是沿 x、y、z 轴的平移运动,记为 $\vec{X}$、$\vec{Y}$、$\vec{Z}$;3 个转动分别是绕 x、y、z 轴的转动,记为 $\hat{X}$、$\hat{Y}$、$\hat{Z}$。习惯上,把上述 6 个独立运动称作 6 个自由度。如果采取一定的约束措施,消除物体的 6 个自由度,则物体被完全定位。例如在讨论长方体工件的定位时,可以在其底面布置3个不共线的约束点1、2、3,如图3-4a)所示;在侧面布置两个约束点4、5并在端面布置一个约束点6,则约束点1、2、3可以限制$\vec{Z}$、$\hat{X}$和$\hat{Y}$ 3个自由度;约束点4、5可限制$\vec{Y}$和$\hat{Z}$ 2个自由度;约束点6可以限制$\vec{X}$ 1个自由度。这就完全限制了长方体工件的6个自由度。

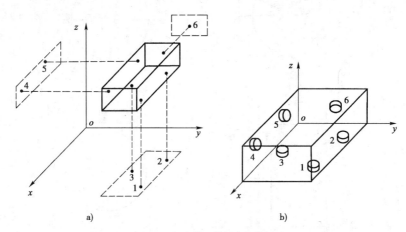

图3-4 长方体工件的定位分析

在实际应用中,常把接触面积很小的支撑钉看作是约束点,即按上述位置布置6个支撑钉,可限制长方体工件的6个自由度,如图3-4b)所示。

采用6个按一定规则布置的约束点,可以限制工件的6个自由度,实现完全定位,称为六点定位原理。

(2)用定位元件代替约束点限制自由度。由于工件的形状是千变万化的,用于代替约束点的定位元件的种类也很多,除了支撑钉以外,常用的还有支撑板、长销、短销、长V形块、短V形块、长定位套、短定位套、固定锥销、浮动锥销等。直接分析这些定位元件可以限制哪几个自由度,以及分析它们的组合限制自由度的情况,对研究定位问题有更实际的意义。

(3)完全定位和不完全定位。根据工件加工面的位置度(包括位置尺寸)要求,有时需要限制6个自由度,有时仅需要限制1个或几个(少于6个)自由度。前者称作完全定位,后者称作不完全定位。完全定位和不完全定位都有应用。在图3-5中列举了a)、b)、c)、d)、e)、f)6种情况,其中图a)要求在球体上铣平面,由于是球体,所以3个转动自由度不必限制,此外该平面在x方向和y方向均无位置尺寸要求,因此这两个方向的移动自由度也不必限制。因为z方向有位置尺寸要求,所以必须限制z方向的移动自由度,即球体铣平面(通铣)只须限制1个自由度。仿照同样的分析,图b)要求在球体上钻通孔,只需要限制2个自由度;图c)要求在长方体上通铣上平面,只须限制3个自由度;图d)要求在圆轴上通铣键槽,只须限制4个自由度;图e)要求在长方体上通铣槽,只须限制5个自由度;图f)要求在长方体上铣不通槽,则须限制6个自由度。

(4)欠定位和过定位。

①欠定位。根据工件加工面位置尺寸要求必须限制的自由度没有得到全部限制,或者说在完全定位和不完全定位中,约束点不足,这样的定位称为欠定位。欠定位是不允许的。例如图3-6所示为铣床上加工长方体工件台阶的两种定位方案。台阶高度尺寸为A,宽度尺寸为B,根据加工面的位置尺寸要求,在图示坐标系下,应限制的自由度为$\vec{X}$、$\vec{Z}$、$\hat{X}$、$\hat{Y}$和$\hat{Z}$。在

图 3-6a)中,只限制了 $\hat{Z}$、$\hat{X}$ 和 $\hat{Y}$ 3 个自由度,属欠定位,难以保证位置尺寸 B 的要求。在图 3-6b)中,加进一块支撑板后,补充限制了 $\hat{X}$ 和 $\hat{Z}$ 2 个自由度,才使位置尺寸 A 和 B 都得到保证。

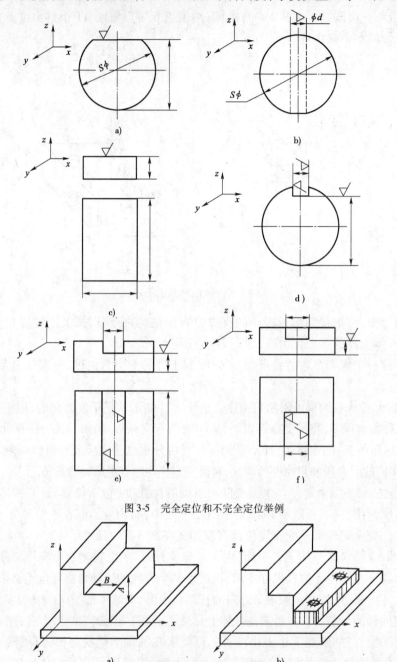

图 3-5 完全定位和不完全定位举例

图 3-6 欠定位举例

② 过定位。工件在定位时,同一个自由度被两个或两个以上约束点约束,这样的定位被称为过定位(或称定位干涉)。过定位是否允许,应根据具体情况进行具体分析。一般情况下,如果工件的定位面和定位元件的尺寸、形状和位置都做得比较准确,比较光整,则过定位不但对工件加工面的位置尺寸影响不大,反而可以增强加工时的刚性,这时过定位是允许的。下面针对几个具体的过定位的例子做简要的分析。

图 3-7 为平面定位的情况。在图 3-7a)中,应该采用 3 个支撑钉,限制 $\hat{Z}$、$\hat{X}$ 和 $\hat{Y}$ 3 个自由度,但却采用了 4 个支撑钉,出现了过定位情况。若工件的定位面尚未经过机械加工,表面仍然粗糙,则该定位面实际上只可能与 3 个支撑钉接触,究竟与哪 3 个支撑钉接触,与重力、夹紧力和切削都有关,定位不稳。如果在夹紧力作用下强行使工件定位面与 4 个支撑钉都接触,就只能使工件变形,产生加工误差。

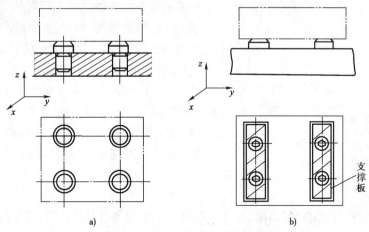

图 3-7 平面定位的过定位举例

为了避免上述过定位情况的发生,可以将 4 个平头支撑钉改为 3 个球头支撑钉,重新布置 3 个球头支撑钉的位置。也可以将 4 个球头支撑钉之一改为辅助支撑。辅助支撑只起支撑作用而不起定位作用。

如果工件的定位面已经过机械加工,并且很平整,4 个平头支撑钉顶面又准确地位于同一个平面内,则上述过定位不仅允许而且能增强支撑刚度,减小工件的受力变形,这时还可以将支撑钉改为支撑板(图 3-7b)。

从上述关于定位问题的分析可以知道,在讨论工件定位的合理性问题时,主要应研究下面的 3 个问题:

a. 研究满足工件加工面位置度要求所必须限制的自由度;

b. 从承受切削力、设置夹紧机构以及提高生产率的角度分析在不完全定位中还应限制哪些自由度;

c. 在定位方案中,是否有欠定位和过定位问题,能否允许过定位的存在。

二、基准

基准是机械制造中应用得十分广泛的一个概念,是用来确定生产对象上几何要素之间的几何关系所依据的那些点、线或面。机械产品从设计、制造到出厂经常要遇到基准问题:设计时零件尺寸的标注、制造时工件的定位、检查时尺寸的测量以及装配时零、部件的装配位置等都要用到基准的概念。

从设计和工艺两个方面看基准,可把基准分为两大类,即设计基准和工艺基准。

1. 设计基准

设计者在设计零件时,根据零件在装配结构中的装配关系以及零件本身结构要素之间的相互位置关系,确定标注尺寸(或角度)的起始位置。这些尺寸(或角度)的起始位置称作设计基准。简言之,设计图样上所采用的基准就是设计基准。设计基准可以是点,也可以是线或者面。例如,在图3-8中所示的阶梯轴,端面1和中心线2就是设计基准。

2. 工艺基准

零件在加工工艺过程中所用的基准称为工艺基准。它可进一步分为:工序基准、定位基准、测量基准和装配基准。

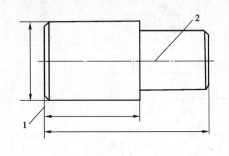

图3-8 设计基准举例
1-端面;2-中心线

1)工序基准

在工序图上用来确定本工序所加工表面加工后的尺寸、形状、位置的基准,称为工序基准。在设计工序基准时,主要应考虑如下3个方面的问题:

(1)应首先考虑用设计基准为工序基准;

(2)所选工序基准应尽可能用于工件的定位和工序尺寸的检查;

(3)当采用设计基准为工序基准有困难时,可另选工序基准,但必须可靠的保证零件设计尺寸的技术要求。

2)定位基准

在加工时用于工件定位的基准,称为定位基准。定位基准是获得零件尺寸的直接基准,占有很重要的地位。定位基准还可进一步分为:粗基准、精基准,另外还有附加基准。

(1)粗基准和精基准。未经机械加工的定位基准称为粗基准;经过机械加工的定位基准称为精基准。机械加工工艺规程中第一道机械加工工序所采用的定位基准都是粗基准。

(2)附加基准。零件上根据机械加工工艺需要而专门设计的定位基准,称为附加基准。例如,轴类零件常用顶尖孔定位,顶尖孔就是专为机械加工工艺而设计的附加基准。

3)测量基准

在加工中或加工后用来测量工件的形状、位置和尺寸误差,测量时所采用的基准,称为测量基准。

4)装配基准

在装配时用来确定零件或部件在产品中的相对位置所采用的基准,称为装配基准。

第三节 机械加工工艺路线的制订

制订机械加工工艺路线时需要考虑的主要问题有:如何选择定位基准;表面加工方法的选择;加工顺序的安排以及热处理工艺的安排与辅助工序的安排。

一、定位基准的选择

1. 粗基准的选择

粗基准的选择对零件的加工会产生重要的影响,下面先分析一个简单的例子。

图3-9所示零件的毛坯,在铸造时毛坯孔3和外圆面1难免有偏心。加工时,如果采用不加工的外圆面1作为粗基准装夹工件(夹具装夹,用三爪自定心卡盘夹住外圆面1)进行加工,则加工面2与不加工外圆面1同轴,可以保证壁厚均匀,但是加工面2的加工余量则不均匀,如图3-9a)所示。

如果采用该零件的毛坯孔3作为粗基准装夹工件(直接找正装夹,用四爪单动卡盘夹住外圆面1,按毛坯孔3找正)进行加工,则加工面2与该面的毛坯孔3同轴,加工面2的余量是均匀的,但是加工面2与不加工外圆面1则不同轴,即壁厚不均匀,如图3-9b)所示。

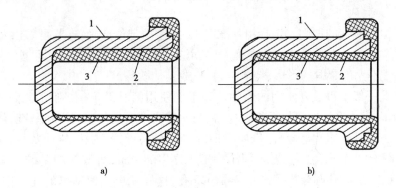

图3-9 两种粗基准选择对比

a)以外圆面1为粗基准,孔的余量不均,但加工后壁厚均匀;b)以毛坯孔3为粗基准,孔的余量均匀,但加工后壁厚不均
1—外圆面;2—加工面;3—毛坯孔

由此可见,粗基准的选择将影响到加工面与不加工面的相互位置,或影响到加工余量的分配,并且第一道粗加工工序首先要遇到粗基准选择问题,因此正确选择粗基准对保证产品质量将有重要影响。

在选择粗基准时,一般应遵循下列原则:

(1)保证相互位置要求的原则。如果必须保证工件上加工面与不加工面的相互位置要求,则应以不加工面作为粗基准。例如在图3-9中的零件,一般要求壁厚均匀,因而图3-9a)的选择是正确的。又如图3-10a)所示的拨杆,虽然不加工面很多,但由于要求φ22H9孔与φ40mm外圆同轴,因此在钻φ22H9孔时应选择φ40mm外圆作为粗基准,利用三爪自定心夹紧机构使φ40mm外圆与钻孔中心同轴(图3-10b)。

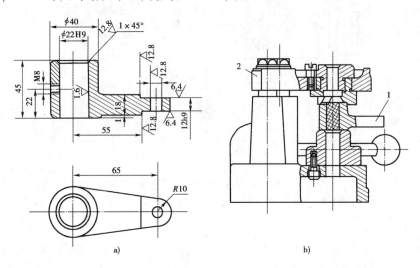

图3-10 粗基准的选择
1—拨杆;2—钻模

(2)保证加工表面加工余量合理分配的原则。如果必须首先保证工件某重要表面的余量均匀,应选择该表面的毛坯面为粗基准。例如在车床床身加工中,导轨面是最重要的表面,它

59

不仅精度要求高,而且要求导轨面有均匀的金相组织和较高的耐磨性,因此希望加工时导轨面去除余量要小而且均匀。此时应以导轨面为粗基准,先加工底面,然后再以底面为粗基准,加工导轨面。

(3)便于工件装夹的原则。选择粗基准时,必须考虑定位准确,夹紧可靠以及夹具结构简单、操作方便等问题。为了保证定位准确,夹紧可靠,要求选用的粗基准尽可能平整、光洁和有足够大的尺寸,不允许有锻造飞边、铸造浇、冒口或其他缺陷。

(4)粗基准一般不得重复使用的原则。如果能使用精基准定位,则粗基准一般不应被重复使用。这是因为若毛坯的定位面很粗糙,在两次装夹中重复使用同一粗基准,就会造成相当大的定位误差(有时可达几毫米)。例如图3-11所示的零件,其内孔、端面及3-φ7mm孔都需要加工,如果按图b)、c)所示工艺方案,即第一道工序以φ30mm外圆为粗基准车端面、镗孔;第二道工序仍以φ30mm外圆为粗基准钻3-φ7mm孔,这样就可能使钻出的孔与内孔φ16H7偏移2~3mm。图3-11d)所示工艺方案则是正确的,其第二道工序是用第一道工序已经加工出来的内孔和端面作精基准,就较好地解决了图b)、c)工艺方案产生的偏移问题。

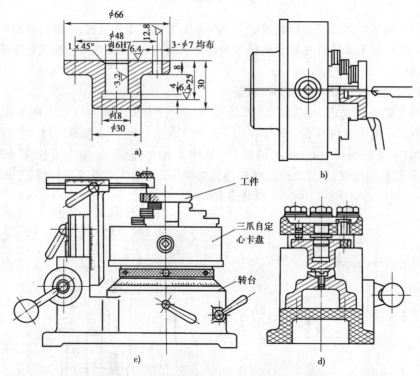

图3-11 重复使用粗基准的错误实例及其改进方案
a)零件图;b)车端面及内孔;c)重复使用粗基准钻3-φ7mm孔;d)精基准定位钻3-φ7mm孔

2. 精基准的选择

选择精基准时要考虑的主要问题是如何保证设计技术要求的实现以及装夹准确、可靠、方便。为此,一般应遵循下列5条原则:

(1)基准重合原则。应尽可能选择被加工表面的设计基准为精基准。这称之为基准重合原则。

在对加工面位置尺寸有决定作用的工序中,特别是当位置公差要求很小的时候,一般不应违反这一原则。因为违反了这一原则就必然会产生基准不重合误差,增大加工难度。

(2)统一基准原则。当工件以某一精基准定位,可以比较方便地加工大多数(或所有)其他表面,则应尽早地把这个基准面加工出来,并达到一定精度,以后工序均以它为精基准加工其他表面。这称之为统一基准原则。

采用统一基准原则可以简化夹具设计,可以减少工件搬动和翻转次数,在自动化生产中有广泛应用。应当指出,统一基准原则常常会带来基准不重合的问题。在这种情况下,要针对具体问题进行认真分析,在可以满足设计要求的前提下,决定最终选择的精基准。

(3)互为基准原则。某些位置度要求很高的表面,常采用互为基准反复加工的办法来达到位置度要求。这称之为互为基准的原则。

例如车床主轴前后支撑轴颈与前锥孔有严格的同轴度要求,为了达到这一要求,工艺上一般都遵循互为基准的原则,以支撑轴颈定位加工锥孔,又以锥孔定位加工支撑轴颈,从粗加工到精加工,经过几次反复,最后以前后支撑轴颈定位精磨前锥孔。

(4)自为基准原则。旨在减小表面粗糙度,减小加工余量和保证加工余量均匀的工序,常以加工面本身为基准进行加工,称为自为基准原则。

例如图3-12所示的床身导轨面的磨削工序,用固定在磨头上的百分表3,找正工件上的导轨面。当工作台纵向移动时,调整工件1下部的4个楔铁2,使百分表的指针基本不动为止,夹紧工件,加工导轨面。即以导轨面自身为基准进行加工。工件下面的4个楔铁中有2只起支撑作用。还可以举出其他一些例子,如拉孔、推孔、珩磨孔、铰孔、浮动镗刀块镗孔等都是自为基准加工的典型例子。

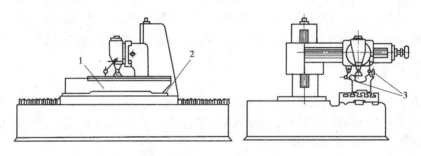

图3-12 床身导轨面自为基准定位
1-工件;2-楔铁(调整用);3-百分表(找正用)

(5)便于装夹原则。所选择的精基准,应能保证定位准确、可靠,夹紧机构简单,操作方便,这称为便于装夹原则。

二、加工经济精度与加工方法的选择

1. 加工经济精度

生产上加工精度的高低是用其可以控制的加工误差的大小来表示的。加工误差小,则加工精度高;加工误差大,则加工精度低。统计资料表明,加工误差和加工成本之间成反比例关系,如图3-13所示,δ表示加工误差,S表示加工成本。可以看出:对一种加工方法来说,加工误差小到一定程度(如曲线中A点的左侧),加工成本提高很多,加工误差却降低很少;加工误差大到一定程度后(如曲线中B点的右侧),即使加工误差增大很多,加工成本却降低很少。说明一种加工方法在A点的左侧

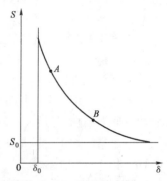

图3-13 加工误差与加工成本的关系

或 B 点的右侧应用都是不经济的。例如在表面粗糙度小于 $R_a0.4\mu m$ 的外圆加工中,通常多用磨削加工方法而不用车削加工方法。因为车削加工方法不经济。但是,对表面粗糙度为 $R_a1.6 \sim 25\mu m$ 的外圆加工中,则多用车削加工方法而不用磨削加工方法,因为这时车削加工方法又是经济的了。实际上,每种加工方法都有一个加工经济精度问题。

所谓加工经济精度是指在正常加工条件下(采用符合质量标准的设备、工艺装备和标准技术等级的工人,不延长加工时间)所能保证的加工精度和表面粗糙度。

2. 加工方法的选择

一般情况下,根据零件的精度(包括尺寸精度、形状精度和位置精度以及表面粗糙度)要求,考虑本车间(或本厂)现有工艺条件,考虑加工经济精度的因素选择加工方法。有关各种加工方法的加工经济精度和表面粗糙度,可参考《机械制造工艺学》等资料。

在选择加工方法时应考虑的主要问题有:

(1)所选择的加工方法能否达到零件精度的要求。

(2)零件材料的可加工性能如何。例如有色金属宜采用切削加工方法,不宜采用磨削加工方法,因为有色金属易堵塞砂轮工作面。

(3)生产率对加工方法有无特殊要求。例如为满足大批大量生产的需要,齿轮内孔通常多采用拉削加工方法加工。

(4)本厂的工艺能力和现有加工设备的加工经济精度如何。技术人员必须熟悉本车间(或者本厂)现有加工设备的种类、数量、加工范围和精度水平以及工人的技术水平,以充分利用现有资源,不断地对原有设备、工艺装备进行技术改造,挖掘企业潜力,创造经济效益。

三、加工顺序的安排

复杂工件的机械加工工艺路线中要经过切削加工、热处理和辅助工序。因此,在拟定工艺路线时,工艺人员要全面地把切削加工、热处理和辅助工序三者一起加以考虑,现分别阐述如下。

1. 机械加工工序的安排原则

1)先加工基准面

选为精基准的表面应安排在起始工序先进行加工,以便尽快为后续工序的加工提供精基准。

2)划分加工阶段

工件的加工质量要求较高时,都应划分阶段。一般可分为粗加工、半精加工和精加工3个阶段。加工精度和表面质量要求特别高时,还可增设光整加工和超精密加工阶段。

(1)各加工阶段的主要任务。

①粗加工阶段是从坯料上切除较多余量,所能达到的精度和表面质量都比较低的加工过程。

②半精加工阶段是在粗加工和精加工之间所进行的切削加工过程。

③精加工阶段是从工件上切除较少余量,所得精度和表面质量都比较高的加工过程。

④光整加工阶段是精加工后,从工件上不切除或切除极薄金属层,用以获得很光洁表面或强化其表面的加工过程。一般不用来提高位置精度。

⑤超精密加工阶段是按照超稳定、超微量切除等原则,实现加工尺寸误差和形状误差在 $0.1\mu m$ 以下的加工技术。

(2)划分加工阶段的原因。

①保证加工质量。工件加工划分阶段后,因粗加工的加工余量大、切削力大等因素造成的

加工误差，可通过半精加工和精加工逐步得到纠正，以保证加工质量。

②有利于合理使用设备。粗加工要求使用功率大、刚性好、生产率高、精度要求不高的设备。精加工则要求使用精度高的设备。划分加工阶段后，就可充分发挥粗、精加工设备的特点，避免以精干粗，做到合理使用设备。

③便于安排热处理工序，使冷、热加工工序配合得更好。例如，粗加工后工件残余应力大，可安排时效处理，消除残余应力；热处理引起的变形又可在精加工中消除。

④便于及时发现毛坯缺陷。毛坯的各种缺陷如气孔、砂眼和加工余量不足，在粗加工后即可发现，便于及时修补或决定报废，以免继续加工后造成工时和费用的浪费。

⑤精加工、光整加工安排在后，可保护精加工和光整加工过的表面少受磕碰损坏。

应当指出，划分加工阶段是对整个工艺过程而言的，因而应以工件的主要加工面来分析，不应以个别表面（或次要表面）和个别工序来判断，并视具体情况加以灵活应用。

3）先面后孔

对于箱体、支架和连杆等工件，应先加工平面后加工孔。这是因为平面的轮廓平整，安放和定位比较稳定可靠，若先加工好平面，就能以平面定位加工孔，保证平面和孔的位置精度。此外，由于平面先加工好，给平面上的孔加工也带来方便，使刀具的初始切削条件能得到改善。

4）次要表面可穿插在各阶段间进行加工

次要表面一般加工量都较少，加工比较方便。若把次要表面的加工穿插在各加工阶段之间进行，就能使加工阶段更加明显，又增加了阶段间的间隔时间，便于工件有足够时间让残余应力重新分布并引起变形，以便在后续工序中纠正其变形。

综上所述，一般机械加工的顺序是：加工精基准→粗加工主要面→精加工主要面→光整加工主要面→超精密加工主要面，次要表面的加工穿插在各阶段之间进行。

2. 热处理工序的安排

热处理是用于提高材料的力学性能、改善金属的加工性能以及消除残余应力。制订工艺规程时，由工艺人员根据设计和工艺要求全面考虑热处理工序的安排。

1）最终热处理

最终热处理的目的是提高力学性能，如调质、淬火、渗碳淬火、液体碳氮共渗和渗氮，都属最终热处理，应安排在精加工前后。变形较大的热处理，如渗碳淬火应安排在精加工磨削前进行，以便在精加工磨削时纠正热处理的变形，调质也应安排在精加工前进行。变形较小的热处理如渗氮等，应安排在精加工后。

表面装饰性镀层和发蓝处理，一般都安排在机械加工完毕后进行。

2）预备热处理

预备热处理的目的是改善加工性能，为最终热处理做好准备和消除残余应力，如正火、退火和时效处理。它应安排在粗加工前、后和需要消除应力处。放在粗加工前，可改善粗加工时材料的加工性能，并可减少车间之间的运输工作量；放在粗加工后，有利于粗加工后残余应力的消除。调质处理能得到组织均匀细致的回火索氏体，有时也作为预备热处理，常安排在粗加工后。

3. 辅助工序的安排

辅助工序的种类较多，包括检验、去毛刺、倒棱、清洗、防锈、去磁及平衡等。辅助工序也是必要的工序，若安排不当或遗漏，将会给后续工序和装配带来困难，影响产品质量，甚至使机器不能使用。

检验工序更是必不可少的工序。它对保证质量、防止产生废品起到重要作用。除了工序中自检外，需要在下列场合单独安排检验工序：

(1)粗加工阶段结束后。
(2)重要工序前后。
(3)送往外车间加工的前后,如热处理工序前后。
(4)全部加工工序完成后。

4. 确定工序集中与分散的程度

工序集中与工序分散,是拟定工艺路线时确定工序数目(或工序内容多少)的两种不同的原则,它和设备类型的选择有密切的关系。

1)工序集中和工序分散的概念

工序集中就是将工件的加工集中在少数几道工序内完成。每道工序的加工内容较多。工序集中可采用技术上的措施集中,称为机械集中,如多刃、多刀和多轴机床,自动机床,数控机床,加工中心等;也可采用人为的组织措施集中,称为组织集中,如卧式车床的顺序加工。

工序分散就是将工件的加工分散在较多的工序内进行。每道工序的加工内容很少,最少时即每道工序仅一个简单工步。

2)工序集中和工序分散的特点

(1)工序集中的特点:

①采用高效专用设备及工艺装备,生产率高。

②工件装夹次数减少。易于保证表面间位置精度,还能减少工序间运输量,缩短生产周期。

③工序数目少,可减少机床数量、操作工人数和生产面积,还可简化生产计划和生产组织工作(本特点也适用于组织集中)。

④因采用结构复杂的专用设备及工艺装备,造成投资大,调整和维修复杂,生产准备工作量大,转换新产品比较费时。

(2)工序分散的特点:

①设备及工艺装备比较简单,调整和维修方便,工人容易掌握,生产准备工作量少,又易于平衡工序时间,易适应产品更换。

②可采用最合理的切削用量,减少基本时间。

③设备数量多,操作工人多,占用生产面积也大。

3)工序集中与工序分散的选用

单件小批生产采用组织集中,以便简化生产组织工作。大批大量生产可采用较复杂的机械集中,如多刀、多轴机床,各种高效组合机床和自动机加工;对一些结构较简单的产品,如轴承生产,也可采用工序分散的原则。成批生产应尽可能采用效率较高的机床,如转塔车床、多刀半自动车床、数控机床等,使工序适当集中。

5. 设备与工艺装备的选择

1)设备的选择

确定了工序集中或工序分散的原则后,基本上也就确定了设备的类型。如采用机械集中,则选用高效自动加工的设备,多刀、多轴机床;若采用组织集中,则选用通用设备;若采用工序分散,则加工设备可较简单。此外,选择设备时还应考虑:

(1)机床精度与工件精度相适应。

(2)机床规格与工件的外形尺寸相适应。

(3)与现有加工条件相适应,如设备负荷的平衡状况。如果没有现成设备供选用,经过方案的技术经济分析后,也可提出专用设备的设计任务书或改装旧设备。

2）工艺装备的选择

工艺装备选择的合理与否，将直接影响工件的加工精度、生产效率和经济性。应根据生产类型、具体加工条件、工件结构特点和技术要求等选择工艺装备。

（1）夹具的选择。单件小批生产首先采用各种通用夹具和机床附件，如卡盘、机床用平口虎钳、分度头。有组合夹具的，可采用组合夹具。对于中、大批和大量生产，为提高劳动生产率而采用专用高效夹具。中、小批生产应用成组技术时，可采用可调夹具和成组夹具。

（2）刀具的选择。一般优先采用标准刀具。若采用机械集中，则应采用各种高效的专用刀具、复合刀具和多刃刀具等。刀具的类型、规格和精度等级应符合加工要求。

（3）量具的选择。单件小批生产应广泛采用通用量具，如游标卡尺、百分表和千分尺。大批大量生产应采用极限量块和高效的专用检验夹具和量仪等，量具的精度必须与加工精度相适应。

第四节　机床夹具设计

夹具是机械加工中用以装夹工件的工艺装备，其主要功能是实现工件的定位和夹紧，使工件加工时相对于机床、刀具有正确的位置，从而达到保证加工精度、提高劳动生产率、改善工人劳动条件与降低生产成本等目的。

夹具种类繁多，按其使用范围和特点可分为通用夹具、专用夹具、组合夹具和可调夹具。若按所使用的机床可分为车床夹具、铣床夹具、钻床夹具、镗床夹具及其他机床夹具。

在图3-14所示的连杆铣槽用的铣床夹具可知机床夹具主要由定位元件或装置（图中夹具底板4、圆柱销5和菱形销1）、刀具导向元件或装置（图中对刀块2）、夹紧元件或装置（图中压板10、螺母9、螺栓8）、连接元件（图中的定位键3、夹具底板4等）、夹具体（夹具底板4）等组成。

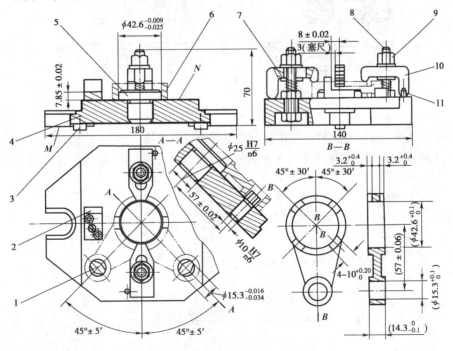

图3-14　连杆铣槽夹具

1-菱形销；2-对刀块；3-定位键；4-夹具底板；5-圆柱销；6-工件；7-弹簧；8-螺栓；9-螺母；10-压板；11-止动销

一、工件在夹具中的定位及夹紧

1. 常用定位方法与定位元件

1) 工件以平面定位

平面定位的主要形式是支撑定位。夹具上常用的支撑元件如下所述：

(1) 固定支撑。固定支撑有支撑钉和支撑板两种。如图 3-15 所示。在使用过程中，它们都是固定不动的。其中 A 型多用于精基准面的定位，B 型多用于粗基准面的定位，C 型多用于工件侧面的定位。

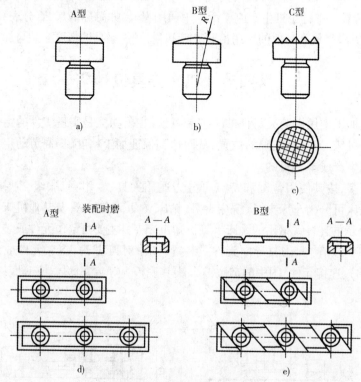

图 3-15 支撑钉与支撑板

(2) 可调支撑。支撑点位置可以调整的支撑称为可调支撑。图 3-16 所示为常见的几种可调支撑。在工件定位表面不规整或工件批次之间毛坯的尺寸变化范围较大时，常使用可调支撑。

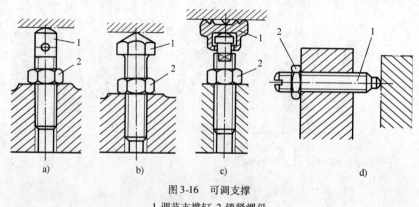

图 3-16 可调支撑
1-调节支撑钉；2-锁紧螺母

(3)辅助支撑。辅助支撑是在工件定位后才参与支撑的元件。只是用来提高工件装夹的稳定性与装夹刚度的,不起定位作用。

(4)自位支撑。在工件定位过程中,能自动调整位置的支撑称为自位支撑,或称浮动支撑。图3-17所示为几种常见的自位支撑形式。自位支撑一般仅起一个自由度的定位作用,其工作特点是支撑点的位置能随着工件定位基面的位置不同而自动调节,定位基面压下其中一点,其余点便上升,直至各点都与工件接触。因为接触点增多了,故能提高工件装夹的刚度与稳定性。

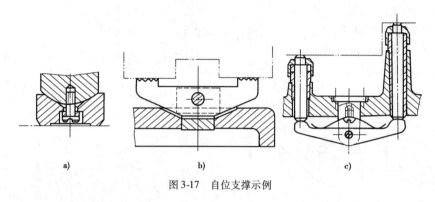

图3-17 自位支撑示例

2)工件以圆柱表面定位

工件以圆柱孔内表面定位大都属于定心定位,夹具上相应的定位元件是心轴和定位销。

(1)定位销。图3-18是常用定位销的结构。其工作部分的直径 d 通常根据加工要求和便于装夹,按g5、g6、f6或f7制造。定位销与夹具体的连接可采用过盈配合,如图3-18a)、b)、c)所示;亦可采用间隙配合,如图3-18d)所示。有时也采用圆锥销、菱形销定位(图3-22)。

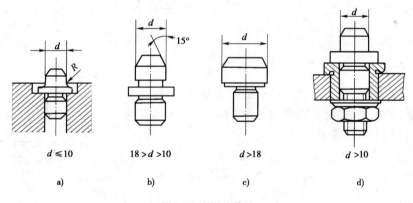

图3-18 圆柱定位销

(2)心轴。常采用刚性心轴并通过孔与心轴接触表面的弹性变形来夹紧工件以实现定位。

3)工件以外圆柱表面定位

工件以外圆柱表面作为定位基面时,常用的定位元件有V形块、定位套和半圆套。

V形块的定位优点是对中性好,不论是完整的圆柱面还是局部圆弧面都可采用V形块定位,并且安装方便。

图3-19所示为V形块的常用结构。图3-19a)用于较短的精基准定位;图3-19b)用于较长的轴的粗基准(或阶梯轴)的定位;图3-19c)用于两段精基准面相距较远的场合。若定位元

件直径与长度较大,其 V 形块不必做成整体钢件,而采用铸铁底座镶淬火钢垫的形式,如图3-19d)所示。

V 形块上两斜面之间的夹角 α,一般选用 60°、90°和 120°,以 90°应用最广泛且已标准化。设计非标准 V 形块时,可参照图 3-20 有关尺寸进行计算,其主要参数有:

D——V 形块的设计心轴直径。D 为工件或检验心轴直径的平均尺寸,其轴线是 V 形块的限位基准;

α——V 形块两限位基面间的夹角;

H——V 形块的高度;

T——V 形块的定位高度,即 V 形块的限位基准至 V 形块底面的距离;

N——V 形块的开口尺寸。

当 $\alpha = 90°$ 时,$T = H + 0.707D - 0.5N$。

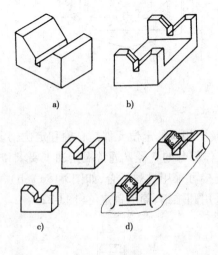

图 3-19 V 形块

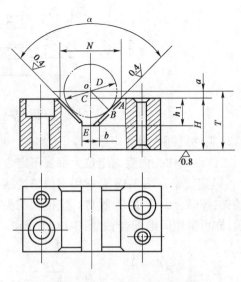

图 3-20 V 形块结构尺寸

4) 其他表面定位方式

工件除了以平面、圆柱孔和外圆柱表面定位外,有时也以其他表面定位。如图 3-21 所示是以锥孔定位的例子,锥度心轴限制了工件除绕自身轴线转动之外的 5 个自由度。

5) 工件以组合表面定位

上述定位方式,均是以单一的几何表面作为定位基准的。但实际上,一般工件是很少以单一几何要素作为基准来定位的,通常都是以两个或两个以上的几何要素作为定位基准的,即以表面组合定位。如用一个孔和一个端面,一个平面及其上的两个孔,一个外圆和一个端面,阶梯轴两个外圆和一个端面定位。图 3-22 所示为工件以一个平面及其上的两孔为定位的实例,通常称为一面两孔定位。此种定位方式,在汽车、拖拉机的箱体类零件加工中是常见的组合定位方式,如变速器壳体、发动机缸体、减速器壳体以及一些杆类零件的定位。在夹具上相应地用一个支撑面和两个短销作为定位元件,与相应的表面接触和配合实现定位,通常简称为一面两销定位。

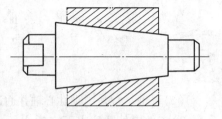

图 3-21 工件在锥度心轴上定位

如图 3-22 所示,定位时短销 1 与孔 1′,短销 2 与孔 2′的最小配合间隙分别为 X_1 和 X_2。这

时支撑平面限制了 $\hat{Z}$、$\hat{X}$ 和 $\hat{Y}$ 3 个自由度。其中一个短销限制了 $\hat{X}$、$\hat{Y}$ 两个自由度；另一个短销限制了 $\hat{X}$ 及 $\hat{Z}$ 两个自由度。这样，$\hat{X}$ 自由度被两个短定位销同时限制了，出现了过定位。并且在两孔和两销间的中心距都存在的较大的误差时，若短销 1 套入孔 1′ 内之后，短销 2 与孔 2′ 就很可能套不进去，从而发生干涉现象。有可能出现的定位干涉的最危险的两种情况是：$L_x + T_{Lx}/2$ 和 $L_g - T_{Lg}/2$ 或 $L_x - T_{Lx}/2$ 和 $L_g + T_{Lg}/2$，图 3-22b)所示为后一种情况。为解决这一矛盾，应该将短销 2（d_2）变成菱形销。使短销 1 与孔 1′ 轴线重合，菱形销 d_2 与 D_2 配合的最小间隙值为：

$$X_2 = \frac{b(T_{Lg} + T_{Lx})}{D_2} \tag{3-1}$$

式中：$b \approx \dfrac{XD}{T_{Lg} + T_{Lx}}$；

X——双面最小间隙值。

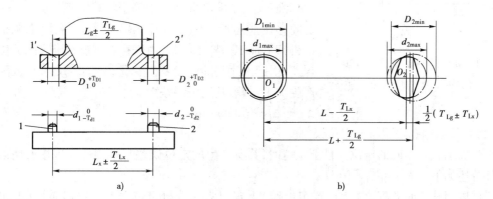

图 3-22 工件以一面两孔定位

设计时，取工件上两孔中心距的基本尺寸为两定位销中心距的基本尺寸，其公差取工件孔中心距公差的 1/5～1/3。定位销直径取相应孔的最小直径为其基本尺寸，其公差一般取 g6 或 f7。

2. 定位误差的分析与计算

定位误差是由于工件在夹具上定位不准确而引起的加工误差。在采用调整法加工时，工件的定位误差实质上就是工序基准在加工方向上的最大变动量，并用 Δ_d 表示。

1) 定位误差的组成

（1）基准不重合误差。当定位基准与设计基准不重合时便产生基准不重合误差。故选择定位基准时应尽量与设计基准相重合。当加工工件的工艺过程确定后，各工序的工序尺寸也就随之而定，此时在工艺文件中，设计基准就转化为工序基准了。设计夹具时，应当使定位基准与工序基准相重合。当定位基准与工序基准不重合时，也将产生基准不重合误差，其大小等于定位基准与工序基准之间尺寸的公差，用 $\Delta_{j,b}$ 表示。

（2）基准位移误差。工件在夹具中定位时，由于工件定位基面与夹具上定位元件限位基面的制造公差和最小配合间隙的影响，导致定位基准与限位基准不能重合，致使各个工件的位置不一致，给加工尺寸造成误差。这种误差称为基准位移误差，以 $\Delta_{j,y}$ 表示。

加工时，若上述两项产生误差的原因同时存在，则定位误差为 $\Delta_{j,b}$ 和 $\Delta_{j,y}$ 的代数和，即：

$$\Delta_d = \Delta_{j,b} + \Delta_{j,y} \tag{3-2}$$

所以，为了提高定位精度，除了应使工序基准与定位基准重合外，还应该尽量提高定位基准（基面）和定位元件的制造精度。

2)定位误差的分析与计算

不论由何种原因引起定位误差,只要出现定位误差,就会使工序基准在工序尺寸方向上发生位置偏移。因此,分析计算定位误差,就是找出一批工件的工序基准的位置沿工序尺寸方向上可能发生的最大偏移量。

(1)工件以平面定位时的定位误差。

工件以平面定位产生定位误差的原因,也是由于基准不重合或基准位移引起的。其中基准位移误差是由定位基准(平面)之间的位置误差产生的。

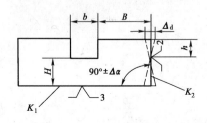

图 3-23 定位基准间位置误差引起的基准位移误差

例如加工图 3-23 所示工件,该工序要求保证工序尺寸 b、H 及 B。其中 b 是用铣刀直接保证的;尺寸 H 及 B 是靠工件相对于铣刀的正确定位来保证的。如图 3-23 所示,当以平面 K_1 和 K_2 为定位基准时,由于定位基准与工序基准重合,基准不重合误差等于零。由于平面 K_1 和 K_2 之间存在垂直度误差(以 $90°\pm\Delta\alpha$ 表示),因此,在调整好的机床上加工一批工件时,由于存在定位基准之间的位置误差,引起工序基准位置发生变化,故工序尺寸 B 也随之产生加工误差,其定位误差为:

$$\Delta_d = \Delta_{j,y} = 2h\tan\Delta\alpha \tag{3-3}$$

(2)工件以圆孔定位时的定位误差。

工件以圆孔在不同的定位元件上定位时,其所产生的定位误差是不同的。现按所用的定位元件分述如下。

工件以圆孔在间隙配合心轴(或定位销)上定位为例分析定位误差。根据心轴(或定位销)放置的不同,有两种情况。

①心轴(或定位销)水平放置。如在图 3-24 所示工件上钻孔,工序基准与定位基准均为孔的轴线,所以基准不重合误差为零。由于孔及心轴存在制造误差和最小配合间隙,见图 3-24b),所以当工件装在心轴(定位销)上时,因其自身质量而下降使圆孔上母线与心轴上母线接触,引起定位基准(工序基准)发生偏移,如图 3-24c)所示。定位误差为:

$$\Delta_{d(A)} = \frac{1}{2}(T_{Dg} + T_d + X) \tag{3-4}$$

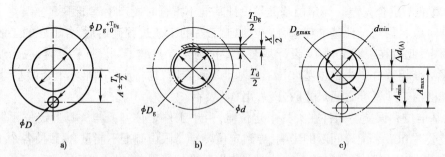

图 3-24 心轴水平放置时的定位误差

②心轴(定位销)垂直放置。现仍以图 3-24 所示的工件为例,在立式钻床上钻孔并保证工序尺寸 A。由图 3-25 可以看出,由 $\Delta_{j,y}$ 引起的工件工序基准变化量,是以心轴轴线为圆心,直径为最大配合间隙的圆。因此,心轴垂直放置时的定位误差比水平放置时的定位误差增大一倍,即:

$$\Delta_{d(A)} = T_{Dg} + T_d + X \tag{3-5}$$

(3) 工件以外圆定位时的定位误差。

下面主要分析工件外圆在 V 形块上定位时的定位误差。现以圆柱体上铣键槽为例说明。

由于键槽槽底（工序尺寸 h）的工序基准不同，而可能出现如图 3-26 所示的 3 种情况。

① 以轴线 O 为工序基准。在外圆 $d_{-T_d}^{0}$ 上铣削工序尺寸为 h_1 的键槽，如图 3-26a）所示。这时，工序基准为外圆的轴线 O_1，两者是重合的。因此，不存在基准不重合误差。但是，由于一批工件的定位基面——外圆有制造误差，将引起工序基准 O_1 在 V 形块对称平面上发生偏移，从而使工序尺寸产生加工误差 $\Delta h = h'_1 - h_1 = \overline{O_1 O_2}$。定位误差可通过 $\Delta O_1 C_1 C$ 与 $\Delta O_2 C_2 C$ 的关系求得：

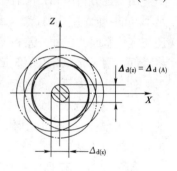

图 3-25 心轴垂直放置时的定位误差

$$\Delta_{d(h_1)} = \overline{O_1 O_2} = \overline{O_1 C} - \overline{O_2 C} = \frac{\overline{O_1 C_1}}{\sin\frac{\alpha}{2}} - \frac{\overline{O_2 C_2}}{\sin\frac{\alpha}{2}} = \frac{d}{2\sin\frac{\alpha}{2}} - \frac{d - T_d}{2\sin\frac{\alpha}{2}} = \frac{T_d}{2\sin\frac{\alpha}{2}} \tag{3-6}$$

② 以外圆下母线 B 为工序基准。铣键槽时，保证的工序尺寸为 h_2，如图 3-26b）所示。这时，除了存在上述的定位基面制造误差而产生的基准位移误差时，还存在基准不重合误差。由图 3-26b）可知，定位误差为：

$$\Delta_{d(h_2)} = \overline{B_1 B_2} = \overline{O_1 O_2} + \overline{O_2 B_2} - \overline{O_1 B_1}$$

$$= \frac{T_d}{2\sin\frac{\alpha}{2}} + \frac{d - T_d}{2} - \frac{d}{2} = \frac{T_d}{2}\left[\frac{1}{\sin\frac{\alpha}{2}} - 1\right] \tag{3-7}$$

③ 以外圆上母线 A 为工序基准。如图 3-26c）所示，需保证的工序尺寸为 h_3。与第二种情况相同，定位误差也是由于基准不重合和基准位移误差共同引起的。由图 3-26c）可知，定位误差为：

$$\Delta_{d(h_3)} = \overline{A_1 A_2} = \overline{O_1 A_1} + \overline{O_2 O_2} - \overline{O_2 A_2}$$

$$= \frac{d}{2} + \frac{T_d}{2\sin\frac{\alpha}{2}} - \frac{d - T_d}{2} = \frac{T_d}{2}\left[\frac{1}{\sin\frac{\alpha}{2}} + 1\right] \tag{3-8}$$

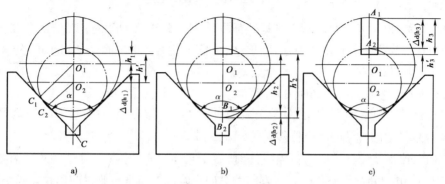

图 3-26 外圆在 V 形块上定位时的定位误差
a) 以外圆轴线为工序基准；b) 以外圆下母线为工序基准；c) 以外圆上母线为工序基准

由上述分析可知,外圆在 V 形块上定位铣键槽时,键槽深度的工序基准不同,其定位误差也是不同的,即 $\Delta_{d(h_2)} < \Delta_{d(h_1)} < \Delta_{d(h_3)}$。从减少定位误差来考虑,标注尺寸 h_2 最佳。定位误差大小还与定位基面的尺寸公差和 V 形块的夹角 α 有关。α 角越大,定位误差越小,但其定位稳定性也将降低。用 V 形块定位,键槽宽度的对称度的定位误差为零,所以 V 形块具有良好的对中性。

(4) 工件以组合表面定位时的定位误差。

工件以组合表面定位时,其定位误差计算是较为复杂的。但是,只要画出工件的工序基准的两个极限位置,通过几何关系也是不难计算的。下面以一面两销为例,说明组合定位时的定位误差计算方法。

加工如图 3-27 所示箱体零件上的两孔 M_1 及 M_2。M_1 及 M_2 两孔的工序尺寸分别为 A、B、E 及 F。孔 I' 与圆柱定位销 I 配合,直径尺寸分别为 $D_1{}^{+T_{D1}}_{\ 0}$ 和 $d_{1-T_{d1}}^{\ 0}$,最小配合间隙值 X_1;孔 II' 与菱形销 II 配合直径尺寸分别为 $D_2{}^{+T_{D2}}_{\ 0}$ 和 $d_{2-T_{d2}}^{\ 0}$,最小配合间隙值为 X_2。两孔和两销的中心距分别为 $L \pm T_{Lg}/2$ 和 $L \pm T_{Lj}/2$。

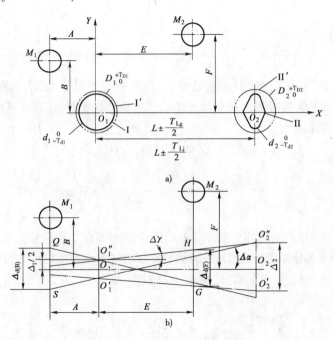

图 3-27 双孔定位时的定位误差分析

从图 3-27a) 可知,M_1 和 M_2 的工序基准有两个:孔 I' 的中心 O_1 和孔 I' 及孔 II' 的中心连线。工件的定位基准为孔 I' 和孔 II' 的中心 O_1 及 O_2 (实际上还有一个平面)。因此,M_1 及 M_2 孔的工序基准与定位基准是重合的,基准不重合误差等于零。只要在计算基准位移误差的基础上,根据工序尺寸及基准位移误差间的几何关系,就能容易地求出定位误差值。

基准位移误差包括两类,即沿图示 X 轴方面的基准位移误差(称纵向定位误差)和基准 $\overline{O_1O_2}$ 偏离理想位置的转动的基准位移误差 ($\Delta\alpha$、$\Delta\gamma$)。

① 纵向定位误差。一般加工箱体零件时,由于箱体自重较大,定位销多为垂直放置。因此,加工 M_1 及 M_2 孔时,沿两孔中心线方向的纵向定位误差与垂直放置的单销定位情况相同。定位误差也是由于定位基面(孔)和定位元件(销)本身的制造误差及最小配合间隙引起的,工序尺寸 A、E 的定位误差值为:

$$\Delta_{d(A,E)} = T_{D1} + T_{d1} + X_1 = \Delta_1$$

②转动的基准位移误差。由于 O_1 在 O'_1 和 O''_1 间变动；中心 O_2 在 O'_2 和 O''_2 间变动，因此中心线 $\overline{O_1O_2}$ 有两种极端变动：一是从 $\overline{O'_1O'_2}$ 变动到 $\overline{O''_1O''_2}$；另一种情况是从 $\overline{O''_1O'_2}$ 变动到 $\overline{O'_1O''_2}$。计算定位误差时，首先要分析哪一种极端情况会引起工序基准产生最大位移，然后根据几何关系计算定位误差。

从图3-27b)可知，加工表面处于两定位孔之外(如加工 M_1 孔)时，孔 I′与销 I 在上母线接触，而孔 II′与销 II 下母线接触，或者相反。这时，两孔中心连线 $\overline{O'_1O''_2}$ 相对理想位置 $\overline{O_1O_2}$ 偏转了一个角度 $\Delta\alpha$，通常称为转角误差，亦称角向误差或角度误差，其值为：

$$\tan\Delta\alpha = \frac{T_{D1} + T_{d1} + X_1 + T_{D2} + T_{d2} + X_2}{2L} = \frac{\Delta_1 + \Delta_2}{2L} \tag{3-9}$$

由图3-27b)可知，工序尺寸 B 的定位误差为：

$$\Delta_{d(B)} = \overline{SQ} = \Delta_1 + 2A\tan\Delta\alpha = T_{D1} + T_{d1} + X_1 + 2A\tan\Delta\alpha$$

当加工表面处于两孔之间时，孔 I′和孔 II′的上母线分别与销 I 和销 II 的上母线，或者它们的下母线接触时，两孔连线产生的转角误差为 $\Delta\gamma$(一般 $\Delta_2 > \Delta_1$)，称为横向转角误差，其值为：

$$\tan\Delta\gamma = \frac{\Delta_2 - \Delta_1}{2L} = \frac{T_{D2} + T_{d2} + X_2 - (T_{D1} + T_{d1} + X_1)}{2L} \tag{3-10}$$

从图3-27b)可得，工序尺寸 F 的定位误差值为：

$$\Delta_{d(F)} = \overline{HG} = \Delta_1 + 2E\tan\Delta\gamma = T_{D1} + T_{d1} + X_1 + 2E\tan\Delta\gamma$$

从上述分析可知，若想减少定位误差，可以采取以下措施：

a. 提高定位孔、定位销的尺寸精度和减小配合间隙；

b. 增大两孔的中心距。为此，在设计产品零件时，应尽量使两定位孔布置得远些。通常，两孔的配合性质选择 H7～H9。两孔中心距偏差取双向对称分布，公差取决于工件要求和工艺水平，一般为 $\pm(0.03\sim0.05)$ mm，加工要求低的，可取 ±0.1 mm。

以上讨论了以平面、内孔、外圆及其组合表面定位时，产生定位误差的原因及其计算。归纳起来定位误差产生的原因有两个：

a. 工序基准和定位基准不重合引起的基准不重合误差；

b. 定位基准(基面)和定位元件本身的制造误差，以及它们之间的位置误差，引起定位基准位置变化而产生的基准位移误差。

对较为复杂的定位方式，可以通过下述方法求定位误差数值：

a. 画出工件定位时工序基准偏离理想位置的两个极限位置；

b. 从工序基准与其他有关尺寸的几何关系中，计算工序基准沿工序尺寸(或位置公差)方向上位置的最大变动量，即为定位误差的值。

3. 工件的夹紧

1) 工件的夹紧及对夹紧装置的基本要求

在加工过程中，为保证工件定位时所确定的正确加工位置和安全生产，防止工件在切削力、惯性力、离心力及重力的作用下发生位移和振动，机床夹具设有夹紧装置，将工件压紧夹牢。夹紧装置是夹具的重要组成部分。在设计夹紧装置时，应满足下列基本要求：

(1) 夹紧过程中应能保证工件定位时已获得的正确位置。

(2) 夹紧应可靠并适当。夹紧机构一般要有自锁作用，保证工件在加工过程中的位置稳定不变，振动小，又不能使工件产生夹紧变形和表面损伤。

(3)夹紧装置的操作应当方便、安全、省力。

(4)夹紧自动化和复杂程度应与生产类型相适应。其结构应力求简单、紧凑,尽可能采用标准化元件。

2)夹紧力的确定

设计夹紧机构时,首要的是依据工件的结构特点、加工要求并结合加工中的受力情况以及定位元件的结构与布置,合理地确定夹紧力的三要素:大小、方向和作用点。

(1)夹紧力方向的选择。

夹紧力方向的选择一般应遵循下列原则:

首先,夹紧力的作用应有利于工件的准确定位,而不能破坏定位。为此要求夹紧力应垂直于主要定位基面。图3-28所示为工件在直角支座上镗孔的简图,被加工孔与端面A有一定的垂直度要求。这时夹紧力F_{j1}、F_{j2}应分别垂直于第一定位基面A和第二基面B。则既能保证工件定位稳定可靠,又能保证被加工孔轴线与支座底面平行。

其次,夹紧力的作用方向应尽量与工件刚度最大的方向相一致,以减小工件变形。如图3-29所示的薄壁套筒工件,其轴向刚度比径向刚度大。若如图3-29a)所示,用三爪自动定心卡盘径向夹紧套筒,将使工作产生较大的变形。若改成图3-29b)的形式,用螺母轴向夹紧工件,则不易产生变形。

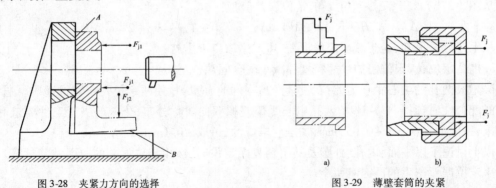

图3-28 夹紧力方向的选择　　　　图3-29 薄壁套筒的夹紧

再次,夹紧力的作用方向应尽可能与切削力、工件重力方向一致,以减小所需夹紧力。

(2)夹紧力作用点的选择。

夹紧力作用点是指夹紧时,夹紧元件与工件表面的接触位置。它对工件夹紧的稳定性和变形有很大影响。选择夹紧力作用点时,可考虑以下几点:

①夹紧力应落在支撑元件或几个支撑元件所构成的支撑面内。如图3-30a)所示夹紧力作用在支撑面之外,会使工件倾斜或变形;而图3-30b)是合理的。

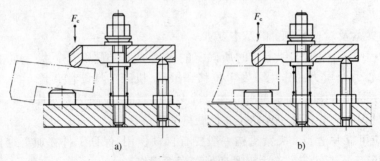

图3-30 夹紧力的作用点应落在支撑元件上

②夹紧力应落在工件刚性较好的部位上。这对刚性较差的工件尤为重要,如图 3-31 所示,夹紧力作用点由中间的单点改为对称的两侧的两点,既可避免工件变形,又使夹紧较为牢靠。

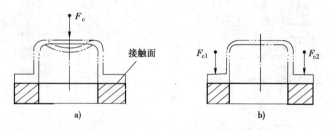

图 3-31　夹紧力作用点应落在工件刚性强的部位上

③夹紧力作用点应尽可能靠近被加工表面,可增加夹紧的可靠性并防止和减少工件的振动。

(3)夹紧力大小的估算。

夹紧力的大小对工件装夹的可靠性,工件和夹具的变形以及装夹装置的复杂程度等都有很大的影响,因此在夹紧力的作用点和方向确定以后,还需要合理地确定夹紧力的大小。目前在设计夹紧装置时,常采用下面两种方法来确定所需的夹紧力:一是根据同类夹具的实际使用情况用类比法进行估算;二是根据加工情况,确定出工件在加工过程中对夹紧最不利的瞬时状态,再将此时工件所受的各种外力看作静力,并用静力平衡原理列出夹紧力的计算方程,计算出所需夹紧力。由于切削加工过程中,所加工的工件状态各异,工件受力平衡条件中的那些作用力在平衡力系中所起的作用并不相同,再加上切削工具不断地磨损,工件在高速运动时离心力与惯性力对夹紧的影响等因素,要把夹紧力计算得很准确,在目前情况下还不大可能。因此,为确保夹紧安全可靠,往往将按静力平衡原理求出的夹紧力 F_c 再乘以安全系数 K 作为实际所需要的夹紧力 F'_c,即:

$$F'_c = KF_c \tag{3-11}$$

式中:K——考虑切削力动态变化和工艺系统变形等因素的安全系数。粗加工时取 $K = 2.5 \sim 3$;精加工时取 $K = 1.5 \sim 2$。

二、常用典型夹紧机构

在确定了夹紧力的大小、方向和作用点之后,需要具体设计和选用夹紧装置以实现夹紧方案。下面介绍常用的典型夹紧机构的结构、作用原理和应用范围。

1. 斜楔夹紧机构

图 3-32 所示为几种斜楔夹紧机构示例。其中图 a)所示夹具直接采用斜楔夹紧,图 b)为斜楔、滑柱与杠杆组合夹紧机构,图 c)为利用斜楔原理的自动夹紧的心轴。

直接采用斜楔夹紧时,图 3-32a)可获得的夹紧力为:

$$F_j = \frac{F_s}{\tan\phi_1 + \tan(\alpha + \phi_2)} \tag{3-12}$$

式中:F_j——可获得夹紧力,N;

F_s——作用于斜楔上的原始外力,N;

ϕ_1——斜楔与工件之间的摩擦角,(°);

ϕ_2——斜楔与夹具体之间的摩擦角,(°);

α——斜楔的楔角,(°)。

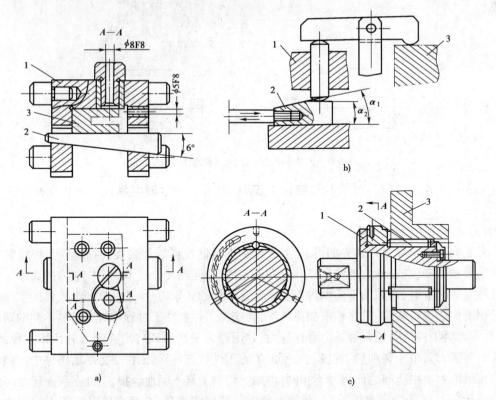

图3-32 几种斜楔夹紧机构
1-夹具体;2-斜楔;3-工件

斜楔的自锁条件为:

$$\alpha \leq \phi_1 + \phi_2 \tag{3-13}$$

斜楔夹紧机构还具有增力作用,夹紧力与原始外力之比称为扩力比 i_c。对于斜楔夹紧机构,扩力比 $i_c \approx 3$。

2.螺旋夹紧机构

图3-33所示为几种简单的螺旋夹紧机构,其中图a)为螺钉夹紧,图b)为螺母夹紧,图c)为螺旋杠杆夹紧,图d)为勾形压板夹紧。

螺旋可视为绕在圆柱体上的斜楔,故可从斜楔的夹紧力计算公式中直接导出螺旋夹紧力的计算公式:

$$F_j = \frac{F_s L}{\frac{d_0}{2}\tan(\alpha + \phi'_1) + r'\tan\phi'_2} \tag{3-14}$$

式中:F_j——沿螺旋轴线作用的夹紧力,N;

F_s——作用在扳手上的力,N;

L——作用力的力臂,mm;

d_0——螺旋中径,mm;

α——螺旋升角,(°);

ϕ'_1——螺旋副的当量摩擦角,(°);

ϕ'_2——螺杆(或螺母)与工件(或压块)的摩擦角,(°);

r'——螺杆(或螺母)与工件(或压块)的当量摩擦半径,mm。

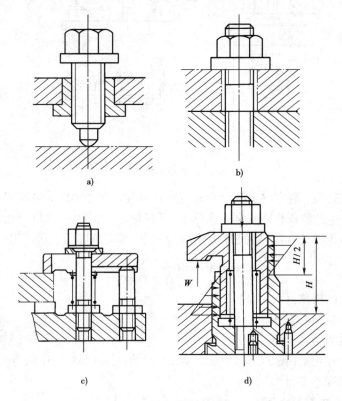

图 3-33 螺旋夹紧示例

当量摩擦半径与螺钉端部的几何形状有关,其计算方法见表 3-1。

当量摩擦半径计算公式 表 3-1

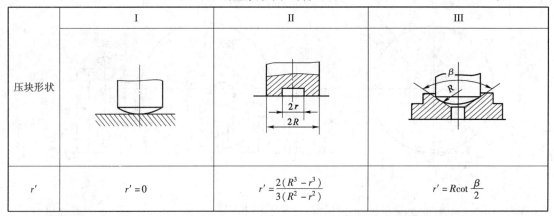

压块形状	I	II	III
r'	$r'=0$	$r'=\dfrac{2(R^3-r^3)}{3(R^2-r^2)}$	$r'=R\cot\dfrac{\beta}{2}$

螺旋夹紧机械是扩力较大的扩力机构,一般扩力比可达 $i_c=60\sim100$。

3. 偏心夹紧机构

图 3-34 为 3 种简单的偏心夹紧机构。其中图 a) 是直接利用偏心轮夹紧工件,图 b) 和图 c) 为偏心压板夹紧机构。

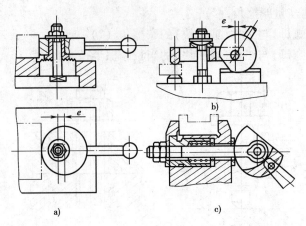

图 3-34 偏心夹紧机构

偏心夹紧机构靠偏心轮回转时回转半径变大而产生夹紧作用,其原理和斜楔工作时斜面高度由小变大而产生的斜楔作用一样。实际上,可将偏心轮当作一楔角变化的斜楔。将图 3-35a)所示的圆偏心轮展开,可得到如图 b)所示的图形,其楔角可用公式求出:

$$\alpha = \arctan\left(\frac{e\sin\gamma}{R - e\cos\gamma}\right) \tag{3-15}$$

式中:α——偏心轮的楔角,(°);
e——偏心轮的偏心量,mm;
R——偏心轮的半径,mm;
γ——偏心轮作用点[图 3-35a)中的 X 点]与起始点[图 3-35a)中的 O 点]之间的圆弧所对应的圆心角,(°)。

当 $\gamma = 90°$ 时,α 接近最大值:

$$\alpha_{\max} \approx \arctan\left(\frac{e}{R}\right) \tag{3-16}$$

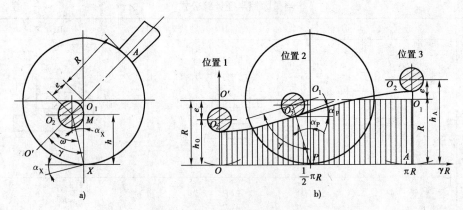

图 3-35 偏心夹紧工作原理

根据斜楔自锁条件:$\alpha \leq \phi_1 + \phi_2$,此处 ϕ_1 和 ϕ_2 分别为轮周作用点处与转轴处的摩擦角。忽略转轴处的摩擦,并考虑最不利的情况,可得到偏心夹紧的自锁条件:

$$\frac{e}{R} \leq \tan\phi_1 = \mu_1 \tag{3-17}$$

式中：μ_1——轮周作用点处的摩擦系数。

偏心夹紧的夹紧力可估算为：

$$F_j = \frac{F_s L}{\rho[\tan(\alpha + \phi_2) + \tan\phi_1]} \tag{3-18}$$

式中：F_j——夹紧力，N；

　　　F_s——作用在手柄上的原始外力，N；

　　　L——作用力臂，mm；

　　　ρ——偏心转动中心到作用点之间的距离，mm；

　　　α——偏心轮楔角，参考式(3-15)，(°)；

　　　ϕ_1——轮周作用点处摩擦角，(°)；

　　　ϕ_2——转轴处摩擦角，(°)。

偏心夹紧的优点是结构简单，操作较方便；缺点是自锁性能较差，扩力比较小。常用于切削平稳且切削力不大的场合。圆偏心轮设计时，首先确定夹紧行程 h，再根据 h 确定偏心量 e，通常取 $e = 1.3 \sim 7$mm；其次按自锁条件选定偏心轮直径 D，并进行夹紧力验算。

4．定心夹紧机构

定心夹紧机构是一种同时实现对工件定心定位和夹紧的夹紧机构，即在夹紧过程中，能使工件相对于某一轴线或某一对称面保持对称性。定心夹紧机构按其工作原理可分为两大类。

1）以等速移动原理工作的定心夹紧机构

此类定心夹紧机构有斜楔定心夹紧机构，螺旋定心夹紧机构，杠杆定心夹紧机构等。图3-36 所示为斜楔式定心夹紧心轴。拧动螺母2时，由于斜面 A、B 的作用，使两组活块1同时等距外伸，直至每组3个活块与工件孔壁接触，使工件得到定心夹紧。反向拧动螺母，在弹簧力的作用下，活块缩回，工件被松开。

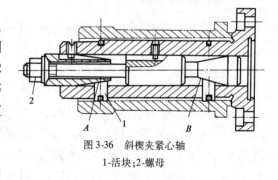

图3-36　斜楔夹紧心轴
1-活块；2-螺母

图3-37 为一螺旋定心夹紧机构。螺杆3的两端分别有螺距相等的左、右螺纹，转动螺杆，通过左、右螺纹带动2个V形块1和2同步向中心移动，从而实现工件的定心夹紧。叉形件7可用来调整对称中心的位置。

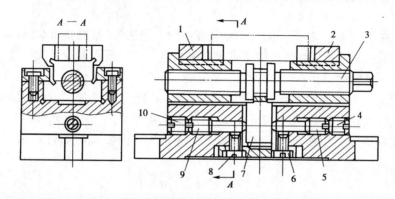

图3-37　螺旋定心夹紧机构
1、2-V形块；3-螺杆；4、5、6-螺钉；7-叉形件；8、9、10-螺钉

2) 以均匀弹性变形原理工作的定心夹紧机构

如弹簧夹头、薄膜卡盘、液塑定心夹紧机构、碟形弹簧定心夹紧机构、折纹薄壁套定心夹紧机构等。图3-38 为一种常用的弹簧夹头结构。图中3 为夹紧元件——弹簧套筒,它是一个带锥面的薄壁弹性套,带锥面的一端开有3个或4个轴向槽。它有3个基本部分:一是夹爪 A;二是包括夹爪在内的弹性部分 B,称为簧瓣;三是导向部分 C。拧紧螺母2,在斜面的作用下,夹爪收缩,将工件定心夹紧。松开螺母2,夹爪弹性恢复,工件松开。弹簧夹头结构简单,定心精度可达 $0.04 \sim 0.1$ mm。由于弹簧套筒变形量不宜过大,故对工件的定位基准面有一定精度要求,其公差应控制在0.5mm 以内。

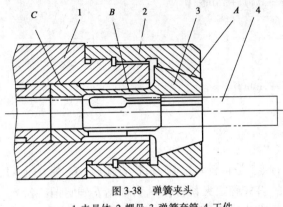

图3-38 弹簧夹头
1-夹具体;2-螺母;3-弹簧套筒;4-工件

5. 夹紧机构的动力装置

夹紧机构的动力装置有气动、液压、电磁、电动、真空等装置,其中使用最广的是气动与液压动力装置。设计时可参考《机床夹具设计》、《机床夹具设计图册》等资料。

三、典型机床夹具

机械加工中使用的专用机床夹具种类很多,本节只介绍钻床和铣床夹具,通过这两类机床夹具,了解机床夹具的主要特点。

1. 钻床夹具

1) 钻床夹具的主要类型

钻床夹具亦称为钻模,它是使用钻头、扩孔钻和铰刀等刀具进行孔加工的机床夹具。钻床夹具上,一般都装着距定位元件有一定位置尺寸的钻套,通过钻套引导刀具进行加工,这就是钻床夹具的主要特点。安装钻套的元件称为钻模板。根据使用上的不同要求,钻床夹具可分为:固定式、回转式、翻转式和滑柱式等。其中常用的固定式钻模的特点是钻模板与夹具体固定连接,加工过程中钻模的位置固定不动。一般用于立式钻床加工单孔或在摇臂钻床上加工平行孔系。如果要在普通立式钻床上使用固定式钻模加工平行孔系,则须在机床上安装多轴传动头。

在立式钻床上安装钻模时,一般应先将装在主轴上的钻头(精度要求高时用心轴)插入钻套,以确定钻模的位置,然后将其紧固在机床工作台上。这样既可减少钻模的磨损,又可保证钻孔有较高的尺寸精度。

图3-39 所示的钻模是用来加工套筒上的径向孔。根据工件加工要求,选用两孔及端面作定位基准。相应地在夹具上,用支撑环1、定位销2 及菱形销3 作定位元件,它们与定位基准接触或配合实现定位。用螺母4 和开口垫圈8 夹紧。钻模板6 用螺钉和销与夹具体固定连接。

2) 钻套

钻套是引导孔加工刀具的元件,其作用是确定刀具相对夹具定位元件的位置,引导钻头等孔加工刀具,提高其刚性,防止在加工中发生偏斜。按钻套的结构和使用情况,可分为固定式、可换式、快换式钻套和特殊钻套,其前3 种均已标准化。

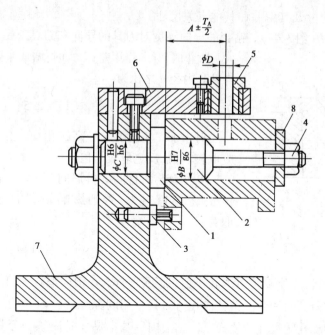

图 3-39 固定式钻模
1-支撑环;2-定位销;3-菱形销;4-螺母;5-钻套;6-钻模板;7-夹具体;8-开口垫圈

(1)钻套的构造。

图 3-40 为标准化的钻套结构。图 3-40a)、b)是固定式钻套的两种形式。钻套外径以 H7/n6 配合直接压入钻模板的孔中。这两种形式多用于中、小批量生产,使用过程中,不需要更换钻套的场合。固定式钻套结构较为简单,可获得较高的精度。图 3-40c)为可换式钻套。当生产量较大,使用过程中需要更换磨损了的钻套时,可使用这种钻套。可换式钻套装在衬套中,衬套按 H7/n6 的配合压入夹具体内,可换钻套外径与衬套内径一般采用 H7/g6 或 H7/n6 的配合,并用螺钉加以固定,以防止在加工过程中钻头与钻套内径摩擦而使钻套发生转动,或退刀时随刀具抬起。图 3-40d)是快换式钻套。当一次安装中顺次进行钻、扩、铰孔,需要使用不同内径的钻套来引导刀具时,可使用快换式钻套。使用时只要将钻套朝逆时针方向转动一个角度,使得螺钉的头部刚好对准钻套上的缺口,然后往上一拔,就可取下钻套。

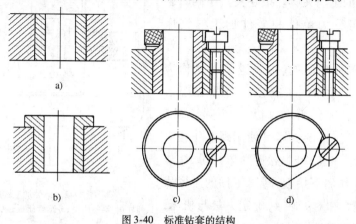

图 3-40 标准钻套的结构
a)无台肩的固定式钻套;b)有台肩的固定钻套;c)可换式钻套;d)快换式钻套

(2)钻套内径尺寸及其偏差和其他有关尺寸:

①钻套的高度 H(图3-41)。钻套的导向高度对刀具的导向和刀具与钻套间的摩擦影响很大。太小时,导向作用差;太大时,增加摩擦,一般常取高度 H 与钻套内径 d 之比为:

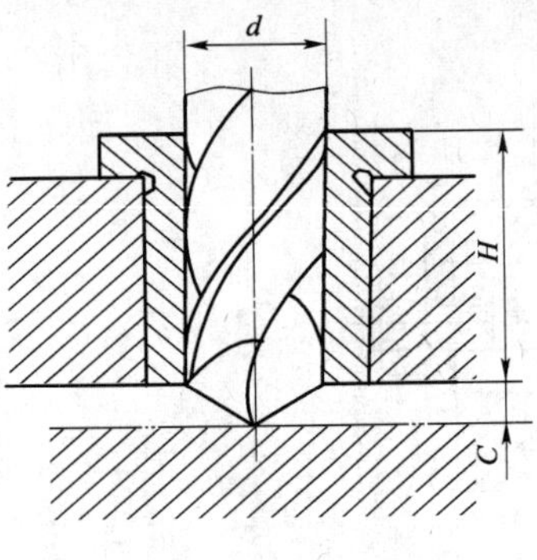

$$\frac{H}{d} = 1 \sim 2.5$$

对于加工精度要求较高的孔,或加工孔径较小时,比值应取较大值,反之取较小值。

②钻套与工件间的排屑间隙 C。此间隙为排除切屑而留,间隙不宜过大,否则影响钻套的导向作用。一般可取为:

$$C = \left(\frac{1}{3} \sim 1\right)d$$

图3-41 钻套与钻模板

加工铸铁等脆性材料,间隙 C 值可取较小值;加工钢件时,C 值应取较大值。

③钻套内径与刀具的配合。钻套内径与刀具采用间隙配合。内径的尺寸及其偏差,根据刀具的种类和被加工孔的尺寸精度而定。钻套内径基本尺寸 d 应该为刀具最大极限尺寸,以防止加工时刀具和钻套咬死。钻孔、扩孔用钻套内径可按 F7 制造;铰孔钻套内径配合:粗铰孔时取 G7 配合;精铰孔时取 G6 配合。

3)钻模板

用于安装钻套的钻模板,按其与夹具体的连接方式有固定式、铰链式、悬挂式、升降式和可拆式。

2. 铣床夹具

专用铣床夹具是生产中应用很广泛的一种夹具。铣床夹具多数是在铣削过程中和机床工作台一起作进给运动的。铣床夹具的整体结构在很大程度上取决于铣削的进给方式,常用的有直线进给的和圆周进给的铣削夹具。按在夹具中同时装夹的工件数还可分为单件和多件加工的铣床夹具。

图3-42 是单件加工的、直线进给的铣床夹具,用于铣削工件上的槽。工件以一面两孔定位,夹具上相应地定位元件为支撑板、一个圆柱销1和一个菱形销2。工件的夹紧是使用螺旋压板夹紧机构来实现的。卸工件时,松开压紧螺母,螺旋压板3 在弹簧6 作用下抬起,转离工件的夹紧表面。使用定位键5 和对刀块4,确定夹具与机床、刀具与夹具正确的相对位置。

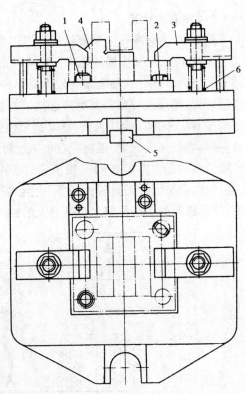

图3-42 单件加工铣床夹具
1-圆柱销;2-菱形销;3-螺旋压板;4-对刀块;5-定位键;6-弹簧

四、夹具设计的方法和步骤

下面将以铣削轴上键槽的铣床夹具为例,说明专用夹具设计的方法和步骤。

1. 夹具的设计任务

为明确设计任务,首先应分析研究工件的结构特点、材料、生产类型及有关的工艺文件,了解本工序的加工要求及与前后工序的联系,弄清夹具设计的具体任务。

如图 3-43 所示是在光轴上铣削一键槽的工序图。材料为 45 号钢,质量为 1.05kg。本工序加工的键槽,除槽宽度 $20_{-0.052}^{\ 0}$mm 由三面刃铣刀宽度尺寸直接保证外,其余各项要求(图中方框内的尺寸均为本工序加工要求),均需要由加工时的定位来保证,本工序在 X62W 卧式铣床上加工。

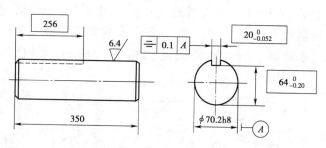

图 3-43 轴键槽加工工序图

在本道工序之前,外圆已精车过,且尺寸为 ϕ70.2h8;表面粗糙度为 $\overline{R}$a6.4μm;轴的总长度为 350mm。

2. 定位基准的分析和定位方案的确定

定位基准的选择对保证加工精度和夹具结构的复杂程度均有很大影响。因此,在夹具设计时应分析定位基准选择的正确性。在本例中根据本工序加工要求,工件除绕轴线转动自由度之外的 5 个自由度均应加以限制。

为提高生产率,每次装夹两个工件。为保证对称度,工件外圆以两个平行放置的 V 形块定位,限制工件 4 个自由度,在轴的右端放置一个支撑钉限制轴的轴向移动,这样就满足了工件定位要求,确定了轴线的正确位置。由于作为轴向定位的端面与工序基准不重合,对铣削两端面时的工序尺寸(350mm)及公差应加以控制。

3. 对刀元件和导向元件的选择

对刀元件在夹具上的安装或放置应使调整刀具方便迅速,并使其相对于定位元件的位置准确,否则将导致加工表面的位置发生变化,造成加工尺寸误差,即产生对刀误差。为保证键槽的对称度公差和尺寸 64mm 的公差,三面刃铣刀两侧面的对称平面应与 V 形块对称面重合,铣刀刀刃下母线距工件下母线距离为 64mm。必须控制对刀块表面与 V 形块标准心轴轴线间对刀尺寸,即 H 及 L。对刀尺寸 H 和 L 按工序图的相应尺寸的中间值及塞尺厚度(本例选塞尺为 $3_{-0.014}^{\ 0}$mm)计算决定,即按已知尺寸 $\phi 70.2_{-0.046}^{\ 0}$mm 及 $64_{-0.20}^{\ 0}$mm,换算出以轴线为工序基准的工序中间尺寸为 28.8115 ± 0.0885mm,夹具对刀块工作面至 V 形块标准心棒轴线间的尺寸及公差分别为:

$$H = (28.8115 - 3)\text{mm} = 25.8115\text{mm}$$

$$T_H = \frac{1}{3}(\pm 0.0885)\text{mm} \approx \pm 0.03\text{mm}$$

则
$$H = 28.8115 \pm 0.03\text{mm} \approx 25.81 \pm 0.03\text{mm}$$

为保证键槽的对称度公差,V形块对称中心平面至对刀块工作面间的尺寸为:
$$L = (9.987 + 3)\text{mm} = 12.987\text{mm}$$

其极限偏差取:
$$\frac{1}{4}(\pm 0.05)\text{mm} \approx \pm 0.013\text{mm}$$

则
$$L = 12.987 \pm 0.013\text{mm} \approx 12.99 \pm 0.01\text{mm}$$

将计算结果标注在图3-44所示夹具总图中。与此同时,工件轴线与进给方向还应平行(包括水平面与垂直平面),可用放在V形块上的检验标准心棒轴线与夹具底面平行来保证与定位键的侧面平行。键槽长度的尺寸256mm,可用机床行程控制挡铁控制。

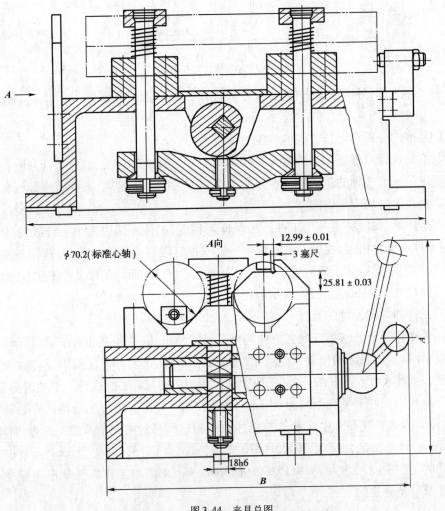

图3-44 夹具总图

4. 夹紧方案的确定

根据工件结构特点、定位方案和确定夹紧力的原则,确定夹紧力的作用点及方向,以及选用或设计夹紧机构。在本例中,以垂直向下的力将工件压向V形块为最好,必要时进行夹紧力的计算。如果选用螺旋压板从上面直接压紧工件,其结构比较简单,但由于螺旋压板从上边压紧时,机构过于靠近铣刀轴,调整和操作不方便。如从下边拉紧来压紧工件,可选用如图3-34所示的偏心夹紧机构。也可用斜楔压板机动夹紧机构或螺旋压板夹紧机构进行单件夹紧,但生产率低。

5. 夹具总图的绘制

为使绘制的夹具总图具有良好的直观性,一般图形大小的比例取1:1。以操作者面向夹具的方向作为主视图。视图及剖面数目应能够清楚地表示出夹具的结构、各装置或元件的位置关系。

总图的绘制可按下述顺序进行:

(1)把工件用红线或双点划线绘出轮廓,并表示出加工余量。

(2)把工件视为透明体,按照工件的位置依次绘出定位元件、导向或对刀元件、夹紧装置。对于夹具活动件,如夹紧装置、翻转式钻模板,为防止元件间以及元件与机床、刀具相互发生干涉,应检查它们的活动范围,并用双点划线画出活动件的极限位置。

(3)绘制其他元件或机构及夹具体,形成一套完整的夹具。

夹具总图上应标出夹具名称、零件编号、填写零件明细表等,其余和一般机械装配图相同。

6. 有关尺寸和夹具技术要求的标注

在夹具总图上应标注出轮廓尺寸,必要的装配、检验尺寸及其偏差,主要元件之间的公差等技术要求。通常应标注如下5种基本尺寸及位置偏差。

1)夹具的轮廓尺寸

标注出夹具的长、宽、高3个轮廓尺寸。对于升降式夹具还标注出升降的最大活动范围;回转式夹具要标注出回转半径或直径。这样可以检验夹具的活动范围,是否会与机床、刀具发生干涉,以及夹具在机床上安装的可能性。

2)夹具定位元件与工件定位基准间的配合尺寸及定位元件的位置偏差

这类尺寸是保证与工件加工要求直接有关的尺寸或位置偏差。定位元件与工件定位基面配合的尺寸及其偏差、定位元件间的平行度或垂直度、定位元件对夹具安装基面的位置偏差等。如本例总图(图3-44)中的两V形块的等高要求。V形块检验心轴轴线对夹具底面的平行度检验心轴轴线与夹具底面定位键侧面的平行度等技术要求。

3)夹具与刀具的联系尺寸

标注出导向或对刀元件对定位元件的位置尺寸及极限偏差位置公差,以及导向元件本身及其相互间的尺寸和极限偏差等。其目的在于控制对刀或导向误差。本例铣床夹具的对刀尺寸及偏差如图3-44夹具总图所示。

4)夹具与机床连接的联系尺寸

根据机床夹具与机床工作台或机床主轴的连接及定位方式,合理标注机床夹具对机床有关部位的位置偏差,如本例中定位键与铣床T形槽的配合尺寸及其配合。

5)夹具各组成元件间的其他配合尺寸

这类尺寸主要是为保证夹具使用性能而标注的,它们是与机床、刀具、工件配合或连接无关的尺寸,如定位元件等夹具元件与夹具体的配合及其偏差等。

7. 夹具零件图的绘制

夹具中的非标准件都需要绘制零件图。在确定这些零件尺寸、公差及技术要求时，应该使其满足夹具总图的要求，其结构要符合结构工艺性要求。

最后需要简要介绍采用我国自行开发的"机械工程师 CAD2010"软件包的夹具 CAD。该软件是根据最新国家标准全面修订的通用机械 CAD 系统，它遵循机械行业设计习惯自备强大的专业数据库，具有开放结构并采用中文界面，各项功能完备。其中建立了完备齐全的标准件和非标准件库，所有标准件都具有开放数据结构功能，可以添加或修改数据。另外该软件包还具备先进的智能参数化设计功能，高效实用的图形处理功能，完善的与专业的尺寸标注、文字表格、图框绘制与标题栏填写等功能。目前该软件在国内已应用于钻床与镗铣床夹具的设计中。

第五节 加工余量、工序间尺寸及其公差的确定

在拟定了工艺路线之后要进行工序设计，确定各个工序的内容。为了保证加工质量的要求，就需要正确确定各个工序加工所能达到的尺寸——工序尺寸及其公差。

一、加工余量的概念及确定

1. 加工总余量（毛坯余量）与工序余量

毛坯尺寸与零件设计尺寸之差称为加工总余量。加工总余量的大小取决于加工过程中各个工步切除金属层厚度的总和。每一工序所切除的金属层厚度称为工序余量。加工总余量和工序余量的关系可用下式表示：

$$Z_0 = Z_1 + Z_2 + \cdots + Z_n = \sum_{i=1}^{n} Z_i \tag{3-19}$$

式中：Z_0——加工总余量；
　　　Z_i——工序余量；
　　　n——机械加工工序数目。

其中，Z_1 为第一道粗加工工序的加工余量。它与毛坯的制造精度有关，实际上是与生产类型和毛坯的制造方法有关。毛坯制造精度高（例如大批大量生产的模锻毛坯），则第一道粗加工工序的加工余量小。若毛坯制造精度低（例如单件小批生产的自由锻毛坯），则第一道粗加工工序的加工余量就大。

工序余量还可定义为相邻两工序基本尺寸之差。按照这一定义，工序余量有单边余量和双边余量之分。零件非对称结构的非对称表面，其加工余量一般为单边余量，如图3-45a)所示，可表示为：

$$Z_i = l_{i-1} - l_i \tag{3-20}$$

式中：Z_i——本道工序的工序余量；
　　　l_i——本道工序的基本尺寸；
　　　l_{i-1}——上道工序的基本尺寸。

零件对称结构的对称表面，其加工余量为双边余量，如图3-45b)所示，可表示为：

$$2Z_i = l_{i-1} - l_i \tag{3-21}$$

回转体表面（内、外圆柱面）的加工余量为双边余量，对于外圆表面（图3-45c)有：

$$2Z_i = d_{i-1} - d_i \tag{3-22}$$

对于内圆表面(图3-45d)有:

$$2Z_i = D_i - D_{i-1} \tag{3-23}$$

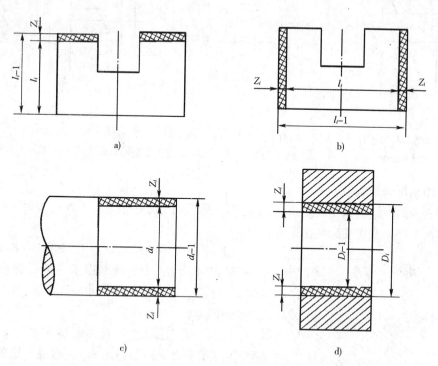

图 3-45 单边余量与双边余量

由于工序尺寸有公差,所以加工余量也必然在某一公差范围内变化。其公差大小等于本道工序的工序尺寸公差与上道工序的工序尺寸公差之和。因此,如图 3-46 所示,工序余量有标称余量(简称余量)、最大余量和最小余量的分别。从图中可以知道:被包容件的余量 Z_b 包含上道工序的工序尺寸公差,余量公差可表示为:

$$T_Z = Z_{max} - Z_{min} = T_b + T_a \tag{3-24}$$

式中:T_Z——工序余量公差;

Z_{max}——工序最大余量;

Z_{min}——工序最小余量;

T_b——加工面在本道工序的工序尺寸公差;

T_a——加工面在上道工序的工序尺寸公差。

一般情况下,工序尺寸的公差按"入体原则"标注。即对被包容尺寸(轴的外径,实体长、宽、高),其最大加工尺寸就是基本尺寸,上偏差为零。对包容尺寸(孔的直径、槽的宽度),其最小加工尺寸就是基本尺寸,下偏差为零。毛坯尺寸公差按双向对称偏差形式标注。图 3-47a)、b) 分别表示了被包容件(轴)和包容件(孔)的工序尺寸、工序尺寸公差、工序余量和毛坯余量之间的关系。图中,加工面安排了粗加工、半精加工和精加工。$d_{坯}$($D_{坯}$)、$d_1(D_1)$、$d_2(D_2)$、$d_3(D_3)$ 分别为毛坯、粗、半精、精加工工序尺寸;$T_{坯}/2$,T_1,T_2 和 T_3 分别为毛坯、粗、半精、精加工工序尺寸公差;Z_1,Z_2,Z_3 分别为粗、半精、精加工工序标称余量,Z_0 为毛坯余量。

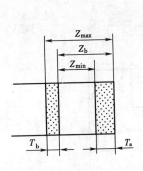
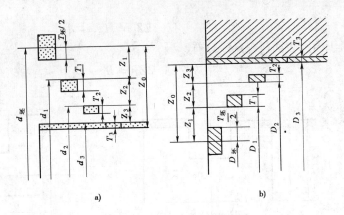

图 3-46 被包容件的加工
余量及公差

图 3-47 工序余量示意图
a) 被包容件粗、半精、精加工的工序余量；b) 包容件粗、半精、精加工的工序余量

2. 工序余量的影响因素

工序余量的影响因素比较复杂，除前述第一道粗加工工序余量与毛坯制造精度有关以外，其他工序的工序余量主要影响因素有：

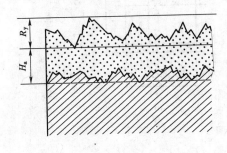

图 3-48 工件表层结构

(1) 上道工序的尺寸公差 T_a，如图 3-48 所示，上道工序的尺寸公差愈大，则本道工序的标称余量愈大。本道工序应切除上道工序尺寸公差中包含的各种可能产生的误差。

(2) 上道工序产生的表面粗糙度 R_y（表面轮廓最大高度）和表面缺陷层深度 H_a 在本道工序加工时，应将它们切除掉。各种加工方法的 R_y 和 H_a 的数值大小可参考《机械制造工艺学》中给定的实验值选取。

(3) 上道工序留下的需要单独考虑的空间误差，用符号 e_a 表示。这里所说的空间误差如表 3-2 中所列的各种位置误差。形成上述误差的情况各异，有的可能是上道工序加工方法带来的，有的可能是热处理后产生的，也有的可能是毛坯带来的，虽经前面工序加工，但仍未得到完全纠正。因此，其量值大小须根据具体情况进行具体分析。有的可查表确定，有的则须抽样检查，进行统计分析。

(4) 本工序的装夹误差 ε_b。装夹误差应包括定位误差和夹紧误差。由于这项误差会直接影响被加工表面与切削刀具的相对位置，所以加工余量中应包括这项误差。

由于空间误差和装夹误差都是有方向的，所以要采用矢量相加的方法取矢量和的模进行余量计算。

综合上述各影响因素，可有如下余量计算公式：

① 对于单边余量：

$$Z_{min} = T_a + R_y + H_a + |\vec{e}_a + \vec{\varepsilon}_b| \tag{3-25}$$

② 对于双边余量：

$$Z_{min} = T_a/2 + R_y + H_a + |\vec{e}_a + \vec{\varepsilon}_b| \tag{3-26}$$

3. 加工余量的确定

确定加工余量的方法有 3 种：计算法、查表法和经验法。

零件各项位置精度对加工余量的影响　　　　　　　　　　　表 3-2

位置精度	简图	加工余量	位置精度	简图	加工余量
对称度		$2e$	轴心线偏心 (e)		$2e$
位置度		$x=L\tan\theta$	平行度 (a)		$y=aL$
		$2x$	垂直度 (b)		$x=bD$

1) 计算法

在影响因素清楚的情况下,计算法是比较准确的。要做到对余量影响因素清楚,必须具备一定的测量手段和掌握必要的统计分析资料。在掌握了各误差因素大小的条件下,才能进行余量的比较准确的计算。

在应用式(3-25)和式(3-26)时,要针对具体的加工方法进行简化,例如:

(1) 采用浮动镗刀镗孔或采用浮动铰刀铰孔或采用拉刀拉孔,这些加工方法不能纠正孔的位置误差,因此式(3-26)可简化为:

$$Z_{\min} = T_a/2 + H_a + R_y \tag{3-27}$$

(2) 无心外圆磨床磨外圆无装夹误差,故:

$$Z_{\min} = T_a/2 + H_a + R_y + |\vec{e}_a| \tag{3-28}$$

(3) 研磨、珩磨、超精加工、抛光等加工方法,其主要任务是去掉前一工序所留下的表面痕迹,它们有的可以提高尺寸及形状精度,其余量计算公式为:

$$Z_{\min} = T_a/2 + H_a \tag{3-29}$$

有的仅用于减小工件表面粗糙度值,其余量计算公式可简化为:

$$Z_{\min} = H_a \tag{3-30}$$

总之,计算法不能离开具体的加工方法和条件,要具体情况具体分析。不准确的计算会使加工余量过大或过小。余量过大不仅浪费材料,而且增加加工时间,增大机床和刀具的负荷。余量过小则不能纠正前一道工序的误差,造成局部加工不到的情况,影响加工质量,甚至会造成废品。

2)查表法

此法主要以工厂生产实践和实验研究积累的经验所制成的表格为基础,并结合实际加工情况加以修正,确定加工余量。这种方法方便、迅速,生产上应用广泛。

3)经验法

由一些有经验的工程技术人员或工人根据经验确定加工余量的大小。由经验法确定的加工余量往往偏大。这主要是因为主观上怕出废品的缘故。这种方法多在单件小批量生产中采用。

二、工序尺寸与公差的确定

生产上绝大部分加工面都是在基准重合(工艺基准和设计基准重合)的情况下进行加工。所以,掌握基准重合情况下工序尺寸与公差的确定过程非常重要,现介绍如下:

(1)确定各加工工序的加工余量。

(2)从终加工工序开始,即从设计尺寸开始,到第一道加工工序,逐次加上每道加工工序余量,可分别得到各工序基本尺寸(包括毛坯尺寸)。

(3)除终加工工序以外,其他各加工工序按各自所采用加工方法的加工经济精度确定工序尺寸公差,(终加工工序的公差按设计要求确定)。

(4)填写工序尺寸并按"入体原则"标注工序尺寸公差。

例如某轴直径为$\phi 50$mm,其尺寸精度要求为IT5,表面粗糙度要求为$R_a 0.04\mu m$,并要求高频淬火,毛坯为锻件。其工艺路线为:粗车—半精车—高频淬火—粗磨—精磨—研磨。现在来计算各工序的工序尺寸及公差。

先用查表法确定加工余量。由工艺手册查得:研磨余量为0.01mm,精磨余量为0.1mm,粗磨余量为0.3mm,半精车余量为1.1mm,粗车余量为4.5mm,由式(3-19)可得加工总余量为6.01mm,取加工总余量为6mm,把粗车余量修正为4.49mm。

计算各加工工序基本尺寸。研磨后工序基本尺寸为50mm(设计尺寸);其他各工序基本尺寸依次为:

    精磨 50mm + 0.01mm = 50.01mm

    粗磨 50.01mm + 0.1mm = 50.11mm

    半精车 50.11mm + 0.3mm = 50.41mm

    粗车 50.41mm + 1.1mm = 51.51mm

    锻造 51.51mm + 4.49mm = 56mm

确定各工序的加工经济精度和表面粗糙度。由《机械制造工艺学》等资料查得:研磨后为IT5,$R_a 0.04\mu m$(零件的设计要求);精磨后选定为IT6,$R_a 0.16\mu m$;粗磨后选定为IT8,$R_a 1.25\mu m$;半精车后选为IT11,$R_a 2.5\mu m$;粗车后选定为IT13,$R_a 16\mu m$。

根据上述经济加工精度查公差表,将查得的公差数值按"入体原则"标注在工序基本尺寸上。查工艺手册可得锻造毛坯公差为± 2mm。

为清楚起见,把上述计算和查表结果汇总于表3-3中。

在工艺基准无法同设计基准重合的情况下,确定了工序余量之后,须通过工艺尺寸链进行工序尺寸和公差的换算。具体换算方法将在工艺尺寸链中介绍。

工序间尺寸、公差、表面粗糙度及毛坯尺寸的确定　　　表 3-3

工序名称	工序间余量 (mm)	工序间 经济精度 (mm)	工序间 表面粗糙度 (μm)	工序间尺寸 (mm)	工序间 尺寸、公差 (mm)	工序间 表面粗糙度 (μm)
研磨	0.01	h5$(_{-0.011}^{0})$	R_a0.04	50	$\phi 50_{-0.011}^{0}$	R_a0.04
精磨	0.1	h6$(_{-0.016}^{0})$	R_a0.16	50+0.01=50.01	$\phi 50.01_{-0.016}^{0}$	R_a0.16
粗磨	0.3	h8$(_{-0.039}^{0})$	R_a1.25	50.01+0.1=50.11	$\phi 50.11_{-0.039}^{0}$	R_a1.25
半精车	1.1	h11$(_{-0.16}^{0})$	R_a2.5	50.11+0.3=50.41	$\phi 50.41_{-0.16}^{0}$	R_a2.5
粗车	4.49	h13$(_{-0.39}^{0})$	R_a16	50.41+1.1=51.51	$\phi 50.51_{-0.39}^{0}$	R_a16
锻造		±2		51.51+4.49=56	$\phi 56 \pm 2$	

第六节　工艺尺寸链的原理与应用

在汽车、拖拉机等机械产品设计过程中,设计人员根据某一部件(总成)的使用性能,规定了必要的装配精度。这些装配精度的可靠性与经济性以及零件的尺寸公差与形位公差的制定,需要借助于尺寸链的原理来解决。

一、尺寸链的基本概念

1. 尺寸链的定义

在机器装配或零件加工过程中,由相互连接的尺寸形成封闭的尺寸组称为尺寸链。如图 3-49 所示的内燃机活塞的加工工序图,在加工中直接保证了工序尺寸 A_1 和 A_2,而活塞销孔轴线至活塞顶面间的尺寸 A_0 则是间接获得的尺寸。这样,尺寸 A_1、A_2 和 A_0 是在加工过程中,由相互连接的尺寸形成封闭的尺寸组,也即 A_1、A_2 和 A_0 组成一个尺寸链。

在设计、装配和测量中也会形成类似的封闭尺寸组,即形成尺寸链。在分析和计算尺寸链时,为简便起见,可不画零件或装配单元的具体结构,仅依次绘出各个尺寸,即将在装配单元或零件上确定的尺寸链独立出来,如图 3-49b) 所示,这就是尺寸链图。在尺寸链图中各个尺寸不必严格按比例画,但应保持各尺寸间原有的连接关系。

2. 尺寸链的组成

为便于分析与计算,将尺寸链中各组成尺寸给予定义。

1) 环

列入尺寸链中的每一个尺寸称之为环。如图 3-49 中的 A_1、A_2 和 A_0 都称为尺寸链的环。

2) 封闭环

尺寸链中,在装配和加工过程最后形成的一环,如图 3-49 中的 A_0。

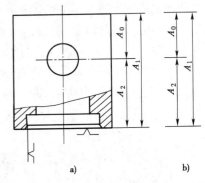

图 3-49　内燃机活塞加工工序图

3) 组成环

尺寸链中,对封闭环有影响的全部环。这些环中任一环的变动必然会引起封闭环的变动。图 3-49 的 A_1、A_2 均是组成环。

4) 增环

尺寸链中的组成环,由于该环的变动引起封闭环同向变动。同向变动指该环增大时封闭环也增大,该环减小时封闭环也减小,如图 3-49 中的 A_1 是增环。

5) 减环

尺寸链中的组成环,由于该环的变动引起封闭环的反向变动。反向变动是指该环增大时封闭环减小,该环减小时封闭环增大,如图 3-49 中的 A_2 是减环。

6) 补偿环

尺寸链中预先选定的某一组成环,可以通过改变其大小或位置,使封闭环达到规定要求。补偿环将在装配尺寸链中用到。

3. 尺寸链的特性

1) 封闭性

由于尺寸链是封闭的尺寸组,因而它是由一个封闭环和若干个互相连接的组成环所构成的封闭图形,具有封闭性。

2) 关联性

由于尺寸链具有封闭性,故尺寸链中的各环都相互关联。其封闭环随所有组成环的变动而变动,组成环是自变量,封闭环是因变量。

3) 传递系数 ξ

表示各组成环对封闭环影响大小的系数称为传递系数。尺寸链中封闭环与组成环的关系可用方程式表示:

$$A_0 = f(A_1, A_2, \cdots, A_m) \tag{3-31}$$

设第 i 个组成环的传递系数为 ξ_i,$\xi_i = \dfrac{\partial f}{\partial A_i}$。对于增环 ξ 为正值;对于减环 ξ 为负值;若组成环与封闭环平行,$|\xi_i| = 1$;若组成环与封闭环不平行,$-1 < \xi < +1$。图 3-49 的尺寸链可据此写成方程式:$A_0 = A_1 - A_2$,其中 A_1 是增环,$\xi = +1$;A_2 是减环,$\xi = -1$。

4. 尺寸链的形式

(1) 按环的几何特征划分为长度尺寸链和角度尺寸链两种。

(2) 按其应用场合划分为装配尺寸链(全部组成环为不同零件的设计尺寸)、工艺尺寸链(全部组成环为同一零件的工艺尺寸)和零件尺寸链(全部组成环为同一零件的设计尺寸)。设计尺寸是指零件图上标注的尺寸,工艺尺寸是指工序尺寸、测量尺寸和定位尺寸。必须注意,零件图上的尺寸切勿注成封闭的。

(3) 按各环所处空间位置划分为直线尺寸链、平面尺寸链和空间尺寸链。

尺寸链还可分为基本尺寸链和派生尺寸链(后者指它的封闭环为另一尺寸链组成环的尺寸链),标量尺寸链和矢量尺寸链等。详见国家标准《尺寸链计算方法》(GB 5847—1986)。

5. 尺寸链的计算

用尺寸链原理解决生产实际问题,可分为两种计算情况。

1) 公差设计计算

已知封闭环,求解各组成环。这种情况亦称反计算,用于产品设计、加工和装配工艺计算等。在其计算中需将封闭环公差正确合理地分配到各组成环上。各组成环公差的大小不是唯一确定的,分配的公差大小需要优化。

此外,常会遇到已知封闭环及部分组成环,求解其余组成环。此情况也属于公差的设计计算,一般称为中间计算。它用于设计、工艺计算等场合。

2) 公差校核计算

已知组成环,求解封闭环。此种情况亦称正计算,用于校核封闭环公差和极限偏差的情况。校核计算时,封闭环的计算结果是唯一确定的。

二、尺寸链计算的基本公式、应用和解算方法

机械制造中的尺寸和公差要求,一般都用基本尺寸及上、下偏差来标注。在尺寸链计算时,还可以用最大、最小极限尺寸和中间尺寸和中间偏差来表达。至用用何种方式来表达,应视具体情况,用不同的尺寸链计算公式来确定。

1. 尺寸链的基本计算公式

1) 极值法计算公式

是按组成环尺寸均为极限尺寸的条件下,来计算封闭环极限尺寸的方法。其基本尺寸计算为:

$$A_0 = \sum_{i=1}^{m} \vec{A}_i - \sum_{i=1}^{n} \overleftarrow{A}_i \tag{3-32}$$

式中:m——增环数;

n——减环数。

而极限尺寸的计算为:

$$A_{0\max} = \sum_{i=1}^{m} \vec{A}_{i\max} - \sum_{i=1}^{n} \overleftarrow{A}_{i\min} \tag{3-33}$$

$$A_{0\min} = \sum_{i=1}^{m} \vec{A}_{i\min} - \sum_{i=1}^{n} \overleftarrow{A}_{i\max} \tag{3-34}$$

式中:$A_{0\max}$、$A_{0\min}$——封闭环的最大、最小极限尺寸;

$\vec{A}_{i\max}$、$\vec{A}_{i\min}$——增环的最大、最小极限尺寸;

$\overleftarrow{A}_{i\max}$、$\overleftarrow{A}_{i\min}$——减环的最大、最小极限尺寸。

其上、下偏差的计算为:

$$ES(A_0) = \sum_{i=1}^{m} ES(\vec{A}_i) - \sum_{i=1}^{n} EI(\overleftarrow{A}_i) \tag{3-35}$$

$$EI(A_0) = \sum_{i=1}^{m} EI(\vec{A}_i) - \sum_{i=1}^{n} ES(\overleftarrow{A}_i) \tag{3-36}$$

式中:$ES(A_0)$、$EI(A_0)$——封闭环的上、下偏差;

$ES(\vec{A}_i)$、$EI(\vec{A}_i)$——增环的上、下偏差;

$ES(\overleftarrow{A}_i)$、$EI(\overleftarrow{A}_i)$——减环的上、下偏差。

各环公差的计算为:

$$T_0 = \sum_{i=1}^{m+n} T_i \tag{3-37}$$

式中:T_0——封闭环公差;

T_i——组成环公差。

而各环的平均公差计算:

$$T_M = \frac{T_0}{m+n} \tag{3-38}$$

式中：T_M——组成环平均公差。

由于极值法考虑了组成环可能出现的最不利情况，故其计算结果是绝对可靠的，而且计算方法简单，所以应用较广泛。但在成批生产中，各环出现极限尺寸的可能性并不大，同时当尺寸链的组成环数较多时，各环均出现极限尺寸的可能性很小。所以此计算法显得过于保守，尤其是当封闭环公差较小时，常使各组成环公差太小而使制造困难。于是，就根据各环尺寸的分布状态，改用概率计算法。

2）概率法计算公式

概率法是应用概率论原理进行尺寸链计算的一种方法，亦称为统计法。尺寸链概率法计算公式为：

$$T_0 = \frac{1}{k_0}\sqrt{\sum_{i=1}^{m+n}\xi_i^2 k_i^2 T_i^2} \tag{3-39}$$

式中：k_0——封闭环的相对分布系数；

k_i——第 i 个组成环的相对分布系数，当组成环成正态分布时，$k_i=1$；

ξ_i——第 i 个组成环的传递系数，对于直线尺寸链，$|\xi_i|=1$。

对于直线尺寸链，当各组成环在其公差内呈正态分布时，封闭环也呈正态分布。此时，$k_0=1$。则封闭环公差为：

$$T_0 = \sqrt{\sum_{i=1}^{m+n} T_i^2} \tag{3-40}$$

各组成环的平均公差为：

$$T_M = \frac{T_0}{\sqrt{m+n}} \tag{3-41}$$

由上式知，概率法计算的各组环平均公差比极值法计算的放大了 $\sqrt{m+n}$ 倍，从而使加工变容易了，加工成本也随之下降。

各环的平均尺寸计算公式为：

$$A_{0M} = \sum_{i=1}^{m} \vec{A}_{iM} - \sum_{i=1}^{n} \overleftarrow{A}_{iM} \tag{3-42}$$

式中：A_{0M}——封闭环的平均尺寸；

$\vec{A}_{iM}$——增环的平均尺寸；

$\overleftarrow{A}_{iM}$——减环的平均尺寸。

2. 工艺尺寸链的应用和解算方法

1）尺寸链的建立

工艺尺寸链是全部组成环为同一零件工艺尺寸所形成的尺寸链。建立尺寸链时要先确定封闭环。因为在装配尺寸链中，装配精度就是封闭环。其次是查找组成环，组成环的基本特点是在加工过程中直接获得，同时它们对封闭环有影响。最后，从构成封闭环的两表面同时开始，同步地循着工艺过程的顺序，分别向前查找该表面最近一次加工的加工尺寸，再进一步向前查找此加工尺寸的工序基准的最近一次加工的加工尺寸，再进一步向前查找，直至两条路线最后得到的加工尺寸的工序基准重合，至此上述尺寸系统即形成封闭轮廓，也即构成了工艺尺寸链。

2）增环与减环的判别

判别是增环还是减环的方法有两种。

(1) 回路法。在尺寸链简图上,先给封闭环任意定一方向并画出箭头,然后沿此方向环绕尺寸链回路,顺次给每一组成环画出箭头,凡箭头方向与封闭环相反的为增环,与封闭环方向相同的为减环。

(2) 直观法。只要记住两句话即可判别:"与封闭环串联的尺寸是减环;与封闭环共基线并联的尺寸是增环。""串联的组成环性质相同;共基线并联的组成环性质相反"。

3) 工艺基准与设计基准不重合时工序尺寸及其公差的确定

在零件加工时,常会遇到一些表面加工之后,按设计尺寸不便直接测量的情况,故需在零件上另选一易于测量的表面作为测量基准来加工,以间接保证设计尺寸要求。此时就需要进行工艺尺寸换算。

图 3-50 所示的轴承碗,当以端面 B 定位车削内孔端面 C 时,图中标注的设计尺寸 A_0 不便直接测量。若先按尺寸 A_1 的要求车出端面 A,之后以 A 面作为测量基准去控制尺寸 X,则设计尺寸 A_0 即可间接获得。由上述 3 个尺寸组成的尺寸链中,A_0 是封闭环,A_1 是减环,X 是增环。

现将图样中的设计尺寸 A_0、A_1 给出 3 组不同的公差,来分析计算。

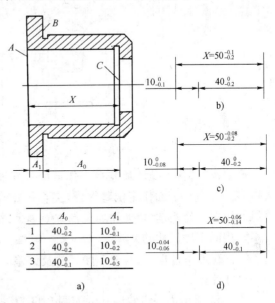

图 3-50 测量基准与设计基准不重合的尺寸换算

(1) 当 $A_0 = 40_{-0.2}^{\ 0}$ mm,$A_1 = 10_{-0.1}^{\ 0}$ mm 时,求解车内孔端面 C 的尺寸 X 及其公差。

按极值法计算公式求基本尺寸 X:

由于 40mm $= X - 10$mm,故 $X = (40 + 10)$mm $= 50$mm

按该方法分别求出上、下偏差为:

由于 $0 = ES(X) - (-0.1)$mm,故 $ES = -0.1$mm

同理,下偏差 $EI(X) = -0.2$mm。从而求得 $X = 50_{-0.2}^{-0.1}$mm,见图 3-50b)。

(2) 当 $A_0 = 40_{-0.2}^{\ 0}$ mm,$A_1 = 10_{-0.2}^{\ 0}$ mm 时,X 值的计算为:

由 40mm $= X - 10$mm 得 $X = (40 + 10)$mm $= 50$mm,同样计算出上偏差 $ES(X) = -0.08$mm,下偏差 $EI(X) = -0.2$mm。最后得出 $X = 50_{-0.2}^{-0.08}$mm,见图 3-50c)。

(3) 当 $A_0 = 40_{-0.1}^{\ 0}$ mm,$A_1 = 10_{-0.5}^{\ 0}$ mm 时。由于组成环 A_1 的公差远大于封闭环 A_0 的公差,若仍用同样工艺加工,根据封闭环公差应大于或等于各组成环公差之和的原则,应压缩 A_1 的公差,但考虑到加工端面 C 较困难,应给其留较大公差,故应调整压缩 A_1 的公差为 $A_1 = 10_{-0.06}^{-0.04}$ mm,其 $T_1 = 0.02$mm,同样用上述方法求得 $X = 50_{-0.014}^{-0.06}$mm,见图 3-50d)。

由上述 3 组尺寸的换算可知,通过尺寸换算来保证封闭环的要求时,必须提高组成环的加工精度。否则就会因提高加工要求造成加工的困难。

4) 定位基准和设计基准不重合的尺寸换算

如图 3-51 所示零件,镗孔前,表面 A、B、C 已加工好。为便于装夹,选择表面 A 作为基准来镗孔。显然,孔的设计基准是表面 C 而非表面 A,此时为保证设计尺寸 L_0 符合要求,必须将 L_3 控制在一定范围,于是便出现了尺寸换算。

根据图 3-51b)所示工艺尺寸链简图计算：

因为 $L_0 = L_3 + L_2 - L_1$，其中 L_0 为封闭环，按极值计算法公式计算得出：

$$L_3 = (120 + 300 - 100)\text{mm} = 320\text{mm}$$

上、下偏差分别为 $+0.15\text{mm}$、$+0.01\text{mm}$，故 $EI(L_3) = 0.15\text{mm}$，从而求得 $L_3 = 320^{+0.15}_{+0.01}\text{mm}$。

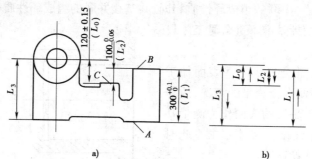

图 3-51 定位基准与设计基准不重合的尺寸换算

需要指出，若用设计基准 C 来作定位基准加工孔时，L_3 的公差就不止是 0.14mm，而是要大得多。但用 C 表面作定位基准，装夹会困难，同时所用夹具也很复杂。故采用上述尺寸换算虽然压缩了公差，但装夹和加工都方便多了，在经济上是可行的。

5) 中间工序尺寸的计算

零件在加工过程中，其他工序尺寸及偏差均为已知，求某工序的尺寸及其偏差，称为中间工序尺寸计算。

图 3-52 所示为一齿轮内孔的简图，内孔为 $\phi 40^{+0.05}_{0}\text{mm}$，键槽尺寸深度为 $46^{+0.3}_{0}\text{mm}$。

内孔及键槽的加工顺序为：

（1）精镗孔至 $\phi 39.6^{+0.1}_{0}\text{mm}$；

（2）插键槽至尺寸 A；

（3）热处理；

（4）磨内孔至 $\phi 40^{+0.05}_{0}\text{mm}$，同时间接保证键槽深度 $46^{+0.3}_{0}\text{mm}$。

显然，$46^{+0.3}_{0}$ 是封闭环。组成环中，磨孔后的半径尺寸 $20^{+0.025}_{0}\text{mm}$ 是增环；镗孔后的半径尺寸 $19.8^{+0.05}_{0}\text{mm}$ 是减环；插键槽尺寸 A 是增环，也是要求的工序尺寸。画出工艺尺寸链，如图 3-52b)所示，A 值计算求解如下：

根据极值计算法求出基本尺寸 $A = 45.8\text{mm}$，其上、下偏差为 $+0.275\text{mm}$、$+0.05\text{mm}$，求得 $A = 45.85^{+0.275}_{0}\text{mm}$。

6) 工序余量校核

在加工过程中，加工余量的大小会影响生产率、产品质量及材料消耗。通过校核加工余量并对加工余量进行调整是制定工艺规程必不可少的工艺工作。由于粗加工的余量较大，故通常仅对精加工余量进行校核。

例如，为得到图 3-53 所示小轴的轴向尺寸，其工艺是这样安排的：

（1）车端面 1 及端面 2，并保证两端面之间的尺寸为 $49.5^{+0.30}_{0}\text{mm}$；

（2）车端面 3，保证总长 $80^{0}_{-0.20}\text{mm}$；

（3）钻中心孔；

（4）热处理；

（5）磨端面 2，保证尺寸 $30^{0}_{-0.14}\text{mm}$。

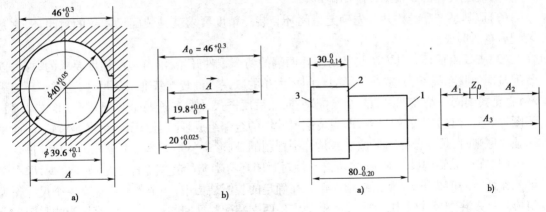

图 3-52 齿轮内孔简图 图 3-53 精加工余量校核例图
a)零件图;b)工艺尺寸链简图

试校核端面 2 的磨削余量。

先列出尺寸链图,如图 3-53b) 所示。因余量是间接获得的,故余量 Z_0 是封闭环,$A_1 = 30_{-0.14}^{0}$ mm,$A_2 = 49.5_{0}^{+0.3}$ mm,$A_3 = 80_{-0.20}^{0}$ mm。此时看如何安排端面 2 的余量合适。显然,A_1、A_2 是减环,A_3 是增环。

封闭环 $Z_0 = A_3 - (A_1 + A_2) = [80 - (30 + 49.5)]$ mm $= 0.5$ mm

$$Z_{0\max} = A_{3\max} - (A_{1\min} + A_{2\min})$$
$$= [80 - (30 - 0.14) + 49.5]\text{ mm} = 0.64\text{ mm}$$
$$Z_{0\min} = A_{3\min} - (A_{1\max} + A_{2\max})$$
$$= \{(80 - 0.2) - [(30 - 0) + (49.5 + 0.3)]\}\text{ mm} = 0$$

由此可见,磨端面 2 时可能会有的零件磨不着,为此必须加大 $Z_{0\min}$。但因 $A_{3\min}$ 和 $A_{1\max}$ 是零件设计要求,不可能改动,故只有使 $A_{2\max}$ 减小。

设 $Z_{0\min} = 0.1$ mm,则代入上式求得 $A_{2\max} = 49.7$ mm,所以上面工序尺寸 $A_2 = 49.5_{0}^{+0.3}$ mm 应改为 $A_2 = 49.5_{0}^{+0.2}$。这样就能保证端面 2 至少有 0.1mm 的磨削余量,使工件不致报废。

三、装配尺寸链的建立

在机械产品装配时,应根据零件的加工精度和装配方法,用装配尺寸链来分析装配精度。建立装配尺寸链的依据是装配精度。

1. 装配精度的内容

设计人员在设计机械产品时,都规定了必要的合理的装配精度。这些装配精度或技术要求,就是装配尺寸链的封闭环。直接影响着装配精度的那些零件的尺寸、形状和位置精度,就是装配尺寸链的组成环。封闭环代表着机械产品或部件(总成)的性能和使用要求,因此建立装配尺寸链时,必须重视封闭环的确定。

装配精度一般是根据产品的性能,参照国家或部颁标准以及有关手册确定的,一般包括尺寸精度、位置精度、运动精度和接触精度等内容。

2. 装配尺寸链的建立

建立装配尺寸链的方法、步骤及注意事项如下:

(1)装配尺寸链要根据装配图确定。

(2)应熟悉产品结构并首先确定封闭环。装配精度要求就是装配尺寸链的封闭环,它是装配后自然形成的。

(3)查找组成环。其方法是从封闭环两端的两个零件开始,沿着装配精度要求的方向,以装配基准为联系线索,分别查找影响封闭环大小的联系零件装配基准间的尺寸,这样一环接一环,直至找到同一基准零件的两个装配基准,然后用一尺寸联系这两个装配基准,形成尺寸封闭图形。所有有关零件的尺寸,即为装配尺寸链的全部组成环。当封闭环精度要求较高,而采用独立原则时,尺寸公差与形位公差是分别控制的,则形位公差应作为组成环进入尺寸链。

(4)在产品结构设计时,应尽可能地使对封闭环有影响的有关零件数量减到最少,即在保证工作性能的前提下,尽量使结构简化。在确定的装配结构中,一个零件应仅有一个尺寸作为组成环进入装配尺寸链中,这个尺寸就是零件两端装配基准间的尺寸,它是直接影响封闭环大小的尺寸。这样就避免了一个零件有几个尺寸参加装配尺寸链而增加尺寸链环数,影响封闭环精度。这样做使组成环数目等于有关零部件数目,这就是尺寸链最短(环数最少)原则。

(5)画出尺寸链图,用回路法判别增、减环。

(6)列出尺寸链方程式。

(7)每一部件或总成中有许多装配精度要求,必须逐个找出所有的装配尺寸链及其联系形式。整台汽车是由许多装配尺寸链组成的装配尺寸链系统,要一一查出它们彼此的关系。

下面以实例说明如何建立装配尺寸链。

【例3-1】 图3-54为汽车变速器第一轴和第二轴的组件装配图。图中有许多装配精度要求,即装配尺寸链的封闭环。下面仅讨论3项装配精度要求:

(1)第二轴8上的五速齿轮15要能在轴上自由转动,其端面间隙为C_0;

(2)第二轴8上的三速齿轮14也要能在轴上自由转动,其端面间隙为B_0;

(3)第一轴4的右端面和第二轴上四、五速固定齿座5的左端面间要求有一定的轴向间隙A_0(当前、后轴承3和9的外圈端面紧靠在前、后盖止口端面上时)。按上述3项要求,分别建立装配尺寸链。

先分析前两个精度要求C_0和B_0。它们分别是五速齿轮15和三速齿轮14装在第二轴8上以后,最后间接形成的,所以C_0和B_0是封闭环。接着确定装配尺寸链的各组成环。

C_0是一个三环装配尺寸链的封闭环。尺寸链图,如图3-54b)中的3)所示,尺寸链方程式为:

$$C_0 = C_6 - C_{15}$$

式中:C_6——衬套6的宽度;

C_{15}——五速齿轮15的宽度。

B_0是一个四环装配尺寸链的封闭环。尺寸链图,如图3-54b)中的2)所示,尺寸链方程式为:

$$B_0 = B_8 - B_{13} - B_{14}$$

式中:B_8——第二轴8上E、F两端面间的距离;

B_{13}——三速齿轮止推环13的宽度;

B_{14}——三速齿轮14的轮毂宽度。

在第二轴8上,三速齿轮14在两个止推环7和13之间相对转动,止推环7压紧在第二轴8的E端面上,所以止推环7的右端面和第二轴8的E端面是重合的。

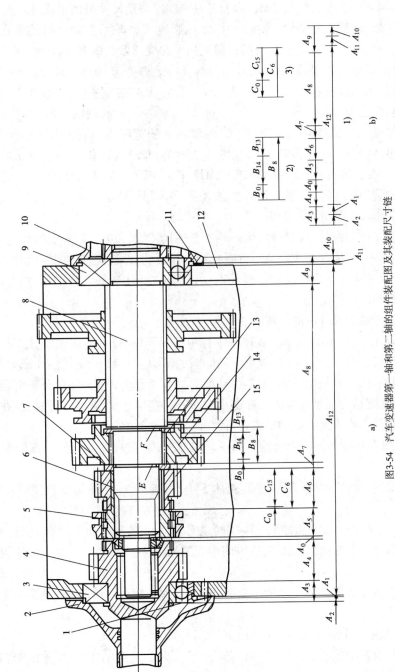

图3-54 汽车变速器第一轴和第二轴的组件装配图及其装配尺寸链

1-前纸垫;2-前盖;3-前轴承;4-第一轴;5-四、五速固定齿座;6-衬套;7-五速齿轮止推环;8-第二轴;9-后轴承;10-后盖;11-后纸垫;12-变速器壳体;13-三速齿轮止推环;14-三速齿轮;15-五速齿轮

前两个装配尺寸链比较简单,很容易从装配图上确定。第三个装配尺寸链比较复杂。A_0是在第一轴组件和第二轴组件装入变速器壳体后最后形成的,所以 A_0 是一个封闭环。

查找以 A_0 为封闭环的装配尺寸链时,首先以 A_0 两端的那两个零件为起点,然后沿封闭环尺寸方向从任意一边开始,查找影响 A_0 的组成环。现从 A_0 的左边开始,第一个零件是第一轴4,第一轴右端面到装配基准间的尺寸 A_4 对 A_0 有影响,A_4 必是尺寸链的组成环。A_4 的左边为前轴承3,其两端面(装配基准)间的宽度尺寸 A_3 也影响 A_0。轴承左端面与前盖止口平面接触,前盖2上的尺寸 A_2 也影响 A_0。前盖通过前纸垫1和变速器壳体12相接触,所以前纸垫1的厚度尺寸 A_1 也影响 A_0。因而,尺寸 A_4、A_3、A_2 和 A_1 都是组成环。至此,查找到基准零件——变速器壳体12的左端,可暂不再继续查找。然后从 A_0 右端查找,其查找方法同前。向右第一个零件是四、五速固定齿座5,尺寸 A_5 对 A_0 有影响。依次继续向右为衬套6的宽度 A_6、止推环7的宽度 A_7、第二轴8上的尺寸 A_8、后轴承9的宽度 A_9、后盖10上的尺寸 A_{10} 以及后纸垫11的厚度 A_{11} 都对 A_0 有影响,所以尺寸 A_5、A_6、A_7、A_8、A_9、A_{10} 和 A_{11} 都是组成环。此时也遇到基准零件——变速器壳体12,用壳体两端面尺寸 A_{12} 把尺寸连成封闭的图形,这就是以间隙 A_0 为封闭环的装配尺寸链,如图 3-54b)中的1)所示。用回路法判别 A_3、A_4、A_5、A_6、A_7、A_8 和 A_9 是减环;A_1、A_2、A_{10}、A_{11} 和 A_{12} 是增环。

在查找时,为了使装配尺寸链最短,第一轴4上的尺寸 A_4 和第二轴8上的尺寸 A_8 要直接参加到上述尺寸链中去,因其是决定该零件在结构中位置的,两装配基准间的尺寸。不希望用该零件上的几个尺寸来代替这些尺寸。换句话说,就是在标注这些零件的尺寸时,应该把 A_4 和 A_8 直接标注在相应零件图上。

最后,列出这个装配尺寸链的方程式为:

$$A_0 = A_1 + A_2 + A_{10} + A_{11} + A_{12} - (A_3 + A_4 + A_5 + A_6 + A_7 + A_8 + A_9)$$

上述几个尺寸链均未考虑形位公差对轴向间隙的影响。实际上,采用独立原则时,形位公差也影响轴向间隙,因而也是组成环,如零件端面的平行度和垂直度等形位公差就会影响轴向间隙的大小。在装配精度要求较低的尺寸链中,如采用包容原则时,形位公差控制在尺寸公差范围内。因此,它们不作为尺寸链的组成环,而只考虑尺寸公差。

【例 3-2】 图 3-55a)为例1中变速器第一轴轴承外圈、锁环和前盖的局部装配图。图上有3项装配精度要求:

(1)当前盖2紧固在纸垫1和变速器壳体5上时,前盖2上的 H 面和锁环4间有轴向间隙 D_0。

(2)同样,前盖2上的 G 面和轴承外圈3间也有轴向间隙 E_0。如果没有 D_0 和 E_0 这两个间隙,前盖2就会靠不上变速器壳体5,造成前端面漏油,这是不允许的。D_0 和 E_0 的最小值可以等于零。

(3)锁环4在轴承外圈3的止动槽中要有间隙 F_0,保证锁环4可以方便地装入轴承外圈3的止动槽中。

试分别建立上述3个间隙为封闭环的装配尺寸链。

先建立以 F_0 为封闭环的装配尺寸链。它是一个三环的装配尺寸链,尺寸链图如图3-54中的4所示,尺寸链方程式为:

$$F_0 = F_3 - F_4$$

式中:F_3——轴承外圈3的止动槽槽宽;

F_4——锁环4的宽度。

再建立以 D_0 为封闭环的装配尺寸链。它是一个四环的装配尺寸链,尺寸链如图 3-54 中的 1) 所示,尺寸链方程式为:

$$D_0 = D_1 + D_2 - D_4$$

式中:D_1——纸垫 1 的厚度;
D_2——前盖 2 上 H 面到端面的距离;
D_4——锁环 4 的宽度。

最后建立以 E_0 为封闭环的装配尺寸链。它是一个五环的装配尺寸链,尺寸链图如图 3-55c) 中的 2) 所示,尺寸链方程式为:

$$E_0 = E_1 + E_2 - E_3 - E_4$$

式中:E_1——纸垫 1 的厚度;
E_2——前盖 2 上 G 面到端面的距离;
E_3——轴承外圈 3 上左端面到止动槽左面的距离;
E_4——锁环的宽度。

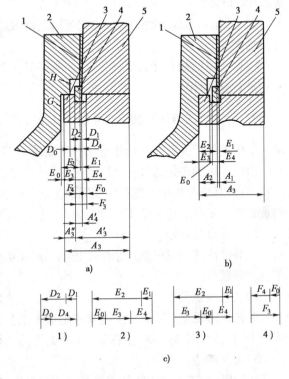

图 3-55 汽车变速器第一轴轴承外圈、锁环和前盖的局部装配图及其装配尺寸链
1-纸垫;2-前盖;3-轴承外圈;4-锁环;5-变速器壳体

在图 3-55a) 中,我们是把第一轴上的轴承外圈 3 向右靠在锁环 4 上的,这样画是为了能清晰地看到前盖 2 紧固在纸垫 1 和变速器壳体 5 上时,轴承外圈 3 端面和前盖 2 的 G 面间必定是有轴向间隙。最小间隙可以等于零。但变速器在实际工作时,第一轴上承受的轴向力会使轴承外圈 3 向左移动,直到靠紧在前盖 2 的 G 面上,如图 3-55b) 所示。这时,E_0 的位置将移到 E_3 和 E_4 之间,尺寸链图如图 3-55 中 3 所示,尺寸链方程式仍然不变,即:

$$E_0 = E_1 + E_2 - E_3 - E_4$$

E_0 也就是轴承外圈 3 的轴向窜动量。

例 1、例 2 中的几个装配尺寸链,相互间是有一定联系的。如例 1 中,$C_6 = A_6$。例 2 中,$E_1 = D_1$,$F_4 = E_4 = D_4$,都是以组成环为公共环的并联形式。在计算中,公共环应满足装配精度要求最高的装配尺寸链,在其他的装配尺寸链中,都用该值进行计算。

下面进一步分析例 1 中 A_0 的装配尺寸链。在例 2 中,我们知道第一轴的轴承外圈 3 有一个轴向窜动量 E_0。同理,第一轴的轴承内圈以及内、外圈之间也都各有一个轴向窜动量,这三个窜动量合在一起就是第一轴的轴向窜动量。为了简化分析,略去了后两项窜动量,把 E_0 近似地作为第一轴的轴向窜动量。在例 1 中分析 A_0 时,是根据轴承受到向左的轴向力,使轴承紧靠在前盖 2 的 G 面上为条件的,即按图 3-55b) 所示情况。由于存在间隙,有时也会出现轴承向右紧靠在锁环 4 上的情况,如图 3-55a) 所示。这时 A_0 的装配尺寸链就会发生变化,因为前轴承不是靠在前盖 2 上,而是通过锁环 4 再靠在变速器壳体上。在装配尺寸链中,就应该从轴承右端面到轴承外圈止动槽左面的尺寸 A_3',再经过锁环 4 的厚度尺寸 A_4' 到变速器壳体。由于轴承标准上没有轴承右端面到止动槽的尺寸,只有左端面到止动槽的尺寸,所以轴承右端面到轴承外圈止动槽左

面的尺寸A'_3要通过零件尺寸链进行转换,即用$A'_3 = A_3 - A''_3$来代替,如图3-55a)所示。A'_3是A_3、A'_3和A''_3三环尺寸链的封闭环,该尺寸链和A_0的装配尺寸链并联,是以封闭环A'_3为公共环的形式。

由于E_0对A_0的影响,A_0已不能用一条装配尺寸链来分析了,而应该用两条极限情况的装配尺寸链求解。即求A_{0max}时,按图3-55b)建立的尺寸链;求A_{0min}时,按图3-55a)建立的尺寸链。因此,当间隙方向不定时,应分别建立两条尺寸链,选取对封闭环最不利的情况确定封闭环的上、下偏差。

若E_0相对于A_0的数值较小时,可以忽略E_0对A_0的影响,即按图3-55b)建立一条装配尺寸链求解A_0。

根据具体结构和受力情况,当只出现一种工作位置,如间隙方向不变,则可用一条装配尺寸链进行分析计算。

四、计算机三维仿真装配尺寸链设计及公差控制

1. 传统的广义公差分析设计工作的缺陷

沿用多年的传统机械产品广义公差分析,在以下所述的4个工作阶段中,由于缺乏协同与并行设计,其成本模型不能反映实际加工的各种工艺因素,故不能获得在保证产品质量前提下的最低加工成本。这4个工作阶段为:

1) 产品设计阶段

产品设计部门仅根据产品精度指标和产品结构来确定尺寸和分析设计公差,较少考虑加工制造问题。

2) 工艺制定阶段

工艺部门根据产品设计公差来确定加工工艺路线和加工方法、加工余量和加工公差,目的是为了满足设计公差要求。基本上不考虑产品功能,结构。

3) 加工制造阶段

此阶段中,工人按工艺规程进行调整与操作,目的是为了满足设计公差,亦不考虑产品的功能和整体结构。

4) 质量检查阶段

此时检查部门只考虑加工零件与设计公差相比是否满足设计要求,并不考虑整个产品的结构与装配要求。

由此可知,传统的设计公差值多是凭工程师的经验给定或是用类比法、统计分析法,根据产品的总体精度要求来分配公差。显然这种处理公差的方式不符合并行公差的原理,因此会带来诸多问题,从而导致制造成本增加,使设计和加工制造周期延长。有鉴于此,必须研究开发利用计算机辅助公差设计 CAT(Computer Aided Tolerancing),来分析和控制公差。

2. 计算机三维仿真装配尺寸链设计与公差控制概要

近二十年来国内外不少专家、学者均根据 ISO/TC 213 中关于尺寸和几何产品规范与检测标准,对 CAT 技术进行研究和开发应用软件。利用计算机三维仿真装配和并行公差处理的主要原理及程序内容如下。

1) 根据并行公差原理并对公差用数字化表示

应用并行公差原理和 ISO/TC 213,在设计阶段就直接求出满足设计要求和总体装配要求的加工公差及检验规程。公差的数字化表示，不仅能确切地反映产品的功能要求，能够使加工中的误差补偿，还便于使用三坐标测量机进行测量与数据处理，利用计算机处理公差信息，便于公差信息在设计、工艺、加工和检测的各阶段传递。

2）公差设计分析系统

利用计算机在输入零件的各个尺寸的信息后，系统即可进行尺寸链的搜索和生成，并逐次进行公差分析与控制。

3）基于三维装配图特征关系的装配尺寸链自动生成

根据几何特征的分类，先分析三级 CAD 系统的约束机制，再根据变动几何约束和特征的约束关系建立变动几何约束的网络，进而形成面向尺寸链的装配数据库。该库记录了装配体系中形成装配尺寸链的零部件的尺寸和相关信息。最后由该库形成装配尺寸链。

第四章 机械加工质量

零件机械加工后,表面层存在着表面粗糙度、表面波度、表面加工纹理等微观几何形状误差及划痕等缺陷;同时还会产生加工硬化、金相组织变化及残余应力等现象。本章研究影响加工表面质量的规律,并通过这些规律来控制加工过程,以提高零件的加工表面质量。

第一节 机械加工精度与表面质量

零件的加工质量包括零件的机械加工精度和加工表面质量两大方面,下面分别予以讨论。

一、机械加工精度

1. 加工精度

加工精度是指零件加工后的实际几何参数(尺寸、形状和表面间的相互位置)与理想几何参数的符合程度。符合程度越高,加工精度就越高。由于加工过程中各种因素的影响,加工出的零件不可能与理想的要求完全符合,会产生加工误差。加工误差是指加工后零件的实际几何参数对理想几何参数的偏离程度。从保证产品的使用性能分析,允许有一定的加工误差,只要加工误差不超过图样规定的偏差即为合格品。

加工精度和加工误差是从两个不同的角度来评定加工零件的几何参数的,加工精度的低和高就是通过加工误差的大和小来表示的。加工精度的具体内容是:

(1)尺寸精度指零件的直径、长度和表面间距离等尺寸的实际值和理想值的接近程度。

(2)形状精度指零件表面或线的实际形状与理想形状的接近程度。

(3)位置精度指零件表面或线的实际位置与理想位置的接近程度。

零件的加工精度越高则加工成本也越高,而生产效率相对越低。因此设计人员应根据零件的使用要求,合理地规定零件的加工精度;工艺人员则应根据设计要求、生产条件来制订适当的工艺方法,以保证加工误差不超过允许范围。

2. 影响加工精度的因素(原始误差)

在机械加工中,由机床、刀具、夹具和工件等组成的统一体,称为工艺系统。由于工艺系统各种原始误差的存在,会使工件与刀具间的正确的几何关系遭到破坏而产生加工误差。这些原始误差中,其中一部分与工艺系统的初始状态有关,如机床、刀具及夹具的制造误差,工件因装夹产生的误差以及采用近似成型方法加工而产生的加工原理误差等,称为工艺系统的几何误差。另一部分在加工过程中产生的误差,如加工过程中产生的切削力、切削热和摩擦等,会引起工艺系统受力变形,受热变形和磨损都会影响调整后获得的工件与刀具之间的相对位置,造成的各种误差称为工艺系统的动误差。

3. 原始误差与加工误差的关系

在加工过程中,各种原始误差的影响会使刀具和工件间正确的几何关系遭到破坏,引起加工误差,各种原始误差的大小和方向各不相同,而加工误差则必须在工序尺寸方向度量。因此,不同的原始误差对加工精度有不同的影响。当原始误差的方向与工序尺寸方向一致时,其对加工精度的影响最大。下面以外圆车削为例说明两者的关系。如图4-1所示,车削时工件的回转线轴为O,刀尖正确位置在A。设某一瞬时由于各种原始误差的影响,使刀尖位移到A',$\overline{AA'}$即为原始误差δ,它与$\overline{OA}$间的夹角为ϕ,由此引起工件加工后的半径由$R_0 = \overline{OA}$变为$R = \overline{OA'}$,故半径上的加工误差ΔR为:

$$\Delta R = \overline{OA'} - \overline{OA} = \sqrt{R_0^2 + \delta^2 + 2R_0\delta\cos\phi} - R_0 \approx \delta\cos\phi + \frac{\delta^2}{2R_0}$$

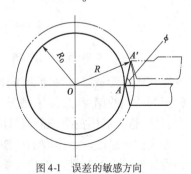

可以看出,当原始误差的方向恰为加工表面的法向方向($\phi = 0°$)时,引起的加工误差最大($\Delta R_{\phi=0°} = \delta$);当原始误差的方向恰为加工表面的切线方向($\phi = 90°$)时,引起的加工误差最小$\left(\Delta R_{\phi=90°} = \frac{\delta^2}{2R_0}\right)$,一般可以忽略不计。为了便于分析原始误差对加工精度的影响程度,把对加工精度影响最大的那个方向(即通过切削刃的加工表面的法向)称为误差的敏感方向,对加工精度影响最小的那个方向(即通过切削刃的加工表面的切向)则称为误差不敏感方向。

图4-1 误差的敏感方向

二、加工表面质量概念及其内容

1. 表面加工质量的概念

机械加工表面质量包括两方面内容:加工表面的几何形状误差和表面层金属的力学物理性能和化学性能变化。

加工表面的几何形状误差,包括3个部分,如图4-2所示。

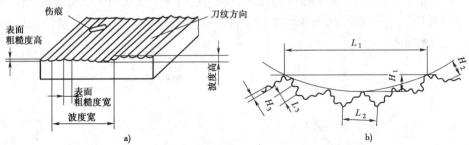

图4-2 加工表面的几何形状误差以及形状误差、表面粗糙度及波度的关系
a)加工表面的几何形状误差;b)形状误差、表面粗糙度及波度的关系

(1)表面粗糙度。表面粗糙度是加工表面的微观几何形状的误差,其波长L_3与波高H_3比值一般小于50。

(2)波度。加工表面不平度中波长L_2与波高H_2比值等于50~1000的几何形状误差称为波度,它是由加工中的振动所引起的。

(3)纹理方向。纹理方向是指表面刀纹的方向,它取决于表面形成所采用的机械加工方法。

2. 表面层金属的力学物理性能和化学性能

由于机械加工中力因素和热因素的综合作用,加工表面层的力学物理性能和化学性能都会发生一定的变化,主要表现为:表面层加工硬化、表面层金相组织变化、表面层金属产生残余应力。

三、加工表面质量对零件使用性能的影响

1. 表面质量对零件耐磨性的影响

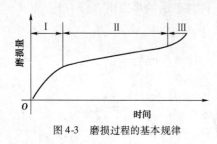

图4-3 磨损过程的基本规律

零件的磨损可分为3个阶段,如图4-3所示。第一阶段称初期磨损阶段。由于摩擦副开始工作时,两个零件表面互相接触,一开始只是在两表面波峰接触,实际的接触面积只是名义接触面积的一小部分。当零件受力时,波峰接触部分将产生很大的压强,因此磨损非常显著。经过初期磨损后,实际接触面积增大,磨损变缓,进入磨损的第二阶段,即正常磨损阶段。这一阶段零件的耐磨性最好,持续的时间也较长。最后,由于波峰被磨平,表面粗糙度值变得非常小,不利于润滑油的储存,且使接触表面之间的分子亲和力增大,甚至发生分子黏合,使摩擦阻力增大,从而进入磨损的第三阶段,即急剧磨损阶段。

表面粗糙度对摩擦副的初期磨损影响很大,但也不是表面粗糙度值越小越耐磨。图4-4是表面粗糙度对初期磨损量影响的试验曲线。从图中可以看到,在一定工作条件下,摩擦副表面总是存在一个最佳表面粗糙度值。最佳表面粗糙度 $\overline{Ra}$ 值为 $0.32 \sim 1.25 \mu m$。

表面纹理方向对耐磨性也有影响,这是因为它能影响金属表面的实际接触面积和润滑液的存留情况。轻载时,两表面的纹理方向与相对运动方向一致时,磨损最小;当两表面纹理方向与相对运动方向垂直时,磨损最大。但是在重载情况下,由于压强、分子亲和力和润滑液的储存等因素的变化,其规律与上述有所不同。

表面层的加工硬化一般能提高耐磨性0.5~1倍。这是因为加工硬化提高了表面层的强度,减少了表面进一步塑性变形和咬焊的可能。但过度的加工硬化会使金属组织疏松,甚至出现疲劳裂纹和产生剥落现象,从而使耐磨性下降。如图4-5所示,存在一个最佳硬化程度,可使零件的耐磨性最好。

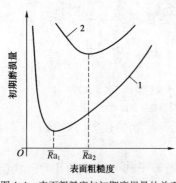

图4-4 表面粗糙度与初期磨损量的关系
1-轻负荷;2-重负荷

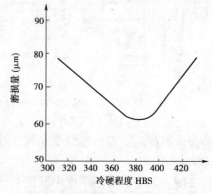

图4-5 表面冷硬程度与耐磨性的关系

2. 表面质量对零件疲劳强度的影响

在交变载荷作用下,零件表面粗糙度、划痕、裂纹等缺陷最易形成应力集中,并发展成疲劳裂纹,导致零件疲劳破坏。因此,对于重要零件表面如连杆、曲轴等,应进行光整加工,减小表面粗糙度值,提高其疲劳强度。

表面残余应力对疲劳强度的影响极大。由于疲劳破坏是从表面开始,由拉应力产生的疲

劳裂纹引起的。因此,表面如具有残余压应力,能延缓疲劳裂纹的产生、扩展,而使零件疲劳强度提高。

表面层的加工硬化对疲劳强度也有影响。适当的加工硬化能阻碍已有裂纹的继续扩大和新裂纹的产生,有助于提高疲劳强度。但加工硬化程度过大,反而易产生裂纹,故加工硬化程度应控制在一定范围内。

3. 表面质量对零件耐腐蚀性的影响

零件的耐腐蚀性在很大程度上取决于表面粗糙度。表面粗糙度值越大,越容易积聚腐蚀性物质;波谷越深,渗透与腐蚀作用越强烈。

表面残余应力对零件耐腐蚀性也有较大影响。残余压应力使零件表面紧密,腐蚀性物质不易进入,可增强零件的耐腐蚀性,而拉应力则降低耐腐蚀性。

4. 表面质量对配合性质的影响

相配零件间的配合关系是用过盈量或间隙值来表示的。对间隙配合而言,表面粗糙度值太大,会使配合表面很快磨损而增大配合间隙,改变配合性质,降低配合精度。对过盈配合而言,装配时配合表面的波峰被挤平,减小了实际过盈量,降低了连接强度,影响了配合的可靠性。

第二节　产生加工误差的主要因素

机械加工时,通常是工件装在夹具上,夹具装在机床上,工件的表面由刀具切削来形成,而切削所需的运动由机床来实现。除了定位误差、安装误差和刀具误差之外,因机床的精度、刀具的精度、工艺系统的弹性变形与热变形,以及残余应力等原因都将会引起加工误差。

一、机床的几何误差

机床的制造误差、安装误差以及使用中的磨损,都直接影响加工精度。其中最主要的是机床主轴回转运动、机床导轨直线运动和机床传动链的误差。

1. 机床主轴回转运动误差

1) 主轴回转运动误差的概念与形式

机床主轴的回转运动误差,直接影响加工精度,尤其是在精加工时,该误差往往是影响工件圆度误差的主要因素。如坐标镗床、精密车床和精密磨床,都要求主轴有较高的回转精度。

机床主轴做回转运动时,主轴的各个截面必然有它的回转中心,在主轴的任一截面上,主轴回转时若只有一点速度始终为零,则这一点即为理想回转中心。但在主轴的实际回转过程中,理想的回转中心是不存在的,而存在一个其位置时刻变动的回转中心,此中心称为瞬时回转中心,主轴各截面瞬时回转中心的连线叫瞬时回转轴线。所谓主轴的回转运动误差,是指主轴的瞬时回转轴线相对其平均回转轴线(瞬时回转轴线的对称中心),在规定测量平面内的变动量。变动量越小,主轴回转精度越高;反之越低。

主轴的回转运动误差可分解为端面圆跳动、径向圆跳动、角度摆动3种基本形式,如图4-6所示。

(1) 端面圆跳动。瞬时回转轴线沿平均回转轴线方向的轴向运动,如图4-6a)所示。它主要影响端面形状和轴向尺寸精度。

(2) 径向圆跳动。瞬时回转轴线始终平行于平均回转轴线方向的径向运动,如图4-6b)所示。它主要影响圆柱面的精度。

(3) 角度摆动。瞬时回转轴线与平均回转轴线成一倾斜角度,但其交点位置固定不变的运动,如图4-6c)所示。在不同横截面内,轴心运动误差轨迹相似,它影响圆柱面与端面加工精度。

上述是指单纯的主轴回转运动误差,实际中常是上述几种运动的合成运动。

2) 主轴回转运动误差的影响因素

影响主轴回转运动误差的主要因素是主轴的误差、配合零件的误差及主轴系统的径向不等刚度和热变形等。对于不同类型的机床,其影响因素也各不相同。如对工件回转类机床(如车床、外圆磨床),因切削力的方向不变,作用在支撑上的作用力方向也不变化。此时,主轴的支撑轴颈的圆度误差影响较大,而轴承孔圆度误差影响较小,如图4-7a)所示;对于刀具回转类机床(如钻、铣镗床),切削力方向随旋转方向而改变,此时,主轴支撑轴颈的圆度误差影响较小,而轴承孔的圆度误差影响较大,图4-7b)所示为轴颈回转到不同位置时与轴承孔接触的情况。

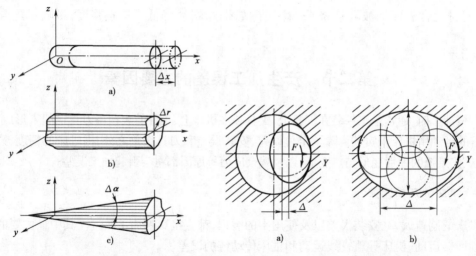

图4-6 主轴回转误差的基本形式
a)端面圆跳动;b)径向圆跳动;c)角度摆动

图4-7 两类主轴回转误差的影响
a)工件回转类机床;b)刀具回转类机床

3) 提高主轴回转精度的措施

(1) 提高主轴部件的制造精度。首先应提高轴承的回转精度,如选用高精度的滚动轴承,或采用高精度的多油楔动压轴承和静压轴承;其次是提高箱体支撑孔、主轴轴颈和与轴承相配合表面的加工精度。

(2) 对滚动轴承进行预紧。对滚动轴承适当预紧以消除间隙,甚至产生微量过盈。由于轴承内、外圈和滚动体弹性变形的相互制约,既增加了轴承刚度,又对轴承内、外圈滚道和滚动体的误差起均化作用,因而可提高主轴的回转精度。

此外,可采取措施使主轴的回转精度不反映到工件上去,常采用两个固定顶尖支撑,主轴只起传动作用。工件的回转精度完全取决于顶尖和中心孔的形状误差和同轴度误差,而提高顶尖和中心孔的精度要比提高主轴部件的精度容易且经济得多。例如,外圆磨床磨削外圆柱面时,就采用固定顶尖支撑。

2. 机床导轨误差

机床导轨副是实现直线运动的主要部件,其制造和装配精度是影响直线运动的主要因素,直接影响工件的加工质量。

1) 磨床导轨在水平面内直线度误差的影响

如图 4-8 所示,导轨在 x 方向存在误差 Δ,磨削外圆时工件沿砂轮法线方向产生位移。引起工件在半径方向上的误差 $\Delta R = \Delta$。当磨削长外圆时,造成圆柱度误差。

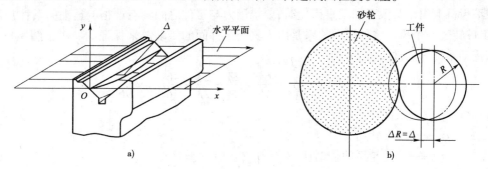

图 4-8　磨床导轨在水平面内的直线误差
a) 水平面内的误差; b) 工件产生的误差

2) 磨床导轨在垂直面内直线度误差的影响

如图 4-9 所示,由于磨床导轨在垂直面内存在误差 Δ,磨削外圆时,工件沿砂轮切线方向产生位移(误差非敏感方向),此时工件产生圆柱度误差,$\Delta R \approx \Delta^2/2R$,其值很小($\Delta R$ 系半径尺寸误差)。但对平面磨床、龙门刨床、铣床等法向方向的位移(误差敏感方向),将直接反映被加工工件的表面形成的形状误差。

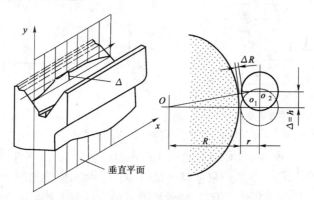

图 4-9　磨床导轨在垂直面的直线误差

3) 导轨面间平行度误差的影响

如车床两导轨的平行度误差(扭曲)使床鞍产生横向倾斜,刀具产生位移,因而引起工件形状误差,如图 4-10 所示。由几何关系可知:

$$\Delta y = \frac{H\Delta}{B}$$

式中: Δy——工件产生的半径误差;

　　　H——主轴至导轨面的距离;

　　　Δ——导轨在垂直方向的最大平行度误差;

　　　B——导轨宽度。

机床的安装对导轨的原有精度影响也很大,尤其是刚性较差的长床身,在自重的作用下容易产生变形。因此,安装地基和安装方法如何,都将直接影响导轨的变形,产生工件加工误差。

3. 机床传动链误差

1) 传动链误差的概念

在螺纹加工或用展成法加工齿轮等工件时,必须保证工件与刀具间有严格的运动关系,例如在滚齿机上用单头滚刀加工直齿轮时,要求滚刀与工件之间具有严格的运动关系:滚刀转一转,工件转过一个齿。这种运动关系是由刀具与工件间的传动链来保证的。对于图 4-11 所示机床传动系统,可具体表示为:

$$\phi_n(\phi_g) = \phi_d \times \frac{64}{16} \times \frac{23}{23} \times \frac{23}{23} \times \frac{46}{46} i_c i_f \times \frac{1}{96}$$

式中:$\phi_n(\phi_g)$——工件转角;

ϕ_d——滚刀转角;

i_c——差动轮系的传动比,在滚切直齿时,$i_c = 1$;

i_f——分度挂轮传动比。

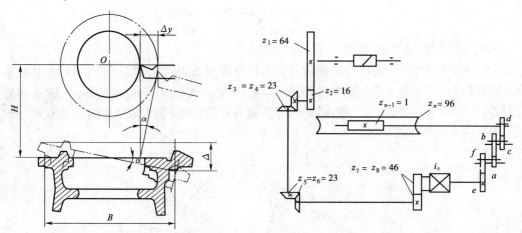

图 4-10 车床导轨面间的平行度误差　　图 4-11 滚齿机传动链图

传动链中的各传动元件,如齿轮、蜗轮、蜗杆,因有制造误差(主要是影响运动精度的误差)、装配误差(主要是装配偏心)和磨损而破坏正确的运动关系,使工件产生误差。

所谓传动链的传动误差,是指内联系的传动链中首末两端传动元件之间相对运动的误差。它是按展成原理加工工件(如螺纹、齿轮、蜗轮以及其他零件)时,影响加工精度的主要因素。

2) 传动链误差的传递系数

传动链误差一般可用传动链末端元件的转角误差来衡量。由于各传动件在传动链中所处的位置不同,它们对工件加工精度(即末端件的转角误差)的影响程度是不同的。例如,传动链是升速传动,则传动元件的转角误差将被扩大;反之,则转角误差将被缩小。假设滚刀轴均匀旋转,若具体 z_1 有转角误差 $\Delta\phi_1$,而其他各传动件无误差,则传到末端件(亦即第 n 个传动元件)上所产生的转角误差 $\Delta\phi_{1n}$ 为:

$$\Delta\phi_{1n} = \Delta\phi_1 \times \frac{64}{16} \times \frac{23}{23} \times \frac{23}{23} \times \frac{46}{46} i_c i_f \times \frac{1}{96} = k_1 \Delta\phi_1$$

式中,k_1 为 z_1 到末端的传动比。由于它反映了 z_1 的转角误差对末端元件传动精度的影响,故又称之为误差传递系数。

同样,对于分度蜗轮有:

$$\Delta\phi_{nn} = \Delta\phi_n \times 1 = k_n\Delta\phi_n$$

式中,k_n 即 $k_j(j=1,2,\cdots,n)$,为第 j 个传动件的误差传递系数。

由于所有的传动件都存在误差,因此,各传动件对工件精度影响的总和 $\Delta\phi_\Sigma$ 为各传动元件所引起末端元件转角误差的叠加:

$$\Delta\phi_\Sigma = \sum_{j=1}^{n}\Delta\phi_j = \sum_{j=1}^{n}k_j\Delta\phi_j \tag{4-1}$$

如果考虑到传动链中各传动元件的转角误差都是独立的随机变量,则传动链末端元件的总转角误差可用概率法进行估算:

$$\Delta\phi_\Sigma = \sqrt{\sum_{j=1}^{n}k_j^2\phi_j^2} \tag{4-2}$$

3)减少传动链传动误差的措施

(1)尽可能缩短传动链(减少传动元件数量)。例如,图 4-12 所示是一台大批生产中应用的螺纹磨床的传动系统,机床用可换的母丝杠与被加工工件在同一轴线上串联起来,母丝杠螺距等于工件螺距,传动链最短,就可得到较高的传动精度。

(2)减少各传动元件装配时的几何偏心,提高装配精度。

(3)提高传动链末端元件的制造精度。在一般的降速传动链中,末端元件的误差影响最大,故末端元件(如滚齿机的分度蜗轮、螺纹加工机床的母丝杠)的精度就应最高。

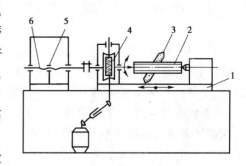

图 4-12 精密螺纹磨床传动系统
1-工作台;2-工件;3-砂轮;4-蜗杆副;5-螺母;6-母丝杠

(4)在传动链中按降速比递增的原则分配各传动副的传动比。传动链末端传动副的降速比取得越大,则传动链中其余各传动元件误差的影响就越小。为此,分度蜗轮的齿数应取得较多,母丝杠的螺距也应较大,这将有利于减少传动链误差。

(5)采用校正装置。校正装置的实质是在原传动链中人为地加入一误差,其大小与传动链本身的误差相等而方向相反,从而使之相互抵消。

4.其他几何误差

1)刀具误差

机械加工中常用的刀具有:一般刀具、定尺寸刀具和成型刀具。

一般刀具(如普通车刀、单刃镗刀和平面铣刀)的制造误差,对加工精度没有直接影响。

定尺寸刀具(如钻头、铰刀、拉刀)的尺寸误差直接影响加工工件的尺寸精度。刀具在安装使用中不当将产生跳动,也将影响加工精度。

成型刀具(如成型车刀、成型铣刀及齿轮刀具)的制造误差和磨损,主要影响被加工表面的形状精度。

2)工件的装夹误差与夹具磨损

工件装夹误差是指定位误差和夹紧误差,此外,夹具在长期使用过程中工作表面的磨损,也直接影响工件的加工精度。

3)测量误差

工件在加工过程中要用各种量具、量仪等进行检验测量。再根据测量结果对工件进行试切或调整机床。量具本身的制造误差、测量时的接触力、温度、目测正确程度等,都直接影响加工误差。因此,要正确地选择和使用量具,以保证测量精度。

4) 调整误差

在机械加工的每一工序中,总是要对工艺系统进行这样或那样的调整工作。由于调整不可能绝对地准确,因而产生调整误差。

工艺系统的调整有如下两种基本方式。不同的调整方式有不同的误差来源。

(1) 试切法调整。单件小批生产中,通常采用试切法调整。方法是:对工件进行试切——测量——调整——再试切,直到达到要求的精度为止。这时,引起调整误差的因素是:

①测量误差。由于量具本身精度、测量方法不同及使用条件的差别(如温度、操作者的细心程度),它们都影响测量精度,因而产生加工的误差。

②进给机构的位移误差。在试切中,总是要微量调整刀具的位置。在低速微量进给中,常会出现进给机构的"爬行"现象,其结果使刀具的实际位移与刻度盘上的数值不一致,造成加工误差。

③试切时与正式切削时切削层厚度不同的影响。精加工时,试切的最后一刀往往很薄,切削刃只起挤压作用而不起切削作用,但正式切削时的深度较大,切削刃不打滑,就会多切工件。因此,工件尺寸就与试切时不同,形成工件的尺寸误差。

(2) 调整法调整。采用调整法对工艺系统进行调整时,也要以试切为依据。因此,上述影响试切法调整精度的因素,同样对调整法也有影响。此外,影响调整精度的因素还有:用定程机构调整时,调整精度取决于行程挡块、靠模及凸轮等机构的制造精度和刚度,以及与其配合使用的离合器、控制阀等的灵敏度;用样件或样板调整时,调整精度取决于样件或样板的制造、安装和对刀精度;工艺系统初调好以后,一般要试切几个工件,并以其平均尺寸作为判断调整是否准确的依据。由于试切加工的工件数(称为抽样件数)不可能太多,不能完全反映整批工件切削过程中的各种随机误差,故试切加工几个工件的平均尺寸与总体尺寸不能完全符合,也造成加工误差。

二、工艺系统的受力变形对加工精度的影响

1. 工艺系统刚度及其计算

由机床、夹具、工件和刀具组成的工艺系统,在外力(主要是切削力)的作用下会产生弹性变形。这种变形将破坏切削刃和工件之间已调整好的正确的位置关系,导致加工误差。

1) 工艺系统的刚度概念

在外力作用下,工艺系统抵抗变形的能力称为工艺系统的刚度。由于工艺系统变形的最敏感方向——加工表面法线方向的变形,对加工误差影响最大。因此,所谓工艺系统刚度特指在切削力 F_x、F_y、F_z 的综合作用下,沿加工表面法线方向上的切削分力 F_y 与刀刃在此方向上相对于工件的压移(工艺系统弹性变形)之比值,即:

$$k = \frac{F_y(法向切削力)}{y(在 F_x, F_y, F_z 综合作用下刀具相对于工件的法线压移)} \tag{4-3}$$

式中:k——工艺系统刚度,$N \cdot mm^{-1}$。

2) 工艺系统刚度的计算

工艺系统在某一处的法向总变形(压移)y 是各个组成环节在同一处的法向变形的叠加,即:

$$y = y_{jc} + y_{jj} + y_d + y_g \tag{4-4}$$

式中 y_{jc}——机床的受力变形,mm;
y_{jj}——夹具的受力变形,mm;
y_d——刀具的受力变形,mm;
y_g——工件的受力变形,mm。

由工艺系统刚度的定义可知:

$$k = F_y/y$$

同理,相应的机床刚度 k_{jc},夹具刚度 k_{jj},刀具刚度 k_d 及工件刚度 k_g 分别写成:

$$k_{jc} = F_y/y_{jc}, k_{jj} = F_y/y_{jj}, k_d = F_y/y_d, k_g = F_y/y_g$$

代入上式后得:

$$\frac{1}{k} = \frac{1}{k_{jc}} + \frac{1}{k_{jj}} + \frac{1}{k_d} + \frac{1}{k_g} \tag{4-5}$$

因此,已知工艺系统的各组成环节的刚度,即可用上式求出工艺系统的刚度。

在应用式(4-5)求解某一工艺系统的刚性时,应针对具体情况进行分析并加以简化。例如外圆车削时,车刀本身在切削力作用下的变形对加工误差的影响很小,可忽略不计;再如镗孔时,镗杆的受力变形严重地影响着加工精度,而工件(箱体零件)的刚度一般较大,其受力变形很小,故亦可忽略不计。

2. 因工艺系统刚度原因引起的误差及其误差复映规律

1) 受力点位置变化引起的形状误差

在车床顶尖间车削粗而短的光轴,如图4-13a)所示。由于车刀和工件变形极小,故可忽略不计。此时,工艺系统的总变形完全取决于主轴箱、尾座(包括顶尖)和刀架的变形。

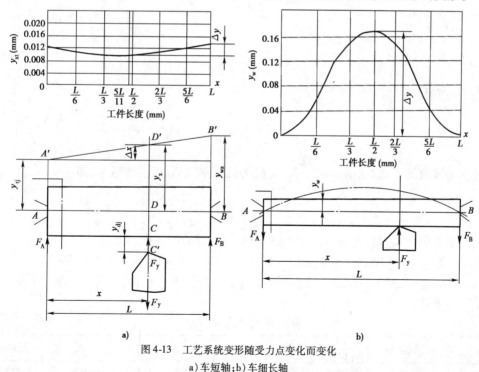

图 4-13 工艺系统变形随受力点变化而变化
a)车短轴;b)车细长轴

当加工中车刀处于图4-13b)所示位置时,在切削分力 F_y 的作用下,主轴箱由 A 点位移到 A',尾座由 B 点位移到 B',刀架由 C 点位移到 C',它们的位移量分别用 y_{zx}、y_{wz} 及 y_{dj} 表示。而

113

工件轴线 AB 位移到 $A'B'$，刀具切削点处于工件轴线的位移 y_x 为：
$$y_x = y_{2x} + \Delta x$$
即：
$$y_x = y_{2x} + (y_{wz} - y_{2x})\frac{x}{L} \tag{4-6}$$

设 F_A、F_B 为 F_y 所引起的主轴箱、尾座处的作用力，则：
$$y_{2x} = \frac{F_A}{k_{2x}} = \frac{F_y}{k_{2x}}\left(\frac{L-x}{L}\right) \tag{4-7}$$

$$y_{wz} = \frac{F_B}{k_{wz}} = \frac{F_y}{k_{wz}}\frac{x}{L} \tag{4-8}$$

将式(4-7)和式(4-8)代入式(4-6)得：
$$y_x = \frac{F_y}{k_{2x}}\left(\frac{L-x}{L}\right)^2 + \frac{F_y}{k_{wz}}\left(\frac{x}{L}\right)^2$$

工艺系统的总位移为：
$$y_{xt} = y_x + y_{dj} = F_y\left[\frac{1}{k_{dj}} + \frac{1}{k_{2x}}\left(\frac{L-x}{L}\right)^2 + \frac{1}{k_{wz}}\left(\frac{x}{L}\right)^2\right] \tag{4-9}$$

由式(4-9)看出工艺系统刚度是随受力点位置"x"变化而变化。当按上述条件车削时，工艺系统刚度实为机床刚度。

当 $x = 0$ 时：
$$y_{jc} = \left(\frac{1}{k_{dj}} + \frac{1}{k_{2x}}\right)F_y$$

当 $x = L$ 时：
$$y_{jc} = \left(\frac{1}{k_{dj}} + \frac{1}{k_{wz}}\right)F_y$$

当 $x = \frac{L}{2}$ 时：
$$y_{jc} = \left[\frac{1}{k_{dj}} + \frac{1}{4}\left(\frac{1}{k_{2x}} + \frac{1}{k_{wz}}\right)\right]F_y$$

还可用极值的方法，求出 $x = \frac{k_{wz}}{k_{2x}+k_{wz}}L$ 时的机床刚度最大，变形最小，即：
$$y_{jcmin} = \left(\frac{1}{k_{dj}} + \frac{1}{k_{2x}+k_{wz}}\right)F_y$$

再求得上述数据中最大值与最小值之差，就可得车削时的圆柱度误差。

例如：设 $k_{2x} = 6 \times 10^4 \text{N/mm}$，$k_{wz} = 5 \times 10^4 \text{N/mm}$，$k_{dj} = 4 \times 10^4 \text{N/mm}$，$F_y = 300\text{N}$，工件长 $L = 600\text{mm}$，则沿工件长度上系统的位移如表4-1所示。根据表中数据，即可作出如图4-13a)上方所示的变形曲线。

沿工件长度的变形(mm) 表4-1

x	0(主轴箱处)	$\frac{1}{6}L$	$\frac{1}{3}L$	$\frac{5}{11}L$	$\frac{1}{2}L$(中点)	$\frac{2}{3}L$	$\frac{5}{6}L$	L(尾座处)
y_{xt}	0.0125	0.0111	0.0104	0.0102	0.0103	0.0107	0.0118	0.0135

工件的圆柱度误差为 $(0.0135 - 0.0102)\text{mm} = 0.0033\text{mm}$。

工艺系统刚度随受力点位置变化而异的例子很多，例如立式车床、龙门刨床、龙门铣床等的横梁及刀架,大型铣镗床滑枕内的轴,其刚度均随刀架位置或滑枕伸长度不同而异,其分析方法基本上与上述例子一样。

2) 误差复映规律

在车床上加工短轴,工艺系统刚度变化不大,可近似地作为常数。这时,由于被加工表面的形状误差或材料硬度不均匀而引起切削力变化,使受力变形不一致而产生加工误差。

以车削为例,如图 4-14 所示。工件由于毛坯的圆度误差(例如椭圆),车削时使切削深度在 a_{p1} 与 a_{p2} 之间变化。因此,切削分力 F_y 也随切削深度 a_p 的变化由最大(F_{ymax})变到最小(F_{ymin})。工艺系统将产生相应的变形,即由 y_1 变到 y_2(刀尖相对工件在法线方向的位移变化),工件就形成圆度误差,这种现象称为"误差复映"。

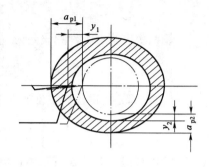

图 4-14 零件形状误差的复映

误差复映的大小可用刚度计算公式求得。

毛坯圆度的最大误差:

$$\Delta_m = a_{p1} - a_{p2} \tag{4-10}$$

车削后工件的圆度误差:

$$\Delta_w = y_1 - y_2 \tag{4-11}$$

而

$$y_1 = \frac{F_{ymax}}{k_{xt}}, y_2 = \frac{F_{ymin}}{k_{xt}}$$

又

$$F_y = \lambda C_F f^{0.75}(a_p - y) = A(a_p - y)$$

式中:A——径向切削力系数;

λ——系数,$\lambda = \frac{F_y}{F_z}$,一般取 0.4;

C_F——与工件材料和刀具角度有关的系数,可从有关手册查得;

f——进给量,mm/r。

所以

$$y_1 = \frac{A(a_{p1} - y_1)}{k_{xt}} \approx \frac{A}{k_{xt}} a_{p1} \tag{4-12}$$

$$y_2 = \frac{A(a_{p2} - y_2)}{k_{xt}} \approx \frac{A}{k_{xt}} a_{p2} \tag{4-13}$$

将式(4-12)和式(4-13)代入式(4-11)得:

$$\Delta_w = y_1 - y_2 = \frac{A}{k_{xt}}(a_{p1} - a_{p2})$$

令

$$\varepsilon = \frac{\Delta_w}{\Delta_m} = \frac{A}{k_{xt}}$$

式中:ε——误差复映系数。

复映系数 ε 定量地反映了毛坯误差经过加工后减少的程度,它与工艺系统刚度成反比,与径向切削力系数 A 成正比。要减少工件的复映误差,可增加工艺系统刚度或减少径向切削力系数(例如用主偏角 k_r 接近 90°的车刀、减少进给量 f)。

当毛坯误差较大,一次进给不能满足加工精度要求时,需要多次进给来消除 Δ_m 复映到工件上的误差。设第一次进给量为 f_1,毛坯误差为 Δ_m,则由上式 ε 得到第一次进给后工件的误差为:

$$\Delta_{w1} = \frac{\lambda C_F f_1^{0.75}}{k_{xt}} \Delta_m = \varepsilon_1 \Delta_m$$

第二次进给后工件的误差为:

$$\Delta_{w2} = \frac{\lambda C_F f_2^{0.75}}{k_{xt}} \Delta_m = \varepsilon_2 \varepsilon_1 \Delta_m$$

同理,第 n 次进给后工件的误差为:

$$\Delta_{wn} = \varepsilon_n \cdots \varepsilon_2 \varepsilon_1 \Delta_m = \lambda^n \left(\frac{C_F}{k_{xt}}\right)^n (f_n f_{n-1} \cdots f_2 f_1)^{0.75} \Delta_m \tag{4-14}$$

可以根据已知的 Δ_m 值,由式(4-14)估算加工后的工件误差,或根据工件的公差值与毛坯误差来确定加工次数。由于 ε 总是小于1,而且是一个远远小于1的系数,小数相乘更小。因此,一般 IT7 要求的工件经过 2~3 次进给后,可能使 Δ_m 复映到工件上的误差减小到公差允许值的范围内。

3)其他力引起的加工误差

(1)夹紧力引起的加工误差。被加工工件在装夹过程中,由于刚度较低或着力点不当,都会引起工件的变形,造成加工误差。特别是薄壁套、薄板等零件,易于产生加工误差。

(2)重力引起的加工误差。在工艺系统中,由于零部件的自重也会产生变形。如龙门铣床、龙门刨床刀架横梁的变形,铣镗床镗杆伸长而下垂变形,都会造成加工误差。

(3)惯性力引起的加工误差。在高速切削时,如果工艺系统中有不平衡的高速旋转的构件存在,就会产生离心力。离心力在工件的每一转中不断变更方向,当不平衡质量的离心力大于切削力时,车床主轴轴颈和轴套内孔表面的接触点就会不停地变化,轴套孔的圆度误差将传给工件的回转轴心。

三、工艺系统热变形对加工精度的影响

在机械加工过程中,工艺系统会受到各种热的影响而产生热变形。这种变形将破坏刀具与工件间的正确几何关系和运动关系,造成工件的加工误差。工艺系统的热变形不仅影响加工精度,而且还影响到加工效率。随着机械加工向高精、高效、自动化方向的发展,使工艺系统热变形问题变得更加突出,已成为现代机械加工技术发展必须研究的重要课题。

机械加工过程中,工艺系统要产生热量,热的来源主要有以下3个方面:

(1)切削热。它是被加工材料塑性变形以及前后刀面摩擦功转变成的热量。由于热的传导,它主要对工件和刀具有较大的影响。

(2)摩擦热和传动热。它是机床运动零件的摩擦(齿轮、轴承、导轨等)转变的热量,液压传动(油泵、油缸等)和电动机的温升等,这类热对机床的影响较大。

(3)周围环境的外界热源和阳光辐射热等。在各种精密加工中,热变形的影响特别突出,因为在这种场合下,切削力一般都比较小,工艺系统刚度不足所引起的加工误差也比较小,而热变形引起的误差就相对地大了。

1. 机床热变形引起的加工误差

机床由于受热而产生变形的情况,视机床类型而异。

车床类机床工作时,热源主要由床头箱中轴承和齿轮在运转中的摩擦所引起,由于床头箱

受热变形,主轴位置要升高,在水平方向也产生位移,影响加工精度较大的是水平方向上的位移。图 4-15 表示床头箱发热导致车床主轴产生垂直和水平方向位移的情况。图中位移在最初进行较快,随后逐渐减缓,4~5h 后达到热平衡,位移就停止。热平衡后如让机床停止工作,它就冷却下来,但冷却的时间却长达 20h 左右。图中主轴在垂直方向的位移达 0.049mm,在水平方向为 0.011mm。主轴位移的大小与主轴的转速有关,转速愈高则位移愈大。

为减少机床热变形的影响,一般在工作前开动机床,让它空转一段时间后,使热变形稳定后再工作。有的精密机床如坐标镗床要置于恒温室内,室内温度保持 20℃ ±0.5℃。

床头箱箱体各点的温度在 10~50℃ 范围内,轴承处的温度最高。主轴的温度比箱体的平均温度高 30%~40%,当主轴很长时,必须考虑它受热膨胀后的轴向位移,因为它影响工件轴向尺寸的精度,如主轴由后轴承实现轴向定位,由于箱体和主轴温差 Δt,则卡盘轴向移为:

$$\Delta L = \alpha_1 L \Delta t$$

式中:α_1——线膨胀系数;

L——主轴长度;

Δt——温度差。

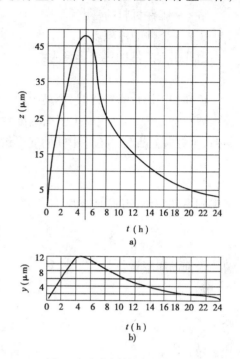

图 4-15 车床主轴热变形曲线

这时,必须定期调整机床来补偿这个误差。

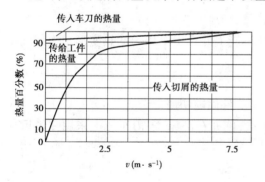

图 4-16 切削热的分布

磨床类机床工作时,由于液压系统和电动机等不合理的布局,它们在传动中所产生的热量常使机床各部分结构受热不均匀,而导致工作台偏转。

2. 工件热变形引起的加工误差

工件所受的热主要来自切削区域,切削热的分布情况见图 4-16。加工精密零件或薄壁零件时,加工环境的温度变化也会产生明显的影响。均匀的温度变化,将使工件的尺寸变化;不均匀的温度变化,会改变工件的形状。

如多刀车削轴类零件且工作行程次数较多,可认为工件将均匀受热,这时工件上的切削热量 Q 可按下式粗略计算:

$$Q = F_z v t K$$

式中:F_z——切向切削分力;

v——切削速度;

t——切削时间;

K——切削热传入工件的百分比。

工件因传入热量引起的温度升高为:

$$\Delta t = \frac{Q}{c\rho V}$$

式中：c——工件材料的比热容；
ρ——工件材料的密度；
V——工件的体积。

由此引起工件的热变形量为：

$$\Delta L = \alpha_1 L \Delta t$$

单面加工薄片类零件时，容易引起不均匀的温度变化，从而使工件产生形状误差。图4-17表示薄片长 L、厚 δ，加工时上下面温度差 $\Delta t = t_1 - t_2$，设材料线膨胀系数为 α_1，则由于上下表面温差，工件向上凸起。工件中间的变形量为：

$$x = \frac{L}{2}\tan\frac{\varphi}{4}$$

考虑到 φ 角很小，可近似地取：

$$x \approx \frac{L\varphi}{8}$$

薄片上面的膨胀量：

$$BE = \alpha_1 \Delta t L$$

则

$$\varphi = \frac{\alpha_1 \Delta t L}{\delta}$$

代入得：

$$x = \alpha_1 \Delta t \frac{L^2}{8\delta}$$

从上式知，热变形随零件长度的增加而迅速增大。

此外，太阳光的照射，暖气装置热量的辐射，都将使工件产生不均匀的热变形。为了减小工件的热变形，主要采取如下措施：

(1) 采取强烈冷却。
(2) 提高切削速度，使大部分切削热来不及传至工件而随切屑带走。
(3) 夹紧工件时，要考虑它们线性热变形的补偿，例如在磨床、多刀车床上采用弹簧后顶尖、液压后顶尖或气动后顶尖。

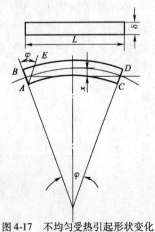

图4-17 不均匀受热引起形状变化

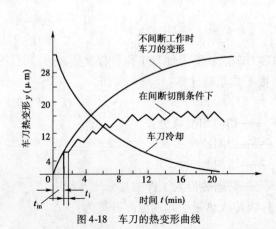

图4-18 车刀的热变形曲线

3. 刀具热变形引起的加工误差

刀具的热源主要是切削热。虽然切削热传给刀具的比例较少（图4-18）。但由于刀具体积小，所以刀面上的温度还是比较高的。车刀的刀头受热后伸长，工件被加工的直径就随之减小。图4-18为车刀的热变形曲线，它的热变形规律与机床相似，也是按指数曲线上升和降低，只是刀体热容量小，达到热平衡的时间短得多，一般连续工作行程16~20min就达到了。达到热平衡时，车刀热变形一般在0.03~0.05mm。实际工作中，常不可能连续工作行程16min以上（加工面小、切削时间短），而是有停歇的间断切削情况，这时刀具的热变形就要小些。

车刀的热变形与下列因素有关：

(1) 提高切削用量中的任一项，都能使车刀的热伸长量增加。

(2) 车刀热伸长量与刀杆横剖面尺寸近似地成反比。

(3) 硬质合金刀片愈厚，车刀的热伸长量愈小。

(4) 车刀的热伸长量与被加工材料的强度极限近似地成正比。

(5) 有冷却液时，车刀的热伸长量可大为减小。

4. 工件内应力（残余应力）

工件去掉外力后，存留在工件内部的应力称为内应力（或残余应力）。内应力总是拉伸应力和压缩应力并存而处于平衡状态，即合力为零。当外界条件发生变化，如温度改变或工件被切除一层金属，则原来的内应力平衡状态遭到破坏，工件将发生形状变化，形成新的平衡状态，这个形成新的平衡状态的过程称为内应力重新分布。

工件产生内应力的原因，从工艺过程来说，是由于零件材料不均匀的体积变化所引起的，它来源于：

(1) 零件不均匀的加热和冷却。

(2) 零件材料金相组织的转变。

(3) 强化时塑性变形的结果。

在有内应力的情况下对铸件进行机械加工，由于切去一层金属，内应力将重新分布而使工件形状改变。因此，加工某些复杂铸件的重要表面（如发动机缸体的缸孔）时，在粗加工后，要经过很多别的工序才安排精加工，目的就是让内应力充分重新分布，待工件变形稳定后再进行精加工。

为了减小复杂铸件的内应力，除了在结构上尽量做到壁厚均匀外，还可采用自然时效和人工时效的方法。

经过表面淬火的零件，也会产生内应力，因为这时表面层的金属组织转变了，即从原来密度比较大的奥氏体转变为密度比较小的马氏体。因此表面层的金属体积要膨胀，但受到内层金属的阻碍，从而在表面层产生压缩应力；在内层产生拉伸应力。

机械加工后，零件表面也产生内应力。

四、其他原因引起的误差

1. 原理误差

用近似的加工方法、近似的传动比和近似形状的刀具进行加工时，都会产生加工误差，这属于原理误差，亦称为理论误差或方法误差。滚切渐开线齿廓就是近似加工方法的实例，由于滚刀的齿数是有限的，所以滚切的渐开线不是理想的光滑渐开线，只是多条趋近于该曲线的折线。被加工齿轮的齿数愈多，滚刀的容屑槽数愈多且头数愈少时，形成的线段数就愈多，折线就愈接近于理论渐开线。不仅滚切法是近似的加工方法,滚刀也是近似形状的刀具,所以也会引起加工误差。

在许多情况下,一些机床的成型运动传动链只能近似地得到所需的表面,例如车螺纹时,如果螺距具有几位小数,在选择挂轮时,因为挂轮的齿数是固定的,所以,往往只能得到近似的螺距。

应当指出,当包括原理误差在内的加工误差总和不超过规定的工序公差时,就可以采用近似的加工方法。近似方法往往比理论上精确的方法简单,它有利于简化机床结构,降低刀具成本和提高生产率。

2. 测量误差

测量误差是指工件实际尺寸与量具表示出的尺寸之间的差值。加工一般精度的零件时,测量误差可占工件公差的1/10~1/5,而加工精密零件时,测量误差可占工件公差的1/3左右。

测量误差通常由下述原因产生:

1)计量器具本身精度的影响

计量器具的精度决定于它的结构、制造和磨损情况。所用的计量器具不同,测量误差的变动范围也很大,例如用光学比较仪测量轴类零件时,误差不超过$1\mu m$;用千分尺测量时,测量误差可达$5\sim10\mu m$;而用游标卡尺测量时则达$150\mu m$,所以必须根据零件被测尺寸的精密程度选择适当的计量器具。

2)温度的影响

例如直径为$\phi100mm$的钢轴在加工完毕后,温度从常温20℃升高至60℃,如果立即测量,由于材料热膨胀的原因,直径增大0.048mm。即使在常温条件下,车间内的温度也不是固定的,其变动范围可达3~4℃,在此温度变动范围内也将产生测量误差,对钢件来说,在100mm长度上可达0.003~0.004mm,所以精密测量要在恒温室内进行,以消除温度变化引起的误差。在精密测量时,还要十分注意辐射热(如太阳、灯光)的影响,有时不许用手直接接触量具,以防止热传导而产生测量误差。

3)人的主观原因

如测量时读数的误差;测量过程中因用力不当而引起量具、量仪的变形等。

3. 调整误差

切削加工时,要获得规定的尺寸就必须对机床、刀具和夹具进行调整。在单件、小批生产中,普遍用试切法调整;而在成批、大量生产中,则常用调整法。显然,试切法不可避免会产生误差,而调整法中,对刀有误差,挡块、电器行程开关、行程控制阀等的精度和灵敏度都影响调整的准确。因此,不论哪种调整方法,想获得绝对准确的规定尺寸是不可能的,这就产生了调整误差。

第三节　机械加工表面质量的形成及其影响因素

零件的机械加工质量不仅指加工精度,还有表面质量。产品的工作性能,特别是其可靠性、耐久性等,在很大程度上取决于其主要零件的表面质量。

一、表面质量的形成及其具体内容

1. 表面加工质量的含义

经过机械加工后的零件表面不可能是绝对理想的表面,一方面存在着微观几何形状误差;另外,在加工时表面层的金属还会产生物理力学性能和化学性能变化。图4-19a)表示了加工表面层沿深度方向的变化情况。在最外层生成氧化膜及其他化合物,并吸收或渗进了气体、液体和固体的粒子,称为吸附层,其厚度一般不超过8nm。再向内是压缩层,即为表面塑性变形区,它是由切削力造成的,其厚度为几十至几百微米,随加工方法的不同而变化。其上部是由被加工材料与刀具之间的摩擦力所造成的纤维层。此外,切削热也会使表面层产生各种变化,如同淬火、回火一样会使材料产生相变及晶粒大小的变化。因此,机械加工方法所获得的表面层的物理力学性质已不同于基体,产生了如图4-19b)、c)所示的显微硬度和残余应力变化。

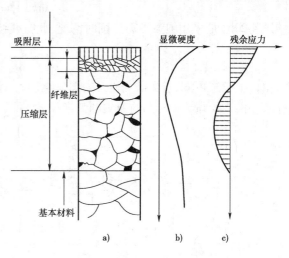

图4-19 加工表面层沿深度方向的变化情况

2. 表面质量含义的内容

机械加工表面质量的含义包括以下两方面内容。

(1)表面层的几何形状误差。

①表面粗糙度。它是指加工表面的微观形状误差,如图4-2b)所示,其波长 L_3 与波高 H_3 的比值一般小于50。

在我国关于表面粗糙度的现行标准是 GB/T 131—1993。在确定表面粗糙度时,可在 R_a、R_y、R_z 3项特征参数中选取,优先选用 R_a。

②表面波度。它是介于形状误差($L_1/H_1 > 1000$)与表面粗糙度($L_3/H_3 < 50$)之间的周期性形状误差。它主要是由机械加工过程中工艺系统的低频振动所引起的,如图4-2b)所示,其波长 L_2 与波高 H_2 的比值一般为50~1000。关于表面波度现有磨削表面波度部颁标准(JB/Z 168—1981),尚无国家标准。

③纹理方向。它是指表面刀纹的方向,它取决于表面形成所采用的机械加工方法。一般对运动副或密封件要求纹理方向。

④伤痕。伤痕是在加工表面的一些个别位置上所出现的缺陷,如砂眼、气孔、裂痕等。

(2)表面层金属的物理力学性能。

由于机械加工中力因素和热因素的综合作用,加工表面层金属的力学物理性能以及化学性能将发生一定的变化,主要表现为以下几点:

①表面层金属的加工硬化(冷作硬化)。

②表面层金属的金相组织发生变化。

③表面层产生残余应力。

二、影响表面粗糙度的因素及其改善措施

机械加工后表面粗糙度的形成,主要与以下工艺因素有关。

1. 切削的残留痕迹

切削加工表面粗糙度值主要取决于切削残留面积的高度。影响切削残留面积高度的因素主要有:刀尖圆弧半径 r_ε、主偏角 k_r、副偏角 k_r' 以及进给量 f 等,见图4-20。

图4-20给出了车削、刨削时残留面积高度的计算示意图。图中 a)是用尖刀切削,其残留

面积的高度为:

$$H = \frac{f}{\cot k_r + \cot k'_r} \tag{4-15}$$

图 4-20b)是采用圆弧刀刃切削时情况,此时残留面积高度为:

$$H = \frac{f^2}{8r_\varepsilon} \tag{4-16}$$

由以上二式可知,进给量 f 和刀尖圆弧半径 r_ε 对切削加工表面粗糙度有很明显的影响,故选择较小的进给量 f 和较大的刀尖圆弧半径 r_ε,将会改善表面粗糙度。

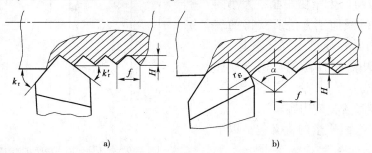

图 4-20 车削、刨削时残留面积的高度

2. 切削加工中发生塑性变形

由于切削加工中伴随有塑性变形,会出现积屑瘤和鳞刺等,从而使加工表面质量恶化。积屑瘤与鳞刺的形成与工件材料的塑性、硬度以及切削速度有关。

3. 减小加工表面粗糙度值的措施

在实际加工时选择低速宽刀精切和高速精切,可以得到较小的表面粗糙度值。由于被加工材料的金相组织越是粗大,其切削加工后的表面粗糙度值也越大,因此在精加工之前进行调质处理以获得具有较高硬度的均匀细密的晶粒组织,能减小切削加工后的表面粗糙度值。此外,合理地选择切削液,适当加大刀具的前角以及提高刀具的刃磨质量等措施,均能有效地减小表面粗糙度值。

4. 工艺系统的振动

机械加工时的振动不仅会增大表面粗糙度值,也会使刀具很快变钝或崩刃,机床连接处也将遭到破坏,从而妨碍生产率的提高,并降低加工表面的质量。机械加工时的振动有两种,即强迫振动和自激振动。

(1)强迫振动。由外界具有一定频率的周期性变化的激振力所引起的振动称为强迫振动。其特征为,机床振动的频率与激振力的频率一致,它不会自行消失。而当激振频率接近或等于工艺系统本身的固有频率时,就会产生共振现象。此时振幅极大并对工艺系统危害严重,应力求避免。机械加工时产生强迫振动的原因有以下几方面:由其他机床或设备传来的振动,机床传动件制造和装配误差引起的振动,由于断续切削产生切削力周期性变化引起的振动以及因旋转工件或机床回转部分不平衡产生离心力而引起的振动。

(2)自激振动。没有外界周振性激振力时所产生的振动称为自激振动。此时,激振力是由切削运动本身产生的。其特征是:切削过程停止,激振力也随之消失;自激振动的频率接近于系统的固有频率,也不会自行衰减。对于自激振动激振机理,目前存在不同的学说,比较公认的有再生原理、振型耦合原理、负摩擦原理及滞后原理。

(3)机械加工振动的防治。消减振动的途径主要有 3 个方面:消除或减弱产生机械加工振动的条件;改善工艺系统的动态特性,提高工艺系统的稳定性;采用各种消振减振装置。

三、影响表面层物理力学性能的因素及其改进措施

由于受到切削力和切削热的作用,表面层金属的力学物理性能会产生很大的变化,主要是表层金属显微硬度发生变化,金相组织的变化和表层金属中产生残余应力。

1. 表面层的加工硬化

1)加工硬化产生的原因及衡量指标

机械加工过程中产生强烈的塑性变形,使金属的晶格扭曲、畸变,晶粒间产生滑移,晶粒被拉长,从而引起表面层金属的硬度与强度增加。这种现象称为加工硬化,亦称作冷作硬化或加工强化。表面层金属加工硬化后会增大金属变形的阻力,减小其塑性,金属的物理性质(如密度、导电性、导热性等)也有所变化。金属加工硬化的结果,使金属处于高能位不稳定状态,只要一有条件,金属的冷硬结构就本能地向较稳定的结构转化。受机械加工过程中产生的切削热的影响,将使金属在塑性变形中产生的冷硬现象得到恢复,从而使金属失去加工硬化中所得到的物理力学性能,称为软化。金属同时受切削力因素和热因素作用,故机械加工后表面层金属的最后性质取决于硬化速度与软化速度的比率。评定加工硬化的指标有下列3项:

(1)表面层的显微硬度 HV。
(2)硬化层深度 $h(mm)$。
(3)硬化程度 $N(\%)$。

$$N = \frac{HV - HV_0}{HV_0} \times 100\%$$

式中:HV_0——金属内部原来的显微硬度。

2)影响加工硬化的因素

(1)切削力越大,塑性变形越大,硬化程度和硬化层深度也越大。如切削时进给量增大,切削力增大,则塑性变形程度增大,硬化程度也大。另外,刀具的刃口圆角和后刀面的磨损量增大,使塑性变形增大,冷硬层深度和硬化程度也随之增大。

(2)切削温度越高,则软化作用增大,使冷硬作用减小。如切削速度增大,会使切削温度升高,有利于软化。

(3)被加工材料的硬度低、塑性好,则切削时塑性变形越大,冷硬现象就越严重。

用各种机械加工方法在加工钢件时,表面加工硬化的情况,如表4-2所示。

用各种机械加工方法加工钢件时表面加工硬化的情况　　　　　表4-2

加工方法	硬化层深度 $h(\mu m)$		硬化程度 $N(\%)$		加工方法	硬化层深度 $h(\mu m)$		硬化程度 $N(\%)$	
	平均值	最大值	平均值	最大值		平均值	最大值	平均值	最大值
车削	30~50	200	20~50	100	滚齿、插齿	120~150	—	60~100	—
精细车削	20~60	—	40~80	120	外圆磨低碳钢	30~60	—	60~100	150
端铣	40~100	200	40~60	100	外圆磨未淬硬中碳钢	30~60	—	40~60	100
圆周铣	40~80	110	20~40	80	外圆磨淬火钢	20~40	—	25~30	—
钻孔、扩孔	180~200	250	60~70	—	平面磨	16~25	—	50	—
拉孔	20~75	—	50~100	—	研磨	3~7	—	12~17	—

2. 表面层的残余应力

当外部载荷卸除后,在工件表面层与基体材料的交界处仍残存的互相平衡的应力称为表面层残余应力。产生表面层残余应力的原因为:

(1) 冷态塑性变形引起的残余应力。在切削作用下,已加工表面产生强烈的塑性变形,表面层金属比容增大,体积膨胀,受到与其相连的内层金属的阻止,使表面层产生残余压应力,内层产生残余拉应力。

(2) 热态塑性变形引起的残余应力。已加工表面在切削热作用下产生热膨胀,此时金属基体的温度较低,故表面层产生热压应力。当切削结束时,表面层温度下降。由于表层已产生热塑变形要收缩并受到基体的限制,故产生残余拉应力。磨削温度越高,热塑性变形越大,残余拉应力也越大,有时甚至产生裂纹。

(3) 金相组织变化引起残余应力。切削产生的高温导致表面层金相组织变化。由于不同的金相组织有不同的密度,如马氏体密度 $\rho_M = 7.75 g/cm^3$,奥氏体密度 $\rho_A = 7.96 g/cm^3$。以淬火钢件磨削为例,淬火钢原组织为马氏体,磨削后若表层产生回火,马氏体转变为屈氏体或索氏体(接近珠光体),密度增大而体积减小,则产生残余拉应力。若表面温度超过 A_{c3},冷却又充分,则表层将又成为马氏体(一薄层二次淬火层),体积膨胀,便产生残余压应力。

表面层产生残余应力是由冷态塑性变形、热态塑性变形和金相组织变化这三方面原因引起的综合结果。在一定条件下,其中某一种或两种原因可能起主导作用。

3. 提高和改善零件表面层物理力学性能的措施

表面层金属的残余应力将直接影响到零件的使用性能。零件表面层残余应力的大小及性质主要取决于其最终工序加工方法的选择;而最终工序加工方法的选择,则应根据零件的具体工作条件及零件可能产生的破坏形式而定:

(1) 疲劳破坏。在交变载荷作用下,首先在机器零件表面上个别部位萌生微观裂纹,继而在拉应力的作用下使萌生裂纹扩展,最终导致零件的损坏。从提高零件抵抗疲劳破坏的角度考虑,最终工序应选择能在加工表面产生残余压应力的加工方法。

(2) 滑动磨损。两个作相对滑动的零件,滑动面会逐渐磨损。滑动磨损的机理既有滑动摩擦的机械作用,又有物理化学方面的综合作用,滑动摩擦工作应力分布如图4-21a)所示。当表面层的压缩工作应力超过材料的许用应力时,将使表面层金属磨损。从提高零件抵抗滑动摩擦引起的磨损考虑,最终工序应选择能在加工表面上产生残余拉应力的加工方法。

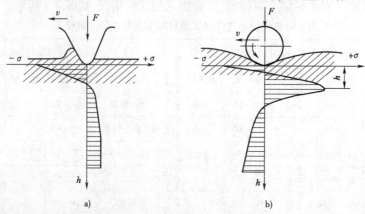

图 4-21 摩擦时的应力分布图
a) 滑动摩擦; b) 滚动摩擦

(3)滚动磨损。两个零件作相对滚动,滚动面将逐渐磨损。滚动磨损主要来自滚动摩擦的机械作用和来自物理化学方面的综合作用。如图 4-21b)所示,引起滚动磨损的决定性因素是表面层下深 h 处的最大拉应力。从提高零件抵抗滚动摩擦引起的磨损考虑,最终工序应选择能在表面层下深 h 处产生压应力的加工方法。

各种加工方法在工件表面残留内应力的情况如表 4-3 所示。此表可供选择最终工序的加工方法时参考。

各种加工方法在工件表面上残留的内应力   表 4-3

加工方法	残余应力符号	残余应力值 σ(MPa)	残余应力层深度 h(mm)
车削	一般情况下,表面受拉,里层受压;v_c = 500m/min 时,表面受压,里层受拉	200~800,刀具磨损后达 1000	一般情况下,h 为 0.05~0.10;当用大负前角(γ = -30°)车刀、v_c 很大时,h 可达 0.65
磨削	一般情况下,表面受压,里层受拉	200~1000	0.05~0.30
铣削	同车削	600~1500	—
碳钢淬硬	表面受压,里层受拉	400~750	—
钢珠滚压钢件	表面受压,里层受拉	700~800	—
喷丸强化钢件	表面受压,里层受拉	1000~1200	—
渗碳淬火	表面受压,里层受拉	1000~1100	—
镀铬	表面受压,里层受拉	400	—
镀钢	表面受压,里层受拉	200	—

第五章 典型汽车零件的机械加工工艺

本章以汽车中常见的典型零件——齿轮、连杆和箱体件为例,综合运用以上各章所学的知识,从分析零件结构特点和审查其结构工艺性入手,根据零件的技术要求和材料,来讲述毛坯选择、定位基准、典型表面的加工以及零件的机械加工工艺过程。

第一节 齿轮制造工艺

齿轮广泛应用于汽车的传动系(变速器、驱动桥)中,其功用是:改变传速比,扩大驱动轮转矩和转速的变化范围,以适应经常变化的行驶条件。

一、齿轮的结构特点及结构工艺性分析

汽车中的各种齿轮,按照结构的工艺特点可分为5类,如图5-1所示。

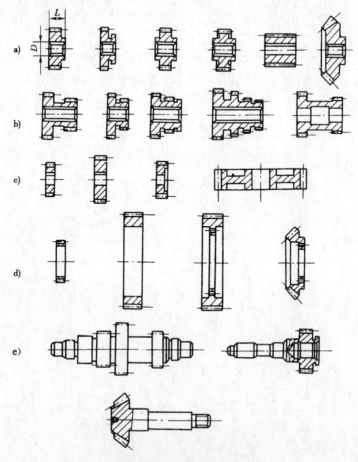

图5-1 汽车用齿轮的结构类
a)单联齿轮;b)多联齿轮;c)盘形齿轮;d)齿圈;e)轴齿轮

1. 齿轮的结构特点

(1)单联齿轮:如图 5-1a)所示,孔的长径比 $L/D>1$。

(2)多联齿轮:如图 5-1b)所示,孔的长径比 $L/D>1$。

(3)盘形齿轮:如图 5-1c)所示,具有轮毂,孔的长径比 $L/D<1$。

(4)齿圈:如图 5-1d)所示,具有轮毂,孔的长径比 $L/D<1$。

(5)轴齿轮:如图 5-1e)所示。

由图 5-1 可知,齿轮一般分为齿圈和轮体两部分,在齿圈上可切出直齿、螺旋齿等齿形,而在轮体上有内孔(光孔、键槽孔、花键孔)或带有轴。

2. 齿轮结构的工艺性分析

齿轮的结构形状直接影响齿轮加工工艺的制订。对齿轮类零件机械加工工艺的分析,除了应进行通常的结构工艺分析外,还应考虑以下几方面。

(1)双联齿轮。如图 5-2 所示,用滚刀加工其小齿轮时,大、小齿轮之间的距离 B 要足够大,以免加工时滚刀碰到大齿轮的端面。B 的大小与滚刀直径 D_0、滚刀切削部分长度及滚刀安装角度等有关。

(2)盘形齿轮。当齿轮较大时,为了减轻质量和机械加工量,常设计成有凹槽的、带轮毂式的,如图 5-3 所示。

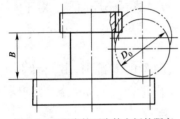

图 5-2 双联齿轮两齿轮之间的距离

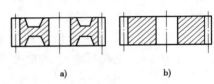

图 5-3 盘形齿轮的端面形式

(3)改变盘形齿轮的结构形式,如图 5-4b)所示,这样可方便多件加工,既能提高生产率,又增强了工件在机床上的安装强度。若用图 5-4a)所示结构,则安装刚度差,且增加了滚刀行程长度,降低了生产率。

(4)对于主动锥齿轮(主减速器轴齿轮),其结构形式可以有悬臂式和骑马式两种。其中悬臂式的两个轴颈位于齿轮的同一侧(图 5-7)。因骑马式的两轴颈侧位于齿轮的两侧(图 5-5),故在设计时应注意铣齿时铣刀盘不能与小头一侧的轴颈干涉,以免铣刀切到轴颈。

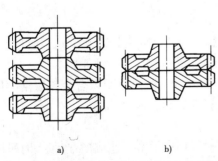

图 5-4 改变齿轮结构形式,可以提高加工时的安装刚度和生产率

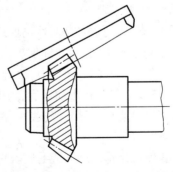

图 5-5 骑马式轴锥齿轮结构工艺性不好的情况

二、齿轮的机械加工工艺

应当根据齿轮的材质、毛坯与热处理要求,齿轮的结构形式与尺寸大小,精度要求以及生产批量和车间现有设备条件等来制订齿轮的机械加工工艺。

1. 齿轮的主要技术要求

齿轮传动精度的高低,直接影响到整台汽车的工作性能、承载能力和服役寿命。对汽车上传动齿轮的主要技术要求有:

(1) 齿轮精度等级和齿面粗糙度。商用车变速器齿轮的精度不低于 GB/T 10095.1—2001 (ISO 1328—1: 1977) 标准的 877 级,表面粗糙度不大于 $R_a 3.2 \mu m$;轿车齿轮的精度不低于 766 级,表面粗糙度不大于 $R_a 1.6 \mu m$。汽车驱动桥主动圆柱(锥)齿轮的精度不低于 888 级,从动圆柱(锥)齿轮的精度不低于 988 级。

(2) 齿轮内孔或齿轮轴颈尺寸公差和表面粗糙度。齿轮孔或齿轮轴颈是加工、测量和装配时的基面,故要有较高的加工精度和较小的表面粗糙度。对于 6 级精度的齿轮,其内孔精度为 IT6,轴颈为 IT5;对于 7 级精度的齿轮,其内孔精度为 IT7,轴颈为 IT6。对基准孔和轴颈的尺寸公差和形状公差应遵守包容原则,表面粗糙度为 $R_a 0.40 \sim 0.80 \mu m$。

(3) 端面跳动。带孔齿轮端面是切齿时的定位基准,端面对内孔在分度圆上的跳动对齿轮的加工精度有很大影响。端面跳动量视齿轮精度和分度圆直径不同而异。对于 6~7 级精度齿轮,规定为 0.011~0.022mm。基准端面的表面粗糙度为 $R_a 0.40 \sim 0.80 \mu m$;非定位和非工作端面表面粗糙度为 $R_a 6.3 \sim 25 \mu m$。

(4) 齿轮外圆尺寸公差。当齿轮外圆不作为加工、测量的基准时,其尺寸公差一般为 IT11,但不大于 $0.1 m_n$ (法向模数)。当其作为加工、测量的基准时,其尺寸公差要求较严,一般为 IT8。

2. 齿轮的材料、热处理与毛坯

1) 齿轮材料的选择

齿轮的材料对齿轮的加工性能和使用寿命有着直接影响。

对于汽车中的传动、传力齿轮,因其传力齿轮的齿面受冲击交变载荷受压产生塑性变形或磨损,且轮齿易折断,应选用机械强度、硬度等综合力学性能较好的低合金渗碳钢,如 20CrMnTi、20CrNiMo、20CrMo、20MnVB,亦可选用低淬透性合金调质钢,如 40Cr、40MnB。

2) 齿轮的热处理

根据不同的目的常安排两种热处理工序:

(1) 毛坯热处理。在齿轮坯加工前后安排预先热处理(通常为正火或调质)。其目的是消除锻造及粗加工引起的残余应力,改善材料的切削性能和提高综合力学性能。

(2) 齿面热处理。齿形加工后,为提高齿面的硬度和耐磨性,对于用低合金渗碳钢的齿轮进行渗碳淬火处理;对于用低淬透性合金钢的齿轮进行高频感应淬火处理。

3) 齿轮毛坯

汽车齿轮通常都采用锻造毛坯。中、小批量生产时采用胎模锻工艺成型;产量大时采用模锻工艺成型。当孔径大于 30mm,且深度较浅时,内孔可锻出。大批量生产中,盘形齿轮采用先进的高速镦锻工艺成型,而尺寸较大的从动圆柱(锥)齿轮坯可采用辗环工艺成型,既可节省材料、精化锻件,又可提高生产率。

3. 齿轮机械加工工艺过程

1) 定位基准选择

齿轮加工时定位基准应尽量与设计基准相一致，以避免因基准不重合而产生的误差，即要符合"基准重合"原则。具体为：对于小直径轴齿轮，可采用两端中心孔作为定位基准；对于大直径的轴齿轮通常用轴颈和一个较大的端面组合定位；带孔齿轮则以孔和一个端面组合定位。这样，既符合"基准重合"原则，又符合"基准统一"原则。

2) 齿轮主要加工表面的工序安排

齿轮的机械加工过程是：齿坯加工—齿形加工—齿圈热处理—热处理后的精加工。

（1）齿坯加工。齿坯加工主要是为齿面加工准备好定位基准面，主要内容包括：齿坯的内孔与端面的加工、轴齿轮的端面和中心孔、轴颈外圆和端面。此外，还要加工外圆的一些次要表面，如凹槽、倒角、螺纹以及其他非定位用端面。

在大批量生产时，加工中等尺寸齿轮齿坯时，多采用"钻—拉—多刀车"的工艺方案：即以毛坯外圆及端面定位进行钻孔、扩孔、拉孔，以孔定位在多刀自动车床上粗、精车外圆、端面、车槽及倒角。这种加工工艺方案由于采用高效机床组成流水线或自动线，故生产效率高。具体的齿轮加工工艺过程由于产品的特点和生产的具体情况不同而有所差别。表5-1是大量生产汽车变速器第一速及倒车齿轮的典型工艺过程；表5-2为大量生产汽车后桥主动锥齿轮的工艺过程，见图5-6、图5-7。

大量生产汽车第一速及倒车齿轮的工艺过程 表5-1

工序号	工序内容	设备	工序号	工序内容	设备
1	扩孔	立式钻床	10	剃齿或冷挤齿	剃齿机或挤齿机
2	车轮毂端面	车床	11	修花键槽宽	压床
3	拉花键孔	拉床	12	清洗	清洗机
4	精车另一端面	车床	12J	中间检验	
5	车齿坯	八轴立式车床	13	热处理	
5J	中间检验		14	对滚	专用对滚机
6	去毛刺		15	磨内孔	内圆磨床
7	滚齿	双轴滚齿机	16	珩磨	蜗杆式珩齿机
8	倒齿端圆角	倒角机	17	清洗	清洗机
9	清洗	清洗机	18	修理齿面	
9J	中间检验		18J	最终检验	

大量生产汽车主动锥齿轮的工艺过程 表5-2

工序号	工序内容	设备	工序号	工序内容	设备
1	铣端面、钻中心孔	双面铣端面打中心孔钻床	9	锪φ5mm孔口90°	台钻
2	车外圆、端面、切槽	多刀半自动车床	10	铣螺纹	螺纹铣床
3	车锥面	多刀半自动车床	10J	中间检验	
4	铣花键	花键铣床	11	粗切齿	弧齿锥齿轮切齿轮
5	粗磨轴颈外圆及端面	端面外圆磨床	12	精切齿凸面	弧齿锥齿轮切齿机
6	粗磨另一轴颈外圆及端面	端面外圆磨床	13	精切齿凹面	弧齿锥齿轮切齿机
7	粗磨花键外圆	端面外圆磨床	14	倒角	铣床
8	钻十字孔φ5mm	台钻	15	清洗	清洗机

续上表

工序号	工序内容	设备	工序号	工序内容	设备
15J	中间检验		19	精磨花键外圆	端面外圆磨床
16	热处理渗碳、淬火并修复中心孔		20	校正螺纹	（用板牙校正）
17	精磨轴颈外圆及端面	端面外圆磨床	20J	最终检验	
18	精磨另一轴颈外圆及端面	端面外圆磨床			

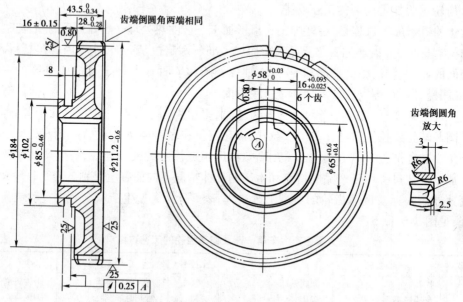

图 5-6 汽车第一速及倒车齿轮零件简图

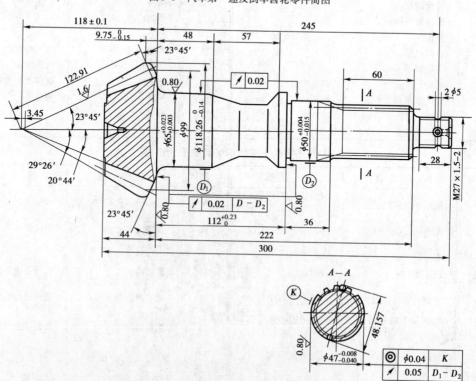

图 5-7 汽车主动锥齿轮零件简图

（2）齿形加工。齿圈上的齿形加工是整个齿轮加工的核心内容。虽然齿轮的机械加工有许多工序，但都是为最终获得符合精度要求的齿形加工服务的。齿形加工方案的选择，主要取决于齿轮的精度等级、结构特点、生产类型及热处理方案等。常用的齿形加工方案如下：

对于 8 级精度以下的齿轮：调质齿轮用插齿或滚齿就能满足要求。而淬硬齿轮则可采用滚（插）齿—剃齿或冷挤—齿端加工—淬火—校正孔的加工方案。

对于 6～7 级精度齿轮。其齿面淬硬者可采用滚（插）齿—齿端加工—表面淬火—校正基准—磨齿（蜗杆砂轮磨齿）。亦可采用滚（插）齿—剃齿或冷挤—表面淬火—校正基准—内啮合珩齿的加工方案。

对于 5 级以上精度的齿轮，一般采用粗滚齿—精滚齿—表面淬火—校正基准—粗磨齿—精磨齿的加工方案。在大批量生产时亦可采用滚齿—粗磨齿—精磨齿—表面淬火—校正基准—磨削外珩的加工方案。

在制订圆柱齿轮齿形加工方案时，可参考表 5-3。

表 5-3 大量生产汽车用圆柱齿轮的工艺过程

类型	不淬火齿轮					淬火齿轮			
精度等级	3	4	5	6	7	3～4	5	6	7
表面粗糙度 R_a 值（μm）	0.2～0.1	0.4～0.2	0.4～0.2	0.8～0.4	1.6～0.8	0.4～0.1	0.4～0.2	0.8～0.4	1.6～0.8
滚齿或插齿	●	●	●	●	●	●	●	●	●
剃齿			●	●	●	●	●	●	
挤齿				●	●		●	●	
珩齿							●	●	
粗磨齿	●	●	●	●		●	●	●	●
精磨齿	●	●	●			●	●	●	

注：●表示可用该加工方法达到的加工精度。

（3）齿端加工。其内容有倒圆、倒棱和去毛刺等（图 5-8）。经过倒圆、倒尖与倒棱后的齿轮，沿轴向移动时容易进入啮合。

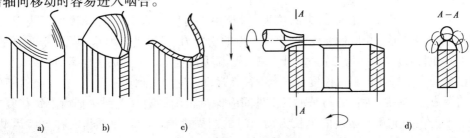

图 5-8 齿端形状
a）倒圆；b）倒尖；c）倒棱；d）齿端倒圆

(4)精基准的修整。齿轮在淬火后其孔会发生变形。为确保齿形精加工质量,必须对基准孔予以修整。修整的方法是内孔和端面一般用内圆磨床磨削;花键孔则用推刀加工。轴齿轮中心孔用硬质合金顶尖加磨料研磨。另外,对于汽车后桥的主、被动锥齿轮齿面的最后加工,是将大、小齿轮成对的进行对研,对研后打上标记,以便配对装配。

3) 典型汽车用齿轮主要表面的机械加工

(1) 汽车第一速及倒车齿轮的机械加工过程。

其零件如图5-6所示。在两台立式六轴半自动车床上,分两个工序分别加工齿轮坯(图5-9)的所有表面,其中在图5-10中的第一工位,将工件装在三爪卡盘中,以毛坯外圆及端面定位;在以后的5个工位中,进行孔和端面的粗、精加工并倒角。如图5-10的第一工位,内孔压在心轴上,以加工过的内孔和端面定位;在以后的5个工位中粗、精加工外圆、端面、切槽和倒角等。

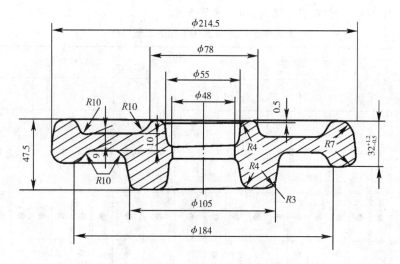

图5-9 汽车第一速及倒车齿轮毛坯锻件图

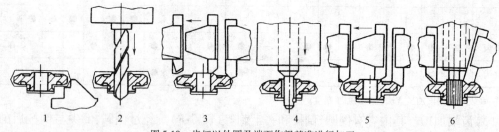

图5-10 齿坯以外圆及端面作粗基准进行加工

至于齿形的加工采用展成法中的插齿,即利用平行轴齿轮副啮合原理加工齿形。如图5-11a)所示,刀具外形像个圆柱齿轮,为形成刀齿的切削刃,刀齿具有前角和后角。这样的刀具称为插齿刀(图5-11c)。插齿刀在端面上的投影是渐开线齿廓。插齿的主要运动有:

切削运动——即插齿刀以速度v作上下往复运动,产生切削作用。

分齿展成运动——插齿刀与被加工工件间应保持正确的啮合关系。插齿刀每往复一次,工件相对刀具在分度圆上转过的弧长为加工时的圆周进给运动,故插齿时在分齿运动的同时,刀齿包络出齿轮的渐开线齿廓(图5-11b),齿廓也是由多段曲线包络而成的。

径向进给运动——插齿时,为逐步切至全齿深,插齿刀应有径向进给运动f_r。

让刀运动——插齿刀的往复运动,向下是切削行程,向上是退刀空行程。为避免刀具擦伤已加工的齿面和减少刀齿的磨损。在插齿刀向上运动时,工件台带动工件有一让开插齿刀的往复让刀运动 e。

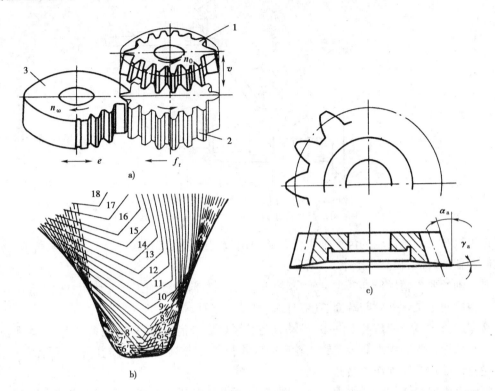

图 5-11 插齿原理和齿廓的展成
1-插齿刀;2-假想齿轮;3-齿坯(工件)

齿形加工之后,还要进行齿端倒角。为了容易啮合,变速器齿轮齿端要有如图 5-8a)所示的圆角。其加工方法如图 5-8b)所示,指状铣刀在旋转的同时,还作上下运动,而工件作匀速旋转运动,且二者符合一定的传动比关系。这样,刀具相对于工件的运动轨迹为与工件的齿数相协调的波浪形(图 5-8c),铣刀便在齿端铣出圆角。

之后的工序参考表 5-1 安排。

(2)汽车主动锥齿轮的机械加工工艺过程。

其零件图如图 5-7 所示。在大批生产时,其两端定位基准中心孔应先加工,如图 5-12 所示,所用专用机床两面各有铣端面和钻中心孔的切削头。工件以外圆在双 V 形块上定位并夹紧后,带有夹具的工作台带着工件横向进给,先同时铣削两个端面;铣完端面后工作台停住,两中心钻的轴线对准工件轴线,两边的切削头同时进给钻出两端的中心孔。

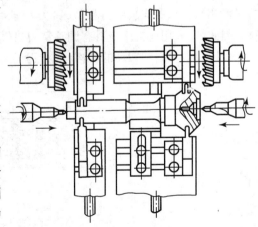

图 5-12 双面铣端面钻中心孔

轴齿轮外圆表面的车削加工——如图 5-13 所示在仿形车床上车削主动锥齿轮小端外圆、

沟槽和倒角等。用液压仿形刀架上的车刀车削各阶梯外圆,用下刀架上的3把车刀车沟槽与倒角。车好后,在另一台液压仿形车床上调头装夹,再车削大端外圆、锥面和端面等。

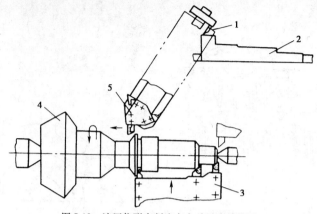

图 5-13 液压仿形车削汽车主动锥齿轮简图
1-触销;2-样板;3-下刀架;4-工件;5-液压仿形刀架

近来汽车从动锥齿轮的齿坯加工已开始采用数控或程控车床加工。这样可显著地缩短基本时间和辅助时间,提高生产率。

对于轴颈要求精度较高的主动锥齿轮,车削仅是磨前的预加工。车削后,先进行铣花键,接下来粗磨两个轴颈外圆与端面、花键外圆,再钻十字孔、锪孔、铣螺纹。

汽车后桥主减速器传动中的主、被动锥齿轮系螺旋锥齿轮,具有重叠系数大、传动平稳、噪声低及承载能力大等优点。这类锥齿轮有弧齿锥齿轮和准双曲线锥齿轮两种。下面仅就弧齿锥齿轮齿形的加工原理作一简介。

弧形锥齿轮齿形的加工原理——如图 5-14 所示为利用平面铲形齿轮与被切弧形齿轮啮合原理进行切齿的示意图。端铣型铣刀盘 3 装于机床摇台 4 上。铣刀盘在摇台上绕本身轴线回转的轨迹形成假想的平面铲形齿轮 2 的一个轮齿。假想平面齿轮与摇台同心。加工时平面齿轮的一个轮齿与被切弧齿锥齿轮 1 作无侧隙啮合传动中,相当于平面齿轮轮齿的铣刀盘刀齿包络出被切锥齿轮齿廓。由图中还可看到,具有直线刀刃的铣刀盘齿顶平面与被切锥齿轮的根锥相切。与展成法刨齿相似,铣刀盘轴线应根据被切锥齿轮的齿根角 θ_f 大小调整而倾斜。因此,要求切齿机床应具有调整铣刀盘轴线倾斜的机构,如格里森弧齿锥齿轮切齿机就具有能使铣刀盘倾斜和转动的机构(简称刀倾刀转机构)。

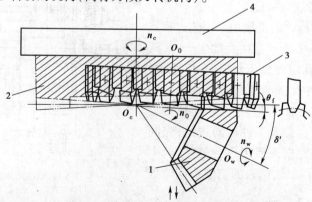

图 5-14 用平面铲形齿轮原理加工收缩齿弧齿锥齿轮示意图
1-被切弧齿锥齿轮;2-平面铲形齿轮;3-端铣型铣刀盘;4-机床摇台

弧齿锥齿轮切齿机床应有以下运动：

切削运动——指铣刀盘绕自身轴线的回转运动。

展成运动——平面产形齿轮与被切锥齿轮以一定的传动比作展成运动（滚切运动）。在展成运动中铣刀盘刀齿包络出锥齿轮的齿廓。

分齿运动——当铣完一个齿槽后，装有齿坯的床鞍带动齿坯一起沿垂直于被切锥齿轮齿根方向退离摇台，摇台反向摆动到原位，被切齿坯转过一个齿或几个齿进行分齿，以便切削下一个齿槽。

切入运动——为保证分齿时齿坯退离摇台以及分齿后齿坯返回原切削位置，装有齿坯的床鞍可沿垂直于摇台的方向快速移动。

4. 采用数控机床加工齿轮的新工艺

前述的传统齿轮机械加工工艺，由于效率低、精度低，工艺过程冗长，目前已被数控齿轮加工机床所顶替。下面以汽车从动锥齿轮的机械加工工艺为例予以介绍。

1）齿坯加工

采用数控车床加工该种齿轮坯有两种工艺：

(1) 两次装夹加工。即先以辗环成形的坯料大端面和外圆定位、装夹，加工完上部各外圆与内孔。再以加工好的内孔定位、装夹，加工其他表面。此种工艺需要2台NC车床。

(2) 一次装夹加工。采用特殊设计的夹具，在1台NC车床上一次装夹，即可完成齿轮坯的全部机械加工。既能节约设备投资，又提高了生产效率。

2）齿形的数控加工系统

本系统是针对现在常采用的格里森切齿密切抛物线法只计算到二阶的问题，引入三阶修正参量后，所提出的一种新切齿计算方法。它综合运用计算机辅助接触分析（TCA）与可视化技术，得出了NC加工机床展成参数和刀具参数的计算方法，从而能对加工质量进行控制并提高了齿轮精度。其主要特点与技术特征为：

(1) 切齿过程可控化。利用NC运动任意可控特性，根据局部共轭原则，在分析数控展成的内在关系后，将复杂的展成运动转换为一般的NC曲面铣削切工。从而使螺旋弧形齿形的NC加工在二平二动传动结构的五坐标机床上得以实现。另外系统还给出走刀步长的计算方法，从而解决了因走刀步长所导致的齿面非线性误差。

(2) 解决了齿形加工调整困难的问题。基于对齿面啮合过程分析的TCA算法，进行了啮合接触状态的分析，使调整可视化，易于操作。

(3) 提高了齿轮加工精度。由于TCA试验分析了影响啮合质量的主要参数，便可消除加工调整参数和刀具误差对齿面形状的影响。

第二节　连杆制造工艺

连杆是汽车发动机中的重要零件。在发动机内曲柄连杆机构中，连杆的大头孔与曲轴连接，小头孔通过活塞销与活塞连接，其作用是将活塞的直线往复运动变为曲轴的旋转运动并输出动力。连杆承受冲击动态载荷，因此要求连杆质量小、强度高、刚度好。

一、连杆的结构特点及结构工艺性分析

1. 连杆的结构特点

如图5-15所示，连杆由大头、小头和杆身等部分组成。大头为分开式结构，连杆体与连杆盖用

螺栓连接。大头孔和小头孔内分别安装轴瓦和衬套。为了减轻质量并保证连杆体具有足够的强度和刚度,连杆的杆身截面多为工字形,其外表面不需要机械加工。连杆的大头和小头端面,通常都与杆身对称。有些连杆在结构上设计有工艺凸台、中心孔等,作为机械加工时的辅助基准。

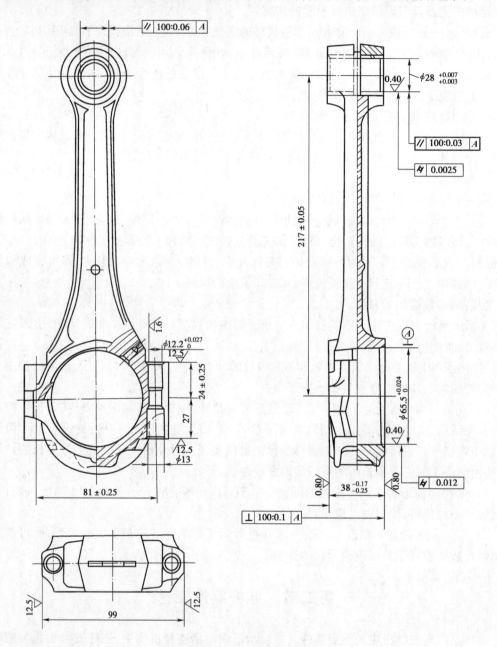

图 5-15 汽车发动机连杆简图

2. 连杆的结构工艺性

连杆的结构形式,直接影响到机械加工工艺的可靠性和经济性。影响连杆结构工艺性的因素除应考虑一般的结构工艺性外,主要还要考虑以下几点。

(1)连杆盖和连杆体的连接方式。连杆盖和连杆体的定位方式(图 5-16),有连杆螺栓、套筒、齿形定位和凸肩定位 4 种。

(2)连杆大、小头的厚度。考虑到加工时的定位和加工中的传输等,连杆大、小头的厚度应相等。

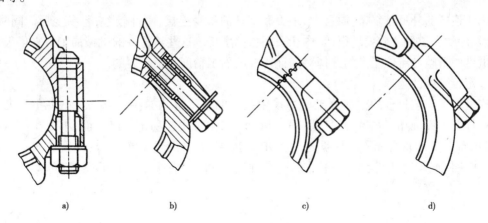

图 5-16 连杆盖和连杆体连接的定位方式
a)用连杆螺栓定位连接;b)用套筒定位连接;c)用齿形定位连接;d)用凸肩定位连接

(3)连杆杆身油孔的大小和深度。由于活塞销与连杆小头衬套孔之间需要进行润滑,为此连杆杆身钻有油孔。但为了使润滑油从连杆大头沿油孔通向小头衬套,油孔一般为 $\phi 4 \sim \phi 8mm$ 的深孔,加工困难。为了避免深孔加工,汽车发动机连杆可改为重力润滑,则只在连杆小头铣槽或钻孔(图 5-15)就可。

二、连杆的材料、毛坯及主要技术要求

1. 连杆的材料与毛坯

连杆通常都采用钢质模锻件毛坯。材料一般采用 40Cr、45Mn2 等合金结构钢,轿车整件精锻连杆的材料为德国牌号 C70 S6 BY。连杆毛坯的锻造工艺方案有两种:整体锻造、连杆体和连杆盖分开锻造。但目前多采用分体锻造工艺,有关连杆的模锻工艺详见《锻造工艺学》等资料。

2. 连杆的主要技术要求

有关连杆的主要技术要求和装配精度见表 5-4。

连杆的主要技术要求 表 5-4

技术要求项目	具体要求或数值	满足的主要性能
大、小孔精度	尺寸公差等级 IT6,圆度、圆柱度 0.004~0.006	保证与轴瓦的良好配合
两孔中心距	±0.03~±0.05	汽缸的压缩比
两孔轴线在两个互相垂直方向上的平行度	在连杆大、小孔轴线所在平面内的平行度为(0.02~0.05):100,在垂直连杆大、小孔轴线所在平面内的平行度为(0.04~0.09):100	使汽缸壁磨损均匀和使曲轴颈边缘减少磨损
大头孔两端面对其轴线的垂直度	100:0.1	减少曲轴颈边缘的磨损
两螺孔(定位孔)的位置精度	在两个垂直方向上的平行度为(0.02~0.04):100 对结合面的垂直度为(0.1~0.2):100	保证正常承载能力和大头孔轴瓦与曲轴颈的良好配合
连杆组内各连杆的质量差	±2%	保证运转平稳

三、连杆的机械加工工艺过程

由于连杆的外形较复杂,而且大、小头靠细长的杆身连接,刚性较差,容易变形。同时,尺寸公差、形状和位置公差要求很严,内孔表面粗糙度小。这些给连杆的机械加工带来了很多困难。锻件的精整与定位基准的选择对保证连杆的加工精度是很重要的。

1. 定位基准的选择

连杆加工工艺过程的大部分工序都采用统一的定位精基准:一个端面、小头孔及工艺凸台。这样既可保证加工精度,而且因端面的面积大,定位也较稳定。以端面、小头孔作为定位基准,也符合基准重合原则。根据连杆加工工艺要求,可设置工艺凸台,如图5-17所示,连杆大、小头侧面均有工艺凸台,并且是用端面、大头孔和小头工艺凸台为定位基准加工小头孔。

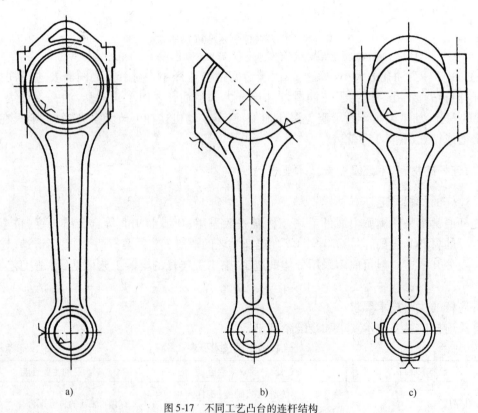

图 5-17 不同工艺凸台的连杆结构

2. 加工阶段的划分和加工顺序的安排

由于连杆本身的刚度差,切削时产生残余应力,因此,在安排工艺过程时,应将各主要加工表面的粗、精加工分开。连杆加工的工艺过程可划分为下述3个阶段:

1) 粗加工阶段

粗加工阶段也是连杆体和连杆盖合并前的加工阶段,基准面的加工,包括辅助基准面的加工;准备连杆体与盖合件所进行的加工,如二者对口面的铣、磨加工等。

2) 半精加工阶段

半精加工阶段是指连杆体和连杆盖合并后的加工,如精磨两平面、半精镗大头孔及孔口倒角等,是为精加工大、小头孔作准备的阶段。

3）精加工阶段

此阶段主要是最终保证连杆主要工作表面——大、小头孔全部达到图样要求,如珩磨大头孔,精镗小头活塞销轴孔等。

采用分开锻造工艺,分别加工连杆体和连杆盖,再合件加工的加工工艺过程见表5-5。

大量生产分开锻造的连杆机械加工工艺过程 表5-5

工序号	工序内容	设 备	工序号	工序内容	设 备
1	粗磨两端面	立式双轴平面磨床	12	装配连杆盖和连杆体	钳工台
2	钻小头孔	立式钻床	13	扩大头孔	八轴钻床
3	拉小头孔	立式拉床	14	精磨两端面	立式双轴平面磨床
4	拉接合面、侧面及半圆孔	连续式拉床	15	精镗大头孔	金刚镗床
5	拉螺栓头贴合面	立式拉床	16	称重、去重	特种秤、立式钻床
6	铣小头油槽	卧式铣床	17	珩磨大头孔	珩磨机
7	铣锁口槽	卧式铣床	18	清洗	清洗机
8	钻阶梯油孔	组合机床	18J	中间检验	
9	去毛刺	钳工台	19	小头孔两端压衬套	气动压床
10	精磨接合面	立式双轴平面磨床	20	挤压衬套	压床
10J	中间检验		21	精镗小头衬套孔	金刚镗床
11	钻铰连杆盖和连杆体螺栓孔	组合机床	22	去毛刺、清洗	
			22J	最终检验	

3. 连杆主要表面的加工方法

1）两端面的加工

连杆大、小头端面,是连杆加工过程中的主要定位基准,所以应先加工它,且随着工艺过程的进行要逐渐精化,以提高其定位精度。在大批量生产中,连杆两端面多采用磨削和拉削加工,若毛坯精度较高、加工余量较小时,可直接进行磨削。磨削连杆端面,可在单轴平面磨床、卧式双端面磨床或立式多轴圆台平面磨床上进行。精磨大、小头端面,是在连杆盖与连杆体合件后,精镗大、小头孔之前进行的,为大、小头孔的精加工提供精确定位基准。

2）大、小头孔的加工

连杆大、小头孔的加工是连杆加工中的关键工序,尤其是大头孔的加工是连杆各部位加工中要求最高的部位,直接影响连杆成品的质量。连杆大、小头孔的加工可分为粗加工、半精加工和精整加工3个阶段。

（1）大、小头孔的粗加工和半精加工。在连杆的端面加工后,接着进行小头孔的粗加工和精加工。在大量生产中多采用钻－拉方案进行小头孔的粗加工和半精加工：先钻（扩）小头孔,将小头孔两端倒角后,在立式拉床上拉孔。该方案生产率高,且加工精度易保证。对于大头孔的加工,通常是在切开连杆盖后与连杆体合装在一起进行加工。大量生产时,可在连杆盖切开（铣削或拉削）后,在连续式拉床上将大头的侧面、半圆孔和结合面一起进行拉削。

（2）大、小头孔的精加工和光整加工。连杆大头孔的半精加工、精加工和光整加工都是在连杆盖和连杆体合件后进行的。由于小头孔在合件前已经加工到一定尺寸公差,故合件后直接进行精加工。

连杆大、小头孔的金刚镗床镗孔——是保证连杆大、小头孔中心距公差和位置公差的主要方法。因为镗孔能修正前道工序造成的孔的歪斜,保证孔与其他孔或平面的位置精度。大、小头孔的精镗一般是在双面、双轴金刚镗床上进行。由于连杆刚度低,易变形,故应合理地确定其镗孔时的夹紧方式。为了减少装夹时的变形,除了要控制装夹力的大小之外,采用如图5-18所示的连杆小头浮动夹紧装置,效果较好。使用时,先将定位插销10插入小孔,大头端面靠在支承上(图中未画出),在大头端面上夹紧;之后拧紧螺母3,浮动夹爪1、2便同时夹紧小头两端面;最后拧紧锁紧螺栓7,锁紧套5、6就将夹爪固定于支座4上。由于夹爪是浮动的,故不会改变连杆的正确位置,锁紧之后成为刚性支承,从而保证镗大孔时小头不会产生弯曲和扭曲。

连杆机械加工多属大批量生产,其加工工序较多,大部分工序采用高生产率的组合机床和专用机床,构成生产流水线,同时广泛使用气动、液压夹具,以提高生产率,满足大批量生产的需要。大量生产分开锻造的连杆机械加工工艺过程见表5-5。

4. 整体精锻连杆盖、裂解新工艺

连杆盖、连杆体整体精锻,已在汽车发动机连杆生产中被广泛采用。在半精加工后采用连杆盖与连杆体撑断的方法,这样产生的断面凸凹不平,连杆盖与连杆体再组装时的位置唯一。因此,连杆盖与连杆体之间只需要用螺栓连接,即可保证相互之间的位置精度。这样既简化了连杆的加工工艺,保证了连杆盖与连杆体的装配精度,又因连杆盖与连杆体之间没有去掉金属,金属纤维是连续的,从而保证了连杆的强度。为了保证裂解面控制在一定范围内,裂解时连杆盖与连杆体不发生塑性变形,设计连杆时应注意适当减小结合面面积,并在裂解前在连杆盖与体结合处拉出引断槽形成应力集中,如图5-19所示。

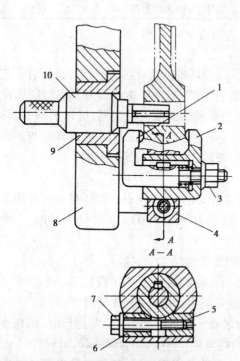

图5-18 连杆小头浮动夹紧装置
1、2-浮动夹爪;3-螺母;4-支座;5、6-锁紧套;
7-锁紧螺栓;8-夹具体;9-定位套;10-定位插销

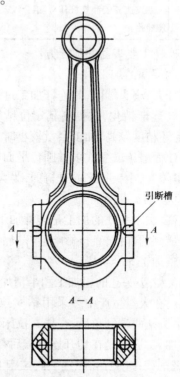

图5-19 采用撑断工艺的连杆结构简图

下面简要说明轿车发动机连杆的裂解工艺流程。该工艺采用六工位回转台式组合裂解专机,通过下述的 6 个工位完成裂解、装螺栓及预拧紧、定力矩拧紧到屈服点、压装小头衬套并精整。

1) 工位 1

先对一根裂解装配完的连杆进行轴向及径向错位检测,然后自动下料,而将不合格件剔除到不合格品的料道上。随后一根未裂解的连杆自动上料,并对连杆的型号、位置姿态进行控制。

2) 工位 2

在连杆的大头孔内激光切割裂解槽,要求槽深 0.4mm±0.1mm,槽宽 0.3mm,起点及终点处除外。激光切割的起点设置在一侧倒角的中间位置,而终点设置在另一侧倒角的中间位置。

3) 工位 3

裂解连杆并吹断所脱落的碎屑。

4) 工位 4

装上两根螺栓,并预拧紧:快速带上螺栓至力矩为 5±2N·m。随后电动拧紧至 30±3N·m,然后继续转角 90°±10°。采用屈服点控制拧紧法,对最大力矩、最大转角及梯度进行控制,最终力矩控制在 40~70N·m。

5) 工位 5

松开螺栓 3 圈,摇动连杆盖并吹吸断面所脱落的碎屑,之后预拧力矩至 10±2N·m,电动拧紧至 30±3N·m。然后采用屈服点控制拧紧法,如工位 4 一样,最终力矩控制范围为 40~70N·m。

6) 工位 6

压装并精整连杆衬套,压装过程中应对压装力及路径进行监控,使衬套接缝位于与连杆轴线呈 45°的两个位置,压装角度为 45°±10°。

上述的连杆激光裂解工艺,只是整体精锻连杆加工工艺过程中的一道关键工序。完整的整体精锻轿车用连杆的机械加工工艺过程见表 5-6 和图 5-20。

整体精锻连杆加工工艺过程卡 表 5-6

机械加工工艺过程卡		零件名称:连杆		车型:捷达 1.6L	
路线	坯料—连杆—装配	材料:C70SbBY(德)	毛坯状态:精锻件	硬度:263HB	每车件数:4
工序	工序内容		设备名称		夹具
10	上料,粗磨连杆两端面		双立轴数控平面磨床		随机夹具
20	加工大、小头孔,铣连杆螺栓座面,钻螺栓孔,攻丝		四工位回转台式组合机床		随机夹具
30	激光切割裂解槽,裂解连杆盖,装配连杆螺栓和衬套		六工位回转台式裂解与装配机床		随机夹具
40	钻深油孔道		深油道孔钻床		随机夹具
50	精磨连杆两端面		双卧轴数控平面磨床		随机夹具
60	锪阶梯及楔形部,半精镗、精镗大头及小头孔		六工位加工自动线		随机夹具
70	清洗、高压清洗,干燥,冷却		最终清洗机		随机夹具
80	测量连杆全部尺寸,称重,刻号,分组		全自动测量分选自动线		随机夹具

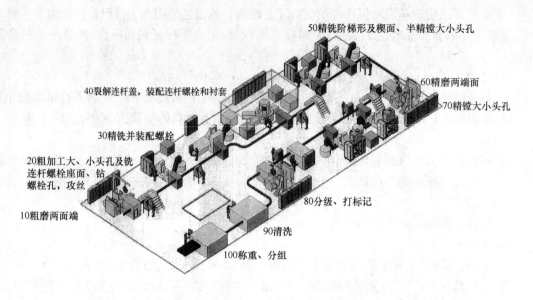

图 5-20 采用裂解工艺的整体连杆加工线

第三节 箱体零件制造工艺

箱体是各类机器或部件的基础零件,它将机器和部件中的轴、套、轴承及齿轮等有关零件连接成一个整体,并使之保证正确的相对位置,达到彼此协调地工作。因此,箱体零件的加工质量,将直接影响机器的性能、精度和寿命。

一、箱体零件的结构特点及结构工艺性分析

1. 箱体零件的结构特点及其分类

1)箱体零件的结构特点

箱体零件的结构一般比较复杂,壁薄且壁厚不均匀;既有一个或数个基准面及一些支承面,又有若干精度要求较高的孔系,还有许多供连接用的螺纹孔。

2)箱体零件的分类

(1)按功用分,箱体零件可分为主轴箱、变速器、进给箱、操纵箱等。图 5-21 为几种箱体零件的结构简图。

(2)汽车上的箱体零件,按其结构形状可分为两大类:一类是回转体形的壳体零件,如水泵壳体、差速器壳体及某些后桥壳体;另一类是平面型箱体零件,如汽缸体(机体)、变速器壳体。

2. 箱体零件的结构工艺特点

作为机器或部件装配基础件的箱体零件,其上有若干供装配和连接用的精度要求较高的平面与孔系。这些平面与孔的结构是影响箱体零件结构工艺性的重要因素。这些平面和孔的加工精度与位置精度要求较高。

1)箱体零件主要孔的基本形式及其工艺性

箱体零件主要孔的形式如图 5-22 所示。可概括为通孔(图中 a~f)、阶梯孔(图中 g)及盲孔(图中 h)三大类。

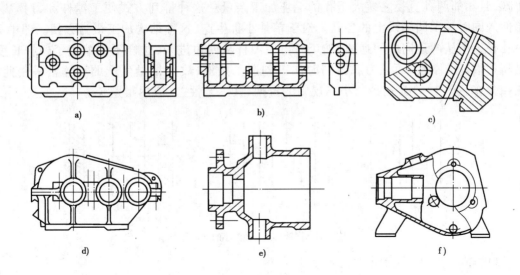

图 5-21 几种箱体零件的结构简图

a)组合机床主轴箱;b)车床进给箱;c)磨床尾座壳体;d)分离式减速器;e)泵壳;f)曲轴箱

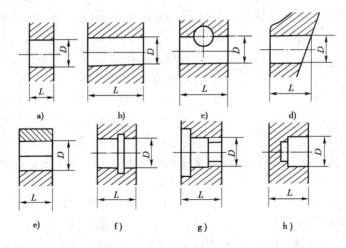

图 5-22 箱体零件主要孔的基本形式

(1)通孔最为常见。当孔的长径比 $L/D = 1 \sim 1.5$ 时,为短圆柱孔(图 5-22a),此种孔的工艺性最好;而当 $L/D > 5$ 时为深孔(图 5-22b),因其加工困难,故深孔的工艺性较差。具有环形槽的通孔(图 5-22f),因加工时需要具有径向进刀的镗杆,所以工艺性也较差。

(2)阶梯孔(图 5-22g)的工艺性与孔径比有关,其孔径相差越小,工艺性越好;若孔径相差甚大,而且其中最小的孔径又很小,则接近于盲孔,工艺性就很差。

(3)盲孔(图 5-22h)比较少见,其工艺性最差。而相贯通的交叉孔(图 5-22c)、轴线与端面不垂直的孔(图 5-22d)以及剖分孔(图 5-22e)的工艺性都不好。

此外,在箱体类零件上还有许多螺纹孔,这些螺纹孔尺寸规格繁多,会给加工带来不少困难。故在产品设计时应尽可能减少螺纹孔的规格,以减少刀具规格和提高汽车零件的标准化程度。

2)箱体上同轴线各孔的工艺性

此种情况的孔径排列方式有 3 种,如图 5-23 所示。图中 a)为孔径大小向一个方向递减,且相邻两孔直径之差大于孔的毛坯加工余量。这种排列方式便于镗杆和刀具从一端伸入同时加工同轴线上的各孔。对于单件小批生产,这种结构加工最为方便。图中 b)为孔径大小从两边向中间递减,加工时可使刀杆从两边进入,这样不仅缩短了镗杆长度,提高了镗杆的刚性,而且为双面同时加工创造了条件,故大批量生产的箱体常采用此种孔径分布。图中 c)为孔径大小不规则的排列,其工艺性差,应尽量避免。

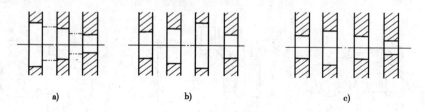

图 5-23 同轴线上孔径大小的分布形式

3) 箱体上孔中心距大小的工艺性

在单件小批生产时,箱体上各孔是用一把镗刀逐个进行加工的,故孔中心距离大小不受限制。但成批大量生产时,孔中心距就不能太小。这是因为在大批大量生产中,常采用组合镗床加工,在位于同一面上的许多孔,通常是在一个多轴主轴箱上安装多把刀具在一次工作行程中加工出来。由于布置设备主轴轴承的需要,孔中心的距离不应太小。如在箱体上同时钻两个直径 10mm 以下的孔,则两孔最小中心距应不小于 24mm。

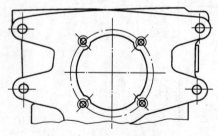

图 5-24 加工螺纹孔影响轴承座孔
表面形状误差示意图

若相邻两孔允许在两个工位或两道工序加工,其孔中心距离大小可不受限制。但有时为了保证孔的形位公差,孔中心距大小也要给予足够重视。如图 5-24 所示的为汽车变速器壳体上的一个要求较高的轴承座孔,其周围分布一些连接用的螺纹孔。由于螺纹孔距轴承座孔边缘太近。故攻丝后会导致轴承座孔产生表面形状误差。

4) 箱体上孔与平面布置的工艺性

当孔与平面不垂直(图 5-21d),在用定尺寸刀具进行加工时,由于刀具上所承受的径向力不均衡,刀具容易引偏,从而会影响孔的位置精度。因此,孔轴线最好与平面垂直,以利于工件安装和加工,并使机床与夹具结构简单。

就箱体零件整个结构形状而言,应具有足够的刚性和稳定的定位基面,使之易于保证加工精度,也适合于在自动线上进行加工。另外,箱体装配基面的尺寸应尽可能大,形状应尽量简单,以利于加工、装配和检验。箱体上的固定用孔的尺寸规格应尽可能一致,以减少加工中换刀的次数。

二、箱体零件机械加工工艺过程

1. 箱体零件的主要技术要求

汽车箱体零件的技术要求,除了对毛坯规定一些技术要求外,对于一些主要孔与平面均有较高的技术要求,归纳起来有:主要孔的尺寸公差、形位公差和表面粗糙度;主要孔与孔、孔与平面的位置公差;主要平面的尺寸公差、平面度和表面粗糙度。

以图 5-25 所示的某汽车变速器的壳体(简图)为例,其主要技术要求为:

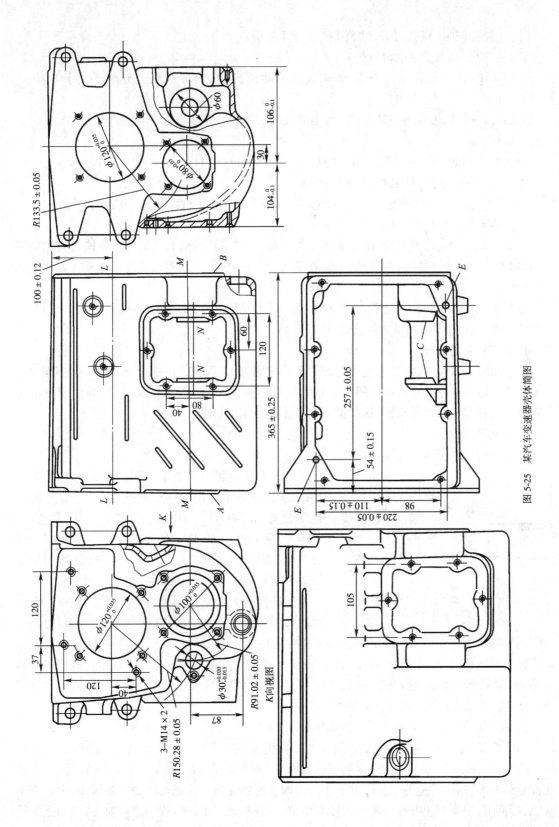

图 5-25 某汽车变速器壳体简图

(1) 主要孔(轴承座孔)的尺寸公差不低于IT7级。

(2) 孔与孔、孔与平面的位置公差：

① 前、后端面 A 和 B 相对于 $L-L$ 轴线的跳动量，在100mm长度上分别不大于0.08mm 和 0.12mm。

② 轴线 $L-L$ 和轴线 $M-M$ 在同一平面内的不平行度，在变速器壳体整个长度365mm上不大于0.07mm。

③ 端面 C 相对于轴线 $N-N$ 的跳动量，在半径为18mm的长度上不大于0.15mm。

④ 主要孔的中心距极限偏差为 ±0.05mm。

(3) 主要孔的表面粗糙度为 $R_a1.6\mu m$。前、后端面和两侧面表面粗糙度为 $R_a6.3\mu m$。

2. 箱体零件的材料及毛坯

对于汽车上的箱体类零件，由于形状较为复杂，通常采用铸造制造毛坯。铸铁具有成型容易、可加工性良好，同时吸振性好，成本低等优点，所以一般都采用铸铁毛坯。近来随着轻量化技术的成熟，轿车上的一些箱体件及变速器壳体已采用铝合金压铸。

如图5-25所示的变速器壳体的材料为HT200、HT250、HT300，热处理硬度为163～229HB；而铝合金则常采用铸造铝合金YL104、YL105等。

3. 定位基准的选择

加工箱体类零件时，各轴承座孔的加工余量应均匀；装入箱体内的全部零件(轴、齿轮等)与不加工的箱体内壁要有足够的间隙。要尽可能使基准重合以及基准统一，以减少定位误差和避免加工过程中的误差积累，从而保证箱体零件的加工精度。

1) 精基准的选择

最常见的有以下两种方案：

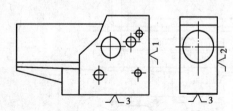

图5-26 用3个互相垂直的平面作定位基准示意图

一种方案是利用一个平面和该平面上的两个工艺孔定位，即通常所说的一面两孔定位，一般工艺孔孔径公差采用 H7～H9，两工艺孔中心距公差 ±(0.03～0.05)mm；另一种方案是用3个互相垂直的平面作定位基准，如图5-26所示，该方案适用于不具备一面两孔定位基准条件的一些箱体件。

生产批量大时常采用第一种方案。如图5-25所示的汽车变速器壳体，在加工中可用前、后端面上两个同轴线轴承座孔和另一个轴承座孔为粗基准，加工出顶面(图5-27)。然后再用变速器壳体内壁作粗基准和以顶面作精基准加工出顶面上的两个工艺孔 E (图5-28)。以后再利用顶面和这两个工艺孔作精基准进行其他表面的加工。这样就可以保证轴承座孔的加工余量均匀和保证装入变速器壳体的零件与内壁有足够的间隙。

选用顶面及其上的两个工艺孔作精基准，具有如下特点。

由图5-25可知，变速器壳体的设计基准和装配基准是前端面(A)和该面上的两个主要孔 $\phi120^{+0.035}_{0}$ mm 和 $\phi80^{+0.03}_{0}$ mm。根据基准重合原则，加工时应选前端面和该面上的那两个主要孔作定位基准，这样才能使定位误差最小。但因变速器壳体上需要加工的主要部分，大多位于前、后端面上，根据对主要孔所提出的技术要求，最好在同一工作行程中能把前、后端面上的同轴线孔加工出来。如果采用前端面及其上的主要孔作为定位基准，就难以做到这点。此外，用前端和该面上两个主要孔作定位基准还将使夹具结构复杂，定位稳定性也差，使用也不方便，同时难以实现基准统一和自动化。实际加工表明,采用顶面及其上的两个工艺孔作为定位基准,加工时箱体口朝下,中间导向支架紧固在夹具体上,提高了夹具的刚度,有利于保证各支承孔加工的位置精度,而且工件装卸方便,能减少辅助工时并提高生产效率(图5-29)。采用这种定位基准,可以做到基准统一,能加工较多表面,也会避免因基准转换而引起的定位误差,容易保证各表面间的位置公差。

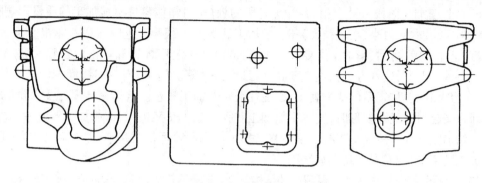

图5-27 加工变速器壳体顶面的粗基准

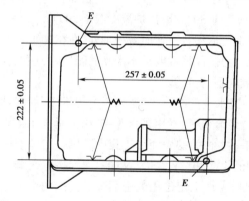

图5-28 以变速器壳体内壁作粗基准
加工顶面上两个工艺孔

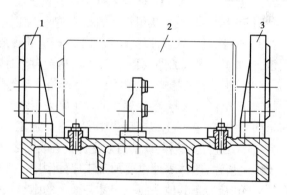

图5-29 用箱体顶面及两销定位的镗模
1、3-镗模板;2-中间导向支架

分析图5-25有关技术要求可知,为了保证后端面和主要孔轴线之间的垂直度要求,以及两侧面距$\phi 80_{0}^{+0.03}$mm孔的尺寸及不平行度的要求,要在最后精加工两端面和两侧时仍以主要孔定位,使其基准重合。而主要孔$\phi 120_{0}^{+0.035}$mm的位置,是由在垂直平面内距顶面100 ± 0.12和水平平面内距工艺孔110 ± 0.15mm这两个尺寸确定的。因此,顶面及其上的两个工艺孔是主要孔$\phi 120_{0}^{+0.035}$mm的设计基准。所以,以顶面及其上的两个工艺孔作精基准来加工主要孔$\phi 120_{0}^{+0.035}$mm,是不会产生基准不重合定位误差的。而同时加工孔$\phi 80_{0}^{+0.03}$mm时,只要以$\phi 120_{0}^{+0.035}$mm的刀具位置为基准,来确定$\phi 80_{0}^{+0.03}$mm孔的刀具位置,则定位误差也就不存在了。同样,$\phi 30_{-0.013}^{+0.020}$mm孔的位置公差也可以得到保证。

2)粗基准的选择

虽然箱体类零件一般都选择主要孔为粗基准,但是随着生产类型的不同,实现以主要孔为粗基准的工件的装夹方式是不同的。

(1)中小批量生产时,由于毛坯精度较低,一般采用划线找正。

(2)大批量生产时,毛坯精度较高,可直接以主要孔在夹具上定位,采用专用夹具装夹。

4. 箱体零件主要加工表面的工序安排

(1) 先面后孔。加工平面型箱体零件时,一般是先加工平面,然后以平面定位再加工其他表面。这是由于平面面积较大,定位稳固可靠,可减少装夹变形,有利于提高加工精度。同时,箱体零件的平面多为装配和设计基准,这样便可使装配基准和设计基准与定位基准、测量基准重合,从而减少了积累误差,提高加工精度。

(2) 粗、精加工阶段分开。粗、精加工阶段的划分,对箱体零件机械加工的质量影响很大。当工件刚性好,内应力小,毛坯精度高时,粗加工后的变形很小。这时可以在基准平面及其他平面粗、精加工后,再粗、精加工主要孔。这样,既可减少工序数目和零件的安装次数,又可减少加工余量。因此,这种方案的生产率高,而且经济性好。但是,当毛坯精度较低且工件刚性差,内应力大时,粗加工后的变形就很大,往往会影响加工质量。故当箱体零件技术要求较高,而粗加工又会引起显著变形时,应将平面加工和孔的加工交叉进行,即粗加工平面——粗加工孔——精加工平面——精加工孔。虽然交叉加工使生产管理复杂起来,加工余量亦大,但较易保证加工精度,也能及早发现毛坯缺陷。

(3) 工序间安排时效处理。因箱体件结构复杂,壁厚不均匀,铸造残余应力较大。故为消除残余应力、减少机械加工后的变形,保证精度的稳定,毛坯铸造之后应安排时效处理。时效的规范为:加热到 500~550℃,保温 4~6h,冷却速度小于或等于 30℃/h,出炉温度低于 200℃。

对于精度较高或形状很复杂的箱体零件,除在铸造之后安排一次时效处理外,在粗加工之后还要安排一次时效处理,以消除粗加工所产生的残余应力。而精度要求不太高的箱体件,还能利用粗、精加工工序间的停放和运输时间,达到自然时效处理的目的。

(4) 工序集中安排。在成批大量生产箱体零件的流水生产线上,广泛采用专用机床,如多轴龙门铣床、组合磨床等,各主要孔的加工则采用多工位组合机床、专用镗床等,专用夹具也用得很多。同时在生产安排上以工序集中方式进行加工,将一些相关的表面加工集中于同一工位或同一台机床上进行。这样,既能有效地保证各表面之间的尺寸和位置公差,又能显著提高生产率。

综上所述,箱体零件主要加工工序的顺序一般是,先加工定位用的平面及其上的两个工艺孔——粗、精加工其他平面——钻各面上的螺纹底孔——粗镗主要孔——钻、铰其余孔——精镗主要孔——攻丝。

(5) 加工工艺过程因生产类型与所用设备不同而异。

以汽车变速器壳体的机械加工工艺过程为例,随生产类型、产品结构特点和企业设备条件不同而异。表 5-7 和表 5-8 分别列举了图 5-25 所示变速器壳体在不同生产类型中的机械加工工艺过程。

单件小批生产中变速器箱体的机械加工工艺过程 表 5-7

工序号	工序内容	基准面	设备
1	划线		平台
2	铣(或刨)顶面	按划线找正	卧式铣床或刨床
3	铣(或刨)左、右面	按划线找正	卧式铣床或刨床
4	铣前端面及镗轴承座孔		卧式镗床
	(1) 铣前端面	按划线找正后,以坐标法移动主轴位置加工各孔	
	(2) 镗轴承座孔		
	(3) 钻倒车齿轮轴孔		
	(4) 镗或扩、铰倒车齿轮轴孔		
	(5) 刮倒车齿轮轴孔处两内侧面		
5	铣后端面	前端面	立式铣床

续上表

工序号	工序内容	基准面	设备
6	划线		平台
7	钻各面上孔	按划线钻孔	摇臂钻床
	（1）钻各面上孔		
	（2）铰定位销孔		
8	攻丝		摇臂钻床
9	最终检验		平台

大量生产中变速器箱体的机械加工工艺过程　　　　　表5-8

工序号	工序内容		基准面	设备
1	粗、精铣顶面		前后端面的3个铸孔	双轴转台式铣床
2	在顶面上钻、铰两个定位孔		顶面、箱体内壁	立式钻床
3	粗铣左、右两侧面		顶面及其工艺孔	双轴组合铣床
4	粗铣前、后面			
5	钻孔（左、右、后面）			
6	钻孔（前、后面及倒车齿轮轴孔）			
7	自动线加工			
	工位1	铣倒车齿轮轴孔处两内侧及钻放油孔		
	工位2	粗镗孔及扩孔		
	工位3	攻丝（放油孔）		
	工位4	精镗孔及铰孔		
	工位5	攻丝（顶面、前面）		
8	精铣端面		顶面及其工艺孔	组合铣床
9	精铣左右两侧面		前端面及两主要孔	双轴组合铣床
10	攻丝（左、右、后面）			组合机床
11	清洗			清洗机
11J	最终检验			

（6）轿车发动机缸体加工工艺过程。

4缸轿车发动机缸体的机械加工分为粗加工和精加工两个阶段。其中精加工阶段是采用先进的12条柔性加工自动线来实现高效率、高精度加工的。表5-9是其粗加工工艺过程，表5-10是其精加工工艺过程。

某轿车发动机缸体加工自动线粗加工工艺过程　　　　　表5-9

工艺流程			零件名称：缸体			VW4	
零件材料：灰铸铁	毛坯状态：铸件	毛坯硬度：HB195+40	毛坯质量（kg）：45	零件质量（kg）：33.5	总成号：06A1	每车件数：1	
工序	工序内容		质控点号	设备型号	设备名称		夹具
200	粗镗主轴半圆孔，粗铣缸体顶面，底面			5000687	粗铣缸体顶、底面自动线		随机夹具
210	钻定位销孔，运输孔，镗缸孔，铣瓦盖结合面		01A	500688	钻定位孔，铣瓦盖结合面线		随机夹具

续上表

工艺流程			零件名称:缸体			VW4	
零件材料:灰铸铁	毛坯状态:铸件	毛坯硬度:HB195+40	毛坯质量(kg):45	零件质量(kg):33.5	总成号:06A1	每车件数:1	
工 序	工序内容		质控点号	设备型号	设备名称		夹 具
220	铣过滤面,起动器面,粗铣控制面与离合器面			500689	铣离合器面及控制面自动线		随机夹具
230	钻,攻离合器结合面和控制面孔		02A	500690	钻,攻离合器面,控制面自动线		随机夹具
240	钻,攻缸体顶面,底面孔		03B	500691	钻,攻顶、底面孔自动线		随机夹具
250	钻,攻过滤面,起动器面各孔			500692	钻,攻左、右侧面孔自动线		随机夹具
260	粗洗缸体			10466	预清洗机		随机夹具
270	油道密封检查			E4494—3	油道密封试验机		随机夹具

轿车发动机缸体加工自动线精加工工艺过程 表5-10

零件材料:灰铸铁	毛坯状态:铸件	毛坯硬度:195+40HB	毛坯质量:45kg
工序号	工序内容	设备名称	夹 具
10	安装曲轴瓦盖	十头定扭矩拧紧机	随机夹具
20	钻控制面、离合器面配合孔及镗曲轴孔	前后面定位孔精加工自动线	随机夹具
30	精铣底面、顶面、控制面、离合器面,精镗水泵孔	前、后、顶、底面精工自动线	随机夹具
40	半精镗、精镗缸孔	精加工镗孔自动线	随机夹具
50	缸孔与曲轴主轴承孔珩磨	珩磨机	随机夹具
60	最终清洗缸体	最终清洗机	随机夹具
70	水套与油道密封检查	试漏仪	随机夹具
79	水套与油道水下密封检查	试漏仪	随机夹具
80	缸体主轴承孔分级	分级测量机	随机夹具
90	终 检		

三、箱体零件主要表面的机械加工

1. 箱体零件平面的加工方法

对于平面加工的技术要求,主要有平面本身的尺寸公差、不平面度及该平面与其他表面的位置公差。箱体平面加工常用的方法为刨、铣、磨3种。刨削和铣削常作平面的粗加工和半精加工,而磨削则作平面的精加工。

1) 刨削加工

其特点是刀具结构简单,机床调整方便,成本较低,在龙门刨床上可以利用几个刀架,在一次装夹中同时或依次完成若干个表面的加工或多个零件的同时加工,从而较经济地保证这些表面的相互位置精度。精刨后的表面粗糙度 R_a 值可达 $0.63 \sim 2.5 \mu m$,不平面度可达 $0.02 mm/m$。但由于刨削速度低,有空回程损失,同时参加工作的刀具数目少,故其生产率低,只适于单件小批生产。

2) 铣削加工

铣削生产率高于刨削,故在汽车制造业中的发动机机体、汽缸盖的加工中,常采用多轴龙门铣床,用几把铣刀同时加工几个平面,如图5-30所示,这样既能保证平面间的位置精度,又能提高生产率。近年来由于端铣刀在结构、刀具材料等方面都有了很大的改进,如不重磨刃端铣刀、密齿硬质合金可转位端铣刀等高速刀具获得了广泛的应用。其中不重磨刃端铣刀,每齿进给量 a_f 可达数毫米,其生产率较普通精加工端铣刀高 3~5 倍,加工表面的表面粗糙度 R_a 值可达 $1.25\mu m$,因此国内外制造行业普遍提倡以铣代刨。另外,在组合机床上,为了提高机床的工序集中程度,可用多个密齿硬质合金可转位铣刀,同时加工箱体的几个面,以提高加工质量和生产率。

2. 箱体孔和孔系的加工

孔系是指箱体零件上一系列有位置精度要求的孔的组合。孔系可分为平行孔系,同轴孔系和交叉孔系。孔系加工是箱体零件加工的关键。根据箱体零件生产批量的不同和孔系精度要求的不同,所用的加工方法也不同。汽车和拖拉机箱体零件上的孔,按其工作性质和加工精度的不同,可分为主要孔和次要孔。其中,主要孔如差速器壳体、减速器壳体及变速器等零件上的轴承座孔,这类孔的公差要求较严,一般为 IT7~9 级。至于这类孔的加工,对于差速器壳体、水泵壳等回转体零件上的孔,因其一般都与端面有一定垂直度要求,可在车床类机床(如普通车床、转塔车床、立式车床、镗孔车端面组合机床)上加工,在一次安装中加工出孔及端面以保证孔与端面的垂直度要求。而对于变速器等平面型箱体零件上的轴承座孔,则多在镗床类机床(如卧式镗床、组合镗床)上加工。次要孔如螺纹底孔及油孔,此类孔的公差较大,通常为 IT11~12 级,可在普通立式钻床、摇臂钻床或多轴组合钻床上加工。

箱体零件孔系的加工,可在普通镗床或组合镗床上进行。获得孔系各孔之间的位置公差的方法,主要有以下几种。

1)划线找正法和试镗法

按划线加工孔系是最简单的方法。加工前按照零件图在箱体毛坯上各孔的加工位置线,然后按划出的线逐一找正进行加工。这种方法的缺点是找正花费时间长、生产率低,加工误差大,如在卧式镗床上加工,一般孔距误差为 $\pm(0.2~0.3)$ mm。因此,这种方法仅适用于单件小批生产中,对孔距公差要求不高的零件加工或粗加工。

为了提高划线找正的加工精度,可采用试镗法加工孔系,如图 5-31 所示。

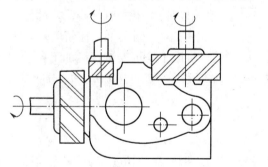

图 5-30 多刀铣削箱体平面实例

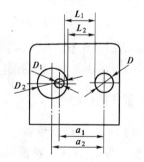

图 5-31 试镗法加工孔系

试镗法就是按划线先将较小的第一个孔镗至规定的直径尺寸 D,之后根据划线位置将机床主轴调整到第二个孔的中心孔,把第二个孔镗到略小于规定直径 D_1,并仅镗出一小段深度。测量该两孔之间的距离 L_1,则两孔的中心距为:

$$a_1 = \frac{D}{2} + L_1 + \frac{D_1}{2}$$

根据 a_1 和规定孔中心距的尺寸差,再校正机床主轴(或工件)的位置,重新镗一段直径为

D_2 的孔（仍略小于规定的孔径），用同样的方法可计算出孔中心距 a_2。这样依次试镗，直至达到规定的孔中心距后，再将第二孔孔径镗至规定尺寸。用这样的方法镗孔，孔中心距误差可达到 ±0.02mm。

试镗法的优点，是不需要专门的辅助设备；其缺点是试镗和测量花费时间较多，生产率较低，而且对工人的技术水平要求也较高。

2）坐标法

坐标法镗孔是先把被加工孔系的位置尺寸转换为两个相互垂直的坐标尺寸，然后在机床上利用坐标尺寸的测量装置确定主轴与工件之间的相互位置，从而保证孔系的加工精度。坐标法镗孔的孔距精度取决于坐标的移动精度，也就是取决于坐标测量装置的精度。坐标测量装置的形式很多，有普通刻线尺与游标尺加放大镜的测量装置（精度为 0.1～0.3mm），精密刻线尺与光学读数头测量装置（读数精度 0.01mm），还有光栅数字显示装置和感应同步器测量装置（精度可达 0.0025～0.01mm）、磁栅和激光干涉仪等。

采用坐标法加工孔系时，要特别注意选择基准孔和镗孔顺序，否则坐标尺寸的累积误差将影响孔距精度。基准孔应尽量选择本身尺寸精度高、表面粗糙度值小的孔，以便于加工过程中检验其坐标尺寸。

在现代化的汽车、拖拉机制造厂中，在中、小批量生产箱体零件时，还可使用自动换刀数字程序控制镗铣床。这种机床通用性很高，又具有生产率高的特点，是介于万能机床和专用机床之间的一种新型机床。

3）镗模法

用镗模法加工孔系，如图 5-32 所示。工件装夹在镗模上，镗杆被支承在镗模的导套里，增加了系统的刚性。这样，镗刀便通过模板上的孔将工件上相应的孔加工出来。当用两个或两个以上的支承来引导镗杆时，镗杆与机床主轴必须浮动连接。采用浮动连接时，机床主轴回转误差对孔系加工精度影响很小，因而可以在精度较低的机床上加

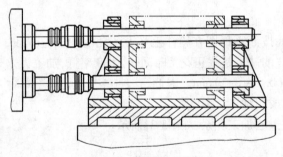

图 5-32 用镗模加工孔系

工出精度较高的平行孔系。在车床、卧式镗床或其他机床上均可安装镗模加工孔系。当从一端加工、镗杆两端均有导向支承时，孔与孔之间的同轴度和平行度可达 0.02～0.03mm。

四、箱体零件的检验

1. 箱体零件的主要检验项目

主要检验项目有：各加工表面的表面粗糙度以及外观、孔距精度、孔与平面的尺寸精度及形状精度、孔系的位置精度（孔轴线的同轴度、平行度、垂直度、孔轴线与平面的平行度、垂直度）。

当表面粗糙度值要求较小时，可用专门测量仪检测；其值较大时通常采用标准样块比较或目测评定。而孔的尺寸精度一般都采用塞规检验。平面的直线度可用平尺和塞尺检验，也可用水平仪与桥板检验；平面的平面度可用水平仪与桥板检验，亦可用标准平板涂色检验。

2. 箱体零件孔系位置精度及孔距精度的检验

在汽车工业中成批大量生产箱体零件时，可采用一系列专用检验夹具来检验孔系位置误差。

第六章　装配工艺过程设计

在本章中应从保证汽车整车产品质量要求出发，明确装配工艺与零件加工工艺间的关系，并要求会建立装配尺寸链和解算装配尺寸链，从而能选择合理的装配方法，以保证产品的装配精度。

第一节　装配的基本概念和装配工艺规程的制订

一、装配的基本概念

1. 装配的概念

任何机器（含汽车，后同）都是由若干个零件、组件和部件所组成的。按照规定的技术要求，将零件、组件和部件进行配合和连接，使之成为半成品或成品的工艺过程称为装配。把零件、组件装配成部件的过程称为部件装配，而将零件、组件和部件装配成最终产品的过程称为总装配。

装配不仅对保证机器的质量十分重要，还是机器生产的最终检验环节。通过装配可以发现产品设计上的错误和零件制造工艺中存在的质量问题。因此，研究装配工艺，选择合适的装配方法，制订合理的装配工艺规程，不仅是保证汽车装配质量的手段，也是提高生产效率与降低制造成本的有力措施。

2. 装配精度

装配精度是装配工艺的质量指标。正确地规定机器和部件的装配精度是产品设计的重要环节之一，它不仅关系到产品质量，也影响到产品制造的经济性。装配精度是制订装配工艺规程的主要依据，也是选择合理的装配方法和确定零件加工精度的依据。

装配精度的内容包括零部件间的配合精度和接触精度、位置尺寸精度和位置精度、相对运动精度等。

1) 零部件间的配合精度和接触精度

(1) 零部件间的配合精度是指配合面间达到规定的间隙或过盈的要求。它关系到配合性质和配合质量。已由国家标准《公差和配合》来解决。例如，轴和孔的配合间隙或配合过盈的变化范围。

(2) 零部件间的接触精度是指配合表面、接触表面达到规定的接触面积与接触点分布的情况。它影响到接触刚度和配合质量。例如：导轨接触面间、锥体配合和齿轮啮合等处，均有接触精度要求。

2) 零部件间的位置尺寸精度和位置精度

(1) 零部件间的位置尺寸精度是指零部件间的距离精度，如轴向距离和轴线距离（中心）精度等。

(2) 零部件间的位置精度包括平行度、垂直度、圆轴度和各种跳动。

3) 零部件间的相对运动精度

这是指有相对运动的零部件间在运动方向和运动位置上的精度。其中运动方向上的精度包括零部件间相对运动时的直线度、平行度和垂直度等；而运动位置上的精度即传动精度是指内联系传动链中，始末两端传动元件间相对运动精度。

3. 装配精度与零件精度间的关系

零件的精度特别是关键零件的加工精度对装配精度有很大影响，而且装配精度是与它相关的若干个零部件的加工精度有关。因此，要合理地规定和控制这些相关零件的加工精度。使得在加工条件允许时，它们的加工误差累计起来仍能满足装配精度的要求。这样做既能保证装配精度要求，又能简化装配工作，这对于大批大量的生产是必要的。

有时单靠相关零件的加工精度来保证要求较高的装配精度，会使零件的加工精度显著提高并给零件的加工带来较大困难。此时，应根据尺寸链的理论，建立装配尺寸链。从而使按较经济的精度所加工的相关零部件，通过采取一系列的工艺措施（如选择、修配和调整），以形成不同的装配方法来保证装配精度。

二、制订装配工艺规程的原则与步骤

装配工艺规程是指导装配生产的主要技术文件，制订装配工艺规程是生产技术准备的一项重要工作。

1. 装配工艺规程的主要内容

(1) 分析产品图样，划分装配单元，确定装配方法。

(2) 拟定装配顺序，划分装配工序。

(3) 计算装配时间定额。

(4) 确定各工序装配技术要求，质量检查方法和检查工具。

(5) 确定装配时零部件的输送方法及所需要的设备与工具。

(6) 选择和设计装配过程中所需的工具、夹具及专用设备。

2. 制订装配工艺规程的基本原则

1) 制订装配工艺规程的基本原则

(1) 保证产品装配质量，力求提高质量，以延长产品的使用寿命。

(2) 合理地安排装配顺序和工序，尽量减少钳工手工劳动量，缩短装配周期，提高装配效率。

(3) 尽量减少装配占地面积，提高单位面积的生产率。

(4) 要尽量减少装配工作所占的成本。

2) 制订装配工艺规程所依据的原始资料

(1) 产品的装配图及验收技术的标准。这包括产品的总装图和部件装配图，并能清楚地表示出：所有零件相互连接的结构视图及必要的剖视图；零件的编号；装配时应保证的尺寸；配合件的配合性质及精度等级；装配的技术要求；零件及总成的明细表等。为了在装配时对某些零件进行补充机械加工和核算装配尺寸链，有时还需要某些零件图。

产品的验收技术条件、检验内容和方法也是制订装配工艺规程的重要依据。

(2) 产品的生产纲领。生产纲领决定了产品的生产类型。生产类型不同，致使装配的生产组织形式、工艺方法、工艺过程的划分、工艺装备的多少、手工劳动的比例等均有很大不同。

像汽车这样大批大量生产的产品，应尽量选择专用装配设备和工具，采用流水线装配方法。有的装配区段还要采用机器人，组成自动装配线。

(3)生产条件。当在现有条件下制订装配工艺规程时,应了解现有工厂的装配工艺装备、工人技术水平、装配车间面积等。如果是新建厂,则应适当选择先进的装备和工艺方法。

3. 制订装配工艺规程的步骤、方法和内容

1)研究分析产品装配图及验收技术条件

(1)了解产品及部件的具体结构、装配技术要求和检验验收的内容及方法。

(2)审核产品图样的完整性、正确性,分析审查产品的结构工艺性。

(3)研究设计人员所确定的装配方法,进行必要的装配尺寸链分析与计算。

2)确定装配方法与装配组织形式

选择合理的装配方法,是保证装配精度的关键。要结合具体生产条件,从机械加工和装配的全过程着眼应用尺寸链理论,同设计人员一道最终确定装配方法。

装配方法与装配组织形式的选择,主要取决于产品结构特点(如质量大小、尺寸及复杂程度)、生产纲领和现有生产条件。装配的组织形式主要分固定式和移动式两种,对于固定式装配,其全部装配工作在一个固定的地点进行,产品在装配过程中不移动,多用于单件小批生产或重型产品的成批生产。移动式装配是将零部件用输送带或移动小车按装配顺序从一个装配地点移动至下一个装配地点,各装配点完成一部分工作,全部装配点的工作总和就完成了产品的全部装配工作。根据零部件移动方式的不同又可分为连续移动、间歇移动和变节奏移动装配3种方式。移动式装配常用于大量生产时组成流水作业线或自动线,如汽车、拖拉机、仪器仪表、家用电器等产品的装配。

3)划分装配单元和确定装配顺序

将产品划分为可进行独立装配的单元是制订装配工艺规程中的最重要的步骤,这对于大批大量生产结构复杂的产品时尤为重要。只有划分好装配单元,才能合理安排装配顺序和划分装配工序。

无论哪一级装配单元都要选定某一零件或比它低一级的单元作为装配基准件。通常应选体积或质量较大,有足够支撑面能够保证装配时稳定性的零件、部件或组件作为装配基准件,如床身零件是床身组件的装配基准件;床身组件是床身部件的装配基准组件;床身部件是机床产品的装配基准部件。汽车总装配则是以车架部件作为装配主体和装配基准部件。

划分好装配单元并确定装配基准零件之后,即可安排装配顺序。确定装配顺序的要求是保证装配精度,以及使装配连接、调整、校正和检验工作能顺利地进行,前面工序不妨碍质量等。为了清晰地表示装配顺序,常用装配单元系统图来表示。它是表示产品零、部件间相互装配关系及装配流程的示意图。具体说来装配顺序一般是先难后易、先内后外、先下后上,预处理工序要安排在前。

4)装配工序的划分与设计

装配工序确定后,就可将工艺过程划分为若干个工序,并进行具体装配工序的设计。装配工序的划分主要是确定工序集中与工序分散的程度。工序的划分通常和工序设计一起进行。工序设计的主要内容有:

(1)制订工序的操作规范。如过盈配合所需压力、变温装配的温度值、紧固螺栓连接的预紧扭矩、装配环境。

(2)选择设备与工艺装备。若需要专用装备与工艺装备,则应提出设计任务书。

(3)确定工时定额,并协调各工序内容。在大批大量生产时,要平衡工序的节拍,均衡生产,实施流水装配。

5)编制装配工艺文件

单件小批生产时,通常只绘制装配系统图,装配时按产品装配图及装配系统图工作。成批生产时,通常还制订部件、总装的装配工艺卡,写明工序次序,简要工序内容,设备名称,工装夹具名称及编号,工人技术等级和时间定额等项。

6)制订产品检验与试验规范

内容包括:

(1)检测和试验的项目及检验质量指标。

(2)检测和试验的方法、条件与环境要求。

(3)检测和试验所需工艺装备的选择与设计。

(4)质量问题的分析方法和处理措施。

三、产品结构的装配工艺性

产品结构的装配工艺性和零件结构的机械加工工艺性一样,对汽车及其他机械产品的整个生产过程有较大的影响,也是评价机械产品设计的指标之一。因此,设计人员在产品设计时,必须充分地考虑其装配工艺性。根据机械产品的装配实践和汽车装配工艺的需要对产品结构的装配工艺性提出以下基本要求。

1. 产品应能分成若干个独立装配的装配单元

从装配单元工艺角度来说,汽车和拖拉机等产品都是由若干个装配单元组成的。一个产品的装配单元可划分为5级:即零件、合件、组件、部件和产品。它们之间的关系可以用装配单元系统图来表示,如图6-1所示。其中合件亦称结合件,它是由两个或两个以上零件结合成的不可拆卸的整体件;组件是若干个零件和合件的组合体;部件是由若干个零件、合件和组件组合成的能完成某种功能的组合体,如图6-1所示,除了零件之外,每一级装配单元在装配时都可以单独进行装配。

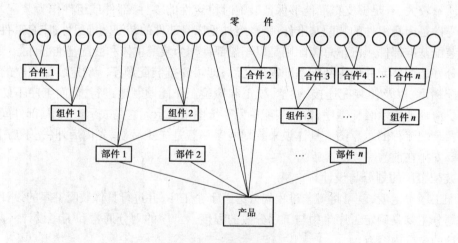

图6-1 装配单元系统图

在装配时,以某一个零件(或合件、部件)为基础,这个零件(或合件、部件)即称为基础件,其余的零件或合件及组件或部件按一定的顺序装配到基础件上,成为下一级的装配单元。由于在总装配之前,可以单独进行部件装配,部件装配后就可以进行部件试验和调整,从而为提高汽车的产品质量和保证其性能打下了良好基础。这样还有利于企业之间的协作和产品的配套,易于组织部件(总成)的专业化生产。

2. 要有正确的装配基准

如同工件在机械加工时的定位一样,零件在装配单元上的正确位置,是靠零件装配基准(基面)间的配合和接触来实现的。因此,为使零件正确定位,就应该有正确的装配基准,而且装配时的零件定位也应符合六点定位原理。

图 6-2 所示是某农用运输车车桥主动锥齿轮轴承座组件装配图。轴承座装配至后桥壳体 1 内时,其装配基面为轴承座的两段外圆和凸缘端面。轴承座装配基面与后桥壳内孔配合,与端面接触后,限制了 5 个自由度,绕轴线旋转的自由度不必限制。这样,轴承座在后桥壳体内就有正确定位了。

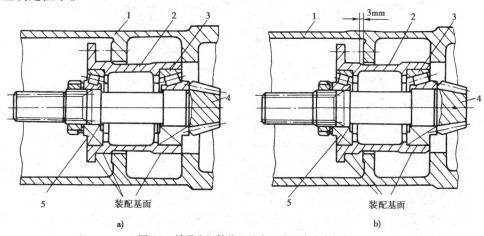

图 6-2 轴承座组件装配基准面及两种设计方案
1-后桥壳体;2-轴承座;3-大锥角圆锥滚子轴承;4-主动锥齿轮轴;5-圆锥滚子轴承

图 6-3 是汽车后桥主减速器装配图。减速器和差速器装入后桥壳体内时,装配基面为支撑端面和内、外圆柱面(亦称内、外止口)。由于绕止口轴线旋转的自由度会影响到半轴齿轮的位置,从而影响半轴的装配,增加半轴的附加载荷,所以有些汽车在减速器与后桥壳体的接触面上,还要用圆柱定位销来限制绕轴线旋转的自由度。两个壳体定位销孔的尺寸及位置尺寸、定位销的尺寸均要求较严格,否则不易保证半轴的装配精度。

3. 应便于装配和拆卸

产品设计时,要考虑零件结构便于装配和拆卸,在装配过程中,当发现问题或进行调整时,常需要进行中间拆装。因此,产品结构若能便于拆装和调整,就能节省装配时间,提高生产率。具有正确的装配基准是便于拆装的前提条件。此外,应注意的是组件的几个表面不应该同时装入基准零件(如箱体)的配合孔中,而应该先后依次进入装配。

下面举几个便于拆装和调整的实例予以说明。

在图 6-2a)中,是轴承座 2 的两段外圆柱表面(装配基准)同时进入壳体 1 的两配合孔中,由于不易同时对准两圆柱孔,使装配较为困难。当改为图 6-2b)所示结构后是轴承座 2 右端外圆柱表面先进入壳体 1 的配合孔中 3mm,并且有良好的导向后,左端外圆柱面再进入配合,所以装配较方便,工艺性也好。为保证左段外圆柱表面容易引入壳体内孔,右段外圆柱面前端应倒角,倒角角度一般为 15°~30°。为减少外圆柱面与内孔配合时的摩擦,轴承座右段的外圆柱直径要略小于左段外圆柱面直径。同样,对于主动锥齿轮轴两段轴颈直径也应按这一原则设计。

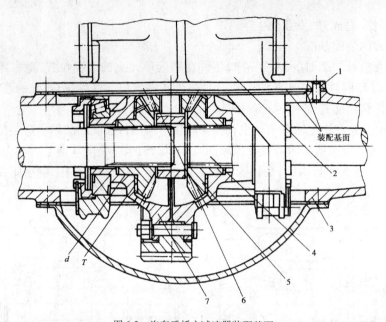

图 6-3 汽车后桥主减速器装配基面
1-圆柱定位销;2-减速器壳体;3-后桥壳体;4-半轴;5-半轴齿轮;6-行星齿轮;7-差速器壳体

图 6-4 是两个箱体零件用圆柱定位销定位的局部结构图,定位销与下箱体定位销孔为过盈配合。如果定位销孔设计成盲孔时,因进入定位销时,孔内空气不能逸出,会阻碍定位销顺利进入。合理的设计应如图 6-4b)、c)所示那样,将箱体定位销孔钻通,或是在定位销上铣通气平面或钻通气孔。

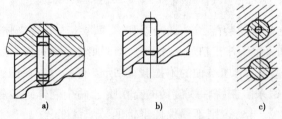

图 6-4 两箱体零件用圆柱定位销定位

装配工艺性不仅要考虑产品制造与装配的方便性,还要考虑装配中调整、修配和使用中维修拆卸的方便性。图 6-5 轴承外圈装于轴承座内和内圈装在轴颈上的 3 种结构方案。图 6-5a)所示结构的工艺性不好,因为轴承座台肩内径等于轴承外圈内径,而轴承内圈外径等于轴颈轴肩直径,所以轴承内、外圈均无法拆卸。轴颈轴肩直径小于轴承内圈外径,或者在轴承座台肩处做出 2~4 个缺口,如图 6-5b)、c)所示,则轴承内、外圈都便于拆卸。

4. 正确选择装配方法

装配精度是靠正确选择装配方法和零件制造精度来保证的。装配方法对部件的装配生产率和经济性有很大影响。设计人员设计结构时,应使结构尽量简单,有可能采用完全互换装配法装配,便可提高生产率。因此在装配精度要求不高,零件的尺寸公差能在加工时经济地保证时,都应采用完全互换法解尺寸链。只有当装配精度要求较高,用完全互换法解算尺寸链使零件尺寸公差过小时,才考虑采用其他装配方法。在采用补偿法(调整装配法和修配装配法)时,应合理地选择补偿环。补偿环的位置应尽可能便于调节,或便于拆卸。

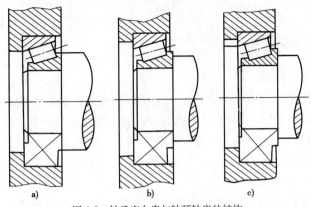

图 6-5 轴承座台肩与轴颈轴肩的结构

5. 应尽量减少装配时的修配和机械加工

为了在装配时尽量减少修配工作量,首先要尽量减少不必要的配合面。因为配合面过大、过多,零件机械加工就困难,同时使装配时的手工修制量增加。

装配时要尽量减少机械加工,否则不仅会影响装配工作的连续性,延长装配周期,而且会在装配车间增加机械加工设备。这些设备既占面积,又易引起装配工作的杂乱。此外,机械加工所产生的切屑若不消除干净,残留在装配的总成中,极易增加机件的磨损,甚至会产生严重的事故而损坏整台机械产品。

对于某些需要装配时进行机械加工的结构,设计人员可以考虑修改设计,以避免装配时的机械加工。图 6-6 所示为齿轮轴组件,图 6-6a) 中间齿轮 1 与花键轴 3 是用两个锁紧螺钉 2 固定的。装配时需按已加工好的齿轮 1 的螺孔位置配钻花键轴上装锁紧螺钉的孔。如将图 6-6a) 结构改成图 6-6b) 结构,用对开环 4 作轴向定位,就可以避免装配时的机械加工,因此,图 6-6b) 结构的工艺性较好。

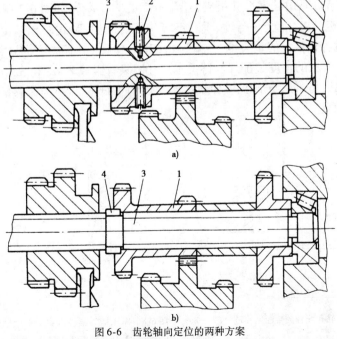

图 6-6 齿轮轴向定位的两种方案
1-齿轮;2-锁紧螺钉;3-花键轴;4-对开环

四、装配尺寸链原理与应用

1. 有关装配尺寸链的概念

机器或汽车的装配精度是由相关零件的加工精度和合理的装配方法共同保证的。因此,如何查找哪些零件对某装配精度有影响,进而选择合理的装配方法和确定这些零件的加工精度,就成了机械制造和机械设计工作中的一个重要课题。为了正确地和定量地解决上述问题,就需将尺寸链基本理论应用到装配中,即建立装配尺寸链和计算求解尺寸链。

2. 建立装配尺寸链的方法

在装配尺寸链的研究分析中,建立装配尺寸链是十分关键的内容。只有建立的装配尺寸链是正确的,解装配尺寸链才有意义。建立装配尺寸链是在完整的装配图或示意图上进行的。装配精度和相关零件精度之间的关系构成装配尺寸链。显然,最后形成的封闭环是装配精度,相关零件的设计尺寸是组成环。建立装配尺寸链就是根据封闭环——装配精度,查找组成环——相关零件设计尺寸,并画出尺寸链图,判别组成环的性质(判别增、减环)。

在装配关系中,对装配精度有直接影响的零部件的尺寸和位置关系,都是装配尺寸链的组成环。如同工艺尺寸链一样,装配尺寸链的组成环也分为增环和减环。

例如,图6-7所示轴与孔配合的装配关系,装配后要求轴孔有一定的间隙。轴孔间的间隙A_0就是该尺寸链的封闭环,它是由孔尺寸A_1和轴尺寸A_2装配后形成的尺寸。此时,孔尺寸A_1增大,间隙A_0(封闭环)亦随之增大,故A_1为增环,反之,轴尺寸A_2为减环。其尺寸链方程为:

$$A_0 = A_1 - A_2$$

装配尺寸链一般可分为4类:

(1)直线尺寸链。系由长度尺寸组成,且各环尺寸彼此平行,如图6-7所示。

(2)角度尺寸链。由角度、平行度、垂直度等构成。例如:卧式车床精度标准G13项——横刀架横向移动对主轴轴线的垂直度,公差为0.02mm/300mm(偏差方向$\alpha \geq 90°$)。该项要求可简化为如图6-8所示的角度装配尺寸链。本尺寸链只有组成环α_1和α_2。α_1为主轴箱部件装配后主轴回转轴线与机床身前V形导轨在水平面的平行度。α_2为床鞍的上燕尾形导轨对下V形导轨的垂直度。

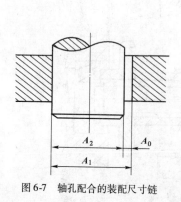

图6-7 轴孔配合的装配尺寸链　　图6-8 车床横刀架横向移动对主轴轴线的垂直度的角度装配尺寸链

(3) 平面尺寸链。由成角度关系布置的长度尺寸构成,且各环处于同一或彼此平行的平面内。例如,车床溜板箱装配在溜板下面时,溜板箱齿轮 O_2 与溜板横进给齿轮 O_1 应保持适当的啮合间隙。该装配关系构成了尺寸链,如图6-9所示。其中 X_1、Y_1 为溜板上齿轮 O_1 的坐标尺寸,X_2、Y_2 为溜板箱上齿轮 O_2 的坐标尺寸,d_1、d_2 分别为两齿轮的分度圆半径,P_0 为两齿轮的啮合侧隙,是封闭环。

(4) 空间尺寸链。由位于三维空间的尺寸构成的尺寸链。由于在一般机器装配中较为少见,故此处不予介绍。

3. 装配尺寸链的查找方法

正确地查明装配尺寸链的组成,并建立尺寸链是进行尺寸链计算的基础。

1)装配尺寸链的查找方法

首先根据装配精度要求确定封闭环。再取封闭环两端的任一个零件为起点,沿装配精度要求的位置方向,以装配基准面为查找的线索,分别找出影响装配精度要求的相关零件(组成环),直至找到同一基准零件,甚至是同一基准表面为止。

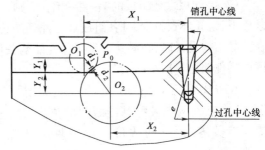

图6-9 平面装配尺寸链

2)查找装配尺寸链应注意的问题

(1)装配尺寸链应进行必要的简化。机械产品的结构通常都比较复杂,对装配精度有影响的因素很多,在查找尺寸链时,可不考虑那些影响较小的因素,使装配尺寸链适当简化。

例如:如图6-10所示车床主轴与尾座中心线等高性问题。影响该项装配精度的因素有(e_1、e_2、e_3、e_4 如图6-11所示):

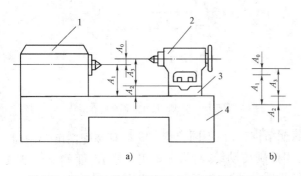

图6-10 主轴箱主轴与尾座套筒中心线等高结构示意图
1-主轴箱;2-尾座;3-尾座底板;4-床身

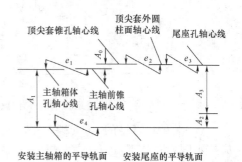

图6-11 车床主轴与尾座中心线等高装配尺寸链

A_1——主轴锥孔中心线至尾座底板距离;

A_2——尾座底板厚度;

A_3——尾座顶尖套锥孔中心线至尾座底板距离;

e_1——主轴滚动轴承外圆与内孔的同轴度误差;

e_2——尾座顶尖套锥孔与外圈的同轴度误差;

e_3——尾座顶尖套与尾座孔配合间隙引起的向下偏移量;

e_4——床身上安装主轴箱和尾座的平导轨面的高度差。

从以上分析知：车床主轴与尾座中心线等高性的装配尺寸链如图 6-11 所示。但由于 e_1、e_2、e_3、e_4 的数值相对 A_1、A_2、A_3、A_0 的误差而言是较小的，其对装配精度影响也较小，故装配尺寸链可以简化。但在精度装配中，应当计入所有对装配精度有影响的因素，不可随意简化。

(2) 装配尺寸链组成的"一件一环"原则。由尺寸链的基本理论可知，在装配精度既定的条件下，组成环数越少，则各组成环分配到的公差值就越大，零件加工越容易、越经济。这样，在产品结构设计时，在满足产品工作性能的条件下，应尽量简化产品结构，使影响产品装配精度的零件数尽量减少。

在查找装配尺寸链时，每个相关的零、部件只应有一个尺寸作为组成环列入装配尺寸链，即将连接两个装配基准面间的位置尺寸直接标注在零件图上。这样组成环的数目就等于有关零、部件的数目，即"一件一环"，这就是装配尺寸链的最短路线（环数最少）原则。

图 6-12 所示齿轮装配后轴向间隙尺寸链就体现了"一件一环"的原则。如果把图中的轴向尺寸标注成图 6-13 所示的两个尺寸，则违反了"一件一环"的原则，其装配尺寸链的构成显然不合理。

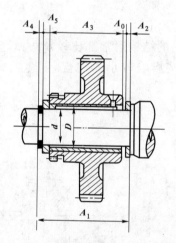

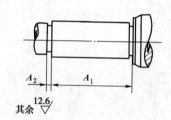

图 6-12　装配尺寸链的"一件一环"原则　　　　图 6-13　组成环尺寸的不合理算法

(3) 装配尺寸链的"方向性"。在同一装配结构中，在不同位置方向都有装配精度要求时，应按不同方向分别建立装配尺寸链。例如，蜗杆副传动结构，为保证正常啮合，要同时保证蜗杆副两轴线间的距离精度、垂直度精度、蜗杆轴线与蜗轮中间平面的重合精度，这是 3 个不同位置方向的装配精度，因而需要在 3 个不同方向分别建立尺寸链。

4. 装配尺寸链的计算方法

装配方法与装配尺寸链的计算方法密切相关。同一项装配精度，采用不同的装配方法时，其装配尺寸链的计算方法也不相同。

装配尺寸链的计算可分为正计算和反计算两种。已知与装配精度有关的相关零部件的基本尺寸及其偏差，求解装配精度要求（封闭环）的基本尺寸及偏差的计算过程称为正计算，它用于对已设计的图样进行校核验算。当已知装配精度要求（封闭环）的基本尺寸及偏差，求解与该项装配精度有关的各零部件基本尺寸及偏差的计算过程称为反计算，它主要用于产品设计过程之中，以确定各零部件的尺寸和加工精度。

第二节 保证装配精度的装配方法

应根据产品的结构特点和装配精度要求,结合不同的生产条件来选择不同的保证装配精度的方法,以达到良好的技术、经济效果。在汽车、拖拉机制造中,常用的保证装配精度的方法有互换装配法、选择装配法、修配装配法和调整装配法。根据零件的互换程度的不同,互换法又可分为完全互换法和大数互换法。相应地也有5种解算装配尺寸链的方法,即完全互换法、大数互换法、选择法(分组互换法)、修配法和调整法。

一、互换装配法

1. 完全互换装配法

1) 概念及尺寸链的计算方法

在全部产品中,装配时各组成环不需挑选或改变其大小或位置,装入后即能达到封闭环的公差要求,这种装配方法称为完全互换装配法。

选择完全互换装配法时,采用极值公差公式计算。为保证装配精度要求,尺寸链中封闭环的极值公差应小于或等于封闭环的公差要求值,即:

$$T_{0L} \leqslant T_0$$

因为

$$T_{0L} = \sum_{i=1}^{m} |\xi_i| T_i$$

所以

$$\sum_{i=1}^{m} |\xi_i| T_i \leqslant T_0 \tag{6-1}$$

式中:T_{0L}——封闭环极值公差;

T_0——封闭环公差要求值;

T_i——第 i 个组成环公差;

ξ_i——第 i 个组成环传递系数;

m——组成环环数。

产品的部件或总成的装配精度,是由设计人员根据其使用性能规定的。设计人员在画零件图时,必须合理地确定零件有关设计尺寸的公差和极限偏差。这种计算属于公差设计计算(反计算),此时可按"等公差"原则先求出各组成环的平均极值公差 $T_{aV,L}$:

$$T_{aV,L} = \frac{T_0}{\sum_{i=1}^{m} |\xi_1|} \tag{6-2}$$

再根据生产经验,考虑到各组成环尺寸的大小和加工难易程度进行适当调整。如尺寸大、加工困难的组成环应给以较大公差;反之尺寸小、加工容易的组成环就给较小公差。对于组成环是标准件上的尺寸,则仍按标准规定;对于组成环,是几个尺寸链中的公共环时,其公差值由要求最严的尺寸链确定。调整后,仍需满足式(6-1)。

在确定各组成环极限偏差时,对属于外尺寸(如轴)的组成环按基轴制(h)决定其极限偏差和分布;属于内尺寸(如孔)的组成环按基孔制(H)决定其公差分布;孔中心距的尺寸极限偏差则按对称分布选取。按上述原则确定偏差后,有利于组成环的加工。但是,当各组成环都按上述原则确定偏差时,按公式计算的封闭环极限偏差常不符合封闭环的要求值。为此就需要选取一个组成环,其极限偏差不是事先定好,而是经过计算确定,以便与其他组成环相协调,最后满足封闭环极限偏差的要求,这个组成环称为协调环。一般情况下,协调环不能选取标准件或几个尺寸链的公共组成环。可先取易加工的零件为协调环,而将难加工零件为组成环;也可选取难加工零件为协调环,而将易加工的零件的尺寸公差从严选取。

解完全互换装配法装配尺寸链的基本公式和计算方法,见工艺尺寸链(第3.6节)。

计算实例: 如图6-14所示的齿轮部件装配,轴是固定不动的,齿轮在轴上回转,要求齿轮与挡圈的轴向间隙为0.1~0.35mm。已知:$A_1=30$mm,$A_2=5$mm,$A_3=43$mm,$A_4=3_{-0.05}^{0}$mm(标准件),$A_5=5$mm。现采用完全互换法装配,试确定各组成环公差和极限偏差。

解: (1)画装配尺寸链图,校验各环基本尺寸。依题意,轴向间隙为0.1~0.35mm,则封闭环$A_0=_{+0.10}^{+0.35}$mm,封闭环公差$T_0=0.25$mm。A_3为增环,A_1、A_2、A_4、A_5为减环,$\xi_3=+1$,$\xi_1=\xi_2=\xi_4=\xi_5=-1$ 装配尺寸链如图6-14b)所示。

封闭环基本尺寸为:

$$A_0 = \sum_{i=1}^{m}\xi_i A_i = A_3 - (A_1 + A_2 + A_4 + A_5)$$

$$= [43 - (30+5+3+5)]$$

$$= 0\text{mm}$$

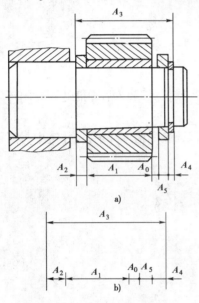

图6-14 齿轮与轴的装配关系

通过计算校验知,各组成环基本尺寸无误。

(2)确定各组成环公差和极限偏差。

计算各组成环平均极值公差:

$$T_{aV,L} = \frac{T_0}{\sum_{i=1}^{m}|\xi_i|} = \frac{T_0}{m} = \frac{0.25}{5} = 0.05\text{mm}$$

于是以平均值公差为基础,根据各组成环尺寸、零件加工难易程度,确定各组成环公差。

A_5为一垫片,易于加工和测量,故选A_5为协调环。A_4为标准件,$A_4=3_{-0.05}^{0}$mm,其余各组成环根据其尺寸和加工难易程度选择公差为:$T_1=0.06$mm,$T_2=0.04$mm,$T_3=0.07$mm,各组成环公差等级约为IT9级。

A_1、A_2为外尺寸,按基轴制(h)确定极限偏差:$A_1=30_{-0.06}^{0}$mm,$A_2=5_{-0.04}^{0}$mm;A_3为内尺寸按基孔制(H)确定其极限偏差:$A_3=43_{0}^{+0.07}$mm。

封闭环的中间偏差Δ_0为:

$$\Delta_0 = \frac{ES_0 + EI_0}{2} = \frac{0.35 + 0.10}{2} = 0.225\text{mm}$$

各组成环的中间偏差分别为:

$$\Delta_1 = -0.03\text{mm},\Delta_2 = -0.02\text{mm},\Delta_3 = 0.035\text{mm},\Delta = -0.025\text{mm}。$$

(3)计算协调环极值公差和极限偏差。

协调环A_5的极值公差为:

$$T_5 = T_0 - (T_1+T_2+T_3+T_4) = 0.25 - (0.06+0.04+0.07+0.05) = 0.03\text{mm}$$

协调环A_5的极限偏差ES_5,EI_5分别为(因A_5的中间偏差$\Delta_5=-0.115$mm):

$$ES_5 = \Delta_5 + T_5/2 = \left(-0.115 + \frac{0.03}{2}\right) = -0.10\text{mm}$$

$$EI_5 = \Delta_5 - T_5/2 = \left(-0.115 + \frac{0.03}{2}\right) = -0.13\text{mm}$$

最后便可得各组成环尺寸和极限偏差为：

$A_1 = 30_{-0.06}^{0}\text{mm}, A_2 = 5_{-0.04}^{0}\text{mm}, A_3 = 43_{0}^{+0.07}\text{mm}, A_4 = 3_{+0.05}^{0}\text{mm}, A_5 = 5_{-0.13}^{-0.10}\text{mm}$。

2) 完全互换装配法的特点及应用场合

完全互换装配法具有装配质量稳定可靠，对工人的技术等级要求较低，装配工作简单、经济、生产率高等特点。易于组织流水装配和自动化装配，又可保证零部件的互换性，适用于汽车等制造中的专业化生产和协作生产。

2. 大数互换装配法

1) 概念及尺寸链的计算方法

大数互换装配法是指在绝大多数产品中，装配时的各组成环不需挑选或改变其大小或位置，装入后即能达到封闭环的公差要求。大数互换装配法是采用统计公差公式计算。为保证绝大多数产品的装配精度要求，尺寸链中封闭环的统计公差要求值：

$$T_{0S} \leqslant T_0$$

因为

$$T_{0S} = \frac{1}{k_0}\sqrt{\sum_{i=1}^{m}\xi_i^2 k_i^2 T_i^2}$$

所以

$$\frac{1}{k_0}\sqrt{\sum_{i=1}^{m}\xi_i^2 k_i^2 T_i^2} \leqslant T_0 \tag{6-3}$$

式中：T_{0S}——封闭环统计公差；

k_0——封闭环的相对分布系数；

k_i——第 i 个组成环的相对分布系数。

当遇到反计算形式时，可按"等公差"原则先求出各组成环的平均统计公差 $T_{aV,S}$：

$$T_{aV,S} = \frac{k_0 T_0}{\sqrt{\sum_{i=1}^{m}\xi_i^2 k_i^2}} \tag{6-4}$$

再根据生产经验，考虑各组成环尺寸的大小和加工难易程度进行调整。具体调整方法同完全互换装配法。调整后仍需满足式(6-3)。

将式(6-1)和(6-4)加以比较知，当封闭环公差 T_0 相同时，组成环的平均统计公差 $T_{aV,S}$ 大于平均极值公差 $T_{aV,L}$。可见，大数互换装配法的实质是使各组成环的公差比完全互换装配法所规定的公差大，从而能使组成环的加工比较容易，降低加工成本。但是，这样做的结果会使一些产品装配后超出所规定的装配精度。用统计公式，可以计算超差的数量。因为大数互换装配法是以概率论为理论根据的。在多环尺寸链中，封闭环的分布接近于正态分布，故可按正态分布曲线方程式计算出在一定分布范围内的概率密度。该分布范围如在规定的公差范围内，则所求概率密度即为合格品率或称置信水平。因此，采用大数互换装配法应先确定置信水平，再确定与之对应的分布范围，然后按统计法进行计算，在计算中可以将分布范围转换为相对分布系数。置信水平 p 及与之所对应的相对分布系数 k 如表6-1所示。

置信水平 p 与相对分布系数 k 表 6-1

P	99.73%	99.5%	99%	98%	95%	90%
k	1	1.06	1.16	1.29	1.52	1.82

采用大数互换装配法时,应有相应的工艺措施,防止个别(或少数)产品超出公差范围或极限偏差。组成环尺寸为不同分布形式时,对应不同的相对分布系数 k 与相对不对称系数 e,如表 6-2 所示。

常见的几种分布曲线及其相对分布系数 k 与相对不对称系数 e 的数值 表 6-2

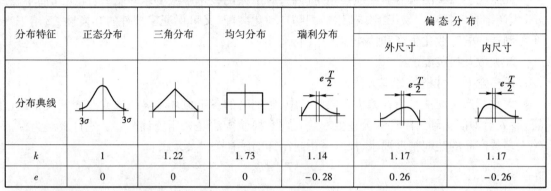

分布特征	正态分布	三角分布	均匀分布	瑞利分布	偏态分布 外尺寸	偏态分布 内尺寸
分布曲线						
k	1	1.22	1.73	1.14	1.17	1.17
e	0	0	0	−0.28	0.26	−0.26

应按规定选取 k,e 的值:

(1)在大批大量生产时,在稳定的工艺过程中,工件尺寸趋近正态分布,可取 $k=1,e=0$。

(2)在不稳定工艺过程中,当尺寸随时间近似线性变动时,形成均匀分布,计算时没有任何参考的统计数据,尺寸与位置误差可视为均匀分布,取 $k=1.73,e=0$。

(3)两个分布范围相等的均匀分布相结合,形成三角分布。计算时没有参考的统计数据,尺寸与位置误差也可当作三角分布,取 $k=1.22,e=0$。

(4)偏心或径向圆跳动趋近瑞利分布,取 $k=1.14,e=-0.28$。对于偏心在某一方向的分布,取 $k=1.73,e=0$。

(5)平行、垂直误差趋近某些偏态分布;单件小批生产条件下,工件尺寸也可能形成偏态分布,取 $k=1.17,e=\pm 0.26$。

当各组成环在其公差带内呈正态分布时,封闭环也必按正态分布。此时,$k=k_i=1,e_0=0$,则各组成环的平均统计公差 $T_{aV,S}$ 成为平均平方公差 $T_{aV,Q}$:

$$T_{aV,Q}=\frac{T_0}{\sqrt{\sum_{i=1}^{m}\xi_i^2}} \tag{6-5}$$

而当尺寸链中各组成环具有各种不同分布时,只要组成环数不太小 $(m\geqslant 5)$,各组成环分布范围相差又不太大时,则封闭环亦趋近正态分布。若取 $k_i=k,k_0=1,e_0=0$,代入式(6-4)后,各组成环的平均统计公差 $T_{aV,S}$ 成为平均当量公差 $T_{aV,E}$:

$$T_{aV,E}=\frac{T_0}{k\sqrt{\sum_{i=1}^{m}\xi_i^2}} \tag{6-6}$$

比较式(6-4)和式(6-5)可知:组成环的平均平方公差 $T_{aV,Q}$ 最大,故用大数互换装配法最理想的情况是组成环呈正态分布,此时平均平方公差 $T_{aV,Q}$ 最大。

当组成环数较小($m<5$),各组成环又不按正态分布时,此时封闭环也不同于正态分布。计算时没有参考的统计数据,可取 $k_0 = 1.1 \sim 1.3, e_0 = 0$。

2) 大数互换装配法的特点及应用场合

该装配法的特点和完全互换装配法的特点相似,只是互换程度不同。由于大数互换装配法采用统计公差公式计算,因而扩大了组成环的公差,尤其是在环数较多,组成环又呈正态分布时,扩大的组成环公差最显著,因而对组成环的加工更为方便。但是,会有少数产品超差。为了避免超差,采用大数互换装配法时,应采用适当的工艺措施。只有当放大组成环公差所得到的经济效果超过为避免超差所采取的工艺措施花的代价后,才可能采用大数互换装配法。

大数互换装配法常应用于生产节拍不是很严格的成批生产中。例如,机床和仪器仪表等产品,封闭环要求较宽的多环尺寸链应用较多。

二、选择装配法

在大批大量生产条件下,汽车、拖拉机中的装配尺寸链,有的环数虽少,但封闭环要求的公差却很小。如果用完全互换法解算装配尺寸链,会使组成环公差过小,致使其加工很困难或很不经济,甚至无法加工。此时,可以采用选择装配法装配。

1) 概念

选择装配法是将尺寸链中组成环的公差相对于互换装配法所要求之值放大若干倍,使其能较经济地加工,然后选择合适的零件进行装配,以保证装配精度的要求。

选择装配法有直接选择装配法、分组互换装配法和复合选择装配法3种。

(1) 直接选择装配法。在装配时,由装配工人凭经验直接从待装配的零件中,挑选合适的零件进行装配。这种方法需要技术较熟练的工人,装配精度在很大程度上取决于工人的技术水平,同时装配时间较长,又不稳定。故这种装配方法适用于封闭环公差要求不太严、产品产量不大或生产节拍要求不很严格的成批生产中。

(2) 分组互换装配法。当封闭环精度要求很高时,采用互换装配法解尺寸链,组成环公差非常小,使加工十分困难而又不经济。此时,在零件加工时常将各组成环的公差相对完全互换法所求数值放大几倍,使其尺寸能按经济精度加工,之后按实测尺寸将零件分成数组,装配时,选择相同组别的零件进行装配,保证同组零件具有互换性的一种装配方法。如活塞销与活塞销孔;活塞销与连杆小头衬套孔;柴油机精密偶件中的喷油嘴偶件、柱塞副偶件等均采用分组互换装配法进行装配。

下面以汽车发动机中活塞销与活塞销孔的装配为例,说明分组互换装配法的原理与装配过程。图6-15所示为活塞销与活塞销孔的装配关系,按技术要求,活塞销直径 d 与活塞销孔直径 D 的基本尺寸为28mm,在冷态装配时应用 $Y = 0.0025 \sim 0.0075$mm 的过盈量,即:

$$Y_{\min} = d_{\min} - D_{\max} = 0.0025 \text{mm}$$

$$Y_{\max} = d_{\max} - D_{\min} = 0.0075 \text{mm}$$

则此时封闭环的公差为:

$$T_0 = Y_{\max} - Y_{\min} = 0.0075 - 0.0025 = 0.0050 \text{mm}$$

如果采用完全互换法装配,则活塞销与活塞销孔的平均公差仅为0.0025。由于销轴是外尺寸按基轴制(h)确定极限偏差,以销孔为协调环,则:

$$d = 28_{-0.0025}^{0}\,\text{mm}$$
$$D = 28_{-0.0075}^{-0.0050}\,\text{mm}$$

显然,制造这样高精度的销轴与销孔既困难又不经济。在实际生产中,采用分组装配法就可将销轴与销孔的制造公差在相同方向上放大4倍,即:

$$d = 28_{-0.0100}^{0}\,\text{mm}$$
$$D = 28_{-0.0150}^{-0.0050}\,\text{mm}$$

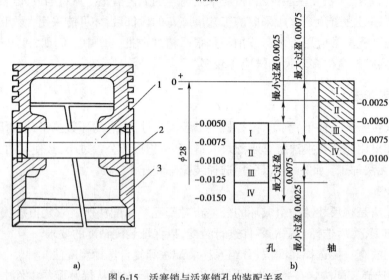

图6-15 活塞销与活塞销孔的装配关系

这样,活塞销可用无心磨加工,活塞销孔用金刚镗床加工,然后用精密量具测量其实际尺寸,并按尺寸大小分为4组并涂不同颜色以示区别,之后同颜色的零件相配合。具体分组情况可见表6-3。

活塞销与活塞销孔直径分组　　　　表6-3

组　别	标志涂颜色	活塞销直径 $d = \phi 28_{-0.0100}^{0}$	活塞销孔直径 $D = \phi 28_{-0.0150}^{-0.0050}$	配合情况	
				最小过盈	最大过盈
Ⅰ	红	$\phi 28_{-0.0025}^{0}$	$\phi 28_{-0.0075}^{-0.0050}$	0.0025	0.0075
Ⅱ	白	$\phi 28_{-0.0050}^{-0.0025}$	$\phi 28_{-0.0100}^{-0.0075}$		
Ⅲ	黄	$\phi 28_{-0.0075}^{-0.0050}$	$\phi 28_{-0.0125}^{-0.0100}$		
Ⅳ	绿	$\phi 28_{-0.0100}^{-0.0075}$	$\phi 28_{-0.0150}^{-0.0125}$		

正确地采用分组互换装配法的关键,是保证分组后各对应组的配合性质和配合公差满足装配精度的要求。同时,对应组内相配件的数量要配套。为此,应满足以下条件:

①配合件的公差范围应相等,而且要同方向增大,增大的倍数应等于分组数。从图6-15中可知本实例满足要求。

②由于装配精度取决于分组公差,故配合件的表面粗糙度和形位公差均需与分组公差相适应,不能随尺寸公差的增大而放大。表面粗糙度和形位公差一般应小于分组公差的50%。因此,分组互换法的组数不能任意增加,它受零件表面粗糙度和形位公差的限制。

③为保证对应组内相配件的数量要配套,相配件的尺寸分布应相同,如同为正态分布或同方向的偏态分布。否则,将如图6-16示产生剩余零件。为此,在实际生产中常常生产一些与剩余件配套的零件,以解决积压剩余件问题。

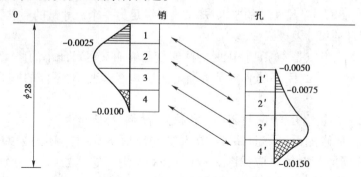

图6-16 销与销孔尺寸分布不同时产生剩余件的情况

（3）复合选择装配法。它是选择装配法与分组互换装配法的复合,即零件加工后先检测分组,装配时,在各对应组内经工人进行适当的选配。这种装配法的特点是配合件公差可以不等,装配速度较快,质量高,能满足一定生产节拍的要求。如汽车发动机汽缸与活塞的装配多采用此种装配方法。

2）分组互换装配法的特点及应用场合

分组互换装配法可降低对组成环的加工要求,而不降低装配精度。但是,分组互换装配法也增加了测量、分组和配套工作。当组成环较多时,这些工作就会变得很复杂。分组互换装配法适用于成批、大量生产中封闭环公差要求很严、尺寸链组成环很少的装配尺寸链中。例如,精密偶件的装配、精密机床中精密件的装配和滚动轴承的装配等。

上述几种装配方法,无论是完全互换法、大数互换法,还是分组互换法,其特点都是零件能够互换,这一点对于大批大量生产的装配来说,是非常重要的。

三、修配装配法

1. 基本概念

在成批生产中,若封闭环公差要求较严,组成环又较多时,采用互换装配法势必要求组成环的公差很小,从而增加加工的难度并影响加工经济性。而采用分组互换装配法,又会因环数多,使测量、分组和配套工作变得很困难和复杂,甚至造成生产上的混乱。在单件小批生产时,在封闭环要求较严的情况下,即使组成环数很少,也会因零件生产数量少而不能使用分组互换装配法。此时,常采用修配装配法以达到封闭环公差要求。

修配装配法是将尺寸链中各组成环的公差相对于互换装配法所求之值增大,使其能按该生产条件下较经济的公差制造,装配时去除补偿环(预先选定的一组成环)部分材料以改变其实际尺寸,使封闭环达到其公差与极限偏差要求,预定的补偿环(又称为修配环)是用来补偿其他各组成环由于公差放大后而产生的累积误差。因为修配装配法是逐个修配,故零件不能互换。修配装配法通常采用极值公差公式计算。

2. 选择补偿环和确定其尺寸及极限偏差

1）选择补偿环

正确地选择补偿环和确定其尺寸及极限偏差是采用修配装配法的关键。选择补偿环时应

满足如下要求:

(1)要便于装拆,易于修配。通常选形状较简单,修配面较小的零件。

(2)尽量不选公共组成环。即该件只与一项装配精度有关,而与其他装配精度无关,否则装配之后,虽然保证了一个尺寸链的要求,却又难以满足另一个尺寸链的要求。

2)确定补偿环的尺寸及极限偏差

解决此问题的出发点是要保证修配时的修配量足够而又尽可能小的修配量。为此,需先了解补偿环被修配时,对封闭环的影响是逐渐增大还是逐渐变小,不同的影响有不同的计算方法。

(1)第一种情况:越修补偿环,封闭环尺寸越大,简称"越修越大"。

此时,为了保证修配量足够且最小,放大组成环后实际封闭环的公差带和设计要求封闭环公差带之间的相对关系应如图6-17a)所示。图中T_0、L_{0max}、L_{0min}分别表示设计要求封闭环的公差、最大极限尺寸和最小极限尺寸;T'_0、L'_{0max}、L'_{0min}分别表示放大组成环后实际封闭环的公差、最大极限尺寸和最小极限尺寸;F_{max}表示最大修配量。由图6-17a)可知:

$$L'_{0max} = L_{0max} \tag{6-7}$$

若$L'_{0max} > L_{0max}$,则修配补偿环后L'_{0max}会更大,不能满足设计要求。

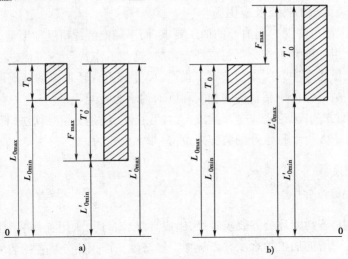

图6-17 封闭环公差带要求值和实际公差带的相对关系
a)"越修越大"时;b)"越修越小"时

(2)第二种情况:越修配补偿环,封闭环尺寸越小,简称"越修越小"。

由图6-17b)可知,为保证修配量足够和最小,应满足下式:

$$L'_{0min} = L_{0min} \tag{6-8}$$

上述两种情况分别满足式(6-7)和式(6-8)时,最大修配量F_{max}为:

$$F_{max} = T'_0 - T_0 = \sum_{i=1}^{m} |\xi_i| T_i - T_0 \tag{6-9}$$

当已知各组成环放大后的公差,并按"入体原则"确定组成环的极限偏差后,就可按式(6-7)或式(6-8)求出补偿环的某一极限尺寸(或极限偏差),再由已知的补偿环公差求出补偿环的另一极限尺寸(或极限偏差)。

3.尺寸链的计算步骤和方法

以图6-18a)所示的卧式车床床头和尾座两顶尖的等高要求为例来说明采用修配装配法时尺寸链的计算步骤和方法。

由图6-18a)所示两顶尖的等高度要求为0~0.06mm(只许尾座高)的结构示意图中:$A_1 = 202$mm,$A_2 = 46$mm,$A_3 = 156$mm。

同时根据尺寸链原理建立如图6-18b)所示的装配尺寸链。其中,封闭环$A_0 = 0^{+0.06}_{0}$mm;A_1为减环,$\xi_1 = -1$;A_2、A_3为增环,$\xi_2 = \xi_3 = +1$。若按完全互换装配法用极值公差公式计算,各组成环的平均公差为:

$$T_{aV,L} = \frac{T_0}{m} = \frac{0.06}{3} = 0.02 \text{mm}$$

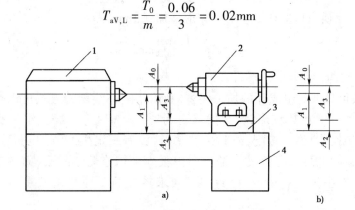

图6-18 车床床头和尾座两顶尖的等高度要求示意图
a)结构示意图;b)装配尺寸链图
1-主轴箱;2-尾座;3-底板;4-床身

显然,因组成环的平均公差太小,加工很困难,不宜用完全互换装配法,现采用修配装配法。

(1)选择补偿环。因组成环A_2尾座底板的形状简单,其表面积较小,便于刮研修配,故选择A_2为补偿环。

(2)确定各组成环公差。根据各组成环所采用的加工方法的经济精度确定其公差。A_1和A_3采用镗模镗加工,取$T_1 = T_3 = 0.1$mm;底板采用半精刨加工,取$T_2 = 0.15$mm。

(3)计算补偿环A_2的最大修配量,利用式(6-9)得:

$$F_{\max} = \sum_{i=1}^{m} |\xi_i| T_i - T_0$$

$$= 0.10 + 0.15 + 0.1 - 0.06 = 0.29 \text{ mm}$$

(4)确定除补偿环以外各组成环的极限偏差,因A_1与A_2是孔轴线和底面的位置尺寸,故偏差按对称分布,即:$A_1 = (202 \pm 0.05)$mm,$A_3 = (156 \pm 0.05)$mm。

(5)计算补偿环A_2的尺寸及极限偏差。

①判别补偿环A_2修配时对封闭环A_0的影响。由结构示意图可知,越修配补偿环A_2,封闭环A_0越小,属于"越修越小"的情况。

②计算补偿环尺寸及极限偏差。用式(6-8)$L'_{0\min} = L_{0\min}$亦即$A'_{0\min} = A_{0\min}$进行计算,代入具体数值并整理后可得:

$$A_{2\min} = A_{0\min} - A_{3\min} + A_{1\max}$$
$$= 0 - (156 - 0.05) + (202 + 0.05) = 46.1 \text{mm}$$

因为 $T_2 = 0.15 \text{mm}$

所以 $A_{2\max} = A_{2\min} + T_2 = 46.25 \text{mm}$

即 $A_2 = 46^{+0.25}_{+0.10} \text{mm}$

在实际生产中,为提高接触精度还应考虑底板面在总装时必须留有一定的刮研量。按式(6-8) $A'_{0\min} = A_{0\min}$ 求出的 A_2,其最大刮研量为 0.29mm 时,符合要求,故必须将 A_2 增大。对于底板来说,其最小刮研量可留 0.1mm,故 A_2 应增加 0.1mm,即:

$$A_2 = 46^{+0.35}_{+0.20} \text{mm}$$

4. 修配装配法的特点及应用场合

修配装配法可降低对组成环的加工要求,利用修配补偿环的方法可以获得较高的装配精度,尤其是尺寸链中环数较多时,其优点更为明显。但是,修配工作需要技术熟练的工人,又大多是手工操作,逐个修配,故其生产率低,没有一定生产节拍,不易组织流水装配,产品也没有互换性。因此,在大批大量生产中很少采用修配装配法,而在单件小批生产中则广泛采用它。在中批生产中,一些封闭环要求较严的多环装配尺寸链大多采用修配装配法。

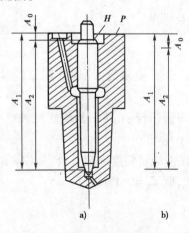

图 6-19 高压油泵喷油嘴与轴针偶件及装配尺寸链

5. 修配装配法的种类

1) 单件修配法

单件修配法就是选定某一固定的零件作为补偿环,在装配过程中进行补充加工以保证加工精度的装配方法。如图 6-19 所示的结构,是高压油泵喷油嘴体与轴针偶件装配图及装配尺寸链。选定轴针为补偿环,装配时通过修磨轴针轴肩 H 面改变其尺寸,以保证间隙要求。

2) 合并加工修配法

合并加工修配法就是将两个或多个零件合装在一起进行机械加工,将所得尺寸作为一个组成环,从而减少组成环环数,有利于提高装配精度,并相应减少修配劳动量的一种修配方法。如汽车发动机汽缸体与离合器壳体总成,装配时要求离合器壳体后端面(与变速器壳体连接)与汽缸体曲轴轴承座孔轴线垂直,生产中一般将离合器壳体与汽缸体合装在一起,精加工离合器壳体后端面,以直接保证垂直度要求,从而可以放宽汽缸体端面与轴承座孔轴线垂直度和离合器壳体两端面平行度要求。

3) 偶件加工修配法

如柴油机精密偶件,柱塞与套筒、针阀与阀体的互研。

4) 自身加工修配法

这种方法主要用于机床制造,能保证较高的位置精度。如卧轴矩台平面磨床工作台面与进给方向不平行时,可用平面磨床本身的砂轮磨削工作台。

6. 修配装配法在汽车制造中的应用

在汽车、拖拉机中,有时个别要求很高的尺寸链也采用修配装配法。如汽车、拖拉机中主减速器或中央传动的主、从动锥齿轮要求有较高的啮合要求,在用调整装配法保证轴向位置精度之前,应先把主、从动锥齿轮进行直接选配研磨,打上标记,然后成对地送去装配。这时的选配,不预先分组而是直接选择装配,选配后的研磨,实质上就是修配装配法。

又如,柴油机高压油泵中的精密偶件——喷油泵的栓塞副和喷油器偶件,是用分组选配再研磨的方法保证装配精度的。选配后的研磨,也是修配装配法。

以上两例的修配工作均是在装配之前进行的,故能克服修配装配法的缺点,使之在成批生产的汽车、拖拉机制造厂中获得应用。

四、调整装配法

1. 基本概念

在汽车、拖拉机中,常有封闭环公差要求严而组成环又很多的尺寸链。此时,若用完全互换法解装配尺寸链,组成环的加工将比较困难,很不经济。若用分组互换法,则因环数多,使零件分组选择工作非常复杂。对于这种情况,采用调整装配法能达到装配精度要求。

调整装配法是将尺寸链中各组成环的公差相对于互换装配法所求之值增大,使其能按经济加工公差制造,装配时用调整的方法改变补偿环(预先选定的某一组成环)的实际尺寸或位置,使封闭环达到其公差与极限偏差要求的装配方法。通常以螺栓、斜面、挡圈、垫板或孔轴联结中的间隙等作为补偿环(或称为调整环),它是用来补偿其他各组成环由于公差放大后所产生的累积误差的。调整法常采用极值公差公式计算。

根据调整方法的不同,调整装配法可分为可动调整装配法、固定调整装配法和误差抵消调整装配法3种类型,下面主要介绍可动调整装配法。

2. 可动调整装配法

用改变补偿环的位置,使封闭环达到其公差与极限偏差要求的方法,称为可动调整装配法。用这种方法装配时,不必要更换调整件,而是通过改变调整件的位置来补偿所累积的封闭环误差,从而达到规定的装配精度。可动调整装配法不但调整方便,能得到比较高的精度,而且还可以补偿由于磨损和变形等所引起的误差,使设备或产品恢复原有精度。故在一些传动机构或易磨损机构中,常采用可动调整装配法。

下面举几个汽车、拖拉机结构中采用可动调整装配法的实例。

如图 6-20 所示,汽车中从动锥齿轮的轴向位置精度和轴承预紧的装配尺寸链也是用可动调整装配法来保证装配精度的。从图中知,两个调整螺母是调整件,用来调整从动锥齿轮的轴向位置精度和轴承的预紧要求。

如图 6-21 所示,汽车轮毂内两个圆锥滚子轴承的间隙是用螺母作为调整件来保证的。调整时,先拧紧调整螺母3,使轴承1和2内无间隙,然后再将调整螺母退回几分之一圈,使轴承内有要求的间隙。

如图 6-22 所示,轿车中用波形套作为调整件调整主动锥齿轮轴承的预紧力。调整时拧动调整螺母2,迫使波形套1塑性变形,以补偿尺寸链各组成环累积的误差,直至满足轴承的预紧力要求。这种方法不是更换调整件,而是改变调整件的尺寸,所以也是可动调整装配法。调整时,不必拆下部分零件,具有较高的生产率,能稳定可靠地保持预紧力,是一种较先进的装配方法。

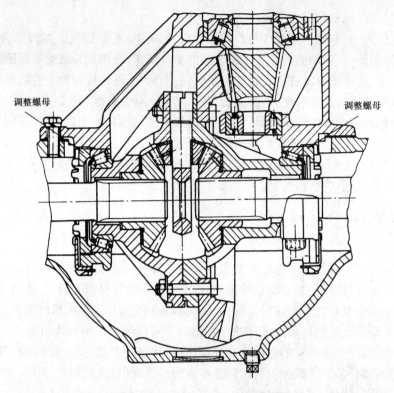

图 6-20 汽车中从动锥齿轮的可动调整装配

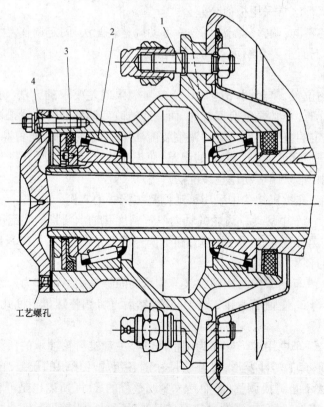

图 6-21 汽车中轮毂轴承间隙的可动调整装配
1-右圆锥滚子轴承；2-左圆锥滚子轴承；3-调整螺母；4-半轴

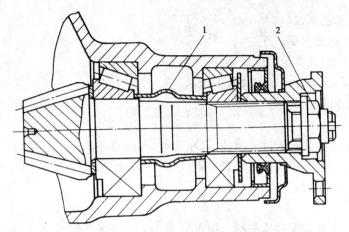

图 6-22 用波形套调整汽车主动锥齿轮的轴承预紧力
1-波形套;2-调整螺母

上述几种保证装配精度的方法,都是在加工与装配的矛盾中产生的,在不同的条件下,采用不同的方法来解决矛盾。有些方法是零件的加工精度要求高,但装配工作较简单。另一些方法是零件的加工精度要求适当降低,但使装配工作复杂化。选择时,应根据装配精度要求、部件(或总成)的结构特点、尺寸链的环数、生产批量及设备条件等综合考虑,确定一种最佳方案,以保证产品优质、高产和低成本的要求。一般来说,选择装配方法的原则如下。

装配精度要求不高时,尽量采用完全互换装配法。这种装配方法装配工作简单、可靠、经济、生产率高,而且零、部件具有互换性,能满足汽车、拖拉机成批大量生产的要求。

当装配精度要求较高时,若采用完全互换装配法会使零件的加工比较困难或很不经济时,就应采用其他装配方法。在成批大量生产时,组成环数少的尺寸链可采用分组互换装配法,环数多的尺寸链采用调整装配法或大数互换装配法。单件或成批生产时可采用修配装配法。当装配精度要求很高,不宜选择其他装配方法时,也可采用修配装配法。

第三节 汽车总装配工艺过程

汽车的总装配是整个汽车制造过程的最后阶段,汽车整车的质量最终是由总装配来保证的。因为如果装配不当,即使所有零件的加工质量都合格也难以获得符合质量要求的产品;反之,若零件加工的质量不够高,却可以通过制订合理的装配方法,使产品质量合格。由于汽车总装配所花费的劳动量很大、占用时间多、占用场地大,其对整车生产任务的完成、企业劳动生产率以及生产成本与资金周转、市场营销等均有直接影响。因此,必须高度重视汽车整车的总装配工作。

一、总装配的主要工作内容

1. 物流系统准备
(1)组织进外协件、外购件。
(2)必要的物资储备。
2. 制订生产计划进度
3. 制订装配工艺规程
(1)划分装配单元。

(2) 制订装配工艺流程。
(3) 制订调整、检测标准。
(4) 设计装配中的夹具及工位器具。
(5) 通过调试确定保证精度的装配方法。

4. 装配的工作内容

1) 清洗、点件

进入装配的零件必须先进行清洗,以去除在制造、储存、运输过程中所黏附的油脂、污物、切屑、灰尘等。相关部件、总成在运转磨合后也应清洗。清洗对于保证和提高装配质量、延长产品的使用寿命有着重要意义。

2) 平衡处理

运转机件的平衡是装配过程中的一项重要工作。尤其是那些转速高、运转平稳性要求高的机器,对其零、部件的平衡要求更为严格。旋转体机件的平衡有静平衡和动平衡两种方法。对于盘状旋转体零件,如皮带轮、飞轮等,通常只进行静平衡;对于长度大的旋转机件,如曲轴、传动轴等,必须进行动平衡。

3) 过盈连接

对于过盈连接件,在装配前应保持配合表面的清洁。常用的过盈连接装配方法有压入法和热胀法两种。压入法系在常温条件下以一定压力压入配合,会把配合表面微观不平度挤平,影响过盈量。压入法适用于过盈量不大和要求不高的场合。重要的、精密的机械以及过盈量较大的连接处常用热胀(或冷缩)法装配,即采用加热孔件或冷缩轴件的办法,使得缩小过盈量或达到有间隙后再进行装配。

4) 螺纹连接

在汽车结构中广泛采用螺纹连接,对螺纹连接的要求是:

(1) 螺栓杆部不产生弯曲变形,螺栓头部、螺母底面与被连接件接触良好。
(2) 被连接件应均匀受压,互相紧密贴合,连接牢固。
(3) 根据被连接件的形状,螺栓的分布情况,应按一定顺序逐次(一般为2~3次)拧紧螺母。

螺纹连接的质量对装配质量影响很大。如拧紧的次序不对,施力不均会使零件发生变形,降低装配精度,并会造成漏油、漏水、漏气等。运转机件上的螺纹连接,若拧紧力达不到规定值,就会松动,影响装配质量,严重时会造成事故。因此,对于重要的螺纹连接,必须规定拧紧力的大小。

5. 校正

所谓校正,是指各零部件本身或相互之间位置的找正及相应的调整工作。这也是装配工作内容之一。

除上述装配工作的基本内容外,部件或总成乃至整车装配中和装配后的检验、试运转、油漆、包装等也属于装配工作,应予以合理安排。

二、汽车总装配工艺过程

汽车总装配是将各种汽车零部件按规定的技术要求,选择合理的装配方法进行组合、调试,最终形成可以行驶的汽车产品的过程。汽车总装配的工艺过程大致可分为装配、调整、路试、装箱、重修、入库等环节。

1. 装配工艺过程

1）装配

按一定的技术要求,将各种汽车零部件进行组合形成整车。同时,对于需润滑的部位加注润滑剂,对冷却系统加注冷却液,基本上达到组合后的汽车可以行驶的过程。

2）调整

通过调整来消除装配中暴露的质量问题,使整机、整车处于最佳工作状态。

3）路试

调整合格的汽车需经过 3~5km 的路面行车试验,进行实际运行情况下的各种试验并发现所暴露的质量问题,以便及时消除。

4）装箱

经过路试合格的汽车装配车箱,完成汽车的最终装配。

5）重修

若调整和路试中暴露出质量问题,又不能在其各自的节奏时间内消除,就需要进行重修。所谓重修,并不是采用特殊技术措施对有质量问题的零、部件进行修复,通常都是更换新的零件或部件。

2. 汽车总装配的一般技术要求

1）装配的完整性

按照工艺规程,所有零、部件和总成必须全部装上,不得有漏装现象。

2）装配的完好性

按工艺规定,所装零、部件和总成不得有凹痕、弯曲、变形等机械损伤及锈蚀现象。

3）装配的紧固性

按工艺规定,螺栓等连接件必须达到规定的转矩要求,不得有松动及过紧现象。

4）装配的润滑性

按工艺规定,凡润滑部位必须加注定量的润滑油或润滑脂。

5）装配的密封性

按工艺规定,气路、油路接头不允许有漏气、漏油现象,气路接头处必须涂胶密封。

6）装配的统一性

各种变形车应按生产计划配套生产,不允许有误装、错装现象。

三、汽车总装配的工艺路线

以国内常见的商用车和轿车的总装配为例说明。

1. 国内商用车总装配线的构成

1）强制流水线装配

采用先将车架反放在装配线上,先装上前桥、后桥及传动轴等总成,之后翻转车架再装配其他总成与零件的方案。

2）悬链式输送系统

主要总成均由输送链运输至装配地点、工位,如前桥输送链、后桥输送链、发动机输送链、驾驶室输送链、车轮输送链等。

3）在线检测系统

总装配车间设置汽车在线检测系统,整车通过在线检查,基本能完成要求的路试项目,达到有效监测产品质量。

4）主要装配设备与工艺装备

总装配输送链是由高出地面的桥式链和与地面持平的板式链等组成。输送链由调速电机驱动,速度则由减速器根据需要获得不同的速度。

主要工艺装备有底盘翻转器和润滑油加油器等。

5）商用车的装配顺序

由车架总成开始,其装配顺序为:

吊车架 → 装后钢板弹簧软垫总成 → 装后桥 → 装储气筒及储气筒支架 → 装储气筒 → 装湿储气筒、装供气三通管 → 装制动系统的三通管及支架 → 装制动阀 → 装挂车制动阀 → 装前制动管路空气管、装后制动管路空气管 → 装挂车制动管路空气管 → 装蓄电池框架 → 装消声器前后支架 → 装传动轴及中间传动轴支撑 → 装汽车油箱托架 → 装脚踏板托架 → 装蓄电池搭铁线 → 装前桥 → 装滑脂嘴 → 翻转底盘 → 装驾驶室左右前悬置支架 → 装转向机和滑动叉万向节总成 → 装减振器 → 装转向纵拉杆 → 底盘补漆 → 装左、右后灯托架 → 装发动机送到总装配带上 → 装发动机 → 装中间传动轴与手制动盘 → 装消声器进气管及消声器 → 装离合器踏板轴支架 → 装铭牌 → 往后桥、转向机、变速器及发动机内加入润滑油 → 用油枪注入润滑脂 → 装制动阀至前围与管接头的空气管 → 装后电线束总成 → 装挂车插销座 → 装速度表软轴 → 装扭杆支架 → 装前照灯及车头至车架间搭铁总成 → 将车头送到分装线上 → 装前照灯罩 → 装喇叭 → 装车头悬置支座总成扭力杆机构 → 装车头总成于车架上 → 装前保险杠和前后拖钩 → 装备胎升降器 → 装离合器操纵机构及制动操纵机构 → 装雾灯 → 装空气压缩机到储气筒的空气管 → 装蓄电池于框架中 → 装起动机到蓄电池的电线总成 → 装分电器至火花塞及点火线圈的高压线 → 装下连接轴总成 → 装倒车灯总成 → 装倒车蜂鸣器 → 检验制动系统并消除漏气 → 装车轮 → 紧固散热器悬置、连接制动灯开关电线及气压警报开关电线 → 装转向柱与上转向轴总成 → 装转向盘、转向开关 → 装转向传动轴和万向节总成 → 将驾驶室送到装配带上 → 装驾驶室 → 装气压调节器空气管、制动阀至前围管接头胶管 → 装左右后灯、牌照灯总成 → 装汽油箱、汽油油量表感应器并接通电线 → 装汽油滤清器及汽油管 → 装散热器拉杆 → 装左右脚踏板轴 → 装后橡胶挡泥板 → 装空气滤清器连接管 → 装制动踏板和离合器踏板 → 装加速踏板 → 连接手油门与手风门操纵线 → 连接百叶窗拉线 → 连接电线 → 轮胎螺母转矩检测 → 连接速度表软轴 → 装驾驶员和乘员坐垫、靠背总成 → 气制动系统充气 → 连接蓄电池搭铁、装蓄电池防护罩 → 加防冻液、燃油 → 装暖风装置及导水管

2. 典型的轿车总装配线的构成及其特点

1）总装配线的构成

该装配线采用流水线作业方式,它由一次内饰线、底盘线、动力线、分发线及二次内饰线5条主装配线和仪表分装、门托架总成分装、保险杠分装、后桥分装、前桥分装及后悬架分装6条分装线构成。为保证总装配的质量,特在第40工序和第61工序配备有两个专检点,并在总装配线的末端设有检测线,以有效地监测产品质量。该总装配线的工艺流程图见书后附件。

2)轿车总装配线的特点

由图所示的各主装线与分装线有序构成的总装配流水线,按图中所示的箭头方向及既定的生产节拍有序地进行装配。为满足大批量生产和高效率装配的要求,轿车总装配线具有自动化程度高、节拍快、配置要求高和质量要求严的特点。此外,为适应不同车型的生产,总装配线还应具有调整方便的柔性特征。

3)轿车总装配线配置的专用设备

为了提高装配效率和产品质量并降低工人的劳动强度,整个总装配线配置了如下专用设备及器具。

整车生产流水线设备清单:

(1)工位:电脑激光刻录机;

(3)工位:打号机;

(7)工位:天窗装配辅具;

(42)工位:英格兰拧紧机;

(46)工位:英格兰拧紧机;

(48)工位:AGV小车;

(57)工位:下臂拧紧机;

(63)工位:轮胎搬运夹紧装置(暂时没使用);

(64)工位:博世拧紧机;

(73)工位:自动涂胶机;

(74)工位:自动涂胶机;

(76)工位:二合一加注机;

(84)工位:燃油系统测漏机;

(86)工位:汽油加注机;

(88)工位:四合一加注机;

(92)工位:EOL;

(93)工位:激光刻录机;

(95)工位:电脑;

(96)工位:电脑;

(104)工位:电脑;

四轮定位:四轮定位仪;

侧滑试验:侧滑试验台;

转毂试验:转毂试验台;

排放检查:WDS检测仪及尾气分析仪;

淋雨检查:淋雨间;

(107)工位:防撞条装配辅助;

发动线设备清单:

分发1:吊具;

分发2:吊具;

分发9:拧紧机;

分发19:吊具;

动力 1:吊具;

动力 1:拧紧机;

动力 7:吊具及 ATF 油加注机;

动力 8:轻轨电葫芦;

前滑柱 1:减振叉装配机;

前滑柱 2:螺旋弹簧压装机;

前桥 3:前桥压装机;

前桥 4:前桥压装机;

后桥 A:后桥装配机;

后桥 B:博世拧紧机;

后桥 C:拧紧机;

后桥 D:吊具;

后桥 E：装配辅具及轻轨电葫芦。

目前,国内外的主要汽车厂商均已广泛采用柔性制造系统,以满足发动机和传动系统中的箱体类及壳体类零件的"多品种、中批量"的生产方式。较典型的应用实例为:

(1)美国福特汽车公司的某发动机厂,在同一条柔性加工自动线上对 416L、514L VB 发动机主要零件实现随机混流生产,达到年产 65 万台。

(2)我国一汽大众公司亦采用具有 CNC 三坐标模块的组合机床柔性自动线,生产变速器和离合器壳体,自动线节拍达到 40.5s,年生产能力达到 36 万件。

第七章 汽车先进制造技术

先进制造技术(AMT)是以工艺过程(Process technology)为主体,将计算机、信息、自动化、管理等科学技术综合应用于制造过程的高科技技术群体(NC、CNC、FMS、CIMS、RPM 等),是国家重点发展和改造传统制造业的重要技术领域。应用先进制造技术与促进产业升级是汽车产业赖以生存与发展的重要措施。

第一节 机械制造系统自动化与计算机辅助制造

机械制造系统自动化的目的是减少工作的劳动强度、劳动量,减少人为因素的影响,提高生产率和产品质量。同时还减少作业面积、人员,并降低产品成本。这对于汽车这样大批量生产的产品来说,无疑是非常必要的。制造系统自动化可分为单一品种大批量生产的自动化和多品种小批量生产的自动化两大类。

一、柔性制造系统

1. 柔性制造系统的基本概念

柔性制造系统(简称 FMS)是指以数控机床、加工中心及辅助设备为基础,将柔性的自动化运输、存储系统有机地结合起来,由计算机对系统的软硬件资源实施集中管理和控制而形成的一个物料流与信息流密切结合的、没有固定的加工顺序和工作节拍的自动化制造系统,主要适用于多品种、中小批量生产的高效自动化制造系统。

柔性制造系统的适应范围很广。如图 7-1 所示,图中柔性制造单元、柔性制造生产线都属于柔性制造系统的范畴。

2. 柔性制造系统的组成

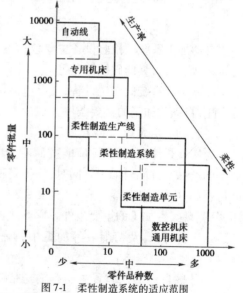

图 7-1 柔性制造系统的适应范围

一个功能完善的柔性制造系统一般由以下 4 个具体功能系统组成,即自动加工系统、自动物流系统、自动监控系统和综合软件系统。图 7-2 给出了上述组成的基本框图。

1)自动加工系统

FMS 的自动加工系统,一般由加工设备、检验设备和清洗设备等组成,是完成加工的硬件系统。它的功能是以任意顺序自动加工各种零件,并能自动更换工件和刀具。FMS 中所使用的加工设备,一般为数控机床和加工中心,以加工中心最为常用。加工中心是一种具有自动换刀装置(Automatic Tool Changer,简称 ATC)的复合型数控机床。工件在一次装夹中,可以完成对不同加工表面的多功能(如铣削、镗削、钻削、攻螺纹)的连续加工,因而可以大大提高加工精度和效率。自动换刀装置(ATC)主要包括刀库和刀具自动交换用的机械手。刀库可设置在机床主轴的上部、内壁或侧壁上,一般可容纳20～30把刀具,大型的可存放100把左右。刀库的设置形式主要有转塔式、链式、盘式和鼓式。

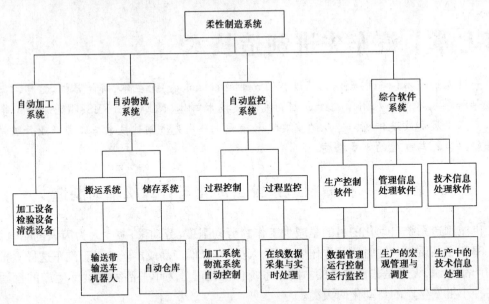

图7-2 柔性制造系统的基本组成框图

自动加工系统的检验设备主要包括各种测量机和传感器,以检验加工系统的加工情况、切削异常状态及刀具的破损情况等。

自动加工系统的清洗设备,主要包括切屑的自动排出和运送装置。自动排屑功能是实现无人化、自动化加工的必要条件。

2) 自动物流系统

为实现柔性加工,FMS应能按照不同的加工顺序,以不同的运输路线按不同的生产节拍对不同产品零件同时加工。同时,为提高物料运动的准确性和及时性,系统中还应具有自动化储料仓库、中间仓库、零件仓库、夹具库和刀具库等。自动搬运和储料功能是FMS提高设备利用率,实现柔性加工的重要条件。FMS中的自动物流系统一般由存储、搬运等子系统组成,包括运送工件、刀具及切削液等加工中所需"物料"的自动搬运装置,装卸工作站及自动化仓库等。

FMS的自动搬运装置主要有输送带、运输小车和机器人。运输小车分为有轨和无轨两种,主要用于搬运较重的物品。工业机器人可完成CNC机床上工件的装夹,也可在数台机床之间完成坯料、半成品、工件的工序传递,还可进行刀具、夹具的交换,甚至可完成装配任务。

自动仓库系统是FMS的自动物流系统的重要组成部分,用以储存坯料、半成品、成品、刀具、夹具和托盘等。它应具有高度的柔性,以适应生产负荷变化时的存储要求,并能在规定的时间内把所需要的"物料"自动地供给指定的场所。

3) 自动监控系统

利用各种传感测量和反馈控制技术,及时地监控和诊断加工过程并做出相应的处理,是保证FMS正常工作的基础。FMS自动监控系统包括过程控制和过程监视两个子系统,其功能分别是进行加工系统及物流系统的自动控制,以及在线状态数据的自动采集和处理。

4)综合软件系统

这是将以上三者综合起来的综合软件系统。它应包括生产计划和管理程序、自动加工及物料存储、输送以及故障处理程序的制订与运行、生产信息的论证及系统数据库的建立等。

FMS是一个物料流与信息流紧密结合的复杂的自动化系统。从系统信息处理的角度来看,FMS的综合软件系统通常可分为以下3个部分:

(1)生产控制软件。它是FMS保证正常工作的基本软件系统,一般包括数据管理软件,如生产计划、工件、刀具、加工程序的数据管理;运行控制软件,如加工过程、搬运过程及工件加工顺序的控制;运行监视软件,如运行状态、加工状态、故障诊断和处理情况的监视。此外,还包括状态显示等软件系统。

(2)管理处理软件。它主要用于生产的宏观管理和调度,以确保FMS能有效而经济地达到生产目标。如根据市场需要的变化来调整生产计划和设备负荷计划,对设备、刀具、工件等的数量和状态进行有效的管理。

(3)技术信息处理软件。它主要用于对生产中的技术信息,如加工顺序的确定、设备和工艺装备的选择、加工条件和刀具路线的确定等技术信息进行处理。

3. FMS的类型和应用

按照制造系统的规模、柔性和其他特性,柔性制造系统分为3种形式。

1)柔性制造单元(FMC)

它是由单台计算机控制的数控机床或加工中心、环形托盘输送装置或工业机器人组成,采用切削监视系统实现自动加工,实现不停机转换品种进行连续生产,如图7-3所示。

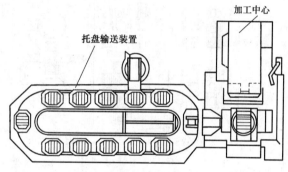

图7-3 柔性制造单元示意图

2)柔性制造系统

它是指由两台或两台以上的数控机床或加工中心或柔性制造单元所组成,并配有自动输送装置、工件自动上下料装置、自动化仓库,并有计算机综合控制功能、数据管理功能、生产计划与调度管理功能和监控功能的自动化加工系统。图7-4是由两台加工中心所组成的柔性制造系统,它配有有轨运输车和托盘交换装置。

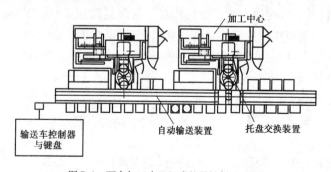

图7-4 两台加工中心组成的柔性制造系统

3)柔性制造生产线

它是针对某种类型(族)零件的,带有专业化生产或成组化生产的特点。它由多台加工中心或数控机床组成,其中有些机床带有一定的专用性。全线机床按工件的加工工艺过程布局、可以有生产节拍,但是本质上是柔性的,为可变加工生产线。

图 7-5 所示为一条比较完善的柔性制造系统平面布置图。整个系统由 3 台组合镗床、2 台双面镗床、双面多轴钻床、单面多轴钻床、车削加工中心、装配机、测量机、装配机器人和清洗机等硬件设备组成。其加工对象是箱体零件并进行装配。物料输送系统由主通道和区间通道组成,通过沟槽内隐蔽着的拖曳传动链带动无轨输送车运动。若循环时间较短,区间通道还可以作为临时寄存库。整个系统由计算机控制,但有些工作需由手工完成,如工件在随行夹具上的安装、组合夹具的拼装。

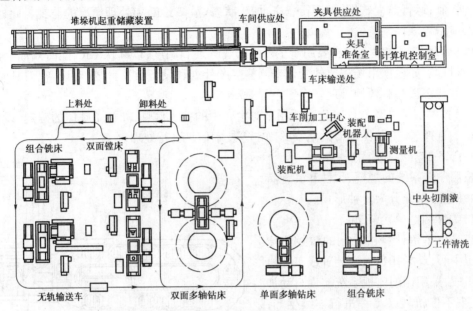

图 7-5 柔性制造系统

4) 汽车发动机零部件以加工中心为主体的柔性生产线

为了提高生产效率,适应多品种、中小批量生产的需求,近十多年来国内外各大汽车公司均已采用以加工中心为主体的柔性制造生产线,用以加工发动机的零部件,如发动机的缸体、缸盖等。

(1) 发动机零部件柔性制造生产线的组成。它是由数十台加工中心组成,其中由几台加工中心组成一个柔性制造单元(FMC)。各个柔性制造单元之间通过机械手和自动辊道连接起来,以完成上下料及工件传输。生产线还配备了必需的清洗、压装、试漏、珩磨、在线测量、线外测量等设备以及切削液集中处理装置等。整个生产线利用计算机管理与控制。较为典型的此类柔性制造生产线有日本的牧野(Makino)生产线、德国的赫尔勒(Heller)生产线及中国神农汽车公司的柯马(Coma)生产线。

(2) 国内发动机缸体柔性制造线应用实例。

以国内自主开发的已应用某内燃机有限公司的汽车发动机缸体柔性制造线为例,阐述其开发要点与组成特点。

该线采用柔性加工中心单元与组合机床组成的发动机缸体柔性加工生产线。其总体工艺方案的设计是在消化国外先进技术的基础上,针对具体零件的加工内容和所选机床装备的特点,制订了一套全新的加工工艺方案与工艺流程,其平面布置如图 7-6 所示。该生产线由柔性加工中心单元和特殊工序用组合机床、专机及辅机构成,以完成对缸体进行加工、检测、清洗和联锁装置、自动上下料,自动在线测量,刀具磨损自动补偿,集中冷却,集中排屑等工艺内容与功能。

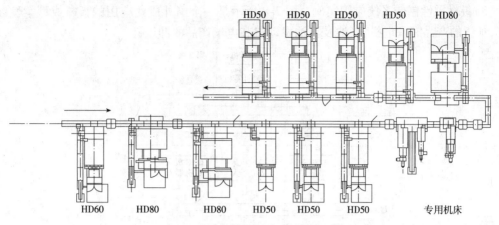

图 7-6 汽车发动机缸体柔性线示意图

为了满足国内目前发动机行业高速、高效加工的需求采用自主开发的 HD50 和 HD80 加工中心单元多台,作为主要硬件系统。其中 HD50 可适用于铝件或铸铁件加工,其主轴最高转速达 10000r/min,快速进给速度为 36m/min;HD80 则适用于铸铁件或钢件加工,其主轴最高转速为 3900r/min,快速进给速度为 24m/min。加工中心能三坐标移动,采用了日本法那科(FANAC)数控系统,绝对光栅尺闭环控制,具有自动换刀功能,可进行直线或圆弧插补切削,能完成铣、镗、钻孔、扩孔、铰孔及攻丝等加工工序,故适用于发动机缸体的柔性加工。

HD50、HD80 三坐标加工中心单元的加工范围从 400×400mm 到 1000×1000mm,可以任意选配。主轴为三坐标移动式,其快速移动速度可达 36m/min;换刀速度可达 1.2s,采用 FANAC Oi 系统。采用模块化设计,可根据不同用户、不同产品、不同工序采取不同配置。

5)板料冲压柔性制造系统

(1)板料零件柔性制造系统的主要构成。它由 CNC 机床、模具的自动存储与快速更换系统、板材自动仓库、传输及自动上料系统、冲压件自动卸料、传输及分拣系统、废料传送与收集装置以及计算机管理与控制系统组成。其中板材、冲压件及废料的储运组成了物流系统,而计算机的管理与控制则为信息流系统。

用于板材加工的 CNC 机床有 CNC 全自动冲裁压力机、CNC 激光切割机、CNC 弯曲机、CNC 剪床以及 CNC 冲压加工中心等。

在板料冲压成型过程中,模具有着特殊的重要意义,冲压成型的主要信息均凝聚在相应的模具中。冲压件越复杂,制造相应模具所需的成本也越高,时间也越长,这直接影响到冲压件的经济性。为此,将复杂的冲裁或成型模具分解为简单的标准单元模具,并利用计算机控制来实现自动换模,而且在冲压成型过程中自动控制工件和模具的相对运动,就可大大提高板料冲压的柔性。

(2)柔性加工系统的控制系统。该控制系统一般为三级分布式计算机控制系统,如图 7-7 所示。第一级主要用于板材加工机床、模具装卸及更换机械手、自动上下料装置的控制,包括各种加工作业的控制与监测;第二级相当于 DNC 的控制,它包括整个系统运转的管理,工件流动的控制、工件加工程序的分配以及第一级生产数据的收集;第三级计算机负责生产管理,主要编制日程进度计划,将冲压生产的信息如工件种类、每批生产的数量和期限、模具种类和数量等送至第二级系统管理计算机。主计算机(第三级)还可与 CAD 相连,利用 CAD 的数据进行数控编程,再把数控数据送往第二级,此外,还可从第二级接受生产结果及其有关数据。

（3）板材柔性制造系统应用实例。图 7-8 所示是一个国外成熟应用的板材成型柔性制造系统，加工的产品有发电机、柴油及汽油发动机和电气产品的冲压件。

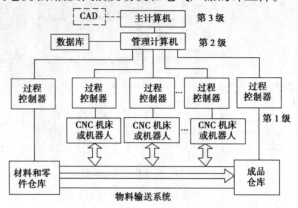

图 7-7 用于板材 FMS 的三级分布式控制系统

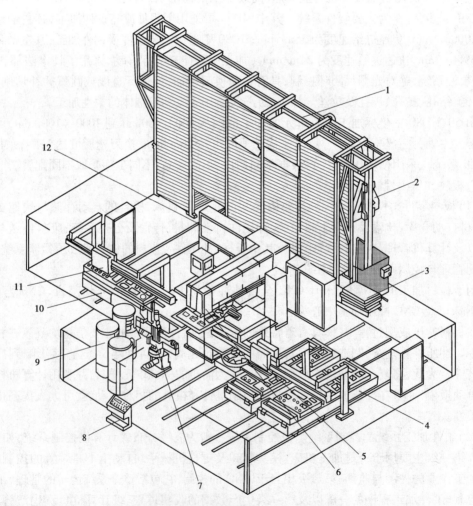

图 7-8 美国奥纳机械制造厂的板材柔性加工生产线

1-有 51 个货格的自动存取系统（板材仓库）；2-堆垛机；3-输入输出小车；4-能分拣工件的运输小车；5-卸料装置（Trumpflift E）；6-Trumatic 180 CNC 激光切割及冲裁压力机；7-三轴 GMF 模具更换机械手；8-主控制台；9-3 个旋转模具库；10-将装在货箱中的板材送到上料机的运送小车；11-自动板材上料机（Trumpflift）；12-激光柜及控制柜

该系统的主机为激光压力机,它将一般冲裁压力机与能切割6mm厚板料的激光切割机组合在一起,每分钟行程为240次,激光切割速度为1.5~10m/min。其大部分工作由冲裁工序完成,而不规则的外形及内孔则由激光切割来完成。

冲模下面设有真空系统以自动吸除冲裁废料和料渣。在冲裁时,由自动计量润滑系统向冲头、凹模及板料喷洒润滑剂。

在压力机的前方设有3个自动旋转模具库,其总容量可存放300套模具。采用机械手来更换模具。同时还设有模具自动修磨补偿系统,模具每使用一次,DNC即计数一次。当模具使用次数达到规定次数时,主监控站即发生讯号,将模具从库中提出并进行刃磨。修磨好的模具返回模具库时,补偿系统会自动将模具使用次数置零,准备再次使用。

该系统的工作过程简介如下(图7-8):

装有原材料的专用货箱由输入输出小车送至材料仓库区,并将料厚值输入控制盘。由堆垛机2从小车3上把货箱放在称重器上称重,并把材料数量及其厚度值存入存货报表中。然后堆垛机将货箱放入货格中(共51个格)。

当系统开始工作需要板材时,堆垛机按照计算机指令,自动找寻所需板材的货格地址,取出货箱并放在运送小车10上,并经光束检测器检查板料堆最大高度之后,小车10将货箱送到自动板材上料机11处。自动板材上料机有12个真空吸盘,根据程序的指令处于"吸"或"放"的状态。上料机便通过吸盘将单张板材以76m/min的速度运到压力机6上。在冲压加工之前,由X轴及Y轴两方向的定位销来保证板材的定位精度。在板材对准位置后,即由定位销设有的传感器给吸盘以信号,使之释放,并让上料机复位以准备下一个循环。随后进行冲压成型。加工好的冲压工件由卸料装置5从压力机上运出,卸料装置有72个吸盘,它可根据工件外形尺寸和内孔形状来分别控制它们,使之处于"吸"或"放"的状态。

若冲压好的工件小于200mm×400mm,则落入激光切割头这边的程序控制的落料滑槽,之后由小件分拣器分拣后分别按尺寸进入6个料箱中,然后由小车过走。

若冲压工件的尺寸大于200mm×400mm,则由卸料装置吸住并运往另一端的两台运输小车4上,再分别进入小车的9个大尺寸料箱中。

仅有的人工操作是当冲压工件已被分拣到料箱及小车上后,由叉车运走。

物料搬运、模具更换、冲裁加工以及所有其他功能均由DNC管理系统管理并协调。

6)车身覆盖件半柔性自动冲压线

(1)大型车身覆盖件半柔性自动冲压线的构成。

它由5台不同性能的大型机械式压力机、前处理系统、物料传送系统、快速换模系统、线尾与在线检测系统、控制系统等构成。该自动冲压线具有构成紧凑、占地面积小、工作自动、有序等特点。板料依次在各台压力机上按顺序完成拉深、修边、冲孔、翻边、校正等冲压工序,同时配备有工序间物料传送系统及线尾在线检测系统,能高效、自动、有序地完成车身覆盖件的冲压成型作业。该自动冲压线通过调整压力机的行程和采用快速换模系统及调整程序控制,能更换所冲压的产品品种,故具有柔性加工特征。

车身覆盖件自动冲压线与白车身装焊生产线及车身油漆线一起构成了现代汽车车身先进制造系统。

(2)车身覆盖件自动冲压线的工作过程。

①上料。将所需的板坯吊运至拆垛小车上,小车随后开进拆垛站,进行拆垛并分发所需要

的单件板坯。之后板坯通过清洗机与涂油机,进行清洗并涂上润滑剂。随后板坯前进至对中台上调好位置后由机械手将其送至首台拉深压力机上。

②冲压连续自动作业。开动冲压自动线,通过工序间传送系统,便能按既定工序顺序完成冲压作业,最后在线尾皮带机上出件。

③在线检测。利用线尾皮带机延长段上的检测装置进行在线检测,及时发现冲压件上的开裂、皱纹、暗坑等缺陷,之后将废品剔除并分送至废品输送系统。

④离线检查。由专职检查人员利用检具对冲压件的关键特征点进行尺寸抽检,以便及时发现质量问题。

⑤装箱、入库。将质量合格的制品由机器人装进专用器具,之后由叉车运送至成品库。

(3) 物料传输及快速换模系统。

①工序间的物料传送。该自动线工序间的物料传送采用机械手或机器人,并通过端拾器来夹持工件实现工序间的传输。在传送过程中通过计算机编程控制,可实现冲压方向的改变(翻转)、传送高度的变化并能防止与模具的干涉。

②快速换模。快速换模是针对占用的设备停歇时间而言,即"设备的生产品种转换时间。"从前一个品种的最后一个工件下线至一个品种的第一个工件下线的时间即为品种转换时间,在这段时间内设备不生产。快速换模的步骤为:

先将各台压力机的滑块降落至下止点;

将各模具的上模夹紧松开,合模后滑块升至上止点;

压力机工作台移出,另一侧工作台上放有下一品种所用的模具;

更换端拾器。同时设备进行闭合高度调整,并对工序间传送装置进行相应调整;

将装有下一个品种用的模具的另一侧工作台开入;

压力机滑块下落至装模高度,分别将上模夹紧;

滑块上升至上止点后,将滑块微调至闭合高度;

观察全线正常后即可开动压力机开始下一个品种的首件生产。

本自动冲压线的物料传输、冲压加工、模具更换及在线检测等功能均由计算机控制系统进行管理、控制与协调。

二、计算机辅助制造(CAM)

1. 基本概念

利用计算机分级结构将产品的设计信息自动地转换成制造信息,以控制产品的加工、装配、检验、试验、包装等全过程以及与这些过程有关的全部物流系统和初步的生产调度,这就是计算机辅助制造(CAM)。

2. 计算机辅助制造系统的结构

计算机辅助制造过程是一个庞大的系统工程,一个大规模的计算机辅助制造系统就是一个计算机分级结构的网络,它由两级或三级计算机组成。其中,中央计算机控制全局,提供经过处理的信息;主计算机管理某一方面的工作,并对下属的计算机工作站或微型计算机发布指令和进行监控;而计算机工作站或微型计算机则承担单一的工艺过程控制或管理工作。

图7-9表示了计算机辅助制造系统的分级结构,由此可看出其功能是全面而广泛的,涉及整个制造领域。

计算机辅助制造系统的组成可分为硬件系统和软件系统两方面：硬件方面有数控机床、加工中心、输送装置、装卸装置、存储装置、检测装置、计算机等；软件方面有数据库、计算机辅助工艺过程设计、计算机辅助数控程序编制、计算机辅助工装设计、计算机辅助作业计划编制与调度、计算机辅助质量控制等。

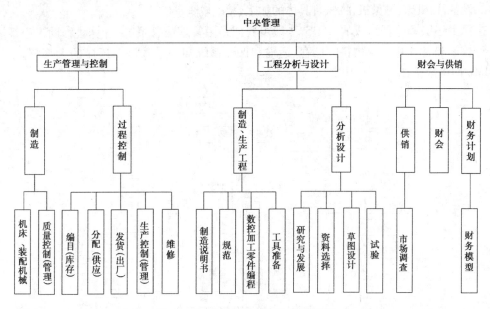

图7-9 计算机辅助制造系统的分级结构

3. CAM 的应用的分类

目前 CAM 的应用可概括为两大类。一类是计算机直接与制造过程连接，以对制造过程及其加工设备实施监视与控制，这是 CAM 的直接应用，如 CNC、FMS。另一类是计算机并不直接与制造过程连接，而是用计算机提供生产计划、进行技术准备和发出各种指令和有关信息，以便使生产资源和管理更为有效，从而对制造过程进行支持，这是 CAM 的间接应用，如计算机辅助数控编程、计算机辅助工艺设计、计算机辅助车间管理。

三、计算机集成制造系统(CIMS)

1. CIMS 的概念

计算机集成制造系统是在计算机技术、信息技术和自动化制造技术(如 CAD/CAM、FMS)基础上，通过计算机及其软件，将制造工厂全部生产活动所需的种种分散的自动化系统有机地集成起来，是适合于多品种、小批量生产的总体高效益、高柔性的智能制造系统，是目前计算机控制制造系统自动化技术的最高层次。CIMS 是一个信息与知识高度集成的制造系统。

2. CIMS 的基本组成

CIMS 的主要技术基础是 FMS，但又不同于一般的 FMS，而是集成化的 FMS。作为一个复杂系统的集成，CIMS 必须是有层次的。一般认为，CIMS 可分为5层，如图7-10 所示。

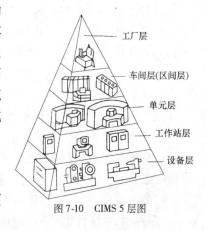

图7-10 CIMS 5 层图

第一层为工厂层,它是决策工厂的整体资源、生产活动和经营管理的最高层。第二层为车间层(又称为区间层),这里的车间并不是目前工厂中的"车间"的概念,车间层表示它要执行工厂整体活动中的某部分功能,进行资源调配和任务管理。第三层为单元层,这一层将支配一个产品的加工或装配过程。第四层为工作站层,它将协调站内的一组设备。第五层为设备层,这是一些具体的设备,如机床、测量机,将执行具体的加工、装配或测量任务。

按照上述层级原理组成的CIMS,一般可看成是由管理信息系统、计算机辅助工程系统、生产过程控制和管理系统及物料的储存、运输和保障系统和一个数据库组成的大系统。图7-11是CIMS的组成框图。

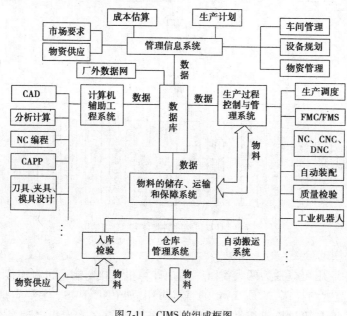

图7-11 CIMS的组成框图

1)管理信息系统

这是生产系统的最高层次,是企业的灵魂。这将对生产进行战略决策和宏观管理。它根据市场需求及物资供应等信息,从全局和长远的观点出发,通过决策模型来决定投资策略和生产计划。同时将决策结果的信息和数据,通过数据库和通信网络与各子系统进行联系和交换,对各子系统进行管理。

2)计算机辅助工程系统

这是企业产品研究的开发系统,并能进行生产技术的准备工作。它能根据决策信息进行产品的计算机辅助设计,对零件、产品的使用性能、结构、强度等进行分析计算;利用成组技术的方法对零件、刀具和其他信息进行分类和编码,并在此基础上进行零件加工的计算机辅助工艺设计和编制数控加工程序,以及进行相应的工、夹具设计等技术准备工作。

3)生产过程控制与管理系统

它从数据库中取出由管理信息系统和计算机辅助工程系统中传出的相应的信息数据,对生产过程进行实时控制和管理,并把生产中出现的新信息通过数据库反馈给有关的子系统,如质量问题、生产统计数据、废次品率,以便决策机构做出相应的反应,及时调整生产。

4)物料的储存、运输和保障系统

这是组织原材料和配件的供应、成品和半成品的管理与输送及各功能部门与车间之间的物流系统。

上述的3)、4)两项构成了CIMS的制造系统,在这里物料流与信息流交汇,具有加工制造功能。

5) 数据库

CIMS中的数据库涉及的部门众多,含有不同类型、不同逻辑结构和物理结构的数据及不同的操作语言和不同的定义。因此,除各部门经常使用的某些信息可由中央数据库统一管理外,一般都在各部门或地区内建立专用的数据库,即在整个系统中建立一个分布式数据库。分布式数据是由数据库技术和计算机网络通信技术相结合而发展起来的,在CIMS中采用这种技术可以有效地实现异机同构、数据共享。

3. CIMS的应用实例

CIMS是在新的生产组织原理和先进制造技术概念下形成的一种最新型的智能化生产模式,CIMS将是新世纪占主导地位的先进制造技术。因此,我国于1992在清华大学建成了国家CIMS工程研究中心(CIMS-ERC),该系统由车间、单元、工作站、设备四级组成,在计算机网络和分布式数据库支持下,将不同类型的计算机及设备控制器按信息共享、柔性生产的目的集成起来,从而形成了从工程设计、生产调度与控制到加工制造的实验制造系统。该系统可以完成对有限加工对象(回转体和非回转体的有限品种)的CAD/CAPP/CAM的集成;建立了一个包括加工制造、物料储存、刀具与夹具管理及测量等8个工作站的柔性制造单元,并实现了CAD/CAM的集成;实现了车间层、单元层、工作站层、设备层的递阶调度与控制。该系统的结构如图7-12所示。它由信息系统和制造系统两大部分组成。

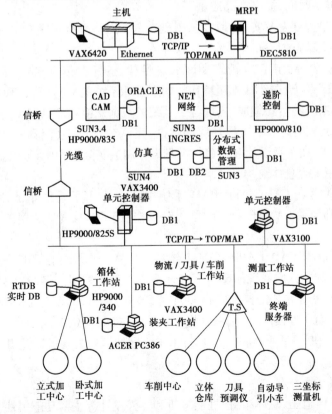

图7-12 CIMS-ERC的工程系统结构示意图

1) 信息系统

它包括系统各层的规划与控制系统和完成工程设计(CAD/CAPP/CAM)所需要的软硬件系统,以及支持上述两个系统的工厂自动化网络、分布式数据库及CIMS仿真3个支持系统软硬件。

2) 制造系统

它包括加工、检测系统,由卧式加工中心、立式加工中心、车削中心和三坐标测量机各一台组成;物料储运系统,由立体仓库、机器人、无轨输送小车及缓冲站组成;刀具管理系统,由中央刀具库、对刀仪和刀具装备间组成;工件装夹管理系统,由组合夹具、装卸台组成。

制造系统在信息系统的管理和控制下工作,并及时地将制造信息反馈给信息系统。CIMS-ERC的整个工作过程从工厂/车间计划开始,向设计部门及单元控制器下达零件设计及周生产计划。根据设计计划,CAD进行零件设计,产生零件图样;CAPP/CAM再根据CAD的结果进行工艺设计,产生工艺路线及数控加工程序;夹具CAD产生组合夹具组装图;根据周生产计划,单元控制器将产生双日滚动计划,并通过调度模块产生作业单,下发给各有关工作站,最后通过监控模块对各工作站进行监控;刀具工作站根据作业单准备好刀具,在对刀仪上测量刀具尺寸后,将刀具装到加工中心的辅助刀库上;物流工作站准备好毛坯,并将其运送到装夹站,装夹站安装好待加工的毛坯,由无轨输送小车运送到缓冲站或加工中心。与此同时,加工工作站根据调度指令将向加工中心加载加工程序代码,控制加工中心进行加工。

4. CIMS在汽车车身覆盖件及模具中的应用

开发应用车身设计与模具设计制造CIMS技术的目的在于将车身设计、模具设计与模具制造活动集成起来,建立汽车车身与覆盖件模具CAD/CAPP/CAM集成系统,以缩短产品开发周期和生产技术准备时间,提高产品质量。

1) CIMS应用工程开发及实施(以我国东风汽车集团公司的开发工作为例)

(1) CIMS应用工程的目标。

在初步设计阶段,确定了"八五"期间的总目标是:开发车身CAD子系统、覆盖件模具CAD、CAPP/CAM子系统,在计算机网络和数据库管理系统的支持下,实现车身与覆盖件模具CAD/CAPP/CAM系统的信息集成,实现各子系统的数据交换和产品模型的共享。

突破口目标为:完善计算机支撑环境的建设;完成车身CAD、模具CAD、CAPP和CAM子系统,实现系统集成;在车身设计和覆盖件模具设计制造实际应用中,取得显著的经济效益。

(2) CIMS应用工程总体结构。

车身与覆盖件模具CAD/CAPP/CAM系统由4个应用子系统组成,即车身CAD、模具CAD、模具CAPP和模具CAM子系统组成。该系统包括了车身设计和覆盖件模具设计制造过程的主要功能。

车身与覆盖件模具CAD/CAPP/CAM系统还包括一个集成支撑环境子系统。4个应用子系统在计算机网络和数据库系统的支持下实现集成。系统采用了多级以太网结构,以CHALLENGE为网络服务器。在公司技术中心,网络系统将计算机部、车身部、车型部和发动机部的工作站连在一起。而在冲模厂,网络系统将计算机科、模具加工车间和技术科联系起来,包括了模具CAD、CAPP和CAM系统的设备。技术中心和冲模厂之间可通过IBM4381仿真终端实现通讯和数据传输。

(3) 车身CAD子系统。

该系统包括几何造型、总体布置、性能分析和零件设计等主要功能模块。其结构分为两个层次,系统的上层为应用层,由五大功能模块组成,支撑层则由CAD支撑软件和信息管理软件组成。数据库系统对产品设计、结构分析、设计标准和法规等数据进行统一管理。

车身 CAD 子系统在 SGI 工作站上运行。

其目标为：在现有 CAD 系统软件及支撑环境的基础上，自行开发造型与设计功能模块，初步建成与车身设计有关的标准件库、汉字库、设计标准、法规库和设计分析计算软件包。在上述工作基础上，依据信息集成与共享的原则，实现主要功能模块的集成，建立起一个具有良好开放性的 CAD 系统，支持 CAD/CAPP/CAM 集成系统。

车身 CAD 子系统由基础层、技术支撑层和应用层组成。

车身 CAD 子系统中主要模块的工作方式及功能，如表 7-1 所示。

车身 CAD 系统结构 表 7-1

功 能 模 块	工作方式及功能
车身外表面和部分内饰件的几何造型	✚ 屏幕菜单形式与交互式操作 ✚ 曲面的光顺、连接和过渡 ✚ 能对外覆盖件和部分内饰件进行造型 ✚ 多窗口式 ✚ 具有多种曲面造型方式 ✚ 历史产品的几何信息的检索
总体布置	✚ 屏幕菜单形式与交互式操作 ✚ 与某些内饰件有关的人体工程分析与模拟 ✚ 多窗口操作 ✚ 进行车身的总体布置的方案、比较、选择和评判 ✚ 对车身零部件进行布置调整 ✚ 对历史产品总数据的检索
结构布置	✚ 屏幕菜单方式与交互式操作 ✚ 多窗口操作 ✚ 产生三维结构模型 ✚ 产生结构的装配方式 ✚ 对历史产品的结构布置方案的检索 ✚ 进行结构方案的比较、评判
结构分析	✚ 有限元分析前后置处理 ✚ 屏幕菜单方式与交互式操作 ✚ 多窗口形式 ✚ 样板车的结构分析 ✚ 产品结构分析 ✚ 对历史产品的结构信息的检索
零件设计	✚ 屏幕菜单方式与交互式操作 ✚ 多窗口形式 ✚ 外覆盖件的设计 ✚ 内骨架件几何造型与设计 ✚ 对标准件库操作 ✚ 零件的产品模型的建立 ✚ 标准法规的检索与校核 ✚ 设计多方案的比较 ✚ 历史产品信息的检索

(4) 模具 CAD 子系统。

该子系统在车身覆盖件产品模型的基础上，完成覆盖件模具设计，提供模具 CAPP 和 CAM 所需的模具产品模型。模具 CAD 子系统由冲压工艺设计、模具结构设计和成型分析与模拟等模块组成。冲压工艺设计模块完成工艺方案设计、工序设计、材料与工时定额及冲压设备选择等项工作。模具结构设计模块包括结构方案设计、详细设计及模具图绘制等功能，并通过模具结构与零件的标准化和建立图库，提高模具设计的效率。成型分析与模拟软件用以模拟覆盖件的冲压成型过程，分析工件变形，计算工艺力，预测成型缺陷，并对冲压工艺设计和模具结构设计的结果进行验证。若发现车身零件设计存在工艺性不良的问题，将要求修改车身零件设计的信息反馈给车身 CAD 子系统。

该子系统的目标是在数据库与网络的支持下，利用引进的 CAD 软件，建立汽车覆盖件拉深模 CAD 系统，以提高覆盖件拉深模的设计质量，缩短模具设计时间，并支持车身 CAD、CAPP、CAM 的集成。

模具 CAD 子系统由冲压工艺设计、成型分析与模拟和模具结构设计三大模块组成，如图 7-13 所示。冲压工艺设计和模具结构设计是在 SGI 工作站上利用 EUCLID 软件为基础实现的。

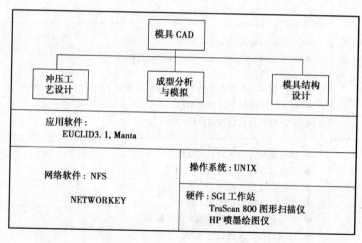

图 7-13　模具 CAD 子系统的结构

模具结构设计模块完成模具结构设计，主要包括拉深模结构设计和标准件图库两个部分，其结构如图 7-14、图 7-15 所示。

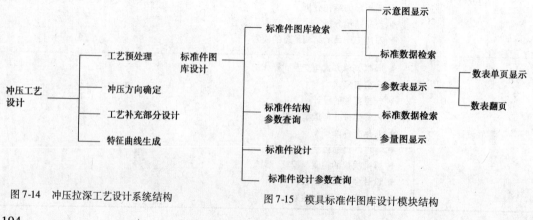

图 7-14　冲压拉深工艺设计系统结构　　　图 7-15　模具标准件图库设计模块结构

拉深件成型分析模块完成覆盖件成型过程的有限元模拟分析,提供拉深件成型过程中变形和应力分布。该分析软件采用动显式有限元算法,避免了因非线性引入的迭代计算,具有计算时间短、稳定性高等优点。

冲压工艺设计模块由4部分组成,即工艺预处理、冲压方向的确定、工艺补充部分设计和特征曲线设计。

板料成型分析模块系统结构如图7-16所示。

(5)模具CAPP子系统。

建立基于成组技术,以派生法为主体的模具CAPP系统,提供CAM所需的信息,实现CAD/CAPP/CAM的集成。该子系统包括毛坯设计、加工工艺设计、材料定额的编制、二级工装设计和模具制造网络控制计划的制订等功能模块。模具CAPP子系统在486和386微机上实现,利用Auto CAD为图形支撑软件。系统在结构上分为3个层次:核心层、工具层和应用层。

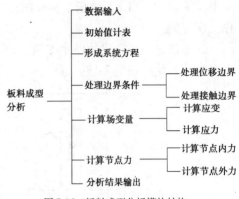

图7-16 板料成型分析模块结构

核心层有操作系统、数据库管理系统、网络软件、图形软件包等。

工具层:该层将为用户提供开发工具,包括模具生产全过程网络软件与计划软件的开发工具、模具工装设计图形软件的开发工具等。

应用层:CAPP系统的结构分解为5个部分:毛坯设计、机加工工艺设计、材料定额、二级工装设计以及模具生产网络计划图设计。其结构与功能如图7-17所示。

模具CAPP子系统的功能如图7-18所示。

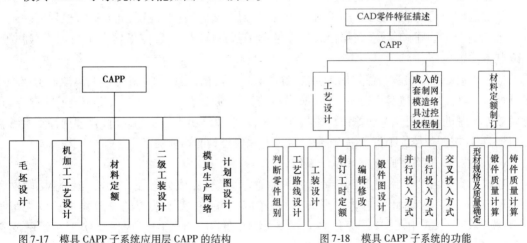

图7-17 模具CAPP子系统应用层CAPP的结构　　图7-18 模具CAPP子系统的功能

(6)模具CAM子系统。

该子系统包括工序设计、刀位文件和测头文件生成与仿真、后处理和加工检验功能。根据生产的实际情况,有些外来加工模具,不需要设计模具,而是提供样件或三维扫描数据,为此该子系统加入了造型功能。

为了保证NC机床的加工质量,实现加工过程的质量控制,模具CAM子系统可生成测头文件和程序,用于NC加工检验。这是CAM功能的扩展,是整个模具制造过程质量保证体系的重要组成部分。加工和检测过程的仿真功能可以及早发现和纠正NC程序的错误,有利于保证模具加工质量。该子系统的编程工作站通过网络与车间 NC 机床相连,实现 DNC。

模具 CAM 子系统的目标是将现有的 CAD/CAM 软件——DUCT 系统及 EUCLID 系统用于实际生产中,使汽车车身覆盖件的主要拉深模具实现 NC 加工,加工质量符合设计要求。同时对 DUCT 和 EUCLID 系统用于冲模制造过程中存在的问题,在现有软件和研究成果的基础上作二次开发。

该子系统在分布式数据库支持下,实现与 CAD、CAPP 子系统的信息集成。模具 CAM 子系统的体系结构如图 7-19 所示。

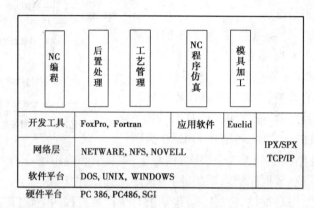

图 7-19 模具 CAM 子系统体系结构图

系统的功能有如下几项:

第一是数控编程:三维型面数控加工轨迹生成;成型刀沿过渡面纵向生成加工轨迹;球面刀沿圆弧过渡面纵向生成加工轨迹。

第二是后处理功能:有刀具加工轨迹仿真;将刀位文件转换为相应机床的数控程序。

第三是工艺管理,包括建立数控编程任务单子数据库;建立数控指导书子数据库;建立刀具改制单子数据库。

最后是数控程序仿真与模具加工功能:在模具加工之前,先在计算机屏幕上模拟显示数控程序,检验刀具行进的轨迹是否正确,并对所显示的刀具轨迹进行旋转、放大、定位查找等操作,还可对数控程序进行人机交互或修改。模具加工时,对照总结出来的工艺规范,合理选择切削参数和切削刀具,按照数控加工指导书,在数控机床上完成模具的切削加工。

(7)数据库/网络集成支撑环境子系统。

建成了支持各个子系统集成的计算机网络通信系统,完成公司技术中心与冲模厂联网和冲模厂内冲模 CAD/CAM 室与冲一车间、冲二车间的联网,实现系统的物理集成。建立车身 CAD、模具 CAD、CAPP、CAM 子系统各自的数据库,在自行开发的工程信息管理系统的支持下,实现各子系统之间的数据共享和信息集成。

车身与覆盖件模具 CAD/CAPP/CAM 系统采用关系型数据库管理系统。在网络系统的支持下,数据库系统作为应用信息存储,管理和共享的手段,在系统的信息集成和功能集成中起重要作用。系统所处理的数据包括图、文、数、表和 NC 代码等,涉及结构化、半结构化和非结构化的数据类型,采用了通用数据库管理系统(DBMS)和 CAD/CAM 系统"联邦"集成的管理模式。

整个网络系统是由环形网和总线网组成的多级网络结构。第一级总线网络连接车身 CAD、模具 CAD 和模具 CAM 子系统的工作站;第二级总线网与第一级总线网互联,模具 CAPP 子系统所用的计算机连在二级总线网上。网络通信采用 TCP/IP 网络协议。

2）实施效果

车身与覆盖件模具 CAD/CAPP/CAM 集成系统的应用,显著提高了企业自主产品开发的能力,增强了企业的市场应变能力和竞争能力。使车身开发和覆盖件模具的设计制造周期比原来的传统方法缩短了 1.5 年,模具设计制造水平大大提高,加工出的模具和模型的质量已接近国外先进水平。

第二节 汽车制造中的冲压 FMS 与锻造 FMS

由于汽车制造业所需要的车身覆盖件和重要模锻件均是轮廓尺寸较大,形状复杂,同时多为三维立体形状的,再加之所用成型模具大而沉重及工件传输和模具更换都比较困难。因此汽车制造中的覆盖件冲压 FMS 和锻造 FMS 的研发与应用,远不如机械加工 FMS 发展得那么快、那么广泛。但是,为了提高生产效率和减轻工人的劳动强度,近期随着计算机控制技术和机器人的应用,适用于汽车制造的冲压 FMS 和锻造 FMS,也已研制成功并得到应用。

一、车身覆盖件冲压 FMS

1. 车身覆盖件冲压 FMS 的构成及特点

该类 FMS 一般由物料前处理系统、大型冲压设备、物料传送系统、快速(自动)换模系统、在线检测系统、搬运与储存系统及控制系统等构成。它具有构成紧凑、占地面积小、工作自动有序等特点。对克服汽车生产中的"瓶颈"问题,提高产品质量和生产效率,减轻工人劳动强度等具有显著的效果。因此近期获得快速发展与应用,并与车身焊装线及车身油漆线一起构成了现代汽车车身的先进制造系统。

2. 典型的车身覆盖件冲压 FMS 实例

1）全柔性车身覆盖件冲压自动线

该冲压 FMS 是美国 Tranemo 公司于 20 世纪 80 年代中期研制的,适用于生产七种规格的覆盖件、安装板和支撑件,工件的最大尺寸为 1625mm × 1625mm,质量为 30kg。所用的模具的最大尺寸为 2030mm × 1725mm,质量约 10t。

该条 FMS 如图 7-20 所示,其工作主机为两台 5000kN 板料成型液压机 4 和 9。其快速换模系统由模具库 12、模具传送台车 13 和模具快速夹紧装置组成。模具传送台车为液压传动并下面带有车轮,其运行轨道从液压机后部一直通到模具库。模具快速夹紧装置安装在液压机工作台模板上,由液压传动来自动夹紧或松开模具,整个换模时间不到 10min。

在冲压作业中板料及工件的自动传送过程如下:

剪切下料后的板料对齐成垛,由叉车送至板垛台车 1 上,运送至液压机 4 前等待加工。加工时,由机器

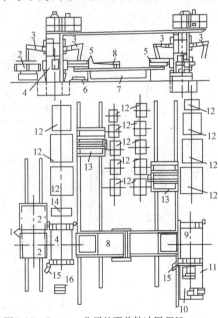

图 7-20 Tranemo 公司的覆盖件冲压 FMS
1-板垛台车;2-板料;3-Flexarm 1800 机器人;4-液压机;5-转运台和接料台;6-切断装置;7-可移动式台车;8-Flexturm16/16 机器人;9-液压机;10-开卷装置;11-卷料送进装置;12-模具库;13-模具传送台车;14-控制柜;15-编程和控制盒;16-中央计算机

人3吸取板料并放在液压机4的下模上,通过模具中的小汽缸来使板料对中以保证定位精度在±1mm之内。在液压机4上进行落料或成形后,顶料杆将工序件顶出,由右侧机器人3将工序件送到转运台车5上。当转动台车5上的传感器测得有工序件时,可移动台车7上的机器人8的夹钳便夹持此工序件并将其送至第2台液压机9左侧的接料台5上。再由机器人3将此半成品工件送到液压机9的下模上,以完成后续的切边、冲孔、翻边等工序。待全部冲压工序完成后,由液压机9右侧的机器人取出工件并送至输送装置上运走。

在模具传送台车13进行装卸模具时,可移动式台车7应先让开。待装完模具并调整好后,模具传送台车开走后,可移动式台车亦归位。

这条冲压FMS共用7台微型计算机进行控制,由一台中央计算机对各种功能进行协调和监控。这条冲压FMS每分钟可生产同规格的车身覆盖件4件,而在采用自动化的柔性加工方法之前,每4min才能生产1件。

2) 用于冲压小型车身零件的冲压FMS

较前述的车身覆盖件冲压FMS不同,本冲压FMS采用多工位压力机用来冲压成型车身的小型结构件。它由多工位压力机、机器人、坯料供给装置、换模装置、模具库和控制装置等组成,如图7-21所示。其主机为公称压力为1500kN的多工位压力机,其上配置有可同时换4副模具的模架、模具自动选择及装模高度自动设定装置,以方便产品更换。系统中所配置的机器人用于上、下料,有4个自由度,最大合成速度为2.25m/s。由坯料供给装置将托架上的板料先送至机器人的抓料位置。在一个托架上可堆放6垛板料,每个堆垛处均有升降机构,以保证机器人的吸盘能吸到板料。由吊车先将模具运送到换模装置上,再由换模装置将模具送到压力机上,而用过的模具则返回模具库。经多工位冲压成型的工件由工件传送带15运出,废料则由废料运出传送带运走。

该冲压FMS可用于冲压车身结构件及车身附件,所能完成的冲压工序包括冲孔、成型、弯曲、修边及精压等。其控制原理如图7-22所示。

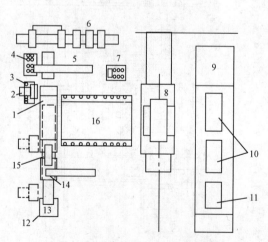

图7-21 小型车身冲压件的冲压FMS

1-多工位压力机;2-机器人;3-压力机操作盘;4-坯料供给装置操作盘;5-坯料供给装置;6-料垛托架;7-换模装置操作盘;8-吊车;9-模具库;10-模具存放架;11-模座放置台;12-废料托架;13-废料运出传送带;14-工件托架;15-工件传送带(运出);16-换模装置

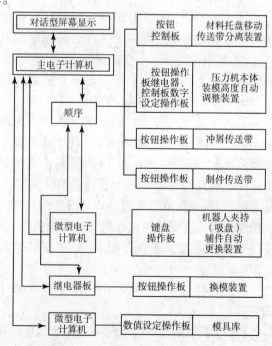

图7-22 小型车身冲压件冲压FMS控制原理图

3) 采用多台机器人横向传送的覆盖件冲压 FMS

该车身覆盖件冲压 FMS 是在原有的由输送带连接的冲压流水线基础上进行技术改造而建成的。它由 5 台不同用途的大型机械压力机 11 及 12、拆垛装置 1 和清洗与涂油装置 3 及对中台 4 组成的前处理系统、由上料机器人或机械手 5 与传送机器人 7 及翻转传送机器人 8 和搬出成品机器人 9 所构成的物料传送系统、尾线输出及在线检测系统 14 和废品输送系统 13、主控台 15 等构成,如图 7-23 所示。该冲压 FMS 能高效、自动、有序地完成车身覆盖件的冲压成形作业,其冲压工作过程如下。

(1) 上料。将所需的板料吊运至拆垛小车上,小车随后开进拆垛架站,进行拆垛并分发所需要的单件板料。之后板料通过清洗机与涂油机,进行清洗并涂上润滑剂。随后板料前进至对中台上调好位置由机器人将其送至首台拉深压力机的下模上。

(2) 冲压连续自动作业。开动冲压自动线,通过工序间传送系统,便能按既定工序顺序完成冲压作业,最后在线尾皮带机上出件。

(3) 在线检测。利用线尾皮带机延长段上的检测装置进行在线检测,及时发现冲压件上的开裂、皱纹、暗坑等缺陷,之后将废品剔除并分送至废品输送系统。

(4) 装箱、入库。将质量合格的成品由机器人装进专用器具,之后由叉车运送到成品库。

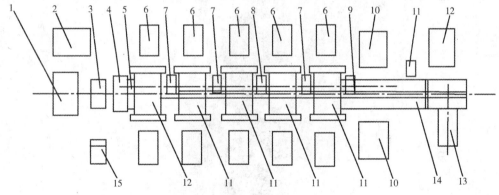

图 7-23 采用机器人横向传送的车身覆盖件冲压 FMS

1-拆垛装置;2-废料存放处;3-清洗、涂油;4-对中台;5-上料机械手;6-左/右移动工作台;7-传送机器人;8-翻转传输机器人;9-搬出成品机器人;10-工位器具;11-叉车;12-抽检平台;13-废品输送系统;14-尾线输出及在线检测;15-主控制台

为了适应车型更换和适应多品种中批量的生产,传送系统中的各台机器人的自由度数目均为 6,并配备有不同功能和规格的端拾器(吸盘),夹持质量为 36kg,手臂伸缩范围为前后 1800mm,上下垂直升降 180mm;手臂横摆 ±1mm。通过更换模具及与其相适应的端拾器并改变程序,使该冲压 FMS 可以冲压不同车型轿车的 22 种覆盖件。

该冲压 FMS 采用 SIEMENS S7 – 400PLC、SIMENS PROFLBUS – DF 现场总线控制,各单元控制和总线控制相结合,具备储存、动态模拟、故障检索、以太网远程控制等功能。

二、汽车纵梁数控冲孔柔性加工线

该汽车纵梁数控冲孔柔性加工线是专门针对多品种小批量生产方式的汽车纵梁生产现状而设计的,用于弯曲成型后的汽车纵梁(详见第 9 章)腹底冲孔。

1. 纵梁数控冲孔柔性加工线的组成

该厚板冲孔柔性加工线由液压冲孔主机、自动上、下料系统及横向(X向)送料系统、电控系统等组成。板料由液压夹钳夹紧作X方向运动,冲孔主机则作纵向(Y向)移动,并配备有25套不同直径的冲孔模具可自动选用。生产时,按照编好的加工程序自动完成各种冲孔动作。其机械部分由上料台车、自动上料系统、横向送料系统、冲孔主机、自动下料系统和下料台车6部分组成。

2. 冲孔柔性加工线的工作状况

1)上料台车及下料台车的布置及功能

上料台车及下料台车分别布置在冲孔主机的左、右两侧,如图7-24所示。台车长12m,宽1.3m,最大装载质量为10t。对于已弯曲成U形的纵梁待冲孔前,将U形梁按6层3列码放于料槽内,U形开口朝下。配备有两个料槽,当一个料槽放满并于台车上供料时,另一个料槽继

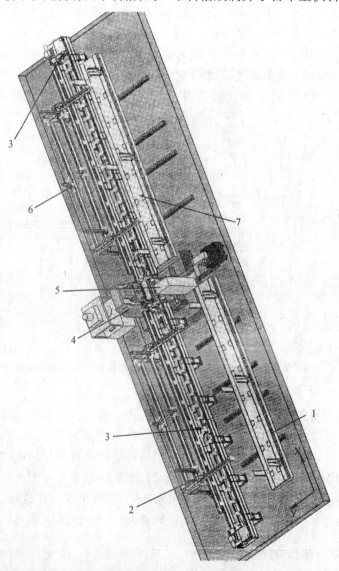

图7-24 纵梁冲孔柔性生产线布置示意图

1-上料台车;2-自动上料系统;3-横向送料系统;4-主机;5-电控系统;6-自动下料系统;7-下料台车

续码垛。台车上的料用完时,两个料槽交换。U形梁的层与层之间需用钢板隔开。台车可沿Y向开出1.5m。

2) 自动上料系统

可以上下移动的挂架装有8组电永磁磁铁,挂架还可在横梁上作Y向前后移动。

当上料台车在Y向到达指定地点时,感应开关发讯,电磁铁挂架下行,磁铁碰到板料后,感应开关发讯,下行停止,磁铁吸住板料后上行到指定位置后停止,由横梁带动在Y向移动到横向送料机构3的正上方后停止。挂架带着板料下行,将板料放置在横向送料系统的滚轮上,磁铁消磁,释放板料后,挂架回到初始位置,等待下一个工作循环。

挂架的上下移动采用带自锁功能的减速箱带动左、右两个小齿轮在齿条上运动。横梁在Y向运动则采用伺服电动机拖动,停位准确。

3) 横向送料系统

横向送料系统由左、右两部分组成,各有一个液压夹钳和一个辅助夹钳。中间有对中装置和一系列支撑料辊。一开始,左边夹钳夹住板料沿X向向前推送板料,穿过主机后,右边夹钳也夹住板料。由左、右两个夹钳同时夹住板料同步移动。因采用了齿条带消隙机构的齿轮齿条传动,故可保证运动精度。每只液压夹钳的夹紧力为50kN,夹钳开口较大,高度30mm,可上下浮动,以适用板料的挠曲。

当加工弯曲成型后的U形梁时,由支撑辊托住梁底。料辊可以由汽缸翻转,当夹钳到达相应料辊位置时,料辊倾倒,夹钳顺利通过,然后自动升起,托住U形梁。

其对中装置有两组,用于板料对中定位。靠近主机的一组,正常位置固定;远离主机的一组,随板料的长度不同,可手动调整位置,其调整范围可达8m。

4) 冲孔主机

冲孔主机为液压机,由主油缸带动主滑块及冲头向下运动,实现冲孔。冲孔之前先由两个液压压料缸动作,将压料架向下压紧纵梁腹底,再进行冲孔。冲头回程时,在压紧工件情况下强制将冲头从板料中退出,以杜绝带料现象。在冲头完全退出后,压料架在弹簧作用下复位。待压料架复位后,下一个送进动作才能开始。压料导向辊在板料进入主机后,下托料辊由弹簧支撑,可以把板料托起3mm,使板料在送料时不致和凹模摩擦,冲孔时由压料架压下。

由于U形纵梁在成型过程中,会有弯曲纵向变形,在冲腹底孔时,纵梁的翼面方向的弯曲会严重影响所冲孔与基准翼面的位置精度。对此,当纵梁进入腹底孔的冲孔区后,Y向位移检测机构动作,测量出纵梁在Y方向的弯曲变形量,系统通过位置补偿功能来抵消变形影响。

主机在Y方向可以移动550mm,由丝杠驱动,重载导轨导向。

冲压模具库能存放25套模具,沿X方向直线布置,中间布置5套大模具,两侧各放置10套模具。冲压时,通过汽缸推动模块机构来选择相应的模具。模具采用镶套式结构,上下模腔成对加工,模具可以整体更换,亦可单个更换。可以通过冲头折断检测装置,及时检测冲头折断后,主机便自动停机。

冲孔废料由链式废料输送装置送至废料斗中。

5) 自动下料系统

冲孔完毕后,由磁铁挂架将工件吸放到下料台车或物料缓冲区内。

国内自主研发的汽车纵梁冲孔柔性加工线的主要技术参数见表7-2。

汽车纵梁冲孔柔性加工线主要技术参数　　表 7-2

参　数	单　位	规　格		
公称力	kN	1200		
加工板材尺寸及范围	mm	长度	5000~12000	
		宽度	250~550	
		厚度	4~10	
最大加工板材质量	kg	500		
模位数	个	25		
最大冲孔直径 Max	mm	φ55		
冲次　25mm	次/min	85		
10mm		150		
最大送料速度	m/min	X 轴	40	
		Y 轴	20	
最大行程	mm	X 轴	12500	
		Y 轴	550	
孔间精度		X 轴	±0.20/400　±0.30/3000　±0.50/12000	
		Y 轴	±0.20/550	
空气压力	MPa	0.5		
机器总质量	t	72		

三、锻造 FMS 和模锻 FMS

适用于汽车制造的锻造 FMS 较冲压 FMS 要少得多，这是因为锻造的热体积成型工艺过程比冷冲压成型的影响因素多，同时锻件的质量大，操作繁重的缘故。

1. 适用于生产汽车配件的锻造 FMS

该系统用于生产多品种较小批量的汽车用锻件，它由锻锤、感应加热炉、推料及排料汽缸、模具润滑装置、操作机器人及锻件箱等组成，如图 7-25 所示。

锻造操作机器人为关节型机器人，它有手臂伸缩、俯仰摆动以及手爪旋转、俯仰与开闭夹爪等动作，能在程序控制下完成手爪与手臂的各种动作，并自动按程序要求从加热炉中抓取锻件，之后将锻件放入锻锤的模腔中，在锻造完成后将锻件从模腔中取出。

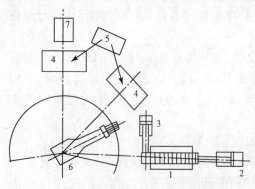

图 7-25 生产汽车配件的锻造 FMS
1-感应加热炉；2-推料汽缸；3-排料汽缸；4-锻锤；5-模具润滑装置；6-机器人；7-锻件箱

采用光电高温计测量坯料在加热后及每次锻造之前的温度，还可用来判断机器人是否已将锻坯送进模腔，或者是否及时将坯料取走。

本 FMS 系统设置有多种非接触式接近开关，以检测各液压缸、汽缸中活塞的运动状况及上、下锻模的闭合情况。

锻造 FMS 的控制程序方框图如图 7-26 所示。

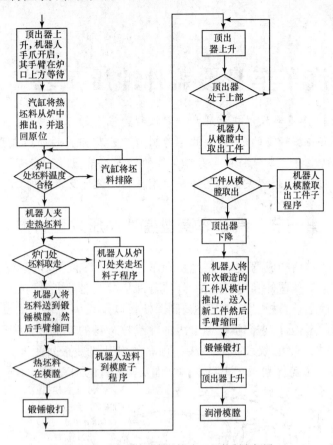

图 7-26　生产汽车配件的锻造 FMS 控制方框图

2. 适用于汽车重要锻件的模锻 FMS 简介

以德国拉斯科(Lasco)公司所设计制造的一条模锻 FMS 为例。该系统用以生产汽车发动机连杆、拨叉等杆类锻件和齿轮等盘形锻件。它主要由感应加热炉、6300kN 预成形液压机、40000kN 双工位液压螺旋压力机和切边校正液压机组成,还包括传送及上、下料机械手、换模车、带回转台的换模装置等。该模锻 FMS 可自动根据锻件的更换而更换模具与传送装置并自动进行参数调节,在工作过程中不断测量、显示和记录锻件的厚度和最大成型压力等数据并与设定值进行比较,能根据比较结果来调整工艺参数。因此能较快更换锻件品种和保证产品质量的稳定。此外,该模锻 FMS 还具有生产管理与统计分析功能。

第八章 汽车车身覆盖件冲压工艺

在汽车的构成中,车身与发动机和底盘一起被称为汽车的三大总成。由于车身在汽车制造和产品开发中占有举足轻重的地位,因此车身制造工艺及相关的冲压成型理论与模具技术也越来越受到人们的重视。本章将从车身覆盖件的特点入手,讲解其冲压成型工艺过程和冲压工艺规程的设计,并重点介绍关键工艺——拉深工艺的设计及覆盖件拉深模的设计步骤。

第一节 汽车车身覆盖件冲压成型特点

汽车覆盖件主要是指构成驾驶室、乘坐室和车身的表面零件,也包括覆盖发动机和底盘的某些表面零件。它包括外覆件和内覆盖件,外覆盖件是指人们直接看到的车身外部的裸露件,如车门外板、顶盖、前围外盖板、后围外盖板、侧围外板以及长头商用车的发动机罩;内覆盖件是指车身壳体内部的覆盖件,它们被覆盖上内饰件或被车身的其他零件所遮挡而一般不能直接被看到,如车门内板、地板、仪表板及平头商用车的发动机盖板。图 8-1 和图 8-2 分别是长头商用车驾驶室(外)覆盖件和轿车车身本体结构及覆盖件的示意图。

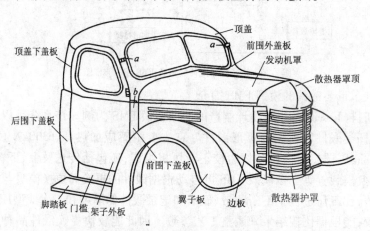

图 8-1 国产长头商用车驾驶室覆盖件

由图 8-2 可知,汽车车身是一个形状复杂的空间薄壁壳体,且其主要零件均由薄钢板冲压焊接而成,然后经过涂漆以增加美观和防腐蚀性,最后再装配上各种内饰件和车身附件,才形成完整的车身成品。由于车身覆盖件多是轮廓尺寸大、形状复杂的三维曲面,而且要体现整车造型的艺术风格,故其在质量要求、冲压成型工艺、冲压模具及生产过程与自动化等方面都有与一般小型冲压零件不同的特点,且其在冲压成型时变形较复杂,变形规律不易被掌握。尤其是其拉深件的设计、冲压工艺的设计和冲压模具的设计是一项很复杂的技术工作。虽然目前冲压过程的计算机模拟仿真技术也有了很大的发展,并促使板材冲压成型理论与技术得到了进一步的丰富与发展、完善。但是因车身覆盖件本身的结构形状特点及其冲压成型的特点与复杂性,尚存在大量的理论与工程技术问题,需要继续进行深入的研究。

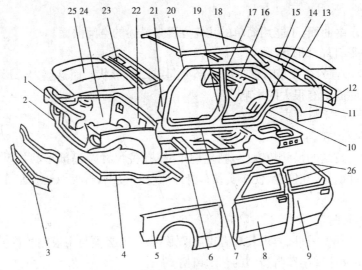

图 8-2 轿车车身本体结构及覆盖件

1-发动机罩前支撑板；2-固定框架；3-前裙板；4-前框架；5-前翼子板；6-地板总成；7-门槛；8-前门；9-后门；10-车轮挡泥板；11-后翼子板；12-后围板；13-行李舱盖；14-后立柱；15-后围上盖板；16-后窗台板；17-上边梁；18-顶盖；19-中立柱；20-前立柱；21-前围侧板；22-前围板；23-前围上盖板；24-前挡泥板；25-发动机罩；26-门窗框

一、汽车车身覆盖件结构特点

1. 车身覆盖件结构特点

图 8-3 所示的是商用车驾驶室的顶盖、车门、内板、前围、后围及发动机盖板等典型车身覆盖件简图。从结构形状及尺寸上看，这类零件的特点是：

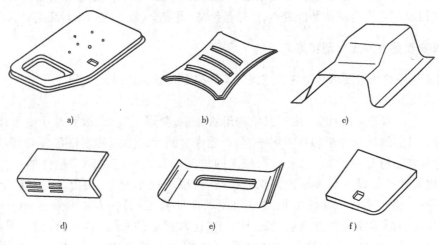

图 8-3 汽车覆盖件示例

1）轮廓尺寸大

如驾驶室顶盖的坯料尺寸可达 2800mm × 2500mm。

2）相对厚度小

车身外覆盖件板料的厚度一般为 0.7～0.9mm，相对厚度 t/L（板厚与坯料最大长度之比）的最小值可达 0.0003。

3) 形状复杂

多数为三维自由曲面,不能用简单的几何方程来描述的空间曲面。

4) 轮廓内部带有局部形状

如图 8-3 所示,有的往往带有窗口或局部突起或凹陷形状。而这些内部形状的成型往往会对整个冲压件的成型有很大的影响。

2. 车身覆盖件的质量要求

1) 尺寸精度要求较高

覆盖件必须有较高的尺寸精度(包括轮廓尺寸、孔位尺寸及局部形状的尺寸等),以保证焊装或组装时的准确性、互换性,便于实现车身冲压与焊接的自动化,也保证车身外观形状的一改性和美观性。

2) 形状精度要求高

特别是对车身外覆盖件,要求其具有很高的形状精度,必须与主模型相符合。否则将偏离车身总体设计,不能体现出车身造型的艺术风格。

3) 表面质量要求高

外覆盖件,尤其是轿车,其表面不允许有皱折、波纹、凹痕、擦伤等缺陷,装饰棱形线应清晰、平直,曲线应圆滑过渡,表面光顺。

4) 刚性好

车身覆盖件在冲压成型过程中,材料应有足够的塑性变形,以保证零件具有足够的刚性,使汽车在行驶中受振动时,不能产生较大的噪声,更不能因振动而发生空洞声或产生早期损坏。

5) 要有良好的成型工艺性

这是针对产品设计结构而言,即要求在一定的生产规模条件下,能够较容易地安排冲压工艺和设计冲压模具,有合理的装配硬点,能够最经济、最安全、最稳定的获得高质量的产品。

二、车身覆盖件冲压成型特点

车身覆盖件的质量要求和结构特点决定了其冲压成型特点,主要有以下几个方面:

1. 一次拉深成型

对于汽车车身覆盖件而言,由于其结构形状复杂,变形也复杂,故其冲压变形规律难以定量把握。目前的理论分析和技术水平,尚不能像对圆筒形轴对称零件那样对其进行多道拉深工艺参数进行分析计算,求出每次拉深的拉深系数及确定中间工序件的尺寸等。因此,要求覆盖件产品设计与冲压成型工艺相结合,以求在小变形、浅拉深的基础上保证一次拉深成型。由于多道拉深一方面难以定位和保证精度;另一方面易形成冲击线、弯曲痕迹线,从而会影响覆盖件油漆后的表面质量,这对覆盖件来说是不允许的。因此,要求以最小的拉深深度,最少的冲压工序和尽可能简单的模具结构来实现覆盖件的冲压成型。

2. 拉胀复合成型

由于覆盖件形状复杂,故其成型过程中坯料的变形并不是简单的拉深变形,而是拉深和胀形变形同时存在的复合成型。通常,除了内凹形轮廓(如 L 形轮廓)对应的压料面外,压料面上坯料的变形为拉深变形(径向为拉应力,切向为压应力),而坯料轮廓内部(尤其是中心区域)的变形为胀形变形(径向和切向均为拉应力),如图 8-4 所示。

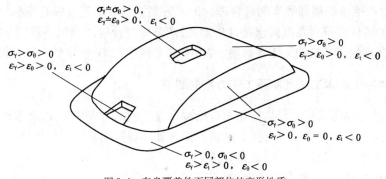

图 8-4 车身覆盖件不同部位的变形性质

3. 局部成型

当轮廓内部有局部形状(突起或凹进)的零件冲压成型时,压料面上的坯料由于受到压边圈的压力,随着拉深凸模的下行首先产生变形并向凹模内流动,在凸模下行到一定深度时,局部形状便开始成型,并在成型终了时全部贴模。所以该局部形状处外部的材料难以向该部位流动,其局部成型主要靠坯料在双向拉应力下的变薄来达到面积的增大以实现局部成型,故这种内部局部成型为胀形成型。

4. 变形路径变化

覆盖件冲压成型时,内部的坯料并不是同时贴模,而是随着拉深过程的进行而逐步贴模。这种逐步贴模过程,使坯料保持塑性变形所需的成型力不断变化,同时坯料各部位板面内的主应力方向与大小、板面内两个主应力之比 σ_2/σ_1 等受力情况不断变化,坯料(特别是内部坯料)产生变形的主应变方向与大小、板平面内两主应变之比($\varepsilon_1/\varepsilon_2$)等变形情况也随之不断地变化。即坯料在整个冲压成型中的变形路径($\varepsilon_2/\varepsilon_1$)不是一成不变的,而是变路径的。

5. 变形趋向性的控制

覆盖件在冲压成型过程中的变形极其复杂,各部位的变形形式与趋向不同。目前,定量地控制其变形十分困难,只能以板材塑性变形分析为手段,通过正确地设计冲压成型工艺和模具参数来保证进行和完成预期的变形,并排除那些不必要的和有害的变形,以获得合格的高质量的覆盖件零件。控制覆盖件冲压成型变形趋向的主要措施是确定合理的冲压方向、确定压料面、合理设计并敷设拉深筋。确定拉深冲压方向是制订覆盖件冲压工艺方案时的首要问题。它不但决定能否拉深出满意的覆盖件来,而且影响到工艺补充部分的大小,以及拉深之后各工序的方案。压料面是工艺补充的重要组成部分,覆盖件拉深时,压料面的形状对拉深变形起着举足轻重的作用。压料面的形状不但要保证压料面上的材料不起皱,而且应尽量造成凸模下的材料能下凹以降低拉深深度,更重要的是要保证拉入凹模内的材料不起皱、不破裂。拉深方向、工艺补充和压料面形状是决定能否拉深成覆盖件的先决条件,而控制整个拉深坯料流动的拉深筋的合理敷设则是保证拉深出合格覆盖件的必要条件。拉深筋在压料面上的合理布置能控制和调节整个拉深件向凹模内的流动。

第二节　车身覆盖件的冲压成型技术

制订覆盖件的冲压工艺方案应考虑到:生产纲领,零件的形状与轮廓尺寸,坯料的厚度和材质,以及产品的质量、精度和经济性。同时应结合企业生产车间现有的冲压设备、制模能力

和水平,以及生产准备的周期等来制订合理的工艺方案。制订工艺过程的基本要求是:

(1)生产的零件应符合图纸要求并且质量高,产量应符合生产纲领,同时生产成本最低。

(2)保证合理的模具结构的工序数量,并具有必要的生产率、稳定性和运行的安全性。

一、覆盖件冲压基本工序及冲压工艺方案的制订

车身覆盖件的冲压工艺过程是目前所有冷冲压工艺过程中最复杂和最困难的。因此,正确地制订其冲压工艺过程需要具有很高的理论知识和具备较丰富的冷冲压领域的经验。

1. 覆盖件冲压工艺的基本工序及其安排

由于覆盖件形状复杂、轮廓尺寸大,故不可能在一、两道冲压工序中制成,需要多道工序才能完成。覆盖件冲压工艺的基本工序有:落料、拉深、整形、修边、翻边和冲孔等。实际生产需要和可能性可将一些工序合并,如落料拉深、修边冲孔、修边翻边、翻边冲孔。

上述基本工序中,拉深工序是覆盖件冲压成型的关键工序,覆盖件的形状大部分主要是在拉深工序中形成的。故在覆盖件的生产技术准备中,应首先考虑拉深工艺的设计与拉深模具的设计及制造与调试。

落料工序主要是获得拉深工序所需要的坯料形状和尺寸。由于覆盖件冲压成型的复杂性,不可能计算出其准确的落料尺寸,故应在拉深工艺试冲成功后,方可确定坯料的形状和尺寸。在生产技术准备时,落料工序及落料模的设计应安排在拉深、翻边调试成功后再进行。

整形工序的主要内容是将拉深工序中尚未成型出的覆盖件形状成型出来。整形工序的变形的性质一般是胀形变形,经常复合在修边或翻边工序中。

修边工序的主要内容是切除拉深件上的工艺补充部分。这些工艺补充部分仅在拉深工序需要,拉深完成后要将其切掉。

翻边工序位于修边工序之后,其主要任务是将覆盖件的边缘进行翻边成型。

冲孔工序用以加工覆盖件上的各种孔洞。冲孔工序一般要安排在拉深工序之后,还有的要安排在翻边工序之后进行。若先冲孔,则会造成在拉深或翻边时孔的位置和孔的尺寸形状发生变化,影响以后的安装与连接。

2. 冲压工艺方案设计

不同的冲压工艺方案,就会有不同的产品质量、生产效率和生产成本。故应根据企业及生产的具体情况来选择与制订冲压工艺方案。

1)准备工作

在选择与制订覆盖件的冲压工艺方案之前需进行如下准备工作:

(1)查阅相关资料。如零件图或实物图,必要时应参考主模型或数字模型;冲压件的公差、所用板材的性能参数及表面质量等;压力机的参数、各种模具的设计标准等;产量、生产率及生产准备的时间等。

(2)对零件图和拉深件图进行分析。通过分析,了解该零件所应有的功能、所要求的零件强度、表面质量以及其他相关零件间的配合、连接要求等。并明确如下几点:

零件轮廓、凸缘、侧壁及底部是否有形状急剧变化之处,是否有其他难成型的形状;

该零件和相关零件焊接装配面有何要求,装配、焊接的基准面和孔在何处;

各孔的精度、间距的要求,以及这些孔位于何处(平面部分、倾斜部分、侧壁部分);

各个凸缘的允许精度(如长度、凸缘面的位置、回弹等);

材料利用率。

2)应考虑的主要因素

(1)生产纲领。生产纲领大小是设计冲压工艺时采用多大的工装系数、设备安排布线、原材料、半成品及成品件等的物流安排、生产过程自动化程度的主要依据。

(2)零件的形状复杂程度,轮廓尺寸大小、板料的厚度和性质,以及对零件质量、精度和使用性能的要求等。在设计冲压工艺时应首先考虑保证产品的这些质量与性能要求。当工艺难度与产品性能质量要求相矛盾时,应与产品设计部门协商,在不影响产品主要功能的前提下,改变产品结构设计,以增加冲压生产的稳定性。

(3)现有的设备条件和生产技术水平,模具设计与制造的技术水平与能力,以及生产技术准备周期等。

二、车身覆盖件拉深件设计

车身覆盖件图是按覆盖件在汽车上的装配位置设计和绘制的,是照其在主图板上的坐标位置单个取出来,按原坐标位置所绘制的三面投影图。由于覆盖件形状复杂,成型过程中的坯料变形也很复杂,而且拉深成型又是其冲压工艺的关键核心工艺。但是若简单地按覆盖件图或直接将图纸进行展开来确定坯料的形状和尺寸,则不能保证覆盖件冲压时顺利成型。因此,在进行覆盖件冲压工艺设计时,首先要进行拉深件的设计,即根据覆盖件图并按拉深位置设计出拉深件图,然后根据拉深件图展开来确定坯料的形状和各部位尺寸,制订冲压工艺和模具设计方案。拉深件图的设计内容主要有拉深方向的选择、压料面与工艺补充的设计等工作。

1. 拉深件形状构成及各部分的变形特点

为了便于进行拉深工艺的设计,首先应研究拉深件形状构成各部分的变形特点。

1)拉深件的形状构成

拉深件的形状构成见图8-5,系由压料凸缘 $AB(IJ)$、凹圆角 $BC(HI)$、侧壁 $CD(GH)$、凸圆角 $DE(FG)$、底部 $EF(FE)$ 5部分构成。

2)各组成部分的变形特点

(1)在压料凸缘上,径向是拉应力状态;切向则视拉深凹模洞口的形状而定,当为直线时无切向力,凸曲线时呈压应力,凹曲线时为拉应力,变形特点取决于其应力状态。

(2)在凹圆角处其变形基本上与压料凸缘处相似。

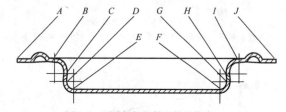

图8-5 覆盖件拉深件形状的构成

(3)在侧壁上,材料在经压料凸缘和凹圆角的变形以后,根据侧壁形状的不同会出现不同的应力状态。若不考虑邻界影响,一般直壁形状时只呈单向拉伸状态,属于传力区。当侧壁为凸曲面时会出现双向拉应力,使拉深件继续产生类似胀形的变形;若是凹曲面,则出现切向拉应力,径向压应力,拉深件的变形类似缩径。

(4)在凸圆角上变形和侧壁相仿。

(5)底部若是平面则基本上不变形;底部若是曲面或带有形状复杂的反拉深部分,则应对其变形情况作具体分析。

从上述各组成部分的应力应变情况来看,覆盖件拉深变形情况是相当复杂的,其成型一般均是以拉深变形性质和胀形变形性质的复合变形来实现的,但多数情况下拉深性质的变形是主要变形形式。

2. 拉深方向的选择

确定拉深方向是确定拉深工艺方案首先遇到的问题。它不仅决定能否成功地拉深出满意的覆盖件来，还会影响到工艺补充部分的多少，以及拉深后诸工序（如整形、修边、翻边）的方案。确定拉深方向时必须考虑以下几点：

1) 首先保证拉深凸模能够进入凹模

此类问题主要出现在有些覆盖件的某一部位或局部（侧壁）形状成凹形或有反拉深处。为了使凹形或反拉深的凸模能够进入到凹模，只能使拉深方向满足上述要求，故覆盖件本身形状具有的局部凹形或反拉深处的要求决定了其拉深方向。图 8-6 所示为覆盖件上的侧凹形决定了拉深方向的示意图。图 8-6a) 所示的拉深方向不合理，凸模不能够全部进入凹模拉深，会形成"死区"，无法成型出所要求的形状。如图 8-6b) 所示，若将同一覆盖件经旋转一定角度后，就能使凸模全部进入凹模，成型出零件的全部形状。图 8-7 所示按覆盖件底部的反拉深处最有利于成型所决定的拉深方向，若不按此拉深方向则不能保证窗口呈水平方向和 90°角。

2) 保证凸模与坯料有良好的拉深初始接触状态

这样能减少坯料与凸模的相对滑动，有利于毛坯的变形并能显著提高冲压件的表面质量。图 8-8 所示为凸模开始拉深时与拉深坯料的接触状态示意图。

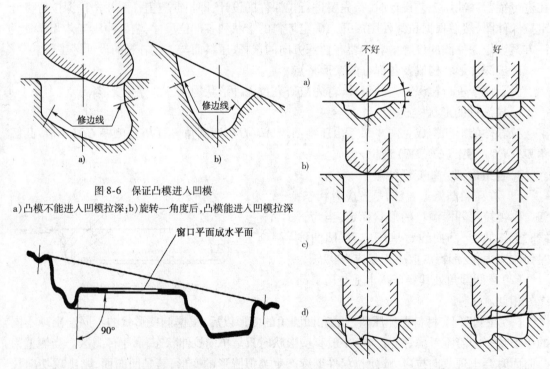

图 8-6 保证凸模进入凹模
a) 凸模不能进入凹模拉深；b) 旋转一角度后，凸模能进入凹模拉深

图 8-7 覆盖件的反拉深决定拉深方向

图 8-8 凸模开始拉深时与坯料的接触状态示意图

图中 a) 表示凸模与坯料的接触面积应尽量大，以保证有较大的接触面积，避免因点接触或线接触造成材料局部变形太大而发生破裂。

图中 b) 表示凸模与坯料开始接触的地方应处于冲模的中间，而不要偏离一侧。这样，凸模在拉深过程中能使材料均匀地拉入凹模内。

图中 c) 所示的凸模开始拉深时其表面与坯料的接触点要多而分散，且尽可能均匀分布和同时接触。以防止局部变形过大或拉深过程中坯料与凸模表面发生相对滑动而影响表面质量。

图中 d)表示在拉深方向没有选择余地,而凸模与坯料的接触状态又很不理想时,此时应在工艺补充部分想办法,通过改变压料面形状来改善凸模与坯料的接触状态。

3.压料面与工艺补充的设计

工艺补充是指为了顺利拉深成型出合格的制件,而在冲压件的基础上所添加的那部分材料,用以满足拉深、压料面和修边等工序的要求。这部分材料仅仅是冲压成型需要而不是零件所需要的,故在拉深成型后的修边工序中需将工艺补充切除掉。

1)工艺补充的作用及对覆盖件拉深成型的影响

大多数覆盖件都需要添加工艺补充后才能设计成能拉深成型的冲压件,这是覆盖件冲压工艺设计的重要内容,也是与普通简单件拉深工艺设计的主要不同点。

工艺补充部分有两大类:

(1)内工艺补充,即在零件内部的工艺补充,即通过填补内部孔洞来创造适合于拉深的良好条件(即使是开工艺切口或冲工艺孔也是设在内部的工艺补充部分)。这部分工艺补充不增加材料消耗,而且在冲内孔后,该部分材料仍能适当利用(如图 8-9 中工艺补充部分1)。

(2)外工艺补充,即在零件沿外轮廓边缘展开(含翻边展开部分)的基础上添加的工艺补充部分。它包括拉深部分的补充和压面料两部分。它是为了选择合理拉深方向、并创造良好的拉深条件而增加的,它能增加零件的材料消耗(如图 8-9 中的工艺补充部分2)。

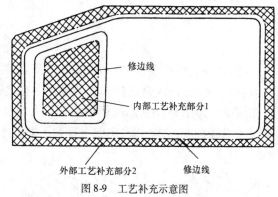

图 8-9 工艺补充示意图

工艺补充部分设计得合理与否,是衡量覆盖件冲压工艺设计先进与否的重要标志,它直接影响到拉深成型时工艺参数、坯料的变形条件、变形量大小及变形的分布、表面质量、破裂与起皱等缺陷的产生等。

2)工艺补充的设计原则

(1)内孔封闭补充原则。即对零件内部的孔首先进行封闭补充,先使零件变成无内孔的冲压件,但是若内部带有反拉深的局部成型部分,则要对其进行变形分析,这部分的成型一般属于胀形变形。如 8-10a)所示,若内部工艺补充部分不开工艺孔,则因胀形变形量大会产生破裂。经实验研究后,确定预先冲制的工艺孔的形状、尺寸,这样便改变了拉深成型时的变形分布和变形量,使得拉深能够顺利进行。图 8-10b)为开工艺切口的例子。

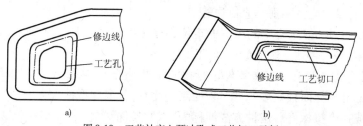

图 8-10 工艺补充上预冲孔或工艺切口示例

(2)简化拉深件结构形状原则。因覆盖件的结构形状越复杂,拉深成型中的材料流动和塑性变形就越难控制。故零件外部的工艺补充应有利于拉深件的结构、形状简单化。具体事例如图8-11所示。

图8-11a)中,工艺补充(即图中余料部分)简化了零件轮廓形状,也使压料面的轮廓形状简单,毛坯变形在压料面上的分布比较均匀化,从而有利于控制坯料的变形和塑性流动。

图8-11b)中的工艺补充增加了局部侧壁高度,使拉深件深度变化比较小,大大地减小了塑性流动的不均匀性。

图8-11c)中工艺补充(余料)简化了压料面形状,有利于坯料的均匀变形和均匀流动。

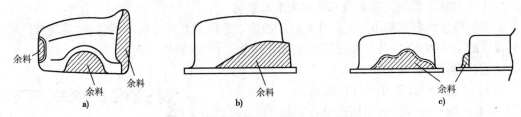

图8-11 工艺补充简化拉深件形状和压料面形状

(3)保证良好的塑性变形条件。有些覆盖件深度较浅、曲率较小,但轮廓尺寸较大(如发动机盖板),必须保证坯料在拉深成型过程中有足够的塑性变形量,方能保证其有较好的形状精度和刚度。如图8-12所示的侧壁斜面较大的拉深件成型时,若选择图中a)的工艺补充,因为拉深件没有直壁,凸模上的 A 点一直到下极点才和拉深坯料相接触。如果由于压料面上的进料阻力小,在拉深过程中会在斜壁部分形成波纹,虽然成型结束时凸模1与凹模2最后是镦死的,也不可能将波纹压平。此时若选择图中b)的工艺补充,使拉深件增加一段直壁 AB,这样凸模1上的 A 点进入凹模2后就将拉深坯料开始拉入凸模与凹模之间所形成的垂直间隙中一直到 B 点。在拉深直壁 AB 的过程中,由于凸模1对坯料的拉深能使所形成的波纹被清除掉,而且还能增加拉深件的刚度。直壁 AB 段一般取 10~20mm。

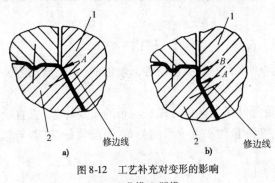

图8-12 工艺补充对变形的影响
1-凸模;2-凹模

(4)外工艺补充部分尽量小。因为外工艺补充不是零件本体,拉深后被切掉变成废料。故应在保证拉深件具有良好的拉深条件的前提下,尽量减小这部分工艺补充,以减少材料浪费,提高材料利用率。

(5)对后序工序有利原则。计划工艺补充时要考虑对后序工序的影响,要有利于后序工序定位的稳定性,尽量能够实现垂直修边等。

拉深件在修边时和修边之后的工序的定位必须在确定拉深件工艺补充部分时进行考虑,一定要保证定位可靠,否则会影响修边和翻边的质量。

(6)成双拉深工艺补充。有些零件进行拉深工艺补充时,需要增加很多的材料或者单个拉深冲压方向不好选择而且变形条件不易控制。此时,若零件不是太大的话,可以将两件通过工艺补充设计成一个拉深件。这种方法即称为"成双拉深法"。

在设计成双拉深的工艺补充时,首先要考虑两件中间连接部分的工艺补充,即先使两件合成一件,然后再按上述原则进行周围部分的工艺补充设计。图8-13是成双拉深工艺补充的一个例子。

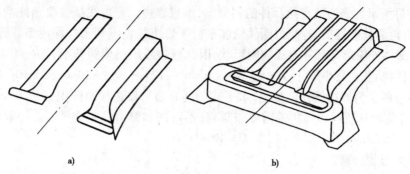

图 8-13 成双拉深的工艺补充
a)产品件示意图；b)拉深件示意图

3) 常见工艺补充的类型

图 8-14a)所示的修边线在拉深件的压料面上,垂直修边。压料面本身就是覆盖件的凸缘面。考虑到拉深模在使用中,压料面要经常调整并且由于拉深筋的磨损而需要打磨拉深筋槽。为了不导致因上述两点而影响到修边线,修边线距压料筋的距离 A 应为 25mm。

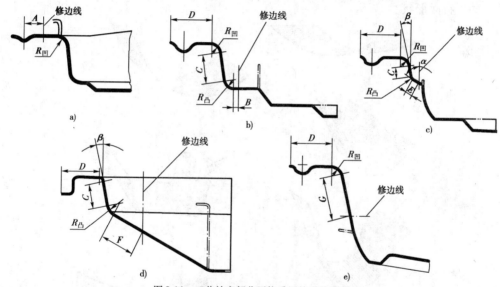

图 8-14 工艺补充部分可能采用的几种类型

图 8-14b)所示的修边线位于拉深件的底面上,垂直修边。修边线距凸模圆角半径 $R_凸$ 的距离 B 应保证不致因凸模圆角的磨损而影响到修边线。B 值一般取 3~5mm。而凸模圆角半径 $R_凸$ 应根据拉深深度和斜线形状来确定,一般取 3~10mm。对于拉深深度浅的和直线部分取下限;对于拉深深度深的和斜线部分形状斜度大取上限。凹模圆角半径 $R_凹$ 对拉深坯料的进料阻力影响极大,故其半径应适当确定。当凹模圆角半径也是工艺补充的组成部分时,$R_凹$ 取 8~10mm。当凹模圆角部分本身就是覆盖件的组成部分时,则首先要保证拉深成型工艺的要求,由此而导致加大的圆角,利用以后的整形工序整压圆角。同时考虑到修边模的强度,一般取 $C = 10~20$mm;取 $D = 40~50$mm。

图 8-14c)所示为修边线在拉深件翻边展开斜面上,垂直修边。修边方向和修边表面的夹角 α 应不小于 50°。α 角过小会使修边刃口变钝使修边处易产生毛刺。图中其他参数为:$\beta = 6° ~ 12°$;$E = 3 ~ 5$mm;$R_凹 = (4 ~ 10)t$;$C = 10 ~ 20$mm;$D = 40 ~ 50$mm。

图8-14d)所示为修边线在拉深件的斜面上,垂直修边。修边线是按覆盖件翻边轮廓展开的,而且翻边轮廓外形复杂,若使拉深件轮廓平行于修边线则不利于拉深成型。此种情况下,应尽量使拉深件外轮廓形状补充成规则形状,因此修边线距凸模圆角半径 $R_凸$ 的距离 F 是变化的,一般只控制几个最小尺寸:$F=5\sim8$mm;$\beta=6°\sim12°$;$r_凸=3\sim10$mm;$C=10\sim20$mm。

图8-14e)所示为修边线在侧壁上,水平或倾斜修边。修边线距凹模圆角半径 $R_凹$ 的距离 G(侧壁深度)应根据压料面形状的需要来确定,不可能和修边线完全平行。一般也只控制几个最小尺寸:$G>12$mm;$R_凹=(4\sim10)t$;$D=40\sim50$mm。

4)压料面形状的确定

压料面是工艺补充的一个重要组成部分,对覆盖件的拉深成型起着重要作用。在凸模对坯料开始拉深前,压边圈将坯料压紧在凹模压料面上。拉深开始后,凸模的作用力与压料面上的阻力共同形成坯料的变形力,使坯料产生塑性变形,实现覆盖件的拉深成型过程。对压料面形状的要求是压边圈将拉深坯料压紧在凹模压料面上,所形成的压料面形状应不形成皱纹和折痕,以保证凸模对拉深坯料有良好的拉深条件。否则在拉深过程中会使拉深件形成波纹和皱纹,产生破裂。因此,要求压料面形状应由平面、圆柱面、圆锥面等组成。图8-15所示为常用的一些压料面形状。

图8-15 常用的一些压料面形状
1-平面;2-圆柱面;3-圆锥面;4-直曲面

确定压料面形状必须考虑以下几点:

(1)降低拉深深度。若压料面就是覆盖件本身的凸缘面,则压料面形状是既定的,也就不存在降低拉深深度的问题了。而压料面成一定的弯曲形状,即拉深坯料在压边圈和凹模压料面压紧下成一定的弯曲形状是降低拉深深度的主要方法。图8-16所示的左、右外门板压料面形状就是考虑降低拉深深度这一要求而使压料面形状沿覆盖件外形成凹形弯曲并使拉深深度均匀的。

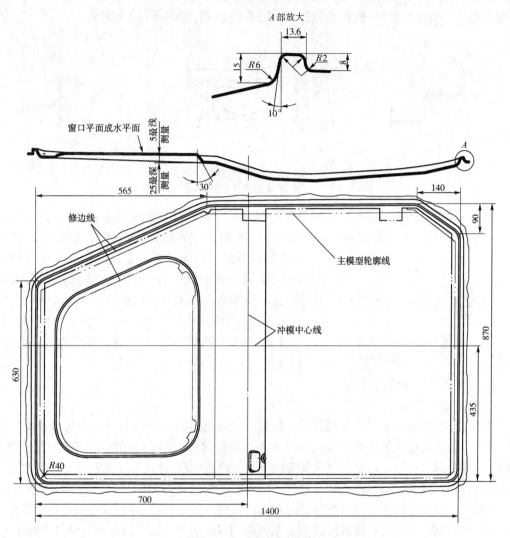

图 8-16 左、右门外板拉深件

为了降低拉深深度并使拉深坯料服帖地压紧在料面上，致使压料面的某些局部形成了倾斜角，如图 8-17 所示。虽然平的压料面(图 8-17a)的压料效果最佳，但全部压料面均是平的在覆盖件上很少见，一般都是图 8-17b)所示的压料面形状，即成锥形或碗口形的压料面。向内倾斜的压料面(图 8-17b)，其对材料的流动阻力较小，可在塑性变形较大的拉深件拉深时采用。但为了保证压边圈的强度，倾斜角 φ 应小于 $60°$。在特殊情况下压料面向外向下倾斜，如图 8-17c)所示，这是由覆盖件本身的凸缘面所决定的。其压料效果最差，不但凹模表面磨损严重，而且易产生破裂，尽量少采用。

(2)凸模对拉深坯料一定要有拉深作用。这是确定压料面形状必须充分考虑的一个重要因素。有时为了降低拉深深度而确定的压料面形状，虽然满足了拉深坯料的弯曲形状，但是凸模却对拉深坯料起不到拉深作用，故这样的压料面是不能采用的。应该使压料面任一断面的曲线长度小于拉深件内部(凸模表面)相应断面的曲线长度。通常认为，覆盖件冲压成型时各断面上的伸长变形量在3%~5%范围内,才能有较好的形状冻结性;并且最小伸长变形量不应小于2%。如果压料面的断面线的长度l_1不小于拉深件内部断面(凸模表面展开)曲线长度l_0,拉深件上就会出现余料、松弛及皱折。如图8-18所示,应保证$l_0<0.97l_1$。

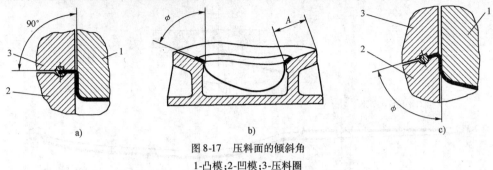

图8-17 压料面的倾斜角
1-凸模;2-凹模;3-压料圈

另外,如图8-19所示,虽然其压料面的展开长度比凸模表面形状展开长度短,可是压料面夹角β比凸模表面夹角α小。这样,从凸模开始拉深到最后的拉深的过程中,便会有几个瞬间位置的压料面展开长度比凸模表面形状展开长度长,从而形成较大的皱纹,并且继续拉深也无法消除,最后就留在拉深件上,如图8-20所示。因此,这样的压料面是不能采用的。解决的办法是使压料面的夹角β必须大于凸模表面夹角α,才能避免产生波纹和皱纹。

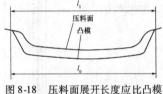

图8-18 压料面展开长度应比凸模展开长短的示意图

4. 拉深筋或拉深槛的设计

1)拉深筋的作用

如果说拉深方向、工艺补充部分和压料面形状是决定能否拉深出满意的覆盖件的先决条件,那么设置压料拉深筋或拉深槛则是必要条件。拉深筋(拉深槛)的作用是:首先是增加进料阻力,这是因为拉深坯料是经过反复弯曲几次才拉进凹模,故增加了进料阻力。其次是能调节压料面上各部位的进料阻力,即通过调节压料槽的松紧来增加或减少压料面上各部位的阻力,从而使拉深件外轮廓上的直线部分与圆角曲线部分的进料阻力均匀。另外,还能降低对压料面表面粗糙度的要求,在设置拉深筋后压料面之间的间隙可以适当放大并略大于料厚,这样压料面表面粗糙对拉深的影响就不会很大了。

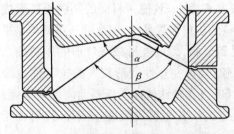
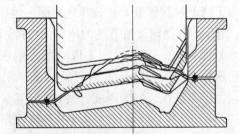

图8-19 汽车前围外板压料面形状的一个方案　　图8-20 凸模拉深过程中4个瞬间形成皱纹的情况

2)拉深筋结构设计

(1)拉深筋的种类及其用途。根据拉深筋的布设可将其分为单筋和重筋两大类,而按其断面形状又可分为圆筋(包括半圆筋、劣半圆筋和优半圆筋)、矩形筋、三角形筋和拉深槛等。常用拉深筋的断面形状及其主要用途见表8-1。

常用拉深筋的断面形状及主要用途　　　　　　　表8-1

种　类		断面形状①	用　途	特　点
圆形筋	单筋	$h=3\sim5$，$b=8\sim10$，$r_1=2\sim5$，$r_2=3\sim5$	凸缘流入量大时的拉深	修磨容易，便于调节拉深筋阻力
	重筋		凸缘流入量很大时的深拉深	为了控制筋的磨损，加大筋槽圆角半径 R。随着 R 增加附加拉力减小，用双筋来弥补
矩形筋		$h=4\sim6$，$b=8\sim10$，$r_1=2$，$r_2=2$	凸缘流入量少时的拉深或胀形	与圆筋相比能提供更强的附加拉力
拉深槛（阶梯筋）		$h=4\sim6$，$r_1=2$，$r_2=2$	凸缘流入量少时的拉深或胀形	材料利用率高，同样的圆角半径 R 和高度 h 下，比方筋的附加拉力小
三角形筋			胀形	

注：①本表中所列拉深筋各部分尺寸为日本各汽车公司车体零件成型中实际应用的数值。

拉深筋比拉深槛在采用的数量、形式及调节阻力等方面均更灵活方便，故其应用较广泛。实际中使用最多的是圆形筋和方形筋。图8-21为其断面形状及各部分尺寸，选用时参考表8-2。

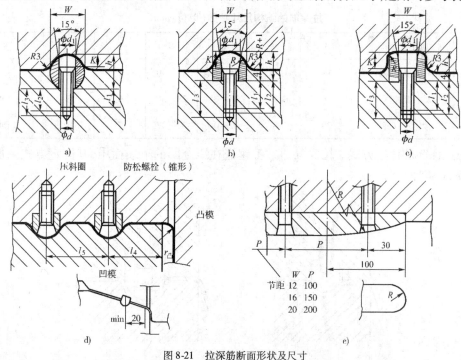

图8-21　拉深筋断面形状及尺寸
a）圆形嵌入筋；b）半圆形嵌入筋；c）方形嵌入筋；d）双筋；e）纵剖面

各种形式的拉深筋尺寸　　　　　　　　　　　　　　　　　　　　　　　　　表 8-2

名　称	筋宽 W	$\phi d \times p$	ϕd_1	l_1	l_2	l_3	h	K	R	l_4	l_5
圆形嵌入拉深筋	12	M6×1.0	6.4	10	15	18	12	6	6	15	25
	16	M8×1.25	8.4	12	17	20	16	8	8	17	30
	20	M10×1.5	10.4	14	19	22	20	10	10	19	35
半圆形嵌入拉深筋	12	M6×1.0	6.4	10	15	18	11	5	6	15	25
	16	W8×1.25	8.4	12	17	20	13	6.5	8	17	30
	20	W10×1.5	10.4	14	19	22	15	8	10	19	35
方形嵌入拉深筋	12	W6×1.0	6.4	10	15	18	11	5	3	15	25
	16	W8×1.25	8.4	12	17	20	13	6.5	4	17	30
	20	W10×1.5	10.4	14	19	22	15	8	5	19	35

根据拉深件的大小，考虑采用拉深筋的结构如图 8-22 所示，其尺寸参数见表 8-3。

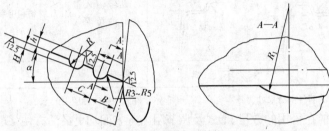

图 8-22　拉深筋尺寸结构

拉深筋的结构尺寸参数（单位：mm）　　　　　　　　　　　　　　　　　　表 8-3

序号	应用范围	A	H	B	C	h	R	R_1
1	中小型拉深件	14	6	25~32	25~30	5	7	125
2	大中型拉深件	16	7	28~35	28~35	6	8	150
3	大型拉深件	20	8	32~38	32~37	7	10	150

（2）拉深筋的固定方式。拉深筋通常都镶嵌在压边圈的下表面中，其固定方式一般有图 8-23 所示的两种。

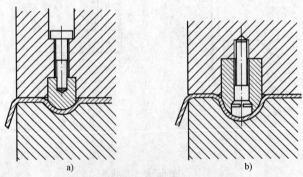

图 8-23　拉深筋的固定形式

(3) 拉深槛结构。拉深槛也可以说是拉深筋的一种，但它能比拉深筋提供更大的进料阻力。故拉深槛适用于曲率较小的、平坦的和深度浅的覆盖件成型，靠材料的塑性变形伸长使拉深出的覆盖件具有稳定的形状和足够的刚性。

图 8-24 所示为拉深槛的基本结构形式和尺寸。可根据拉深件形状、压料形式及所需要的附加拉力等，来选择图 8-24 中 b)~d) 的不同形式的拉深槛。拉深槛可以做成如图8-24所示与凹模一体式的，也可以做成如图 8-25 所示 a)~b) 的嵌入式的。其中图 8-25a) 用于拉深深度小于 25mm 的拉深件，而图 8-25b) 用于拉深深度大于 25mm 的拉深件。

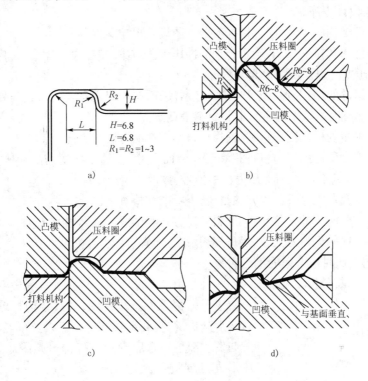

图 8-24 拉深槛结构图

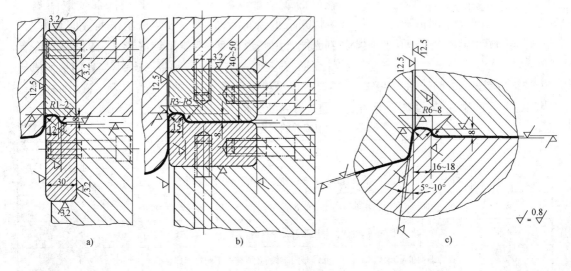

图 8-25 嵌入式拉深槛

第三节 车身覆盖件冲压工艺规程的设计

车身覆盖件冲压工艺的设计,是在完成零件的结构工艺性审查和阅读相关资料后,按照冲压工艺方案的原则进行的,它是冲压工艺方案的具体化、规范化。

一、冲压工艺设计的内容和程序

1. 冲压工艺设计程序

(1) 审查零件结构的工艺性,并根据覆盖件图设计出拉深件图。

(2) 根据零件图和拉深件图,确定合理的冲压工艺方案,确定总工序数、工序顺序、各工序的加工内容、冲压方向以及所需模具套数等。

(3) 根据拉深件的结构、形状、尺寸进行坯料展开,初步确定坯料的形状与外形尺寸(多数情况下,外形尺寸要由试验来确定),制订材料消耗定额。

(4) 选定各工序的模具结构形式,选择送料与卸料的方法与方向。

(5) 计算各工序所需的压力机行程和工作台面尺寸,估算工序所需的冲压力、压边力、卸料力等力能参数,确定各工序所需压力机的型号、数量和生产流程。

(6) 确定零件及各工序件的检查项目、检查标准和检查方法。

(7) 确定各工序所需的工位器具、废料处理方式和半成品的运输方式。

(8) 确定各工序的操作者人数、操作规程、工位布置、工时定额等。

2. 冲压工艺设计时应考虑的重点问题

1) 成型难度判断分析

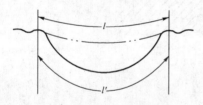

图 8-26 成型难度的表示方法
$$\delta = (l/l') \times 100\%$$
l-变形前的断面线长度,l'-变形后的断面线长度

应根据覆盖件拉深件图,对其结构特点、形状尺寸进行变形分析,初步确定其结构特点以及可能出现的质量问题与发生部位。之后确定某一部分是采用拉深成型还是胀形成型,或是拉胀复合成型。

图 8-26 所示是用伸长率 δ 值作为判断不规则形状的覆盖件的成型难度的例子。即在其最深部位取间隔为 50~100mm 的纵向断面,用表 8-4 所给出的数值和方法,先判断能否用胀形成型,不能用纯胀形成型时,要允许有拉深变形,并控制一定的拉深和胀形比例,当 δ 的平均值超过 30% 或者最大的 δ_{max} 超过 40% 时,还要用成型极限图来判断成型是否有发生破裂的危险。当然还要对产生起皱、面畸变等质量问题进行判断分析。

不规则形状覆盖件的成型难度的判断值   表 8-4

判断值 δ	判 断 项 目
2%	δ 的全部平均值不超过该值时,要获得良好的固定形状是困难的
5%	50~100mm 间距上相邻纵向断面的 δ 值之差超过该值时,容易产生皱折
5%	δ 的全部平均值超过该值时,只用胀形是困难的,必须有一定的拉深成型
10%	δ 的最大值超过该值时,只用胀形是困难的,必须有一定的拉深成型

2)冲压方向

覆盖件各个冲压工序的冲压方向,应保证该工序冲压成型的要求。要在满足冲压工艺要求的前提下,尽可能使各工序的冲压方向一致或少变化,以减少冲压操作和生产准备工作的复杂性。

3)送料方向

通常的做法是:工序件有大、小头的,一般是拿住大头往前送;工序件一面是平直的、另一面带曲线的,通常是拿住平直面往前送;工序件一面浅、一面深的,一般是拿住深的一面往前送。

4)工序间的定位

为保证加工精度和操作的安全与方便,要认真考虑工序间的定位问题。拉深件在修边时应尽量利用拉深件侧壁或拉深槛定位,若不能时则需用工艺孔定位。至于修边后的定位,可采用工序件外形、侧壁或工艺孔来定位。

5)修边废料的分块

要根据废料的形状、大小和操作的安全、方便来确定分块的大小和位置。

6)成双冲压

对于一些尺寸不大的左右对称件或尺寸不大的非对称件,为改善拉深条件和提高生产效率并减少废料消耗,应采用成双拉深成型。其切断之前使用一套模具,之后则应采用双型槽模或同一工序两套模具安于一台压力机上,以便于流水作业生产。

7)冲模联合安装

为了充分利用大型压力机进行流水作业,有时可在一台压力机上装两套或两套以上的冲模,使压力机在一次行程中完成两个或两个以上的冲压工序。

在制订冲压工艺时,还要对所设计的工艺进行经济性分析,所采用的工艺、模具结构及自动化方案均必须适应生产量,使整个工艺水平、模具水平、生产方式及物流系统与新增设备达到最佳经济性目标。

3. 冲压工艺卡的编制

冲压工艺卡是指导覆盖件冲压生产过程的技术文件,其包括的内容有:产品名称、产品编号、零件名称、零件编号、材料名称标准型号及厚度、企业与生产车间;工序编号、工序名称、工序内容、所用设备(型号与编号)、简图(注明加工部位、冲压方向等)、各冲压工序的加工形状和加工部位、各工序的加工基准、操作人员数量、操作位置、工时定额、检查项目、检查工具、检查标准等。

目前国内尚没有覆盖件冲压工艺卡的统一标准,各企业都有各自的设计习惯,故所使用的冲压工艺卡的格式也不完全相同。表8-5所示是一种覆盖件冲压工艺卡的格式。

二、典型车身覆盖件冲压工艺实例

轿车车身的外覆盖件主要由四门(左/右前、后门)、三盖(发动机盖板、顶盖、行李舱盖)和两翼(左/右前、后翼子板)及两侧(左/右侧围外板)组成。这些覆盖件的形状各有特点,其冲压成型工艺也不同。下面举几个典型件的冲压工艺(表8-6~表8-9),简述其冲压工艺的主要内容。

冲压工艺卡格式

表 8-5

×××××厂 ××××车间		冲压工艺卡		零(部)件图号		共 页	第 页
				零(部)件名称		编号	数量
零件简图		排料图		工序号	工位器具	名称	
				辅助材料			
				使用工序号			
材料要求(牌号、料厚、表面质量和拉深级别)		材料规格	毛坯尺寸	每毛坯可制件数	材料或成品半成品供应单位		
					半成品或成品发往单位		
		设备		模具或夹具	安全装置	辅助工具或检查工具	工时(min)
		型号	名称	编号 名称			单件工时	准备终结工时
工序号	工序名称及内容							
					设计 (日期)	校对 (日期)	审核 (日期)	标准化 (日期)	会签 (日期)
描图								
描校								
底图号								
	更改文件号	处数	签字	日期				
标记	处数	更改文件号	签字	日期				

发动机罩外板冲压工艺　　　　　　　表 8-6

工序	工艺说明	设备	简图
1	下料 1230mm × 1560mm	开卷线	
2	拉深 镀锌面向上	双动压力机 14000kN	
3	修边冲孔 周围修边,冲通风孔	单动压力机 6000kN	
4	翻边 周围翻边,通风孔翻口	单动压力机 6000kN	
5	翻边 前后翻边	单动压力机 6000kN	

顶盖冲压工艺　　　　　　　　　　表8-7

工序	工艺说明	设备	简图
1	下料1700mm×2500mm	开卷线	
2	拉深 拉深及两侧切边	双动压力机 20000kN	切口（二处） 冲压方向 切边（两侧）
3	修边冲孔	单动压力机 10000kN	冲压方向 修边　切边 冲孔
4	整形翻边	单动压力机 10000kN	整形翻边
5	修边冲孔整形	单动压力机 10000kN	冲压方向 修边整形 斜楔

左/右翼子板冲压工艺　　　表8-8

工序	工艺说明	设备	简图
1	下料并落料 0.8mm（650/1030） ×1445mm	开卷线	
2	拉深	双动压力机 14000kN	
3	修边冲孔	单动压力机 6000kN	
4	翻边　整形	单动压力机 6000kN	
5	侧成型	单动压力机 6000kN	
6	侧冲孔成型修边	单动压力机 6000kN	
7	侧翻边冲孔	单动压力机 6000kN	

左/右侧围外板冲压工艺　　　　表 8-9

工 序	工 艺 说 明	设　备	简　图
1	下料并落料 1340mm×3175mm	下料:开卷线 落料:单动压力机 6300kN	
2	拉深	双动压力机 20000kN	仅右件
3	修边冲孔	单动压力机 10000kN	终修边、斜楔修边、预切、冲孔、预修边、门洞处预修边、终修边、预冲孔
4	翻边整形冲孔	单动压力机 10000kN	翻边、翻边、修边、终修边、修边、终成型、成型、整形、翻边、翻边、成型
5	翻边整形冲孔	单动压力机 10000kN	整形、成型、翻边、终成型、冲孔、成型和整形
6	修边冲孔	单动压力机 10000kN	修边、冲孔、冲孔、翻边、整形、冲孔、翻边、修边、仅左边、斜楔冲孔、门洞修边、斜楔冲孔、冲孔

续上表

工序	工艺说明	设备	简图
7	修边冲孔整形	单动压力机 10000kN	（修边、整形、翻边、斜楔冲孔、用斜楔、终成型）

第四节　车身覆盖件拉深模设计

在设计覆盖件拉深模时,除了应具备设计普通冲模的基本能力之外,还必须结合覆盖件的特点综合运用有关工艺补充、拉深筋布设、冲压方向选择和一次拉深成型等特殊工艺知识,并经过周密细致的考虑,才能设计出质量好的覆盖件拉深模。

一、拉深形状复杂的覆盖件必须采用双动压力机

拉深形状复杂的覆盖件必须采用双动压力机,其原因是:

(1)单动压力机的压紧力不够,一般有气垫的单动压力机其压边力仅为压力机额定压力的20%~25%,而双动压力机的外滑块压紧力为内滑块压力的65%~70%。

(2)单动压力机的压紧力只能整个调节,而双动压力机的外滑块压力可用调节螺母调节外滑块四角的高低,使外滑块成倾斜状,实现调节拉深模压料面各部位的压料力,并能控制压料面上材料的流动。

(3)单动压力机的拉深深度不够。

(4)单动压力机上拉深模的压边圈不是刚性的,如果压料面是立体曲面形状,在开始拉深预弯成压料面形状时由于压料面形状的不对称会使压边圈偏斜,严重时将失掉压料作用。

二、双动拉深模的结构要素

覆盖件拉深模的结构是由其所用双动压力机所决定的。为了实现双动拉深工艺,双动拉深模的结构较为简单,其组成要素如图8-27所示,由主要的三大件或四大件组成:即凸模1、凹模2、压边圈3或凸模1、凹模2、压边圈3和固定座4。其凸模1通过固定座4安装在双动压力机的内滑块上,而压边圈3则安装在双动压力机的外滑块上,凹模2装于双动压力机的下台面上。凸模与压边圈之间、凹模与压边圈之间均采用导板导向。

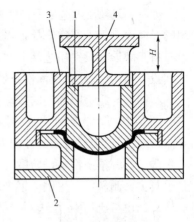

图8-27　拉深模结构示意图
1-凸模;2-凹模;3-压边圈;4-固定座

由三大件组成的拉深模结构较简单,用于内、外滑块闭合高度尺寸差 H(图 8-27)小的拉深模;而由四大件组成的拉深模结构较为复杂,但能节约合金铸铁,适用于内、外滑块闭合高度尺寸差 H 大的拉深模。由于一般结构的双动压力机采用固定工作台,故双动拉深模都采用四大件结构。四大件中的凸模 1 和固定座 4 的分界面取在凸模导板的上端面,由固定座 4 压住凸模导板上的端面并承受凸模导板向上的力量。分界面一般都低于压边圈 3 的端面,低多少应在总图上予以标注。由于凸模 1 和压边圈 3 需共同在仿形铣床上加工成型面,低的尺寸必须加垫板来固定,故需要注出该尺寸。

双动拉深模内、外滑块闭合高度尺寸差 H 与双动压力机的结构有关。为了便于安装,当拉深模在一般双动压力机上使用时,尺寸差 H 为 350~500mm。

双动拉深模的工作原理是:

(1)将拉深坯料置于凹模压料面上,并准确定位。

(2)压力机外滑块首先向下运动至下止点,将坯料压紧在凹模的压料面上,并在整个拉深成型过程中保持压边。

(3)在压力机外滑块压住坯料的同时,内滑块已带动凸模向下运动。

(4)内滑块带动凸模继续向下运动,并在压边圈压住坯料一个时间间隔后与坯料接触,从而开始拉深成型过程。

(5)内滑块到达下止点,将坯料拉深成凸模的形状,拉深成型过程结束。

(6)压力机内滑块先带动凸模上行,而外滑块不动,使压边圈停留一个瞬间,将拉深件从凸模上退下。

(7)外滑块开始回程,完成了压边作用。

(8)由凹模内的下顶出装置将拉深件顶出;亦可由人工将拉深件直接由凹模中取出。

三、覆盖件双动拉深模典型结构

根据导向方式的不同,双动拉深模主要有凸模与压边圈导向的拉深模、凹模与压边圈导向的拉深模以及凸模与压边圈和凹模都导向的拉深模 3 种结构形式。

1. 凸模与压边圈导向的双动拉深模

如图 8-28 所示,这是一种大批量生产采用的凸模与压边圈导向的拉深模。在凸模与压边圈的导向面之间设有防磨导板以提高导向面的耐磨性与导向精度。防磨导板多设在凸模上,也有将防磨导板设在压边圈上的,亦有二者导向部位处均装防磨导板的。因为凹模与压边圈之间没有导向,故此种拉深模只适用于断面形状较为平坦的浅拉深。

2. 凹模与压边圈导向的双动拉深模

图 8-29 所示为此种模具的结构简图。其在凹模与压边圈设有背靠块(凸台与凹槽)进行导向,并在凹模与压边圈的导向面之间设有防磨导板。防磨导板一般装在背靠块的凸台上,也有在凸台与凹槽上都装设防磨导板的。此种结构形式的模具多用于拉深断面形状较为复杂,且模具型面倾斜易产生侧向推力的场。

3. 凸模与压边圈、压边圈与凹模均导向的双动拉深模

如图 8-30 所示为汽车左/右门内板拉深模的简图。该模具凸模与压边圈导向采用防磨导板导向,而压边圈与凹模的导向形式采用背靠块导向且其导向面上装有防磨导板。此种结构的拉深模精度高,抗侧向力的能力强,在大型覆盖件的拉深成型中得到了广泛应用。

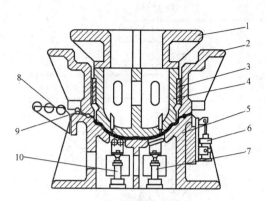

图 8-28　凸模和压边圈导向的双动拉深模
1-凸模固定板；2-压边圈；3-防磨板；4-凸模；5-凹模；6-隐式定位器；7-毛坯导向装置；8-送料用辊式滑槽；9-前定位装置；10-提升器

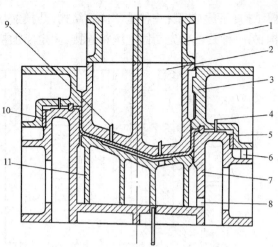

图 8-29　凹模与压边圈导向的双动拉深模
1-凸模固定板；2-凸模；3-压边圈；4-侧定位装置；5-背靠块；6-限程块；7-凹模；8-排油孔；9-气孔；10-防磨板（背靠块部）；11-顶件板

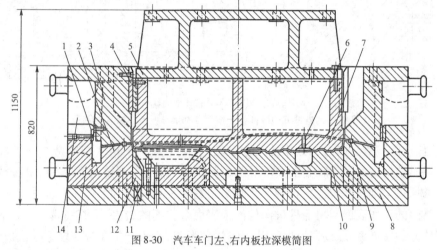

图 8-30　汽车车门左、右内板拉深模简图
1、4-防磨板；2-凹模；3-压边圈；5-固定板；6-通气孔；7-凸模；8-下底板；9-拉深筋；10-顶出器；11-弹簧；12-反成型凸模；13-导向凸台；14-导向凹槽

4. 大型覆盖件双动拉深模的基本结构形式

如图 8-31 所示，这是在双动压力机上用以生产商用车大型覆盖件拉深件拉深模的基本结构。该模具由凸模 1、凹模 2、压边圈 3 和凹模镶件 4 等主要零件组成。模具上还有拉深筋（或拉深槛）6，用于上、下模导向的背靠块与凸台 7。凸模和压边圈之间用防磨导板 5 导向。由装在凸模中的注油润滑器经过弯管不断地润滑模具的工作部分。

四、覆盖件拉深模具主要工作零件的设计

覆盖件拉深模的工作零件主要有：凸模、凹模以及成型局部形状所用的凸模、凹模镶块等。

1. 拉深凸模、凹模的结构

1) 拉深凸模结构

凸模是拉深成型中最主要的工作零件，其工作形状与覆盖件内形相同。双动拉深模的凸

模结构有两种类型:一种是整体式结构,凸模加垫板直接与压力机的内滑块相连接的整体式结构;另一种是凸模先与固定座相连接,固定座加垫板再与压力机内滑块相连接的分体式结构。

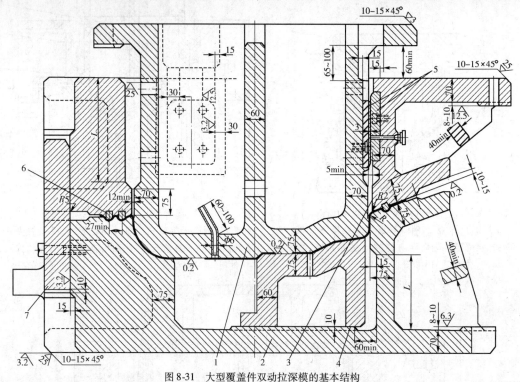

图 8-31 大型覆盖件双动拉深模的基本结构
1-凸模;2-凹模;3-压边圈;4-凹模镶件;5-防磨导板;6-拉深筋;7-凸台

由于覆盖件轮廓尺寸较大,凸模的尺寸也较大,故一般都采用实型铸造(FMS)成型,且为中空式的壳形结构。为了有较高的硬度并具有耐磨性,采用合金铸铁(如铬钼钒铸铁、钼钒铸铁)铸成,并采用表面火焰淬火对凸模工作部分进行表面强化处理。

拉深凸模的工作表面与覆盖件拉深件的内表面是相同的,它是拉深模最主要的成型零件。同时拉深件上的装饰棱线、筋条、凹坑、凸包等局部形状,一般都是在拉深模上一次成型。拉深件中的局部反拉深形状也是在拉深凸模上成型。因此,凸模工作表面上要有成型这些特殊局部形状用的起凸模与凹模作用的局部形状。当这些局部形状成型的变形量较大,有破裂危险时,应将成型局部形状用的凸或凹模处的圆角半径加大,然后在修边等工序中再进行校形,以使覆盖件的形状达到要求。

如图 8-32 所示,凸模的工作表面和轮廓的壁厚一般应在 70~90mm 范围内。为了保证凸模外轮廓的尺寸,在凸模上沿压料面有一段 40~100mm(图中 75mm)的直壁必须加工。而为了减少轮廓面的加工量,在轮廓面的上部应有 15mm 空档毛坯面。

2) 拉深凹模结构

凹模的作用是形成凹模压料面和凹模拉深圆角及凹模洞口。但由于拉深件上的装饰棱线、筋条、凹坑、加强筋及装配凸包、凹坑等一般都是在拉深模上一次成型。因此凹模结构除了压料面和凹模圆角之外,在凹模型腔中还装有局部成型用的凸模或凹模也属于凹模结构的一部分。

由于在凹模型腔内装有局部成型或反拉深用的凸模或凹模,于是拉深凹模的结构分成了活动顶出器闭口式凹模结构、闭口式凹模结构和通口式凹模3种形式。

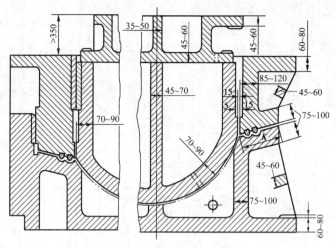

图 8-32 拉深模结构尺寸参数图

(1) 活动顶出器闭口式凹模结构。图 8-33 所示的散热器罩拉深模的凹模结构就属于这种形式。由于拉深件上有装饰筋,故凹模型腔必须有成型装饰筋的凹模部分。若将凹模型腔内的成型装饰筋的凹模部分设计成整体,则加工和钳工装配比较麻烦。另外,考虑到拉深后采用机械手取件,因此将凹模型腔的成型装饰筋用的凹模设计成镶入式并兼作顶出器用,下面用弹簧将顶出器托起。

(2) 闭口式凹模结构。图 8-34 所示的顶盖拉深模是采用闭口式凹模的实例,其凹模是直壁的靠凸模拉深成型。因拉深件上有加强筋,因此应在凹模型腔内装有成型加强筋用的凹模镶件。顶盖拉深件较浅,又没有直壁,所以不需要顶出器顶件。显然,这种凹模结构加工制造比较容易,应用得也较广。

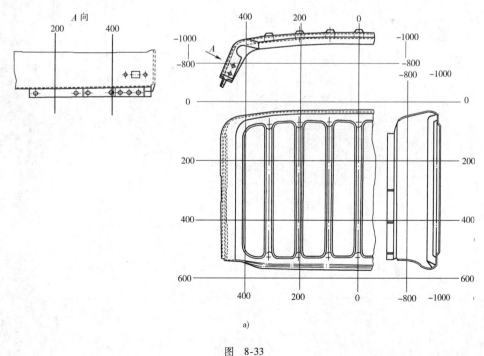

a)

图 8-33

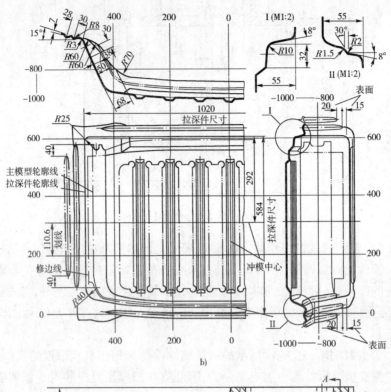

b)

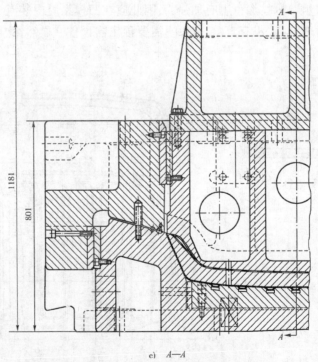

c) A—A

图 8-33

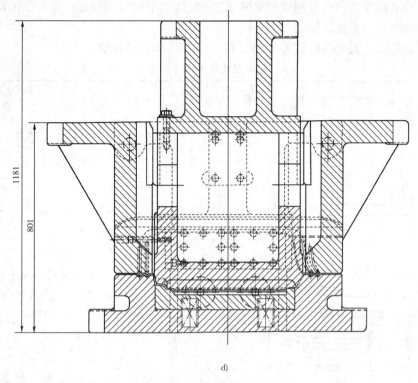

d)

图 8-33 散热器罩拉深模

a)、b)散热器罩拉深模(制件图);c)散热器罩拉深模(纵向剖视);d)散热器罩拉深模(横向剖视)

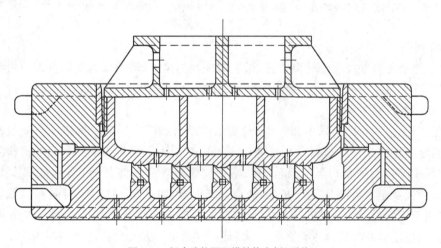

图 8-34 闭合式拉深凹模结构实例(顶盖)

(3)通口式凹模结构。图 8-30 所示的就是一个通口式凹模结构实例。凹模型腔内装有反拉深窗口用的凸模和成型装饰筋用的凹模(顶出器),其下部装有弹簧兼作顶出拉深件用。为了反拉深能够压料,反拉深凸模是固定的,而成型装饰筋的凹模(顶出器)是活动的。其凹模型腔是贯通式的,下面加底板,而且反拉深凸模固定在底板上。

通口式凹模的优越性主要体现在冲模制造工艺上。因顶出器是成型外轮廓形状的一部分,而且形状比较复杂,顶出器与凹模型腔的配合也较准确,一般无法在凹模的型腔中划线和加工。但采用通口式凹模结构后就可以在凹模的支持面上划线或借助投影样板在支持面上划线。由于通口式凹模的内形可用插床准确加工，加工后的凹模、反拉深凸模和顶出器便可以一起安在凹模座上用仿形铣床加工。

另外，凸模、压边圈和凹模铸件各部分的尺寸参照表8-10选取。

拉深模壁厚尺寸（mm） 表8-10

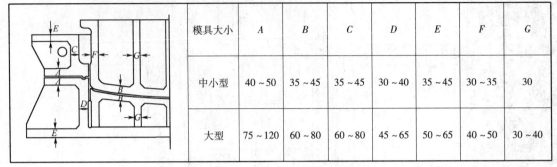

模具大小	A	B	C	D	E	F	G
中小型	40~50	35~45	35~45	30~40	35~45	30~35	30
大型	75~120	60~80	60~80	45~65	50~65	40~50	30~40

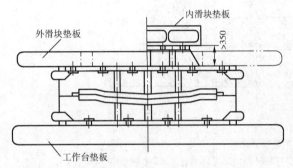

图8-35 双动压力机上安装模具所用垫板示意图

双动拉深模的闭合高度应适应双动压力机的规格。内滑块除凸模上装有固定座外还备有垫板，垫板与内滑块紧固，固定座装于垫板上。在人工安装时，要求固定座上平面高于压边圈上平面350mm以上，以便于安装。外滑块备有外滑块垫板（又称过渡垫板），该垫板紧固在外滑块上，压边圈安装在此垫板上。图8-35所示为在双动压力机上安装冲模采用过渡垫板的示意图。

2. 导向零件

导向零件是覆盖件拉深模的重要零件，它对模具的精度、寿命以及拉深件的质量与精度均有很大的影响。拉深模的导向包括压边圈与凹模的导向、凸模与压边圈的导向两方面内容。

1）压边圈与凹模的导向

压边圈和凹模的导向是采用如图8-36）所示的凸台和凹槽导向。其作用与一般冲模的导柱、导套的导向相似，但导向间隙较大，为0.3mm。这是为了满足调节压料面的进料阻力使压边圈支撑面成倾斜的需要。至于凸台和凹槽的放置位置应具体分析，凸台在凹模上如图8-36a）所示，其优点是看得清楚且较安全，缺点是调整模具时妨碍打磨压料面和拉深筋槽。这种结构多用于压料面形状简单的压边圈和凹模的导向。而凸台放在压边圈上如图8-36b）所示，其优点是便于打磨和研修压料面和拉深筋槽，缺点是不太安全。这种结构多用于压料面形状复杂的压边圈和凹模的导向。

为了减少磨损并保证导向间隙，凸台与凹槽上应安装防磨导板。导向面上可考虑一面装导板，另一面精加工，磨损后可在导板背面加垫板。至于导板装在凸台上还是装在凹槽上，这与使用无关，主要考虑制造时钻孔的难易程度，最好使导板上都是沉孔，没有螺孔。为了便于进入导向面，又要加工方便，可将导板引入导向面的一端做成30°的倾斜面。图8-37所示为有30°斜导板的结构形式。导板的材料为T8A钢，淬火52~56HRC。凹槽导向面之间的距离（图8-36）决定于压料面的长度。一般尺寸A等于压料面长度加上20~40mm。凹槽导向面的宽度B一般取1/3~1/2压料面外形轮廓的宽度。

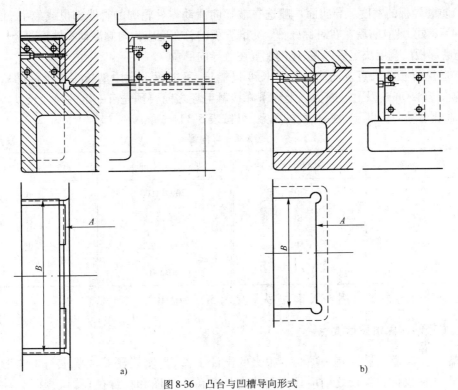

图 8-36 凸台与凹槽导向形式

2) 凸模与压边圈的导向

采用凸模与压边圈导向的双动拉深模中,凹模与压边圈之间没有导向,所以这种结构的模具仅适用于断面比较平坦的浅覆盖件的拉深。

为了提高导向精度和导向面的耐磨性,通常要在凸模与压边圈的导向间设防磨导板。防磨导板多设在凸模上,也可设在压边圈上,或者二者都设。防磨导板的形式及其安装形式如图 8-38 所示。

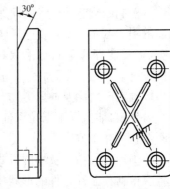

图 8-37 导板结构

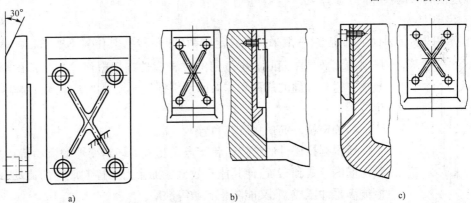

图 8-38 防磨导板形式与安装方式
a) 防磨导板形式;b) 防磨导板装在压边圈上;c) 防磨导板装在凸模上

(1)防磨导板的宽度。导向面一般选在被导向滑动零件轮廓的直线部位或最平滑的部位,通常取4~8处,且应前后左右对称分布。防磨导板的总宽度应为内侧滑动零件轮廓全长的25%以上,防磨导板的宽度决定后,需按比例配置在各导向部位。

(2)防磨导板的长度。防磨导板的长度只能长,不能短。大中型拉深模上的防磨导板的长度,应大于150mm以上。因为当上模下降接触毛坯之前要预先有一定的导向长度。开始接触坯料时最小导向长度与凸模长度的关系,可按表8-11选择。

最小预先导向量　　　　　　　　　　　　　　　　　　　　　　　　表8-11

凸模长度(mm)	最小导向量(mm)	凸模长度(mm)	最小导向量(mm)
<200	30	1200~1800	70
200~400	40	1800~2500	80
400~800	50	2500~3200	90
800~1200	60	>3200	100

防磨导板的材料通常用T8A钢,淬火硬度为52~56HRC。

五、覆盖件拉深模设计要点

覆盖件拉深模的设计是一项难度很大的设计工作,是实现覆盖件要求与工艺要求的关键。在设计覆盖件拉深模之前应认真阅读有关覆盖零件图和拉深件图,认真研究冲压工艺文件,并对拉深变形和质量问题进行分析判断,从而明确拉深件的设计思想,工艺补充、压料面的设计目的,拉深成型后各道工序的相关问题,以及根据变形分析对可能出现的破裂、起皱、面畸变等质量问题采取相应的预防措施。在此基础上,抓住下述要点进行覆盖件拉深模设计。

1. 确定压料面及冲压方向

设计模具时,要根据拉深件图所确定的拉深件的凸缘形状和冲压方向来考虑拉深模的压料面形状和冲压方向。

2. 确定模具结构及导向方式

应根据覆盖件零件的形状特点、冲压成型的难易程度,参照已有的同类型零件的拉深模结构来确定模具结构及导向方式。

3. 坯料定位

坯料在凹模压料面上的定位,一般采用螺纹定位销(图8-39),其位置不要求很准确,因为压料面多数是曲面的。定位销的位置应选在压料面比较平坦的部位,一般放在送料方向的前面和左右面。根据坯料尺寸的大小,可设置4~6个定位销。

4. 确定拉深筋形式及其布置

要根据拉深件的结构形状特点及相应的坯料变形的流动特点来设计拉深筋的形式和布置,使其能有效地增加阻力并控制坯料的流动,以达到既能满足冲压成型,又能防止起皱等缺陷。

5. 确定合理的凸、凹模圆角等参数

由于覆盖件要求一次拉深成型,故一般情况下拉深凸模的形状、尺

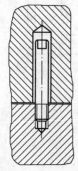

图8-39　螺纹定位销

寸、圆角大小都要与拉深件内形的相应部位的参数一致。但在确实利用其他措施都无法解决拉深成型时的质量问题时,可对凸模的局部圆角进行适当的放大。但须在后序工序中对该部位进行校形。

一般把拉深凹模的圆角设计成略小于拉深件相应部位的圆角。这是因为拉深模调试时要对凹模圆角进行修磨,小圆角修成大的圆角较为方便、经济。

6. 局部成型部分模具参数的确定

当拉深件内部有局部成型的形状时,应当对这些部位的坯料变形量进行一定的计算。因变形量过大会产生破裂时要适当加大相关的模具圆角,并在后序工序中进行校正。当这些部位的变形分布不均匀,会引起面畸变甚至起皱时,也应通过修正模具参数等措施进行预防。

7. 通气孔

采用双动拉深模拉深时,在凸模回程时压边圈还压住拉深件的时刻,因拉深件受到被压缩在凹模型腔内空气的反压力,会使拉深件产生变形甚至凹陷。为此必须在凹模型腔中的非工作部分开通气孔。

另外,为防止在凸模下行拉深时在凸模与坯料之间存在一定的空气,并因这些空气的被压缩而使凸模至下止点时坯料不能完全贴模,必须在凸模的合适部位处开通气孔。为了便于在凸模返程时退件,也需在凸模上开通气孔。

至于通气孔的位置、数量及直径的大小,可根据拉深件形状来设计,一般情况下,通气孔直径为 10～20mm,并应均匀分布。

8. 拉深件的出模方式

拉深成型后滞留在凹模内的制件,其取出方式应根据拉深件的形状特点和生产批量来确定。对于没有直壁且底部较平缓的浅拉深件,在生产批量不大时,可不在凹模内设顶出装置,拉深结束后直接由人工取件。对于那些有直壁的深拉深件应在凹模内设置弹簧顶出器等顶出装置,拉深结束后即将制件顶起至一定高度,以便于机械手或人工取件。还可在凹模压料面的适当位置,设置一组杠杆撬起装置以便于出件。

在大批量流水冲压生产中,可应用设置在凹模内的汽缸通过托板将制件由凹模中托出,再由机器人或机械手将拉深件取走并加以传递。采用气动出件装置操作方便,安全可靠,自动化程度高,显著减低劳动强度。但这种装置较复杂,制造费用也较高。

第九章 车架、车轮及某些厚板零件的塑性成型

本章主要介绍在汽车的传动系、行驶系、转向系和制动系中的厚板零件的冲压工艺。这些零(部)件,如车架、车轮、制动器中的冲压件都承受繁重的动载荷,故要求其有很高的强度与刚度。同时这些零件都采用3~10mm厚的钢板冷冲压成型,其所用模具结构和压力机也与覆盖件冲压成型的情况不同。对于汽车底盘中的大型、厚板冲压件,可采用液压胀形或冷弯成型取代原工艺。

第一节 车架零件的冲压工艺

车架是整个汽车的基体,现代汽车大多数都具有车架,并通过车架来固定其各个总成和绝大多数的零部件。工作性质要求车架应具有足够的强度和适当的刚度,以承受重载荷并且有形状稳定性,同时要求其质量尽可能小。图9-1所示车架的各种结构形式,其主要骨架纵梁与横梁常用低合金钢厚板冲压制成,且其断面多为槽形。

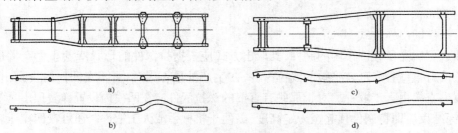

图9-1 汽车车架的结构形式
a)货车车架;b)公共汽车车架;c)轿车车架;d)轻型货车车架

一、汽车用厚板冲压件冲压工艺的特点

1.冲裁工艺的特点

其显著区别于薄板冲压成型工艺的特点之一是尽量在一次落料工序中完成,不能在弯曲或成型后再修边。因此,对于形状展开较复杂的零件要用计算与试验相结合的办法,准确地确定其落料轮廓尺寸。

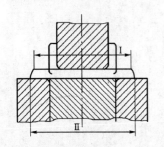

图9-2 冲裁坯料在成型模上的放置
I-在凸模方向;II-在凹模一侧

1)落料坯料与成型工序的关系

在冲裁厚度 5~10mm 的坯料时会在断面上产生很大的塌角,为了避免在弯曲成翼板时在弯曲处形成裂纹,应将落料坯料轮廓的大端面向下放置在弯曲凹模上(图9-2)。

2)模具结构与工作零件

凸、凹模均为镶块结构,由于冲裁厚料,故模具工作零件应有很好的硬度和工作稳定性。凸、凹模镶块应用工具钢制成,淬火至硬度 56~60HRC。为了降低冲裁力可采用波浪式刃口。同时模架应导向好、刚性好。

3) 冲裁凸模与凹模的间隙

要选择合理间隙,根据经验,落料凸、凹模间的间隙可取料厚的 8%~12%;而冲孔时凸、凹模间隙为料厚的 5%~8%。同时冲孔凸模应有很高的坚固性,并进行可靠的固定。

2. 弯曲成型工艺的特点

1) 最小相对弯曲半径对产品质量的影响

如图 9-3a) 所示,在对厚板 ($t=5\sim10$mm) 进行 U 形弯曲时,当成型时在弯曲半径区会有很厚的金属包覆住凸模(断面 $B\!-\!B$ 和局部放大视图 I),变形区发生变形为:外层受拉伸、内层受压缩并产生凸起,当其相对弯曲圆角半径 R/t 很小时,这两种变形的程度就越大,有时还会产生裂纹。实际生产经验证明,对于汽车纵梁的弯曲成型,当板厚大于 6mm 时,最小相对弯曲半径 $R_{min}/t \geq 1.5$ 为宜,否则会产生弯曲裂纹。

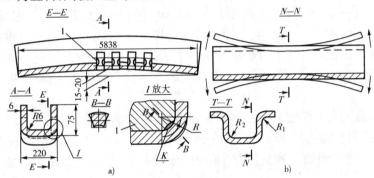

图 9-3 U 形和⊔形件弯曲变形情况
a) U 形件;b) ⊔形件

2) U 形长弯曲件的长度方向产生附加弯曲变形

如图 9-3a) 所示,当弯曲断面如图中 $A\!-\!A$ 所示纵向长度很长 (5~10m) 的汽车纵梁时,因厚板强制弯曲在圆角处(图中 $B\!-\!B$)发生变形,会在靠弯曲凸模的圆角处发生多余的金属堆积,如图中 I 部所示。在载荷卸去后,这些多余的受压缩金属变形只能在沿长度方向上扩散并释放,因此会导致在弯曲件长轴线方向上产生附加变形——翘曲的弦高达 15~20mm。

二、车架纵梁与横梁的冲压成型工艺

车架纵梁是汽车上最大的部件,在大批量生产中,纵梁都是采用低合金钢板并利用金属模具在大型压力机 (30000kN、40000kN、50000kN) 上冷冲压制造。这种制造方法的优点是质量较稳定、生产效率高,便于机械化、自动化生产。

1. 车架纵梁的冲压成型工艺

纵梁的冲压成型工艺为:

(1) 剪床下料。

(2) 落料、冲工艺孔。

(3) 压弯成型。

(4) 冲腹板孔。

(5) 冲翼板孔。

2. 纵梁冲压工艺中应注意的问题

1) 落料工序

由于纵梁长度很长、板料厚且强度较高,故冲裁力很大。例如,CA141 和 EQ-140 汽车的纵梁均采用16MnL钢,钢板厚6mm。如果其落料凹模和所有冲孔凸模都按平刃口和等高度计算,则总冲裁力约为90000kN。可是目前世界上还没有这样大吨位的冷冲压压力机。所以为了减少冲裁力、降低冲裁时的振动与噪声,在设计纵梁落料模时,采用波浪凹模刃口。这样可将冲裁力减少2/3左右,于是采用40000kN的压力机便可以进行6~8mm厚的纵梁落料。实际生产所用落料凹模波浪式刃口的高低之差为料厚的3~3.5倍,斜刃口与水平线的夹角为3°~3.5°。凹模镶块的长度一般在350~400mm之间。

2) 冲孔工序

为了降低冲孔力和防止冲孔冲模折断,应将所有一次冲制的冲头分成3种或4种高度,每种高度差为2/3~1倍的料厚。其中直径较大的冲头长度较长,但其高度亦应低于落料波谷刃口2~3mm;直径较小的冲头最短。这样就可避免因退料力不均而发生小冲头折断。同时为了降低冲裁力和冲裁噪声,对于直径大于$\phi 20$mm的冲头,也要做成波浪式刃口,波浪的高点和低点相差为料厚的一半为宜。而直径为$\phi 10 \sim \phi 15$mm的冲头最好作成刃口顶部带有锥形突起结构,其锥形高度为直径的2/3左右,锥角为70°~80°。这种形式的冲头不但在冲入板面时稳定性好,还可减少冲裁力与振动噪声,并且能减少磨损,具有较高的使用寿命。

图9-4a)给出了用于车架纵梁的落料冲孔模的主断面图。模具主要由以下零件组成:上、下模座4、26,凸、凹模镶块22和25,下垫板23,冲头21和冲头固定板15,打板24,带有垫板5和9的锁紧楔8,带有销轴7和紧固杆16的锁紧器6,沿着导轨1和3运动的滑轮以及顶板18。

落完料的坯料由通过顶板18和顶杆17传力的压力机顶出器从凹模中推出。而冲孔和落料的废料则落在振动式溜板上(图9-4b),并由溜板排到压力机之外。长度方向上的落料废料被切断后沿斜滑道19和27滑到模具外。为了送料和出料,在凸模上还设有专门装置(图9-4c)。

3) 纵梁的压弯工艺及注意事项

为了保证两翼面上孔的对称性、准确性和弯曲高度的一致性,在弯曲成型时应注意导正销的数量与位置要求。对于长度为4.5~5.5m的纵梁应在腹板上布置5~6个导正销孔。6~8m长的则应布置6~8个导正销孔。

图9-5所示是弯曲成型汽车纵梁的模具。纵梁用的坯料厚度为6mm,长度为6m,其断面如图9-5e)所示,弯曲后翼板高度为75mm。在弯曲成型时,凸模将工件压入凹模的深度为130mm(图9-5a),这样可保证纵梁成型尺寸的准确。在纵梁上有不同直径的247个孔,尤其是分布在翼板上相当数量的孔需要在弯曲成型后冲制。纵梁是汽车的重要承载零件,故不能有撕裂或裂纹。其结构特性决定了模具的结构,模具的工作零件采用镶块结构。其凸模镶块6用T8A钢制造,淬火至54~58HRC;而凹模镶块12则用合金钢Cr12MoV制造渗氮淬火到60~62HRC。凸模镶块用螺钉21固定在上模座4上。凹模镶块12镶嵌在下模座的凹槽中且用螺钉7由侧面固定,其下的顶出器13由淬火的垫板5支撑并通过顶杆19由压力机的缓冲器带动。上模与下模采用4根直径为$\phi 100$mm的导柱10和导套9导向。

工作时,坯料先由抓斗式传送带送进并通过导板11和8后放置在模具区。坯料通过定位板20和定位销18定位。工件成型后由卸料器17通过弹簧16作用从凸模上卸下。之后由装在抓斗式输送带2上的托板托住送到压力机后边去。

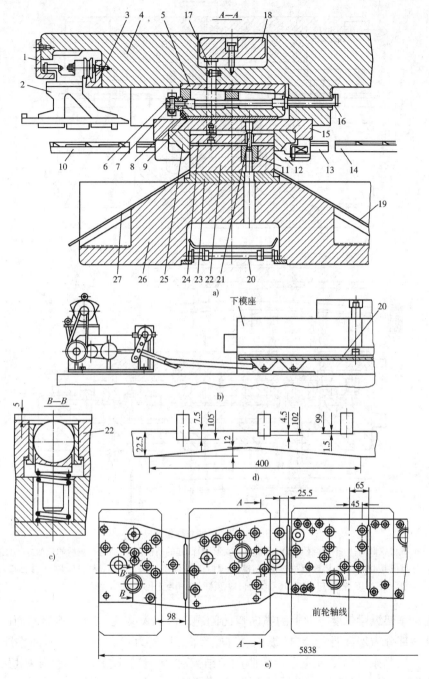

图9-4 用于汽车纵梁的落料、冲孔模
a)模具主断面图;b)废料排出装置;c)钢球弹顶装置;d)纵梁逐渐冲孔示意图;e)冲头镶块分段图
1、3-导轨;2-支架;4-上模座;5-垫板;6-锁紧器;7-销轴;8-锁紧楔;9-垫板;10、14-导板;11-凹模镶件;12-定位器;13-导板;15-冲头固定板;16-紧固杆;17-顶杆;18-顶板;19、27-斜滑道;20-加料槽;21-冲头;22-凸模镶块;23-下垫板;24-打板;25-凹模镶块;26-下模座

纵梁的弯曲属于厚料宽板弯曲,且相对弯曲半径较小,故弯曲成型时的质量问题主要是回弹与裂纹。回弹会影响到装配,而产生裂纹则影响到纵梁的承载能力和使用寿命。

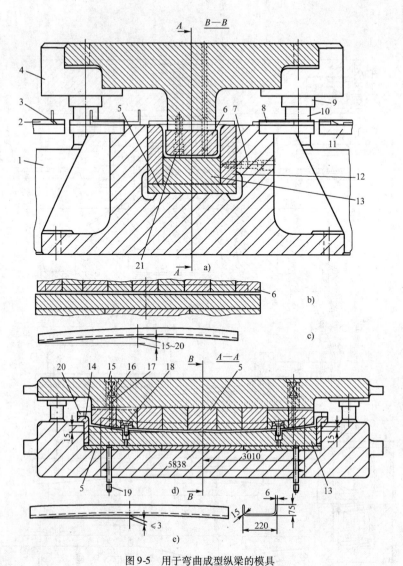

图 9-5 用于弯曲成型纵梁的模具
a）成型模截面；b）平面凸模；c）沿凸模长的变形；d）凸起的凸模；e）用凸起凸模后的长度方向变形
1-下模座；2-导板；3-限位柱；4-上模座；5-垫板；6-凸模；7-螺栓；8-定位板；9-导套；10-导柱；11-支架；12-凹模；13-凹模镶块；14-侧向定位板；15-螺钉；16-弹簧；17-打杆；18-定位钉；19-顶杆；20-角度定位样板；21-螺钉

首先是车架纵梁长度方向上的纵向弯曲问题。因纵梁多为"U"形不等断面的宽板弯曲，在弯曲圆角部分内层金属受三向（纵向、横向、径向）压应力状态，而外层金属在厚度方向（径向）受压应力，其余两向受拉应力。弯曲成型结束时，弹性变形就要恢复，使外层金属有趋向于纵向收缩，内层金属趋向于纵向伸长，故产生纵向拱起回弹。如图 9-5c）所示，其中部的回弹拱起可达 15~20mm。另外，对于不等断面的纵梁，在折弯处因坯料展开长度大于压弯后翼面的长度，其在压弯过程中翼面上有多余金属存在，更加剧了纵梁的纵向回弹，从而使翼面上有多余的金属存在。这些多余的金属在弯曲成型中，一部分有向横向断面展开的趋势，另外还有增加板厚及沿着纵向展开的趋势，故当纵梁成型后卸载时，这部分能量便释放出来，其中以沿纵向展开的应力为最大，于是发生较大的纵向回弹（拱曲）。通过采用如图 9-5d）所示的沿长度凸起的组合凸模，可将弯曲后回弹的拱起减至 3mm 以下（图 9-5e）。

其次是纵梁的横向回弹。横向回弹指的是翼板相对于腹板的垂直度,若大于90°为正回弹,小于90°为负回弹。横向正回弹使铆接间隙加大,而负回弹会使横梁装配困难。为此各生产厂家均对纵梁的横向回弹规定了检查范围,见表9-1。

纵梁的横向回弹数值规定 表9-1

国别	公司	草　图	数据范围	单位	备　注
中国	一汽	回弹角	1.5:100	mm	
日本	五十铃		≤±0.5… → ≤±1… →	mm	装配零件部件 不装件部位
英国	CKN		±1	(°)	
美国	A·O史密斯	回弹角	±1	(°)	

解决纵梁弯曲成型回弹的技术措施是:将凸模做成预回弹角,改变凸模底面形状与退料板的形状,改进产品结构,控制材料性能及厚度公差,适当地调整压力机的气垫压力等。

3. 车架横梁的冲压工艺与质量控制

1)横梁的冲压工艺

对于槽形直梁一般不落料,由剪切下料工序保证宽度尺寸,之后用模具修两端边并冲孔,最后压弯成型。对于较复杂的拱形横梁,一般是先落料冲工艺孔,再成型,最后用斜楔滑块模冲孔。对于发动机后悬置横梁,因其形状复杂则需要落料、拉深成型、冲小孔、修边与冲孔、冲侧孔五道工序完成。

因为横梁是形状较复杂的厚板(3.5~5mm)的成型,故在选用钢板质量上,不但要满足高强度的要求,而且要满足冲压成型性的要求。目前国内多选用16MnL、10Ti、08Ti等牌号的钢板。

2)横梁冲压质量控制

常见的横梁质量问题有冲压开裂、正负回弹、孔位不准确等。

控制其质量的措施有:

(1)从产品结构上设法控制回弹。在不影响装配与使用性能的前提下,进行局部改变,如圆角由大改小并在圆角处压出几个三角筋以控制回弹。

(2)从工艺上来控制回弹。如增加校正工序,适当调整好模具间隙和压力机的气垫压力。生产实践表明,气垫压力大产生正回弹,而气垫压力小产生负回弹。对于"⊏"形断面的横梁一般采用凸模在上,凹模在下的冲压成型工艺。对于"⊥"断面的横梁则采用凹模在上,凸模在下,利用下气垫来压住两侧边部料来成型,容易控制回弹。

(3)选用屈服极限强度较低的材料并选用液压机来成型,可显著改善回弹问题。

4. 成型汽车纵梁的冷弯成型工艺

为了减少大型压力机及模具的投资和提高生产效率,同时要满足大吨位载货车的既要提高其载能,又要降低自重的要求,目前国内外都已采用多辊冷弯成型工艺成型汽车纵梁。该成型新工艺为了提高生产效率和适应多品种生产,将纵梁由变截面改为直通直截面以方便多辊冷弯成型。同时采用厚度$\delta=5\sim8$mm,屈服强度$\delta_s=500\sim700$MPa高强度钢板的卷料,易于形成冷弯成型连续生产线,下面以国内自行设计并已应用于某重型汽车公司的重型汽车纵梁多辊冷弯成型生产线为例,介绍该类新型生产线的成型工艺及相关工艺装备。

1)生产线的组成

生产线的任务是以定宽卷料作原料经过开卷与在线校平后,经过多辊连续冷弯得到所需的 U 形直截面梁,再进行定长剪断后,最终制成重型汽车所需要的纵梁。生产线的工艺流程为:上料→开卷→校平→剪头→辊形→剪断→下料。其组成单元如下:

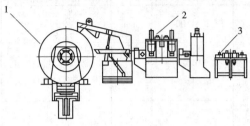

图 9-6 上料、开卷、校平及剪料头单元(无上料部分)
1-开卷部分;2-校平部分;3-剪料头部分

(1)上料、开卷、校平及剪料头单元。该单元的平面布置如图 9-6 所示。其中上料部分由上料车体、升降料架和液压传动系统等组成,用以将卷料送至开卷机 1 上。开卷部分将卷料展开,为双支撑结构,由液压缸自动胀紧卷料,芯轴经传动装置驱动旋转且转速正反可调,使卷筒旋转实现开卷。当联动工作时还可实现反张力开卷。校平部分 2 由机身、牵引辊、多组校平辊和齿轮减速传动系统等组成,可对开卷后的板料进行校平。其传动系统由直流调速电动机、减速机、齿轮分配箱等组成,用以驱动全部校平辊,速度则由直流电动机无级调节。此外,校平机前还带有牵引入料装置,以保证厚板料的顺利进入。剪料头部分用于剪切卷料头和卷料尾部,所用剪板机为液压双缸上传动型式。

(2)冷弯成型单元。该单元是整个纵梁多辊冷弯成型生产线的核心部分,其任务是将展平的连续板料经过多道次连续冷弯成型为所需的截面形状,如图 9-7 所示。

冷弯成型的主机采用独立牌坊结构,有足够的刚性和安装表面,以保证平辊架、立辊架和校直机在其上面精确定位。其中平辊架是由一对左右对称的牌坊、上下两副平行的辊轴与滑块组成,系闭式构架,是多辊冷弯成型单元的主体。根据纵梁直截面的连续成型,需要 14 组平辊架。当改变纵梁板厚时,需要手动调整平辊架上下辊轴的中心距。立辊架是用来辅助辊压成型的装置,根据成型工艺的需要,在平辊架之间穿插进 6 组立辊架,在平辊机架内设置 3 组立辊架。

成型辊轮配对有上辊轮和下辊轮,分别装于平辊架的上下辊轴上(图 9-8)。当改变纵梁的开口宽度时,需要停机调整上下辊轮的轴向对分隔片。当需要改变成型圆角时,需要停机在基型辊轮上安装对分式新圆角辊模。

图 9-7 多辊连续冷弯单元

图 9-8 多组辊轮的安装

①成型工艺与辊轮的设计要点。根据纵梁产品的截面形式和连续冷弯渐近成型工艺的特点,首先要进行纵梁多道次辊压成型的辊花(即制件变形截面外端的包络线)设计。在设计时,将成型制件的工序件依次逆向展开,根据展开的断面来确定各道次的成型辊轮的轮廓。良好的辊花设计应尽量满足如下条件:将各机座间发生的膜应变最大值均等化;使消耗的动力最低;尽量缓和制品的残余应力;同时要使机座数最少,也即使冷弯成型机长最短。纵梁冷弯成型的辊花是基于上述考虑,运用 COPRA 软件对辊花进行了合理的设计,并进行了优化。所设计的辊花图如图 9-9 所示。

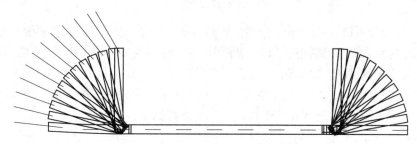

图 9-9　汽车纵梁多辊冷弯成型的辊花图

在辊花图设计完成后,为确定所展开辊花的合理性,特对冷弯成型工艺进行了三维成形模析分析。通过应力分析,保证每个成型道次受力均匀,以确保冷弯连续成型过程中不产生应力突变。纵梁截面辊花图的应力分析见图 9-10。

冷弯成型所用辊轮采用组合结构,每副辊轮都采用分片式结构,辊轮和辊轮之间有组合式隔套,在更换产品时不需要将辊轮全部拆下,故换模、调整方便,时间短。隔套采用对分式结构,在线便可将隔套拆换。辊轮的成型工作面是根据辊花图的展开图设计的,采用 NC 机床加工。辊轮材料采用高碳高铬微变形耐磨模具钢 Cr12MoV,其热处理硬度为 58~62HRC。

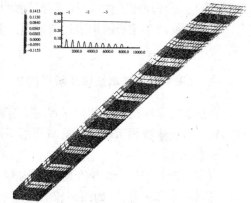

图 9-10　辊花应力分析

②冷弯成型单元的工作过程。当纵梁的平板料被精确送至第一折弯点时,纵梁翼面被辊轮自适应夹紧,而腹面被主机油缸压紧,此时主机的旋摆机身向前旋摆,纵梁首次被折弯。之后夹紧松开,纵梁被自动送至第二个折弯点夹紧,旋转机身旋摆,纵梁又被折弯,从而成为前宽后窄的纵梁 U 型截面形状,如此连续经多道次折弯,便得到冷弯成型的纵梁。

(3)切断单元。切断单元的功能是在保证纵梁连续冷弯成型的条件下,将成型好的纵梁按所要求的长度和精度迅速剪断。它决定着整条冷弯成型线的成型速度和生产效率。该单元由测长装置、模具和压力机(飞剪机)等组成(图 9-11)。通常采用跟踪下的切断方式,以达到与成型线同步。切断长度由测长装置构成的闭环系统控制,允许预设长度。一般在最大冷弯辊形速度下切断长度误差为 ±3mm。

(4)下料单元。如图 9-11 中的 2 所示,下料单元由辊子纵送装置和链条横送装置组成。定长剪断的纵梁被后成形的部分推动,便沿纵送装置前移。链送装置可摆升摆降,沿横向布置在纵送辊之间。当纵梁被推进到设定位置时,链送装置便摆升将纵梁托起,横送至堆垛工位器具,以便转至下工序。

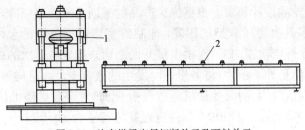

图 9-11 汽车纵梁定尽切断单元及下料单元
1—飞剪机;2—下料单元

(5) 液压和控制系统。液压系统分别为上料、开卷、校平、剪切等单元提供液压动力。

成型线的电控系统由控制柜、操作台、外部检测元件等组成。设有调整、手动、自动工作方式。由 PLC 集中控制,配有人机界面,采用人机对话输入方式。具有长度设定、状态监控、故障报警、系统保护等功能。PLC、人机界面、直流调速装置等采用 PROFIBUS-DP 总线连接,实现了总线控制,提高了通信速度及抗干扰能力。显著降低了和维修成本。

第二节 车轮的冲压工艺

车轮是汽车的重要承载件和保安件,它与轮胎组成车轮总成,不但要承受整车的全部载荷在恶劣的地面环境中工作,而且要有足够的强度和可靠的寿命,以保证在汽车高速行驶时的安全。工作特征对车轮的结构形式与制造质量(如形位公差、动平衡、冲压质量等)都提出了很高的要求。

一、汽车车轮的基本结构及所用钢材

目前普遍采用的车轮结构形式主要有两种:即由型钢轮辋制造的车轮和用钢板滚压成型的车轮。前者主要用于轻、中、重型商用车,后者主要用于轿车、面包车等乘用车。

1. 型钢车轮

目前国内外采用的型钢车轮的结构形式有两件式、三件式、四件式及五件式等,其中大量采用是两件式和三件式,如图 9-12 所示。

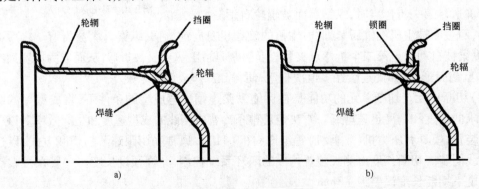

图 9-12 型钢车轮的结构形式
a) 两件式;b) 三件式

在图 9-12 中,车轮轮辋、挡圈、锁圈的原材料均采用钢厂轧制的异型材,而轮辐则用厚钢板冲压成型。

2. 滚压成型车轮

这种车轮的轮辋是用钢板经滚压加工成型的。为了适应装配子午线无内胎轮胎和提高乘用的舒适性,其制造精度,如径向、侧向跳动,安装面的平面度以及气密性等,均提出了比型钢车轮更为严格的要求。其结构如图 9-13 所示。

3. 制造车轮用的钢材

由于车轮产品的技术要求较高,其在制造过程中的变形又较为复杂,又要适应大批量流水生产的工艺要求,因此对制造车轮所采用的钢材也相应提出了严格的要求。

(1)选用的钢材必须保证车轮有足够的强度和疲劳寿命。

(2)选用的材料应能达到车轮结构的轻量化,以降低汽车油耗。为此,应在保证强度与寿命的前提下,钢材的力学性能指标应尽量提高。

(3)选用的钢材应有良好的工艺性和可加工性,如足够的延伸率、可塑性和良好的焊接性能。同时钢材应有较高的内在、外观质量。

商用车车轮所用材料的技术性能参数详见表 9-2。

商用车车轮用材料的技术性能参数　　　　　　　　表 9-2

钢号	主要化学成分(%)						力学性能				备注
	C	Si	Mn	P	S	Al	σ_b(MPa)	σ_s(MPa)	δ(%)	冷弯	
12LW	0.08~0.14	0.12~0.22	0.25~0.55	≤0.04	≤0.04		355~470		>30	$d=2a$	轮辋型钢
15LW	0.12~0.19	0.12~0.22	0.35~0.65	≤0.04	≤0.04		375~490		>27	$d=2a$	轮辋型钢
16Mn	0.12~0.20	0.20~0.55	1.20~1.60	≤0.045	≤0.045		>510	>345	>22	$d=2a$	弹性挡圈
Q235	0.12~0.20	<0.30	0.30~0.70	<0.045	<0.045		375~460	235	26	$B=2a$	轮辐热轧板

二、型钢车轮制造工艺

如图 9-14 所示,型钢车轮的轮辋、挡圈的断面是异型断面,均采用由钢厂直接供应的型材进行弯曲成型,而轮辐则是用热轧钢板冲压成型,二者成型工艺截然不同。

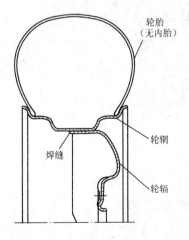

图 9-13　滚压成型车轮结构图

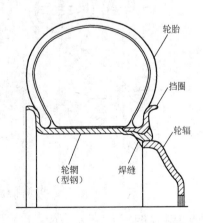

图 9-14　型钢车轮(二件式)断面形式

1. 型钢轮辋的制造工艺流程

如图 9-15 所示,中、重型商用车的轮辋制造工艺流程基本上由 15 道工序组成。

(1) 剪切下料,下料长度约为1615mm(轻型车)。

(2) 酸洗除锈(图中未画出)。

(3) 在专用卷圆机上进行轮辋卷圆。

(4) 旋压校形。

(5) 将圆筒状的轮辋的两端头压平。

(6) 切口。

(7) 修整对口。

(8) 在对口焊机上对焊,焊接持续 6~8s。

(9) 切除焊后的焊渣、焊瘤。

(10) 沿弧线校正轮辋并精修焊缝处。

(11) 修磨焊缝。

(12) 从内侧方向清理并修光焊缝与对口处。

(13) 扩胀轮辋。

(14) 按外形轮廓压缩外形。

(15) 精压缩外形。

以上工艺可根据生产厂的具体条件进行调整。

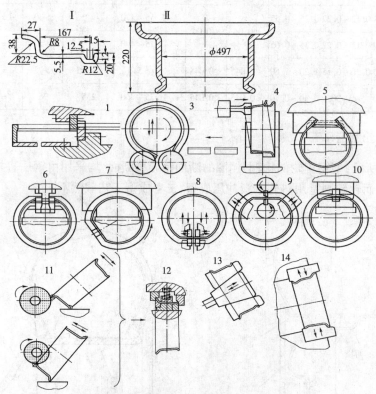

图 9-15 用型钢制造商用车轮辋的工艺流程图

2. 重点工序说明

1) 轮辋卷圆

轮辋的异型断面如图9-16所示,其各段的厚度、刚度与形状均不相同,其中 A 段称为轮辋凸缘部分,类似于角钢结构,它主要承受汽车行驶中轮胎的侧向压力形成的循环载荷。在卷圆时此段断面系数最大,成型也最困难。B 段是轮辋的直线腰部,可视为平板卷圆。C 段是挡圈槽部分,承受弯矩较大且各处厚度不同,此段成型较为困难。

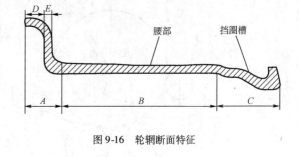

图 9-16 轮辋断面特征

(1)轮辋毛坯长度的计算。

目前多采用经验公式计算:

$$L = \pi D_{标} k + m_1 + m_2 \qquad (9-1)$$

式中:L——轮辋毛坯展开长度,mm;

$D_{标}$——轮辋标定直径,mm;

k——修正系数,k 一般取 $0.97 \sim 0.98$;

m_1——切口宽度,与切口模设计有关,一般取 $m_1 = 25 \sim 60\text{mm}$;

m_2——对焊时轮辋的烧化量和顶锻量,一般取 $m_2 = 15 \sim 30\text{mm}$。

(2)轮辋卷圆工艺及辊型设计。

轮辋卷圆通常是在非对称排列的四轴专用卷圆机上进行。卷圆机辊轴的排列如图 9-17a)所示。卷圆时,顶辊 1 的作用力 N_1 和底辊 2、3 的作用力 N_2、N_3 使轮辋的局部产生弯曲变形。卷圆属于回转连续局部成型,最后完成轮辋卷圆。从动辊 4 通常设计成锥形,用以控制轮辋卷圆后的开口大小和纵向错口。

工作辊的设计主要决定于卷圆机参数和轮辋直径的大小。原则上,由于轮辋成型过程中包容顶辊 1,应在容易退件的前提下,尽量使顶辊 1 加大,通常取其直径为轮辋直径的 75% ~ 90%。而 2、3 辊的直径是根据线速度相等的原则来确定的。但实际上因轮辋断面为异型断面,顶辊与底辊各相切点的线速度是不可能完全相等的。尤其是在轮辋凸缘部分,顶辊与底辊相切处在卷圆时有较大的线速度差,从而使底辊局部与材料之间产生较大的相对摩擦,这相当于在轮辋表面施加一个反向作用力,这不利于轮辋的成型过程。为克服这一问题,常将底辊的凸缘部分设计为随动辊,以降低上、下辊的线速度差,实现轮辋凸缘部分上、下辊的速度同步。

在卷圆辊设计时,另一个重要参数是辊子锥角的选择。由于轮辋是异型断面,当采用圆柱形辊卷圆时(辊子母线与轮辋母线平行,锥角 $\alpha = 0°$)则因卷圆时材料的中性层不平行于轮辋母线,使卷出的轮辋产生较大的螺旋形,并造成两端错口,使得下道工序——对焊无法进行。但是,如何选择一个合适的辊子锥角,达到既能使轮辋成型的螺旋形最小,又能使轮辋成型后的锥角减小,以减小轮辋挡圈槽部与凸缘部直径的差异(L_2 与 L_1)呢?根据多次试验,选择小锥角($\alpha < 3°$)进行卷圆,如图 9-17b),可使轮辋卷圆后大小头周长差不超过 40mm,并能将轮辋螺旋形控制在最小范围(< 5mm)。

2)专用卷圆机的选择与调整

目前国内使用的多是仿苏 C-75 型卷圆机和徐州锻压机床厂生产的 XD-002 型卷圆机。其顶辊是由汽缸推动沿与垂线成 5°角的导轨上下移动,下辊 2 可以上下进行调整,全部传动系统为机械传动。卷圆时设备与辊子的调整很重要,要根据材料的情况、工装条件等,仔细调整好各辊之间的轴向、径向间隙,保证稳定卷圆。

3)轮辋的初压缩、扩胀、精压缩

(1)如图 9-18 所示,因采用锥辊卷圆,故经卷圆之后得到的轮辋也是锥体形,即 $\phi_1 > \phi_2$。初压缩的作用是对轮辋挡圈槽部进行圆周压缩,最终使轮辋上下端 $\phi_1 \approx \phi_2$,以保证扩胀时上下端均匀扩胀,并能减少扩裂废品。

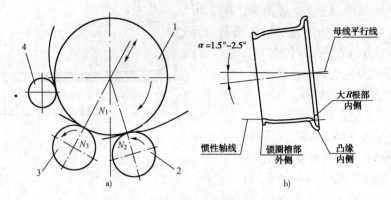

图 9-17 辊圆及辊圆机辊轮摆布图
a) 辊轮排列;b) 用小锥角卷圆
1—顶辊;2、3—底辊(主动辊);4—从动辊

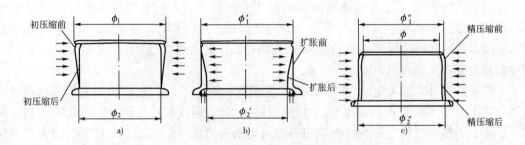

图 9-18 轮辋初压缩、扩胀、精压缩工序图
a) 初压缩;b) 扩胀;c) 精压缩

(2) 轮辋扩胀。

轮辋扩胀是轮辋整形的关键,它是使材料产生塑性变形的过程。合理地选择扩胀量的大小对轮辋的尺寸精度与降低开裂废品率很重要。

扩胀量可用下式进行验算:

$$D_{设} = \frac{\sigma_b}{E} \leqslant \Delta D_{扩} \leqslant \frac{\delta}{2(1+\delta)} \cdot D_{设} \tag{9-2}$$

式中:$\Delta D_{扩}$——辊辋的径向扩胀量,mm;
  $D_{设}$——轮辋设计直径,mm;
  δ——轮辋材料延伸率,%;
  σ_b——轮辋材料抗拉强度,MPa;
  E——轮辋材料弹性模量,GPa。

在保证轮辋成型圆度和设计直径的前提下,扩胀量越小越好。生产实践中常取扩胀量为:

$$\Delta D_{扩} = (1\% \sim 2\%) D_{设}$$

至于扩胀力可按下列公式计算:

$$T = ktH\sigma_b \tag{9-3}$$

式中：T——扩胀力，N；
t——轮辋料厚，mm；
k——扩胀系数；
H——轮辋高度，mm；
σ_b——材料抗拉强度，MPa。

式(9-3)中扩胀系数是与 β 角和摩擦系数 μ（镶块与芯模间的滑动摩擦系数）有关的参数。一般取 $\mu = 0.15 \sim 0.20$，取 $\beta = 12° \sim 20°$，则扩胀系数可按表9-3查定。

扩 胀 系 数 k 值   表9-3

μ \ β	12°	14°	16°	18°	20°
0.15	2.49	2.78	3.08	3.39	3.72
0.16	2.58	2.87	3.18	3.50	3.84
0.17	2.67	2.97	3.29	3.61	3.96
0.18	2.77	3.07	3.39	3.73	4.09
0.19	2.86	3.18	3.50	3.85	4.22
0.20	2.96	3.28	3.62	3.97	4.35

计算出扩胀力后，即可据此选择设备吨位。另外扩胀模设计时，考虑到易于操作和加工，镶块数量可为 8、10、12、14，若镶块数太少会使扩胀轮辋产生棱角。模芯的锥角常取 $\beta = 15° \sim 20°$。扩胀模的结构如图9-19所示。

(3) 轮辋精压缩。

精压缩为轮辋成型工艺过程的最后工序，通过本工序使轮辋达到最终尺寸并使其圆度、径向与侧向跳动均达到技术要求。精压缩所用的模具结构如图9-20所示。

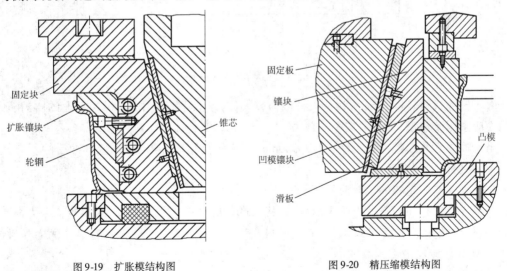

图9-19 扩胀模结构图   图9-20 精压缩模结构图

4) 轮辐的制造工艺流程

轮辐也是车轮总成中的重要构件，它与车轮总成联成一体传递转矩。轮辐的制造工艺流程如下：

(1) 剪切下料。
(2) 酸洗除锈。
(3) 冲工艺孔并同时落料。
(4) 冲压成型。
(5) 冲中心孔及螺栓孔。
(6) 冲通风孔。
(7) 挤压通风孔毛刺。
(8) 校平轮辐底平面。
(9) 车削轮辐外径。
(10) 冲豁口。

上述工艺流程可根据产品结构与具体生产条件进行适当调整。如轻型车用非整圆的分瓣轮辐,可不用工序(6)、(10)。对于等壁厚的轮辐其冲压工艺关键工序是冲工艺孔及落料、成型、冲中心孔及螺栓孔。

其中轮辐冲工艺孔及落料工序可在25000~30000kN压力机上用一套连续模来完成。为了保证后序加工的定位及同轴度要求,必须在成型前冲制定位孔,一般可取工艺孔直径为 $\phi 60mm$。冲孔落料连续模的结构如图9-21所示。

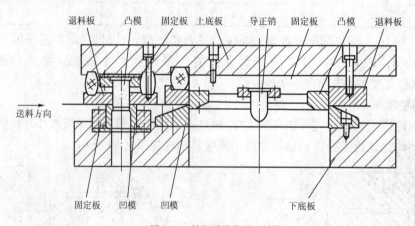

图9-21 轮辐冲孔落料连续模

由于轮辐材料较厚,$t = 8 \sim 14mm$,冲裁力较大,故该工序应采用8000kN以上的压力机,同时凹模应采用波浪型刃口,以减小冲裁力。

至于冲中心孔及螺栓孔工序,应以 $\phi 60mm$ 工艺孔及轮辐外形定位,这样冲后的所有孔基准一致,并保证了同轴度要求。

3. 等强度旋压轮辐的工艺流程

等强度轮辐是将板料通过强力旋压,在成型的同时还改变轮辐壁厚,减小轮辐受力最小部位的厚度,以获得等强度结构,既能节省材料及简化工艺,又能使轮辐具有最佳的力学性能。图9-22为轮辐旋压成型示意图。

1) 等强度轮辐的工艺流程

(1) 剪床下料。
(2) 酸洗除锈。
(3) 落料。

(4) 强力旋压成型。
(5) 滚剪修边。
(6) 冲通风孔。
(7) 冲中心孔。
(8) 冲螺栓孔。
(9) 车外圆与中心孔并倒角。
(10) 扩螺栓孔并倒角。

2) 旋压成型工艺过程

如图 9-22 所示,机械手自动将带有中心孔(一般为 $\phi100mm$)的等厚轮辐坯料放于芯模前,尾顶进给并将坯料夹紧,之后芯模和两个旋轮高速旋转。由液压电动机驱动的两个旋轮以 X 轴与 Y 轴两个方向逼近旋转的坯料。第一个旋轮预旋压分布材料,第二个旋轮尾随其后,最终使材料贴住芯模并将侧壁厚度旋压至预定厚度。旋轮进给的路径由机床的计算机系统自动控制,因此旋压零件的精度较高,成型件的直径方向尺寸精度在 0.05mm 以内。旋压成型结束后,由顶出器顶出工件并且通过传输带送到滚边工序进行修边。由于整个过程均由计算机控制,故具有较高的生产率,每小时可加工 90~120 件。

加工完的轮辐与加工好的轮辋压合在一起,之后通过 CO_2 气体保护焊再将二者焊接在一起,最后再经过电泳涂漆,至此一个完整的车轮就加工完成了。

三、滚型车轮制造工艺

滚型车轮系将轮辋、轮辐压配到一起,最终合成焊接而成的单件式车轮,产品结构如图 9-23 所示。此种结构的车轮主要用于乘用车上,为适应高速和安子午线无内胎轮胎的需要,其制造精度要远远高于型钢车轮,如径向、侧向摆差均规定为小于 0.5mm;轮辋在滚压、焊接过程中均不允许漏气;安装平面度要求小于 0.1mm。

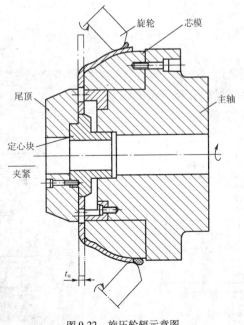

图 9-22 旋压轮辐示意图

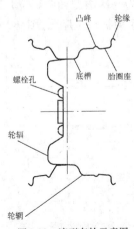

图 9-23 滚型车轮示意图

1. 滚型车轮轮辋的制造工艺

1)轮辋的制造工艺流程

轮辋的制造工艺流程为:剪切→圈圆→对焊→刨渣→挤压焊缝→水冷→端切→扩口→一次滚型→二次滚型→三次滚型→扩胀精整→冲气门孔→挤压毛刺。

2)轮辋下料尺寸的确定

(1)理论计算法。根据应变中性层不变原则,用下述经验公式先确定中性层曲率半径:

$$\rho_\varepsilon = r + kt \tag{9-4}$$

式中:k——与弯曲变形程度有关的系数,此处取 $k=0.5$;
r——内圆角半径;
t——材料厚度。

则圆弧的长度为:

$$L = \rho_\varepsilon \cdot \alpha \tag{9-5}$$

式中:L——中性层弧长;
α——中性层的弧度。

轮辋的纵断面是圆弧与圆弧、圆弧与直线相切组成的,按上述计算方法得出轮辋下料宽度的展开尺寸是:

$$B = \sum_{i=1}^{n} l_i \tag{9-6}$$

轮辋下料长度 L 的计算是先根据伽辽金法则计算出中性层的表面积 S,则 $L=S/B$。

(2)估算法。对于 5° 深槽的轮辋,如图 9-24 所示,其下料宽度、长度可按以下经验公式计算:

料宽 $$B = A + 2C + 2G \tag{9-7}$$

料长 $$L = (D_{标} - 2t)\pi \tag{9-8}$$

式中:$D_{标}$——轮辋标定直径;
t——材料厚度;
A、C、G——图 9-24 中的尺寸。

上述两种算法都是在理想条件下计算的,实际生产中要根据调试方可最终确定有关尺寸。

3)轮辋的扩口

将圆筒形零件经过扩口形成两端的喇叭口,这是轮辋滚型前的重要工序。该工序有两个作用:一是为一次滚型轴向定位,二是为滚型过程合理分配变形量。

图 9-25 为扩口工序图,图 9-26 为扩口与轮辋断面。

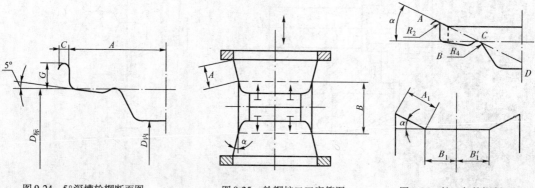

图 9-24　5°深槽轮辋断面图　　图 9-25　轮辋扩口工序简图　　图 9-26　扩口与轮辋断面图

(1)扩口变形 A 区,材料沿圆周方向受拉应力,在 A 区外端材料将有所减薄,而圆柱面 B 由于没受到拉深故没有变薄。

(2)扩口件两端在扩口时,靠模具镦死,借以保证两端扩口直径的稳定。

(3)扩口角度 α 一般取 20°～30°。α 确定后,扩口长度 A_1 等于 AB 曲线的展开长度,B_1 等于曲线 BCD 的展开长度。

4)轮辋滚型

滚型是轮辋制造工艺的核心部分,其示意图如图 9-27 所示,这是单端滚型机滚型原理图。由液压电动机驱动的上、下辊均为主动辊,其转速在一定程度上随外负载的变化而变化,以保证上、下辊在轮辋理论直径处的线速度一致,防止因线速度差过大而造成的圆角处减薄量过大。在工作过程中上辊的位置固定,而下辊可以垂直进给。两个侧辊保证在下辊进给和滚型过程中轮辋不发生轴向窜动和摆动。

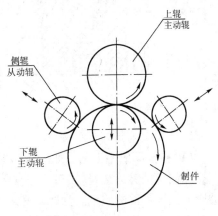

型辊直径的选取原则为:先确定下辊直径,使下辊直径在保证轮辋送取方便的条件下,下辊最高点直径比轮辋内径小 30mm 左右为宜。而上辊的直径是在满足轮辋理论直径线速度一致的条件下,计算出上辊直径的大小。

图 9-27 轮辋滚型示意图

由于轮辋滚型尺寸复杂,为达到轮辋形状与尺寸的要求,应采用三道次滚型,如图 9-28 所示。

(1)一次滚型(图 9-28a)主要靠上辊 A 处向下运动,使金属向底槽部流动。为使二次滚型局部不变薄,在一次滚型中底部应多储料,为此上辊顶部应设计出 R 形,使轮辋底部滚成弧形,同时为使滚型过程中金属流动好,在上辊 R_2、R_3 处应放开间隙(图 9-28a)。

(2)二次滚型过程中主要靠一次成型的底槽定位,成型除凸缘之外的其他部分。为防止在成型过程中局部减薄,在下辊 R_1 处应放开间隙(图 9-28b)。

(3)三次滚型以二次滚型形成的肩宽定位,成型凸缘部分。为防止成型凸缘时由于金属拉动使 A 处减薄,A 处上下辊之间与金属料厚形成负间隙(图 9-28c)。

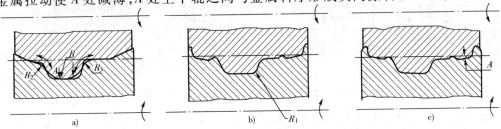

图 9-28 三道次滚型示意图
a)一次滚型;b)二次滚型;c)三次滚型

5)轮辋扩胀

滚型后的轮辋通过扩胀使零件达到图纸要求。扩胀量按下式计算:

$$k_1 = \frac{d - d_0}{d_0} \leq 0.06\delta \tag{9-9}$$

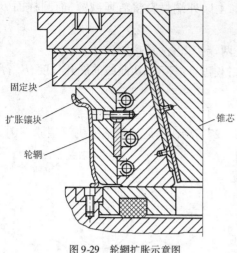

图 9-29 轮辋扩胀示意图

式中：k_1——扩胀率，%；
d——轮辋直径，mm；
d_0——扩胀前轮辋直径，mm；
δ——材料延伸率，%。

生产实践证明，k_1 值在 0.8%～1.2% 为宜。

轮辋的扩胀是通过如图 9-29 所示的模具来实现的。考虑到扩胀效果和扩胀模具制造与安装的难度，扩胀镶块一般由 8～12 块拼成为宜。

2. 滚型车轮轮辐的制造工艺

1）滚型轮辐制造工艺

滚型轮辐制造工艺为：剪切→落料→初拉深并冲中心孔→反拉深→成型辐底→修边冲孔→翻边、冲孔、挤球面→冲通风孔→挤毛刺→整径。

2）典型工艺与模具结构

（1）初拉深成型工艺。如图 9-30 所示为轮辐初拉深模结构。需知初拉深的深度是为了给反拉深储备足够的金属，故初拉深时压边力是一个重要的参数。压边力不稳或压边力过大均会影响到拉深件的质量。为此最好采用液压机拉深，拉深垫采用气液混合形式。在拉深时使材料有良好的流动，同时也不起皱。有时在上模底部加上与料厚相等的垫块，使上模与退料板之间形成与料厚相等的间隙。

（2）反拉深工艺与模具结构。反拉深时为保证零件不偏移，零件的定位很重要。首先在退料板上用初拉深件的外缘定位，在上模下行时再用导正销导入初拉深时冲出的中心工艺孔精定位。反拉深模结构如图 9-31 所示。

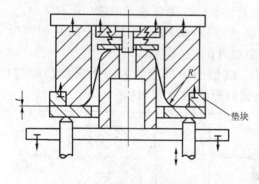

图 9-30 轮辐初拉深模具结构简图

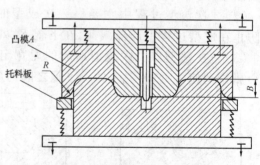

图 9-31 轮辐反拉深模具结构简图

两次拉深成型后，还要将辐底镦出安装平面，其不平度小于 0.1mm。之后再进行翻边、冲螺栓孔、挤压球面。至此制成轿车或轻型货车的滚型车轮的轮辐。

第三节　管材液压成型用于底盘结构件的近净成型

管材液压成型（Tube Hydroforming），又称内高压成型（Internal High Pressure Forming），是采用管材为原材料并将管材预先置于可分式模具的型腔中，合模后在管材内腔中充满液体，同时在管端施加轴向力并增压，于是在轴向挤压力和液体内高压的联合作用下，管材中部材料应

力达到屈服应力 σ_s 时便发生胀形并贴紧模具型腔,从而制成局部胀形且表面质量好的中空制件(图9-32)。

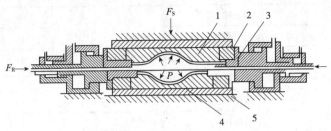

图9-32 管材液压成型原理图
1-上模;2-滑动模镶;3-密封柱塞;4-管坯;5-下模

由于管材液压成型制成的构件重量轻,产品质量好,又具有产品设计灵活、工艺过程快捷,同时又有近净成型与绿色制造特点。因此,近来在汽车轻量化与先进制造技术领域中获得了广泛的应用。图9-33、图9-34 和表9-4 给出了可采用管材液压成型生产的典型汽车零部件。

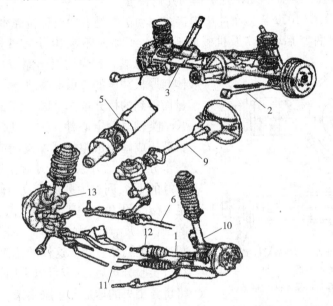

图9-33 汽车下部传动件可用管材液压成型的零件

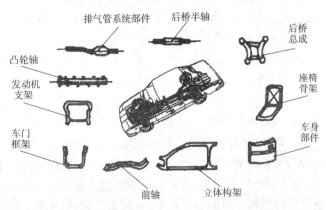

图9-34 管材液压成型技术在汽车轻量化中的应用领域

管材液压成型件在轿车中的应用　　　　　表 9-4

构件类型	图 9-33 中序号	零部件名称	构件类型	图 9-33 中序号	零部件名称
对强度有要求的结构件	1	传动轴（后）	筒类构件	9	操纵杆
	2	后平衡杆		10	减振器
	3	后桥壳		11	支架
	4	交叉构件		12	等速减振器壳
	5	传动轴（前）		13	转向节
	6	转向杆	流体通道	14	排气歧管
	7	副车架		15	排气管

一、采用管材液压成型制造整体无缝汽车驱动桥壳

1. 基于先进工艺和产品几何特征的桥壳整体再设计

1）现沿用的冲压焊接式驱动桥壳结构与几何特征

如图 9-35 所示，CA1020 轻型车冲压焊接式驱动桥壳是由冲压件桥壳本体 1（两半对称）、三角形镶块 2（共 4 件）、后堵盖 7 及机械加工件上、下加强环等 10 个零件拼焊成的中空类驱动桥壳总成。其中用两半厚板冲压成型的桥壳本体与厚板冲压的三角形镶块，经过较大的焊接工作量而得到的桥壳本体总成，其几何特征是典型的直长轴类轴对称空心件。这种几何特征是可采用管材液压成型制成整体式驱动桥壳的先决条件。进一步分析知，在中央的后堵盖的厚度为两侧圆柱段壁厚的 1/4，同时中央部位及两侧的相对壁厚分别是 $t_0/d_1 = 0.08$，$t_0/D = 0.037$，其中 t_0 为桥壳本体的钢板厚度，D 为中央壳体的球形直径；d_1 为两侧圆柱体的初始直径。这样的几何特征与尺寸数据，经过实验分析后，确定可以采用管材通过液压胀形将桥壳中央的球形鼓包胀出来。

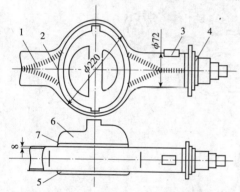

图 9-35　轻型车冲压焊接后后桥本体
1-桥壳本体；2-三角形镶块；3-钢板弹簧座；4-半轴套管；5-前加强环；6-后加强环；7-后堵盖

2）采用管材液压胀形时整体式驱动桥壳产品再设计

再设计整体无缝驱动桥壳时，首先是将桥壳本体的所有焊缝取消，之后在其中央装减速器的壳体部分添加工艺补充，从而构造成如图 9-36 所示的中央具有球形鼓包且两侧对称的直长轴空心管件，达到管材液压胀形的基本条件。之后的工作是选择所用管材的初始外径和选择合适的胀形比，做到既能胀出中央的球形壳体，又不发生破裂。

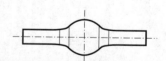

图 9-36　再设计得到的整体式桥壳

2. 轻型车驱动桥壳管材液压胀形工艺过程

以 CA1020 轻型车及 TS1608 型农用运输车的驱动桥壳为例。据前述整体设计知，桥壳中央球形壳的外径 $D = \varphi 220$ mm，两侧圆柱段的直径 $d = \varphi 74$ mm 且其壁厚 $t = 6$ mm。根据有限元成型模拟分析和反复试验结果，为避免胀形时发生破裂，选用壁厚 $t_0 = 6$ mm，外径 $d_0 = \varphi 110$ mm 的热轧无缝低碳钢钢管作为坯料，采用两次胀形（每次胀形比均约等于 2）。但应事先对坯料退火，酸洗处理，按计算长度下料并在胀形前将处于胀形变形区之外侧的管坯经冷旋压缩径，

达到外径 d = φ74mm。经此处理后的预制管坯,需采用专用液压机两次胀形才能制得整体无缝式驱动桥壳。

1) 首次胀形

如图 9-37a) 所示,先将模具的上模升起,并将挤压密封柱退回,将管坯 1 放入下模型腔中。之后液压机下行闭合压紧滑动式模腔 2,同时在封闭两端的管坯内充入高压油液并使两侧的挤压密封 4 与闭封模 3 同步向中央推挤。在轴向推挤力 Q_1 的作用下,一方面管坯两端受轴向压缩后材料可向中央变形区流动,同时亦使滑动模腔向中央移动;另一方面受压缩的高压油液以内高压 p 作用于管壁使其产生胀形。由于内高压 p 及滑动模腔的作用,管坯中部发生胀形并填充模腔。

2) 第二次胀形

如图 9-37b) 所示,二次胀形所用模具结构与首次胀形模结构相同,仅是其滑动模型腔不同。将首次胀形件经过酸洗处理之后,放入开启的模具中,再进行一次与首次胀形相同的操作过程。在二次胀形过程中,需要液压泵增压以在更高的内压力 p 的作用下,使管坯中部进一步胀形并贴满模具型腔。经过两次胀形才能得到所要求的整体无焊缝桥壳的中央鼓包,又由于两次胀形的胀形率合适,从而避免了胀形时发生破裂。

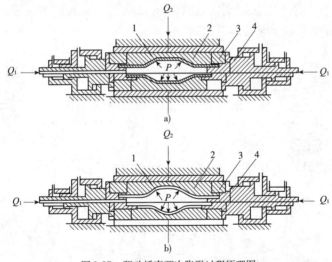

图 9-37 驱动桥壳两次胀形过程原理图
a) 首次胀形 b) 第二次胀形

3) 驱动桥壳液压胀形的主要技术参数

表 9-5 给出了首次胀形和第二次胀形的主要技术参数。

CA1020 轻型车驱动桥壳液压胀形的主要技术参数 表 9-5

工艺参数 材料规格	第一次胀形			第二次胀形		
	合模压力 Q_2(kN)	轴向压力 Q_1(kN)	胀形压力 p(MPa)	合模压力 Q_2(kN)	轴向压力 Q_1(kN)	胀形压力 p(MPa)
20GB 699-88	300	120	25	320	150	31
35GB699-88 或 16MnGB 1591-88	400	160	35	500	300	45

3. 轻型车驱动桥壳管材液压胀形的技术经济效益

该新工艺,新技术与以往的冲压、焊接工艺相比,具有如下显著的技术经济效益:

(1) 材料利用率高达 95%,远远高于冲压焊接生产的 57%。
(2) 节约焊接工作量 95%,节约能源 40%,劳动力定员减少 50%,节约人员经费。
(3) 减少生产作业面积 2/3,工艺过程链显著缩短,比原生产工艺节约设备、工装投资 55%。
(4) 总生产制造成本降低 30%,生产效率提高 2.5 倍。
(5) 产品质量好,其疲劳寿命达到 160 万次,远高于冲压焊接式驱动桥壳的 80 万次。

二、轿车副车架采用管材液压成型工艺

如图 9-38 所示,副车架是轿车转向驱动(前)桥中的一个重要结构件。它是具有弯曲中心线的和不同截面形状的 U 形空心管件,作为发动机及变速器的支撑构件,其承载重,受力复杂,而且安装精度要求高。在上世纪 90 年代以前,副车架一直采用冲压焊接工艺生产:即先用板料冲压出对称的两个带浅拉深的半片,之后合件并沿周边点焊成整体。该工艺不仅工艺过程繁琐,而且产品强度、刚度较差。近十多年来,随着内高压成型技术、计算机成型模拟技术的日趋成熟和高强度钢板的广泛应用,特别是在 1999 年召开的板成型数值模拟学术会议(NOMISHEET'99)之后,使业界人士认识到用管材液压成型副车架的技术先进,可行,经济效益显著,从而加速了该新技术在全球的推广应用。

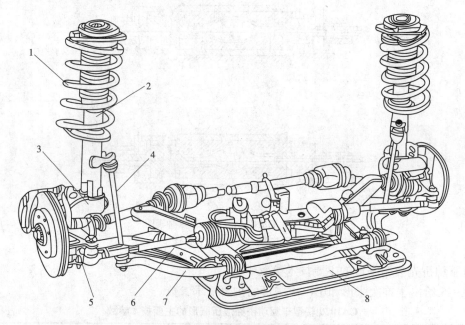

图 9-38 轿车副车架及其在轿车中的位置
1-螺旋弹簧;2-筒式减振器;3-转向节;4-连接杆;5-球头销;6-下摆臂;7-横向稳定杆;8-副车架

1. 基于成型模拟分析的管状变截面整体副车架再设计

为了将分半冲压焊接的副车架转换成能采用管材胀形成型的整体式弯管结构,通过计算机模拟分析与优化参数后,得到了具有 U 形弯曲中心线和不同截面形状的副车架零件图(图 9-39)。它既能满足承载要求,显著地提高了强度和刚度,又能满足发动机等部件的安装精度和空间要求。

2. 副车架内高压成型工艺过程

其工艺过程包括：管坯备料、数控弯管、预成型、内高压成型、液压冲孔、管端修切等主要工序。主要工序的管材形状变化如图9-40所示。

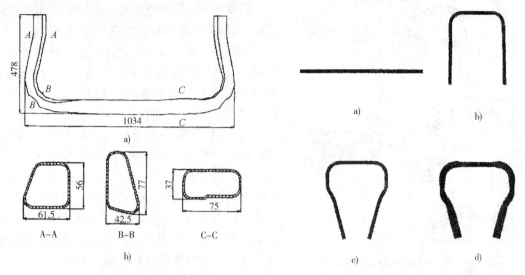

图9-39 某轿车液压成型副车架零件图
a)内高压成型件轮廓；b)关键断面

图9-40 副车架内高压成型过程中管材的形状变化
a)管坯；b)弯管；c)预成型；d)内高压终成型

1) 管坯及其材质规格参数

采用20GB/T 699-1988冷拔无缝钢管，其外径为$\phi63mm$，壁厚为2.0~2.5mm的管材，切成所要求的长度作坯料。

2) 数控弯管工序

本工序是将管材弯曲成轴线与零件轴线相同或相近U形对称弯管，为后序成型提供准备。由于副车架轴线多为复杂的空间曲线，为了保证弯曲线的精度，需要采用数控折弯机弯管。弯管工序的关键是控制管坯中心线外侧的减薄和内侧圆角处的起皱，同时还要掌握回弹量的控制。控制外侧管壁局部减薄主要是在绕弯的同时，在轴向施加推力以抑制轴向拉伸弯形来防止过度减薄。因为外侧局部减薄严重，则会在液压成型时引起外圆角处开裂。

3) 预成型工序

对于副车架这种形状和尺寸相差较大的具有不同截面的复杂异型空心件，很难直接通过内高压成型一次获得最终的零件，因此需要增加预成型工序。预成型是内高压成形副车架工艺的关键工序。预成型管坯形状是否合理直接关系到预高压终成型件的形状、尺寸精度和壁厚分布。预成型的作用不仅要解决将管坯顺利地放置进终成型模具中的问题，更重要的是通过合理的预成型截面形状来预先分配材料，达到控制壁厚分布和降低成型压力的效果。

4) 内高压终成型

预成型管坯置于终成型模具中，合模之后通过侧冲头引入高压液体加压，使管坯产生充分塑性变形后其外壁全部贴紧模具型腔，从而得到所需要的副车架。需要指出，如果前面预成型管坯的形状不合理，则在内高压终成型时会在圆角或直边过渡区造成最小壁厚不能满足设计要求,甚至会局部开裂。

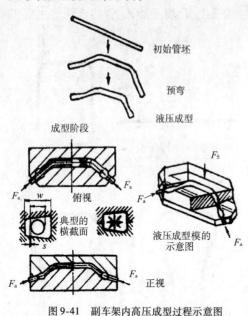

图 9-41 副车架内高压成型过程示意图

副车架的内高压成型工艺过程及终成型模的示意图,如图 9-41 所示。

需要指出,有两个重要因素影响到副车架内高压,成型工艺过程和成型件的质量:

首先是预成型件一方面保证在无任何干扰的情况下能顺利地放进终成型模内;另一方面应满足内高压成型时有足够的材料补充流入胀形区内,以使胀形截面满足设计要求。

其次,是对内高压成型过程的调节与控制。需要通过动显式有限元法模拟分析,研究在胀形过程中预成型管坯不同形状与截面尺寸在胀形中与模腔的接触过程,并通过合理地控制内高压 p 与轴向压力 p_a、合模压力 F_s 等工艺参数,以保证管壁材料补充进胀形区,以消除因弯曲造成的管壁厚差并防止过度减薄和局部开裂。

第十章 汽车制造中的轻量化与塑料化

本章扼要介绍各种塑料的性能与特点、成型工艺及黏接工艺和在汽车零部件中的应用等，对正确进行汽车零部件的设计、选材、生产和使用，并为实现汽车的轻量化、舒适、美观、安全、节能等打下基础。

第一节 汽车用主要塑料制品及其成型工艺

塑料用来制造汽车的内饰件、外装件和功能件，尤其是近期采用工程塑料及合金、纤维增强复合材料制造外装件备受重视。在塑料品种的选用上热塑性塑料的用量占总用量的70%，其中聚丙烯(PP)的用量约占热塑性塑料总用量的40%。表10-1所示为汽车用塑料的主要应用场合。

汽车用塑料的主要应用场合　　　　表10-1

塑料	应用场合
PP	保险杠、蓄电池壳、仪表板、挡泥板、嵌板、采暖及冷却系统部件、发动机罩、空气滤清器、导管、容器、侧遮光板
PU	坐垫、仪表板垫及罩盖、挡泥板、车内地板、车顶篷、遮阳板、减振器、护板、防撞条、保险杠
ABS	收音机壳、仪表壳、制冷与采暖系统部件、工具箱、扶手、散热器格栅、内饰车轮罩、变速器壳
PE	内护板、地板、燃油箱、行李舱、水箱、挡泥板、扶手骨架、刮水器、自润滑耐磨机械零件
PET	纺织物、盖、皮带、轮胎帘、气囊、壳体
PBT	电子器件外壳、保险杠、车身覆盖件、刮水器杆、齿轮
PA	散热器水室、转向器衬套、各种齿轮、皮带轮、层面零件、顶盖、油箱、油管、进气管、车轮罩、插头、轮胎帘布、安全带
PVC	电线电缆包衬、驾驶室内饰、嵌材、地板、防撞系统、涂料
POM	燃油系统、电气设备系统、车身体系的零部件、线夹、杆塞连接件、支撑元件
PC	保险杠、前轮边防护罩、车门把手、车身覆盖件、挡泥板、前照灯、散光玻璃
PMMA	后挡板、灯罩及其他装饰品
PPO	嵌板、车轮罩盖、耐冲击格栅
PF	化油器

一、聚氨酯泡沫塑料在汽车上的应用

由于聚氨酯泡沫塑料具有一系列优异的性能而且其原料组分都是液体，生产操作方便，只要简单地改变其原料配方，便可得到极软到极硬范围的泡沫，同其他软质泡沫塑料相比，还具有下述系列优点：

半硬质聚氨酯泡沫塑料可分为普通型和自结皮型两种。其中普通型的制品，其密度可根

据需要由 60kg/m³ 调整到 150kg/m³，有利于汽车轻量化。由于半硬质聚氨酯泡沫塑料是开孔的，故其制品有良好的回弹性，使人接触后感觉舒服，并能吸收 50%~70% 的冲击能量。而自结皮型半硬质聚氨酯泡沫塑料在发泡时能自行在产品外壁结成 0.5~3mm 的表皮，具有较高的拉伸断裂强度和耐磨性，并能注塑发泡成型具有不同花纹和颜色的制品。

1. 聚氨酯及聚氨酯泡沫塑料的制造

1) 聚氨酯（PU）

聚氨酯是指分子结构中含有氨基甲酸酯基团（—NHCOO—）的一类聚合物，取决于组成的变化，其性能可从软质到硬质较宽范围内变化，其产品以泡沫塑料为主。

2) 聚氨酯泡沫塑料的制造

聚氨酯泡沫塑料的制造是把含羟基的聚醚树脂或聚酯树脂与异氰酸酯反应构成聚氨酯主体，并用异氰酸酯与水反应生成的二氧化碳发泡而制成泡沫塑料。

制造聚氨酯的主要原料有异氰酸酯（TDI、MDI）、多元醇（聚醚多元醇、聚酯多元醇）、催化剂以及发泡剂、表面活性剂、阻燃剂、增塑剂、脱模剂。

多元醇的相对分子质量为 200~100000。用于软质泡沫塑料的多元醇一般官能团较少（2~3 个），羟值较低（40~60mgKOH/g）、相对分子质量较大（2000~4000）。而硬质泡沫塑料用的多元醇官能团较多（3~8 个）、羟值较高（400~600mgKOH/g）、相对分子质量较小。

此外，根据用途还加入发泡剂、表面活性剂、阻燃剂、填充剂、增塑剂、脱模剂等各种添加剂。

汽车用半硬质泡沫塑料主要有普通型和结皮型两种。如我国制造汽车仪表板用的普通型半硬质泡沫塑料的典型配方和物理性能见表 10-2。

我国汽车用半硬质聚氨酯泡沫塑料配方及物理性能　　　　表 10-2

组　分	配比(%)	物　理　性　质	
JS-2 型 801	100	密度	≤70kg/m³
PAPI	75.4	拉伸强度	126kPa
混合助剂	7.0	伸长率	38%
		回弹率	32%
		50%压缩强度	51kPa

(1) 生产普通型半硬质聚氨酯泡沫塑料的主要工艺流程是：放入预制成型表皮——涂刷脱模剂——固定骨架——合模——浇铸——开模 6 道工序。预制成型表皮系将聚氯乙烯（PVC）片材真空吸塑成型。用此工艺可生产汽车仪表板。

(2) 生产整体结皮型半硬质聚氨酯泡沫塑料的工艺流程主要是：涂刷脱模剂——固定骨架——合模——浇铸——开模 5 道工序。用此工艺流程可生产汽车转向盘。

2. 聚氨酯泡沫塑料在汽车上的应用

汽车工业轻量化推动了聚氨酯泡沫塑料的飞跃发展。在 20 世纪 70 年代之后，由于整体发泡自结皮技术和聚氨酯反应注射模塑法（PU-PIM）成型技术的开发成功，更加扩大了聚氨酯泡沫塑料在汽车上的应用范围。目前聚氨酯塑料制品用于汽车上的情况如表 10-3 所示。

1) 聚氨酯泡沫塑料汽车座椅

汽车座椅主要由骨架、弹性缓冲物和外包皮三大部分组成。国外自 1957 年开始用聚氨酯泡沫塑料取代钢丝弹簧和海绵胶制造汽车坐垫，我国也于 1983 年在解放牌汽车座椅生产中采用聚氨酯泡沫塑料弹性物。目前国内汽车坐垫已全部采用聚氨酯泡沫塑料制成。

汽车用聚氨酯塑料制品　　　　　　　　　　　　　表10-3

塑料品种	汽车零件名称
块状软质泡沫塑料切片	遮阳板、顶篷衬里、门板内衬、中心支柱、装饰条、隔音板、三角窗装饰条
软质模压泡沫塑料	坐垫、靠背
半硬质泡沫塑料	仪表板填料、门柱包皮、控制箱、喇叭坐垫、扶手、头枕、遮阳板、保险杠
硬质泡沫塑料	顶篷衬里、门板内衬
整体结皮泡沫塑料	扶手、门柱、控制箱、喇叭坐垫、转向盘、空气阻流板
弹性RIM制品	保险杠、挡泥板、发动机罩、侧后支柱、车门把手、行李舱盖
刚性RIM制品	散热器格栅、暖风壳、前阻流板、挡泥板垫、挡泥板、门板、发动机罩、行李舱盖、小车地板
浇铸型弹性体	防尘密封、滑动轴承套、转向节衬套、钢板弹簧吊耳衬套、锁头零件、门止块、电缆衬套
热塑性弹性体	减振垫块、钢板弹簧隔垫、弹簧线圈护套、齿轮传动装置罩、格栅、顶篷、车身部件
涂料	涂刷在保险杠或其他外装件上
复合结构材料	坐垫套、隔音、吸振片、门内衬、保险杠、覆盖件、顶篷

（1）聚氨酯泡沫塑料坐垫的制造方法——系采用软质聚氨酯泡沫模压成型法，这样既可以镶嵌骨架，又可较容易得到形状较复杂的制品。模压法制造坐垫有热硫化法和冷硫化法两种制造方法。其中热硫化模压法是以甲苯二异氰酸酯（TDI）和分子量为3000～3500的聚醚多元醇（聚醚330）反应物为基础，再加入催化剂、发泡剂、稳定剂等，按图10-1所示的过程进行连续生产。该

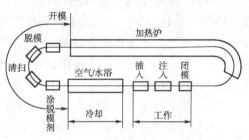

图10-1　PU热硫化模压成型法线路图

生产过程借助于150～250℃的热风炉提供热能，在模具中进行聚合、发泡、硬化等工序，完成一个周期约用10～15min。

目前国内生产软质泡沫塑料汽车坐垫的典型配方见表10-4。

我国汽车用软质泡沫塑料坐垫典型配方　　　　　表10-4

组　分	配比（%）	物　理　性　质	
聚醚330	100	密度	≤45～50kg/m^3
TDI	28～35	75%压缩强度	≥15.68kPa
		抗拉强度	≥88.2kPa
		回弹率	≥35%
		压缩50%永久变形	<5%

制品成型的工艺条件如下：

  原料温度　　　　　　　　23±2℃
  模具温度　　　　　　　　40±2℃
  制品熟化温度　　　　　　100～120℃
  制品熟化时间　　　　　　25～40min

为了适应耗能少、弹性高、难燃化的要求，冷硫化法应用越来越广泛。冷硫化法是在模压体系的原料中导入高反应活性的聚醚多元醇，二苯基甲烷4,4'二异氰酸酯（MDI）/TDI混合物

和改性异氰酸酯时,在模温50℃的条件下(不需要热风炉,用热水即可)就起反应,而且在10min内就脱模。

与热硫化法相比,冷硫化法制造的坐垫,除具有节能、省时间特点外,其产品性能也优异:衰减性能更大、阻燃性能较好。

(2)聚氨酯泡沫塑料坐垫的发展趋势。

近15年开发成功一种使用特殊MDI的新的快速硫化体系。按照此方法,坐垫和头枕分别在2min和1min内就能脱模。

根据人机工程原理对坐垫的各部分物理性质和硬度的要求有所不同,比如要求接触腿部的坐垫左右比中央部位的硬度要大一些。欧洲产的汽车坐垫的压缩硬度分布,中央部位为5.0kPa,而左右侧部位为13.0kPa。这种不同硬度的泡沫塑料垫可以用同时发泡不同品种的泡沫体的方法实现,即使用一个或几个混合头的设备,发泡不同的配方或者只是改变异氰酸酯指数来达到制造部分异硬度坐垫的目的。

2)聚氨酯泡沫塑料仪表板、扶手与头枕

仪表板、扶手、头枕系用半硬质聚氨酯泡沫的原液在聚氯乙烯等表皮里面发泡而成型的。

(1)仪表板的制造工艺及所用材料。仪表板表皮材料大部分采用ABS改性的聚氯乙烯膜。要求表皮材料不产生使玻璃模糊的挥发物,有皮革的手感且表面花纹在成型过程中不应变形,又不反光。表皮是延压成带花纹的厚度为0.7~1.0mm的片材,事先真空成型仪表板表皮,之后放置在下模中。在上模中固定金属骨架,合模后在二者中间注入原液发泡,然后在炉中或直接加热发泡。

扶手、头枕也是在外皮内部放入镶嵌件,注入原液发泡而成。

(2)制造仪表板所用的其他材料。在表10-5中列出了仪表板用硬质塑料的特征。其中玻璃纤维增强的聚丙烯(PPG),虽然对制动油比较稳定,但因受玻璃纤维排列方向的影响,会使收缩率不同而外观较差。聚苯醚(PPO)耐光性较差,需要在其表面上涂覆。而玻璃纤维增强的丙烯腈—苯乙烯共聚物(ASG)热稳定性较差,容易在成型过程中分解。

仪表板用硬质塑料的特性　　　　表10-5

项　　目	单　位	PPG	PPO	ASG	超耐热ABS
无机填料	%	25~30	0	15~20	0
相对密度		1.06~1.20	1.06	1.17~1.21	1.05
硬度	R	93~110	119	119~121	114
抗拉强度	MPa	29~49	49	96~103	47
伸长率	%	4~10	48	3	12
挠曲弹性模数	MPa	1666~5488	2450	5586~6664	2450
弯曲强度	MPa	49~117	94	117	83
Izod冲击强度(带缺口)	J/m	35~98	137	59	127
热变形温度(1.8MPa)	℃	110~130	110~115	103~105	110~115
成型收缩率	—	7/1000~10/1000	5/1000~8/1000	1/1000~4/1000	5/1000~8/1000

3)聚氨酯泡沫塑料自结皮转向盘

转向盘是汽车驾驶员在行驶中掌握行进方向的重要部件,从使用及功能等方面考虑要求其应在保证基本功能的前提下,手感舒适、外韧内软,在发生碰撞时能够起到缓冲作用,以保障驾驶员生命安全。为此,目前汽车转向盘多采用自结皮半硬质聚氨酯泡沫塑料制造。这种转向盘是在金属骨架外面用反应注射成型方法形成一层具有自结皮结构的聚氨酯泡沫材料。

（1）PU自结皮转向盘的结构。转向盘由金属骨架和塑料包覆材料构成,其包覆材料多采用低发泡自结皮PU。而PU转向盘又由转向盘体和转向盘盖两部分组成,转向盘盖可以采用硬质塑料注塑件直接制成,也可用硬质塑料做出骨架再覆盖上PU自结皮泡沫塑料。

（2）PU自结皮泡沫反应注射成型工艺。将加工合格的骨架作为镶嵌件放入模具中,采用反应注射成型工艺加工转向盘的PU发泡外层。典型的整皮模塑生产工艺如下：

先将模具加热至规定的温度,之后将骨架准确地放入模具中定好位;

合模浇注,保压、固化、成型;

开模取出工件,修整飞边;

喷漆、烘干、熟化。

各主要工艺参数见表10-6。

PU自结皮泡沫反应注射成型工艺参数　　　表10-6

项　目	工艺条件	项　目	工艺条件
模温（℃）	40~50	浇注时间（s）	6~10
A料温（℃）	15~25	保压时间（s）	30~90
B料温（℃）	20~25	后熟化时间（h）	48~72
模具倾角（°）	15~30		

整皮模塑与常规模塑工艺相比具有生产周期短、产量高、工序及设备较简单投资较少、劳动生产率高、产品质量好等优点。但由于PU表皮比PVC表皮贵,故原材料费用略高一些。PU整皮模塑转向盘表皮与PVC/ABS表皮的物理性能对比见表10-7。

PU模塑表皮和PVC/ABS表皮的物性对比　　　表10-7

项　目	PU模塑表皮	PVC/ABS表皮
抗拉强度（MPa）	1.06	0.79
断裂伸长率（%）	140	160
抗撕裂强度（MPa）	0.41	0.48

反应注射成型与普通注射成型工艺相比,其最大优点是所采用的原料为黏度很低的液体,无需高压充模。反应注射成型模腔压力一般为0.2~0.8MPa,故能减小模具及载模装置设计和制造的难度,降低制作成本。

二、汽车结构件用通用塑料的注射成型及其制品

利用通用塑料质量小,成型自由性好、电气绝缘性较好及原材料丰富、价格较便宜等优点,汽车上的塑料制品急剧增加。通用塑料既可以制造汽车机能件,又可制造内饰件。汽车轻量化中应用最多的通用塑料有聚丙烯（PP）、聚氯乙烯（PVC）、聚乙烯（PE）和ABS四大类。它们主要采用注射成型制作汽车零部件,也有利用其片或膜作面料的。

1. 聚丙烯在汽车上的应用

目前各种类型汽车上的聚丙烯零件品种已超过70种。在表10-8中列出了用聚丙烯制造的主要汽车零件的名称及其质量。

PP 汽车零件 表10-8

汽车零件名称		质量(kg)	数量(件)
功能件及壳体	分电器盖	0.092	1
	仪表灯壳	0.021	1
	加速踏板	0.082	1
	后灯壳	0.423	2
	冷却风扇	0.380	1
	暖风壳	2.190	1
	风扇护圈	0.800	1
	刮水器电动机套	0.014	2
	转向盘	0.744	1
	杂物箱盖	0.207	1
	杂物箱	0.669	1
	空气滤清器壳	1.800	1
配件及其他	后视镜框(外)	0.038	2
	后视镜框(内)	0.059	1
	千斤顶手柄	0.020	1
	安全腰带	0.023	1
	高压线夹	0.010	4
	打火机	0.003	1
	室内灯具	0.028	1
	清洗剂水池	0.016	1
	特殊信号灯	0.025	1
	天线柱	0.080	1
	减振器防尘器	0.005	4
	其他灯具	0.012	2
	扶手	0.120	2

1)聚丙烯的改性及目的

由于通用聚丙烯材料收缩率较大(1.0%~2.5%),具有易产生内应力和各向异性,制品尺寸稳定性较差,易发生翘曲变形,低温时易脆断,而且耐光老化、耐热老化差等缺点,故无法满足汽车保险杠、仪表板、发动机风扇等部件的使用性能要求。为了改善聚丙烯的性能,满足汽车零件对某些特性的要求,必须对通用聚丙烯进行改性。通过对聚丙烯基体、增韧剂、填充剂三者间配比的协调,可制成一系列不同性能的改性聚丙烯,以满足不同汽车零部件功能的要求。目前国内汽车用改性聚丙烯主要有如下四大类:

(1)增韧型。以弹性体为主增韧的改性聚丙烯,具有很高的冲击强度与低温性能,主要用于制造汽车保险杠。

(2)填充增韧型。即以无机物填充,弹性体增韧的改性聚丙烯,具有模量高、刚性与耐热性好、尺寸稳定性好等优点,广泛用于制作汽车内外装饰件,如仪表板、车门内护板、水箱面罩。

(3)填充型。即采用高含量无机物填充的改性聚丙烯,可大大提高材料的刚性、耐热性及尺寸稳定性,主要制造耐高温的非受力构件,如暖风机壳件、护风圈。

(4)增强型。用玻璃纤维增强的聚丙烯材料是聚烯烃塑料中强度最高,刚性、耐热性及尺寸稳定性最好的品种,主要用于制造发动机风扇等高强度、高耐热制品。

2）聚丙烯的成型加工

其要点如下：

(1) 高温下热稳定性且成型温度范围宽：

热分解温度（真空中热分解速率达到1%时的温度）	380℃
热分解时单体生成量	0.17%
热分解微分峰顶温度	300℃
成型温度范围	180~380℃

(2) 一次成型性优良——几乎所有的成型加工方法都可适用，但以注射成型（约55%）和挤出成型（约30%）为主。

(3) 注射成型工艺条件，详见表10-9。

PP 注射成型工艺条件 表10-9

MFR[g·(10min)$^{-1}$]	成型温度(℃)		注射压力(MPa)		模具温度(℃)	
	活塞式	螺杆式	活塞式	螺杆式	活塞式	螺杆式
3	220~260	200~250	100~200	40~70	40~60	40~60
1	240~280	220~260	100~200	40~70	40~60	40~60
0.3	260~300	240~280	100~200	40~70	40~60	40~60

(4) 吸水率低且成型前不用干燥。

(5) 成型收缩率较大。

其中均聚聚丙烯和无规共聚聚丙烯的收缩率为1.6%~2.5%；抗冲击改性聚丙烯为1.5%~1.8%。填充后会使收缩率减小，滑石粉填充的均聚聚丙烯收缩率为0.9%，玻璃纤维增强聚丙烯的收缩率为0.4%。

3）聚丙烯在汽车工业中的应用实例

聚丙烯在汽车上被大量用来制作内饰件、外装件、发动机有关的零部件和空调机件等，其应用量占汽车塑料总用量的30%以上，而且有取代作为刚性塑料件应用于汽车的ABS等塑料的趋势。

【例10-1】 改性PP注射成型保险杠。

改性PP保险杠具有成本低、质量小、可循环再利用等优势，其数量已占保险杠总数的70%。

国内保险杠专用材料的成分与制备，大都采用均聚PP或共聚PP，然后加入过氧化物调节相对分子质量，制得烯烃热塑性弹性体EPDM共混挤出造粒，制得用于工业化生产的保险杠专用料。有的在采用EPDM作为增韧剂时，在原料中还加入二异丙苯类过氧化物，使橡胶形成微交联结构，同时橡胶相与塑料相之间形成一定程度的共交联结构，使材料的拉伸强度明显提高。另外，通过加入滑石粉、碳酸钙等无机填料，确保了材料的弯曲强度、热变形强度和硬度等指标不下降。

保险杠采用注射成型工艺的优点是可成型形状比较复杂的产品、生产效率较高，能赋予制品必要的刚性等。同时PP注射成型保险杠的成本要比聚氨酯（PU）反应注射保险杠成本下降约20%。其生产工艺过程如下。

选用EPDM塑炼成薄片，并切成粒状(4~6mm)长×(2~3mm)厚。再在室温下混合机内先加入粒状的EPDM，再加入粉末状光稳定剂UV-327和抗氧剂1010，将三者先充分搅拌分散均匀。最后加入PP和黑色母粒，常温下充分混合分散均匀。混好的料用双螺杆混炼挤出机挤出，温度180~220℃，挤条冷却后切成粒状，经过烘干制成PP/EPDM共混热塑性弹性体粒料。粒料需干燥至水分含量小于6%，灰分不大于0.4%。在190～230℃的温度下用注塑机注射成型。

国内一汽-大众奥迪轿车的保险杠和上海桑塔纳轿车的保险杠均采用国产 PP/EPDM 共混原料，用注射成型，产品性能已达到或超过德国同类产品。

【例10-2】 硬质仪表板的注射成型工艺。

汽车仪表板的结构和用材多种多样，但基本上可分为硬质和软饰仪表板两大类。硬质仪表板多用于商用车及客车，其结构简单，主体部分采用同一种材料直接注射成型。

改性聚丙烯仪表板材料的性能要求：

改性 PP 的主要成分是聚丙烯、橡胶增韧剂和无机粉填充剂。这种材料价格便宜、综合性能好。

用改性 PP 制造注塑成型仪表板的工艺过程为：原料干燥→注塑成型→修整→包装。生产工序简单、周期短、成本低。但需要大型注塑机（注塑量10000g以上）和大型注塑模具。相应的副仪表板也采用注塑成型。注塑加工条件见表10-10。

汽车仪表板注塑成型加工条件 表10-10

阶 段	时间(s)	温度(℃)	压力(MPa)	阶 段	时间(s)	温度(℃)	压力(MPa)
原料干燥	2400	80±5		注射过程	10		120
第一段加热		230		保压过程	20		70
第二段加热		230		冷却过程	50		
第三段加热		220		模具温度		40～60	
第四段加热		210					

4) 采用聚丙烯制造的其他汽车零部件

经过改性的 PP 既可制作汽车内饰件，又可制作结构件，如转向盘、后视镜框、嵌块式车门内饰件、侧面装饰件和转向柱套、发动机和取暖通风系统的有关零件。

2. 聚乙烯(PE)在汽车上的应用

PE 在汽车上的用量占汽车塑料总用量的5%～6%，次于聚氯乙烯、ABS、聚丙烯、聚氨酯，居第5位。聚乙烯主要用于制造各种储罐和空气导管。

1) 聚乙烯的种类

PE 按其生产方式的不同，所得分子结构、密度、结晶度、分子量也不相同。按其密度分为高密度聚乙烯(HDPE)、中密度聚乙烯(MDPE)和低密度聚乙烯(LDPE)，详见表10-11。

PE 分类及特点 表10-11

名称	生产方式	密度 (kg/cm³)	结晶度 (%)	分子量与分子结构	特 点	投产年限
HDPE	低压法 中压法	941～965	85～90	一般控制在 350000 以下，高者达 1000000 以上	机械强度较高，较刚硬，熔点也较高	1957年
MDPE	中压法	926～940	90	线型 PE 的分子量为 4500～50000		
LDPE	高压法	910～925	56～65	一般分子量为 25000 左右，最高可达 50000，支链型 PE	机械强度较低，较柔软，而且熔点也较低	1939年

汽车工业中所用的 PE 基本上属于中、低压聚乙烯，主要用途分内饰件、外装件和底盘件三大类(表10-12)。

PE 应 用 实 例　　　　表 10-12

使用部位	使用零件名称	树脂
外装件	挡泥板、衬板、汽油箱、夹钩扣、弹簧衬垫、车轮罩、汽油过滤器套壳	MDPE、LDPE
内装件	空气导管、扶手、覆盖板、承载地板、夹钩扣、柱套、风扇护罩、行李舱格板、备胎夹箍、转向盘、遮阳板、行李舱衬里（顶篷与门的减振材料）	HDPE、LDPE
底 盘	空气导管、蓄电池、制动液储罐、夹钩扣、清洗液罐	HDPE

2）PE 的结构与性能以及特征

（1）PE 的结构及性能。聚合方法不同，PE 的分子结构、支链结构不同，并影响结晶性能和密度，使 PE 的性能也有较大变化。所以在应用时对 PE 的品种与牌号的选择至关重要。

（2）PE 的一般特征。PE 的熔体属于非牛顿型流体，其剪切速率与剪切应力之间呈非线性关系，且具有假弹性材料的特征，在所施加的应力释放后会有一定程度的弹性回复。其中熔体流动速率 MFR 的值越小，树脂的分子量越大，流动性能也越差。故注塑成型用 PE 为保证制品具有一定的机械强度，通常选用 MFR 值较低的级别。若对于强度要求不高的薄壁、长流程的制品，MFR 值可选取稍大些。

由于 PE 的流动性能随其密度不同而有所不同，故在选择制品壁厚时应充分考虑流动比：低密度 PE 的流动比为 280∶1；高密度 PE 为 230∶1。在选取制品壁厚时，还应考虑收缩率的影响。表 10-13 为 PE 制品壁厚与收缩率的关系。

PE 制品壁厚与收缩率的关系　　　　表 10-13

制品壁厚范围(mm)	成型收缩率(%)	制品壁厚范围(mm)	成型收缩率(%)
1~3	1.5~2.0	>7	2.5~3.5
3~6	2.0~2.5		

PE 具有来源丰富、生产工艺流程短、价格低廉、综合性能良好、介电性能优良、透湿率较低及耐化学药品性优良等特征。

3）PE 的成型加工性能

其一次成型性优良，各种成型方法几乎均可适用，其成型加工的要点如下：

（1）高温时热稳定性好且成型温度范围宽：

　　热分解温度　　　　　　　　　　　　　　400℃
　　热分解时单体生成量　　　　　　　　　　0.03%
　　成型温度范围　　　　　　　　　　　　　150~300℃

（2）吸水率小，成型前不需将物料干燥。

（3）其压塑成型和注射成型工艺条件见表 10-14。

PE 压塑成型和注射成型工艺条件　　　　表 10-14

名　称	压塑成型		注射成型	
	温度(℃)	压力(MPa)	温度(℃)	压力(MPa)
LDPE	135~177	0.7~5.5	149~371	55~206
MDPE	149~190	0.7~5.5	149~371	55~206
HDPE	149~232	3.5~5.5	149~315	69~138

(4) 成型收缩率大(1.5%~5.0%)。熔点和结晶温度差小(仅10~15℃)。

(5) 一次成型时 MFR 由小到大的顺序为：

一次烧结成型＜片材、管材挤出成型＜中空成型＜挤出涂布＜薄膜吹塑＜挤出复合＜注射成型＜粉末涂装。

(6) PE 为非极性聚合物，表面能低，与此相关的二次加工成型困难。为适应涂装、印刷、黏合及金属喷镀等要求必须进行极性化处理。

(7) 发泡倍率高(10~80倍)，可制得高发泡制品，且柔软性、耐热性、耐化学药品性优良，环境问题少。

表 10-15 所示为 PE 密度和 MFR 与成型加工方法的关系。

PE 密度、MFR 与成型加工方法的关系   表 10-15

成型方法	密度(g/cm^3)	MFR[$g/(10min)$]
注射成型	0.914~0.970	1.5~70
中空成型	0.914~0.964	<0.03~7
薄膜成型	0.916~0.960	0.04~8
管材成型	0.917~0.956	0.1~4
电线包覆	0.916~0.935	0.2~2
复合层压	0.915~0.936	2~12
拉深成型	0.946~0.964	0.3~2
板材成型	0.918~0.960	0.1~4
粉末成型	0.914~0.955	4~200

4) PE 在汽车工业中的应用实例

【例 10-3】 塑料燃油箱。

塑料燃油箱正在取代金属燃油箱，这是由于塑料燃油箱具有形状设计自由性大、轻量化效果显著、抗介质浸蚀性好、抗冲击性好及燃烧时不易引起爆炸等一系列优点，故逐渐取代金属燃油箱，广泛用于轿车中。

塑料燃油箱对原料树脂的要求：

用于挤出吹塑的汽车燃油箱用的 HDPE 树脂抗冲击强度及耐应力开裂性能是最重要的指标。另外，树脂还必须具备易加工和良好的熔体强度等特点。相对分子质量达$(20~30) \times 10^4$ 的 HDPE 树脂能满足这些要求，此时的 MFR 值约为 4~10g/10min。为了提高树脂的耐应力开裂能力，常采用乙烯作为第二单体进行共聚，并将树脂密度控制在 $0.945g/cm^3$ 左右，以降低其结晶度。目前各国均采用 HMWHDPE 作为基材，辅以黏接和阻隔性材料(PA 或乙烯-乙烯醇共聚物即 EVOH)。相对分子量一般要在 25×10^4 以上的 HMWHDPE 才可适用于作汽车燃油箱。其相对分子质量愈大，冲击强度也愈大；密度愈高，刚性及防止汽油透过性也有提高的倾向。同时，这些原材料要具有作为挤出中空吹塑法的特性，即具有从机头挤出后，熔融型坯尚未拉伸时的耐压力特性和在模内用压缩空气吹胀时要容易拉伸等特性。表 10-16 列出了汽车燃油箱用 HDPE 的性能。

汽车燃油箱用 HDPE 的性能　　　　　表 10-16

项　目	指　标	项　目	指　标
熔体流动速率[(210℃,21.6kg)/g·(10min)$^{-1}$]	4.5	冲击强度(缺口)(J·m^{-1})	700
		邵氏硬度	63
抗拉强度(MPa)	23.4	维卡软化温度(℃)	128
伸长率(%)	880	脆化温度(℃)	< -75
弯曲弹性模量(MPa)	827	热变形温度[(0.46MPa)/℃]	67

塑料燃油箱制造用的气体阻隔性树脂与黏合树脂:

由于 HDPE 的阻隔性能不够理想,需采用表面涂覆技术或在基材中辅以阻隔树脂与黏合树脂,以满足燃油箱碳氢化合物渗漏控制的要求。其中气体阻隔性树脂与气体的亲和性小,其分子结构越致密,气体的阻隔性越高。目前国外高阻隔性燃油箱是在 HDPE 中添加美国杜邦公司的 Selar RB 型不渗透树脂。该树脂系由一种特殊的改性聚酰胺(PA)与 HDPE 树脂混合而得。在加工成型过程中,PA 以一种微小的片状形态分布在基础树脂中,从而起到有效的阻隔作用。但是多层塑料燃油箱的内外层使用 MEHMWPE(相对分子质量为 $5 \sim 8 \times 10^4$)树脂,中间用改性 PA 作为阻隔层。由于 MEHMWPE 与 PA 的黏接性差,在跌落冲击试验时会沿界面破裂,故需使用对这两种树脂都具有亲和性的黏合树脂将这些不同材料黏结。实际生产中所用黏合材料是使用乙烯与马来酸共聚树脂等,或者是对 PE 分子链进行功能性改性赋予有黏结性的官能团。表 10-17 所示为各国制造多层复合燃油箱所用的材料。

多层复合塑料燃油箱用材料实例　　　　　表 10-17

原料名称	生产厂家	规格品级
阻隔 PA	日本 TORAY	TORAY CM6241
PE(用于清洗模头)	德国 BASF	BASF Lupolen 5021.D
PE(共挤原料)	德国 BASF	BASF Lupolen 4261AGQ404
黏合树脂	日本三井化学	Mitsui Admer L2100
阻隔 EVOH	日本 KURARAY	Kuraray EVAL F101A
黏合树脂	日本三井化学	Mitsui Admer GT-4

塑料燃油箱的中空吹塑成型工艺:

采用德国 Krupp-Kautex 公司的大型中空吹塑机 KB250,使用德国 BASF 公司的 Lupolen-4261A 牌号的 HDPE 树脂,生产塑料燃油箱的工艺参数见表 10-18 ~ 表 10-20。

塑料燃油箱成型工艺参数　　　　　表 10-18

项　目	数　值	项　目	数　值
螺杆转速(r/min)	17	成型周期(s)	168
熔化压力(MPa)	25.8	挤出时间(s)	10.5

塑料燃油箱的成型温度　　　　　表 10-19

区域号	0	1	2	3	4	10	11	30	31	32	33	34	35
设定温度(℃)	70	190	195	200	205	205	205	200	200	200	200	195	190
实际温度(℃)	75	191	195	201	205	206	206	200	201	201	200	196	190
加热部位	加料口	挤出机				凸缘		蓄料机头				口模	

塑料燃油箱的成型时间 表10-20

项 目	时间(s)	项 目	时间(s)
预吹延迟	2.20	预吹持续	5.00
吹气延迟	10.0	吹气	85.0
空气吹洗	20.0	排气	8.50
气针返回	2.00	气针上升	1.50
挤回延迟	0.50	夹具前移	12.0

3. 聚氯乙烯(PVC)塑料在汽车工业中的应用

聚氯乙烯具有化学稳定性好、介电性能高、耐油且不易燃烧，同时又有一定的机械强度，价格便宜等优点，故广泛应用于化工、建筑、电子、轻工、农业及机械等国民经济各部门中。

1) PVC 在汽车上的应用

PVC 主要用于汽车内饰件及各种制品的表皮及盖、罩。如坐垫套、车门内衬、顶篷衬里表皮、软饰仪表板表皮、后盖板表皮、操纵杆盖板、转向盘表皮、货箱衬里、备胎罩盖、玻璃升降器盖、地板、地毯及电线包皮等。

2) PVC 的分类、特性及其改性

PVC 是一种多组分塑料，根据加入增塑剂的不同，可将其分为硬质 PVC、软质 PVC 和 PVC 热塑性弹性体3种。其中，硬质 PVC 的增塑剂在10质量份以下，软质 PVC 的增塑剂用量>30质量份，PVC 热塑弹性体则采用高聚合度 PVC 树脂制造。

(1) PVC 的结构与性能。PVC 的相对分子量决定了其性能。相对分子量愈大，力学性能愈好、热稳定性越高、耐寒性越好。通常用特征黏度(或 K 值)表征 PVC 相对分子质量大小，特征黏度(或 K 值)高，相对分子质量就大。PVC 树脂是头—尾排列间规立构约55%的非结晶性聚合物，结晶度很低，一般约为5%。临界表面张力为39mN/cm。其耐化学药品性优良、强度较高、难燃自熄、电绝缘性较好。其缺点是热稳定性差，其分解温度与成型温度十分接近。通常 PVC 在100℃时就会较快脱去 HCl，在130℃时脱 HCl 速率加快，超过150℃时就会变得较严重了。因此，稳定剂是 PVC 制品必不可少的组分。

(2) PVC 改性。PVC 可以通过与其他单体共聚或与其他树脂合金化进行改性，见表10-21。

(3) PVC 的工艺性能与成型加工。PVC 的热稳定较其他热塑性塑料差，除添加热稳剂之外，还应严格控制成型温度。此外，为防物料之间、物料与料筒间摩擦生热，应加入润滑剂及工艺与功能需要的其他添加剂。

PVC 几乎可适应所有的成型加工方法。其中挤出成型约占65%，其次为压延成型(约25%)，注射成型相对较少。其压延成型尤其适用于软质 PVC 片材和人造革。图10-2所示为 PVC 的成型加工方法与制品。

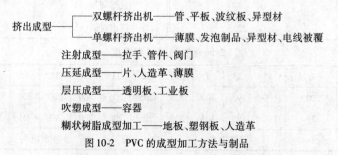

图10-2 PVC 的成型加工方法与制品

PVC 树脂的改性 表10-21

序号		PVC 以外的组分		用途	改性成效
		种类	含量(%)		
共聚物	1	VAC	5~15	成型材料	成型加工性改善
	2	VAC	5~15	涂料	溶剂溶解性改善
	3	VAC-MAH	5~15	涂料	溶剂溶解性改善
	4	乙烯	~5	成型材料	成型加工性改善
	5	丙烯	~5	成型材料	成型加工性改善
	6	VDC	85~95	纤维、薄膜、涂料	PVDC 的成型加工性、溶剂溶解性改善
	7	PVA(接枝共聚物)	35~65	纤维	乳液的纺丝性
	8	AN	40~60	纤维	赋予溶液纺丝性
	9	EVA(接枝共聚物)		成型材料	内增塑,使软质化
	10	PU(接枝共聚物)		成型材料	内增塑、使软质化(可并用增塑剂)
合金化	11	EVA		成型材料	成型加工性改善,软质化(有硬质和软质之分)
	12	ABS	40~50	成型材料	冲击韧性改善,ABS 耐燃化
	13	MBS	<10	成型材料	透明性、冲击韧性改善
	14	CPE	<20	成型材料	耐候性、冲击韧性改善
	15	丙烯酸酯共聚物	<20	成型材料	成型性加工、耐候性、冲击韧性改善
	16	ACR		成型材料(尤其是片材)	高冲击韧性、真空吸塑性优秀
	17	PU		成型材料	软质化(可并用增塑剂)
	18	NBR		成型材料	软质化(可并用增塑剂)
后氯化	19	PVCC		成型材料	热变形温度提高

3) PVC 注射成型工艺性

(1) 因其热稳定性差,应严格控制成型温度。

(2) 制品壁厚应尽可能均匀,并不能太薄,因为 PVC 熔体的流动比较小(100:1)。一般硬质 PVC 制品的壁厚不能小于 1.2mm,应在 1.5~5.0mm 之间。

(3) PVC 的收缩率因添加剂用量不同而不同,在 0.6%~1.5% 之间。脱模斜度为 1.0°~1.5°,多孔制品应取较大角度。

(4) 模具应加设冷料井,以防止冷料堵塞浇口。

(5) 为预防成型时脱出 HCl 腐蚀模具,模具的流道、型腔应进行氮化、镀铬等表面处理。

(6) 硬质 PVC 的注射成型温度在 160~190℃ 之间,应取低值,切不可超过 200℃。

4) PVC/ABS 合金用作仪表板表皮

因 PVC 的冲击强度较低,耐热性较差,故限制了其使用范围。而 ABS 树脂不仅具有优异的机械性能和良好的成型加工性能,而且与 PVC 有较好的相容性。于是便研究成功了 PVC/ABS 合金用以作为仪表板的表皮材料。

配方优选的 PVC/ABS 汽车内饰专用片材具有优良的综合性能,并能满足不同成型工艺和应用领域。它能满足真空吸塑成型变形较大、拉伸凸凹形状复杂的仪表板加工工艺的要求,特别是保证了吸塑成型后花纹的保持性和不破裂、不透亮。因此,真空吸塑成型仪表板表皮技术在世界上各种轿车中被普遍采用。在我国,中低档轿车的捷达、桑塔纳等车型均采用真空吸塑成型仪表板表皮。

4. 改性聚苯乙烯及 ABS 塑料在汽车上的应用

改性聚苯乙烯是指苯乙烯的均聚物及其与其他单体共聚物、合金等一族树脂的总称。

由于聚苯乙烯(PS)质脆且耐热性差,机械强度较低,为了改善其性能需将其与不同的单体共聚或是与其均聚物和共聚物共混,制成一系列改性聚苯乙烯。其中一种由丙烯腈(A)、丁二烯(B)和苯乙烯(S)3 种单体共聚成的共聚物是兼有韧、硬、刚特性的性能优异的热塑性树脂,简称 ABS。

1) ABS 的特征及种类

ABS 中的丙烯腈(A)能提高聚合物的耐化学药品性和表面硬度;丁二烯(B)使聚合物呈橡胶状韧性,吸收外界冲击能量,能抑制裂纹扩展并提高冲击性能;苯乙烯(S)起改善聚合物刚性和流动性的作用。通常 A:B:S = (10% ~ 30%):(5% ~ 30%):(40% ~ 70%)。改变三种组分的比例,并引入第四种组分加以组合,即可得到品种较多,用途各异的 ABS 品种、牌号。表 10-22 为部分代表性的 ABS 树脂的基本性能。

(1) ABS 的物理性能。无毒无臭,不透明,除薄膜外均呈浅象牙色。相对密度为 1.05,略重于水。不透水但略透水蒸气。制品表面经抛光或用高精度模具成型,可得到高光泽度的制品。

(2) 机械性能。首先是 ABS 具有良好的冲击强度,表 10-23 所示为不同型号 ABS 的冲击强度。其次是 ABS 具有较高的抗拉强度:大多数 ABS 塑料的抗拉强度可达 34 ~ 39MPa,特殊牌号 ABS 抗拉强度高达 62MPa。另外,ABS 的压缩强度比其抗拉强度大;弯曲强度:半硬质 ABS 为 27MPa,硬质 ABS 可达 62 ~ 69MPa。ABS 塑料耐磨损性好:在潮湿状态下,其动态摩擦系数为 0.19,静态摩擦系数为 0.21;干燥状态下,动态摩擦系数为 0.21,静态摩擦系数为 0.24。高冲击型 ABS 的耐蠕变性也较好。

(3) ABS 的电性能及耐环境性能。ABS 的电绝缘性能很少受温度、湿度的影响,并能在很宽的温度范围内保持恒定。ABS 耐化学试剂腐蚀,无机物、酸类对其几乎无影响。但 ABS 的耐候性较差,这是由于分子中丁二烯含有双键,在紫外线作用下易受氧化降解所致。

2) ABS 的成型工艺特性及热性能

ABS 属于无定型聚合物,无明显熔点,因其牌号及品种繁多,在成型工艺中应按品级不同来制订合适的注射工艺参数。ABS 是热塑性塑料中线膨胀系数较小的一种。一般 ABS 的燃烧速率为 30 ~ 40mm/min(无滴落)。自熄性 ABS 既不燃也不滴落,燃烧 2.25mm 后则自熄。其注射成型要点为:

(1) ABS 制品的热变形温度为 93℃ 左右,在 270℃ 以上温度时即开始分解。

(2) 一般 ABS 制品的使用温度范围为 −40 ~ 100℃。

(3) 加工前需进行干燥处理,否则会因吸水性有差异影响成型,要在 80 ~ 85℃ 温度中干燥 2h 以上。

(4) 制品壁厚一般为 1.5 ~ 4.5mm。

(5) 收缩率为 0.3% ~ 0.6%,小且稳定,其脱模斜度对于型芯取 35′ ~ 1°,型腔为 40′ ~ 1°20′。

(6) 注射成型温度 160 ~ 180℃。

部分代表性的 ABS 基本性能　　　　　表 10-22

项目	ASTM 标准	一般注射成型用			耐热注射成型用			挤出成型用		特殊成型用		
		MV	MH	MHK	K-2938	MTH	SHA	SR	SRE	AP-8	K-2540	AN-450
		超高抗冲	高抗冲流动	高刚性	超耐热	耐热	亚耐热	超高抗冲	高抗冲	电镀	PVC 共混	阻燃
相对密度	D792	1.02	1.04	1.05	1.06	1.05	1.05	1.04	1.04	1.05	1.01	1.18
悬臂梁冲击强度（缺口 $\delta=6.35mm$）（kJ/m）D256												
（23℃）		0.30	0.23	0.13	0.18	0.22	0.17	0.33	0.27	0.25	0.43	0.13
（-30℃）		0.22	0.11	0.66	0.98	0.12	0.09	0.21	0.14	0.098	0.29	0.13
抗拉强度（MPa）	D638	35	42	52	48	47	49	43	45	43	30	42
伸长率（%）	D638	28	18	15	18	21	17	25	20	15	35	10
弯曲强度（MPa）	D790	49	60	69	65	63	67	54	59	62	39	59
弹性模量（MPa）	D790	1568	1960	2500	2156	2352	1764	1960	2254	1176	1176	2156
洛氏硬度 R	D785	96	107	115	113	108	112	104	106	111	82	105
热变形温度（1.82MPa）（$\delta=6.35mm$）（℃）	D648	82.3	85.0	85.5	97.0	92.3	90.0	85.0	85.0	87.5	81.0	78.5
线膨胀系数（10^{-5}/℃）	D696	9.4	7.8	6.7	7.4	7.5	6.9	8.3	8.1	6.9	9.9	
成型收缩率（%）	住友法	0.5~0.7	0.4~0.6	0.4~0.6	0.4~0.6	0.4~0.6	0.4~0.6	0.4~0.7	0.4~0.7	0.4~0.6	—	
流动特性	高化式流动											
（210℃，2.9MPa）		0.06	0.18	0.10	0.18	0.04	0.07	0.01	0.05	0.09		0.50
（230℃，5.9MPa）		0.06	0.18	0.10	0.18	0.50	0.07	0.01	0.05	0.09		
燃烧性	UL94	HB	HB	HB		HB	HB	HB	HB	HB		

不同型号 ABS 的悬臂梁（缺口）冲击强度（J/m）　　　　　表 10-23

型号	23℃	-20℃	-40℃
超高抗冲型	362.6~160.6	147~235.2	117.6~156.8
高抗冲型	284.6~333.2	117.6~147	98~117.6
抗冲型	186.2~215.6	68.6~78.4	39.2~58.8
自熄型	107.8	—	127.4
电镀型	254.8	117.6	73.5
挤出型	441	147	98

3) ABS 在汽车上的应用

ABS 因具有良好的性能，并能通过改性获得特殊性能，故广泛用于制作汽车内饰件和外装件。表 10-24 所示为 ABS 在汽车零部件中的应用情况。

苯乙烯类塑料在汽车工业中的应用　　　　表 10-24

零件名称	种类	型号
格栅	ABS	高抗冲（电镀型）
	AAS	高抗冲型
灯壳	ABS、AES	高抗冲型
上通风盖板	ABS、AAS	亚耐热型
车轮罩	ABS	高抗冲型
	MPPO	亚耐热型
支架、百叶窗类	ABS	亚耐热型
标志装饰	AES、AAS	高光泽型
标牌、装饰件	ABS	一般电镀型
后护板	ABS	一般型
缓冲护板	AES	高光泽型
挡泥板、镜框	ABS、AAS、AES	高抗冲型
仪表板	ABS	超耐热抗冲型
	GF 增强 AS、ABS	
装饰件	ABS、(改性 PPO)	超耐热型
仪表罩（仪表类）	ABS	超耐热型
收音机罩	ABS	耐热型
门立柱装饰	ABS	亚耐热型
工具箱	ABS	耐热或亚耐热型
导管类	ABS	耐热或亚耐热型
空气排气口	ABS、PC/ABS(MPPO)	耐热抗冲型
控制箱、调节器手柄	ABS	一般型
装饰件类、开关、旋钮、转向柱套、转向盘喇叭盖	ABS	高刚性、耐热抗冲型
仪表板表皮	ABS/PVC 合金	

(1) 对制作汽车零部件 ABS 的性能要求。

表 10-25 所示为汽车零部件用 3 种 ABS 塑料的性能。除此之外，还应满足耐光老化性的要求。

汽车零部件用 ABS 的性能　　　　表 10-25

项目	高冲击型	耐热型	超耐热型
熔体流动速率[g·(10min)$^{-1}$]	2~3	2~3	1.5~2.5
冲击强度(kJ·m^{-2})			
（缺口）	≥9	≥7	≥5
（无缺口）	不断	≥30	≥18
维卡软化温度(℃)	≥95	≥100	≥106

制作仪表板、暖风机壳体、空调机壳体用 ABS 的技术要求，见表 10-26。

对汽车仪表、暖风机壳、空调机壳材料的技术要求　　表10-26

项　　目	汽车仪表	暖风机壳 （左右两壳）	空调机壳 （上下两壳）
材料	ABS	ABS 或改性 PP	超耐热 ABS 或改性 PP
成型方法	注射成型	注射成型	注射成型
抗拉强度（MPa）	34	45	42
弹性模量（MPa）		2200	2200
弯曲强度（MPa）	49	76	72
弯曲弹性模量（MPa）	1800	2400	2200
悬臂梁冲击强度（缺口）（J/m）			
室温	196	>180	347
-30℃	78		
洛氏硬度	95～105	107	102
热变形温度（℃）			
0.45MPa	95		
1.8MPa		89	106
维卡软化温度（℃）		101	99（不退火）

(2) 汽车发动机、散热器格栅用料及其技术要求。

表10-24中的格栅系发动机冷却通风用的格子状部件。发动机工作时，通过散热器向周围排放大量热量，以维持其连续正常工作。这些热量必须及时散发到空气中去。此处散热器格栅就起透过空气并保护散热器的作用，同时亦起装饰功能。因此要求制作格栅的材料具有强度高、刚性和韧性好、耐热、耐候、抗振、抗低温冲击等综合性能，依车型和耐热性要求不同，可采用电镀级 ABS、改性 PP 或 ABS/PC 合金等。在我国轿车多采用 ABS、ABS/PC 成型后复合 PA（聚酰胺）等材料，商用车则多采用改性 PP。其中 ABS 应是高抗冲型及电镀型。

第二节　纤维增强复合材料及其在汽车中的应用

纤维增强塑料基复合材料（FRP）因其具有强度高、质量小、耐腐蚀、加工性好及可制造 A 级表面汽车外覆盖件等特点，已被广泛应用于汽车车身部件。FRP 是今后取代金属材料制造汽车主要覆盖件及受力构件的最有前途的轻量化材料。目前，北美汽车制造业用 FRP 制造汽车零部件的用量已达120kg。通常，FRP 是指玻璃纤维和热固性树脂的复合材料，但是，增强用的纤维除玻璃纤维之外，还有碳纤维和高强度纤维，基体树脂根据使用要求可用环氧树脂、酚醛树脂、不饱和聚酯等。

一、SMC 在车身部件中的应用

SMC 是玻璃纤维增强不饱和聚酯片状模压塑料基复合材料（Sheet Molding Compound，缩略语为 SMC），是一种新型的制造车身件的复合材料。它是在不饱和聚酯树脂中加入引发剂、增稠剂、低收缩剂、填料及染料等成分，经过充分混合成树脂糊，在 SMC 机组中树脂糊充分浸渍切短的玻璃纤维，经辊压而成的片状复合材料。它属于热固性塑料增强复合材料，能在一定的温度和压力下，交联固化而成型。

1. SMC 作为车身材料的优点

(1) 在产品设计上有较高的灵活性与自由度。设计工程师可根据需要方便地设计有关尺寸和形状，能尽量展现其想像力来造型，并以最短的时间体现在模型或样车上。

(2) 强度较高。根据不同的技术要求，可设计出不同的 SMC 配方，从而得到不同性能要求的制件，以适应不同部位、不同零件的需要，来替代钢板或型材。

(3) 实现轻量化。因 SMC 的相对密度一般为 1.3~2.0，同体积的 SMC 比钢、铝等轻，能有效地降低汽车自重。

(4) 耐腐蚀。SMC 有较好的耐腐蚀性能，用它能克服钢铁易腐蚀的缺点。

(5) 可实现零部件整体化。SMC 模压件可使多个分散的和不同的部件根据需要组合设计在一起，在模具设计时考虑一次整体成型，从而简化加工工序和设备，缩短加工周期，节省投资。

(6) 尺寸稳定。通过在 SMC 配方中加入各种类型的低收缩剂，并采用收缩率低的树脂，以使 SMC 制品能在较宽的温度范围内保持稳定的尺寸稳定性和原有外形。

(7) 外观漂亮，易于涂装。

(8) 电绝缘性好。

(9) 冲击性能好，能在 -40℃ 温度下使用。

(10) 热变形温度和耐老化性能均高于普通热塑性材料，其使用寿命高于 15 年。

2. SMC 的成型工艺

SMC 技术的开发成功，开创了现代汽车工业中大量应用 FRP 的新局面。由于 SMC 浸渍用的树脂含增稠剂，能够将黏度调整到成型时可以流动的程度。这种方法不采用混炼，而是直接把树脂浸到纤维垫中，故纤维不受破坏，强度比较高。另外，SMC 材料呈片状，有利于模压成型，可以提高生产效率。

1) 制造 SMC 的主要原料

主要原料是有一定长度的玻璃纤维、粒状填充剂和聚酯树脂三要素。其中树脂含量应占 30%~35%，以便充分地润湿玻璃纤维和填充剂，一般情况下玻璃纤维含量为 30%，填充剂为 35%~40%。

(1) 不饱和聚酯树脂。是 SMC 材料的最基本的组成部分。汽车用 SMC 主要用低收缩性树脂体系。低收缩性树脂由不饱聚酯树脂（A 成分）和低收缩性添加剂（B 成分）组成。

其中 A 成分是中等反应活性或高反应活性的不饱和聚酯。反应活性与不饱和聚酯的双键含量有关，双键含量高，反应活性高。双键含量通常用一个双键附随的聚酯相对分子量的大小表示，分子量越小，表示不饱和度越高。一般使用的不饱和聚酯，一个双键随附的分子量为 200~500。

低收缩性树脂的 B 成分一般使用热塑性树脂，如聚甲基丙烯酸甲酯、聚苯乙烯、聚酯酸乙烯等苯乙烯溶液，PE、PVC 的粉末。SMC 的低收缩性取决于 A、B 成分的种类和质量比，当 B 成分一定时，A 成分的双键附随的相对分子量越小，收缩率越小。SMC 配方和收缩率的关系见表 10-27。

SMC 配方和收缩率 表 10-27

项目	1号	2号	3号	4号	5号
聚合物 9802①	80	60	40	20	0
聚合物 6819①	0	20	40	60	80
聚合物 9965②	20	20	20	20	20
一个双键附随的分子量	156	176	205	230	270
收缩率(%)	0.046	0.056	0.074	0.089	0.096

注：①聚合物 9802、6819 是 A 成分。
②聚合物 9965 是 B 成分。

汽车用低收缩性 SMC,其收缩率可达 -0.1%,非收缩性 SMC 的收缩率为 0.3%。

(2)填充剂。占 3 大组分的第二位,它不仅起增量的作用,而且夹在树脂和玻璃纤维之间增加成型流动性,改善产品的表面粗糙度。对于表面粗糙度要求较高的制品,填充剂是必不可缺的成分,一般采用碳酸钙作填充剂。

(3)SMC 的增强材料。一般采用 5cm 长的玻璃纤维,并且是用直径 10~15μm、100~200 根一束的无碱丝。玻璃纤维的静电性能必须引起重视。因为在切断玻璃纤维时,依其使用条件、种类、环境湿度不同而产生不同的静电。这种静电会妨碍玻璃纤维丝的均匀分散及树脂的浸润效果。

除了上述三大成分之外,还应有添加剂,如硬化剂、增稠剂。为了便于脱模,内脱模剂大部分采用硬脂酸锌,其用量随模具的新旧程度增减,新模具时多加一些,旧模具时减小其用量。

2)SMC 的制造工艺

在制造 SMC 时,将上述原料分为两大类。除了玻璃纤维与增稠剂外,把其他组分均匀地混合成糊剂,为防止粒子二次凝集,最好使用高速透平式搅拌机。由 A、B 两个成分构成低收缩性的树脂时要保证两个成分的均匀分散。再把增稠剂加到混合物中,其黏度开始上升,如此添加增稠剂最好在 30min 内完成。

(1)SMC 的制造过程。如图 10-3 所示,在两张内侧涂有树脂的 PE 薄膜中间加入玻璃纤维,接着通过压紧辊把树脂复合物浸渍到玻璃纤维毡中去。为把树脂均匀地涂覆在薄膜上,备有刮板。制好的 SMC 片材厚度为 2~4mm,单位面积质量为 3~5kg/m²。将浸渍好的 SMC 材卷成卷,经过一定的熟化后便可使用。

(2)TMC 及其制造过程。TMC(Thick molding compound)即厚片状模塑压塑料复合材料。这是由于 SMC 的制造工艺限制了其厚度。但有些汽车零件又需要较厚的材料,此时若将 2 层甚至 3 层 SMC 片材重叠起来模压成型又很不方便。于是就开发了 TMC。在制造 TMC 板材时,把玻璃纤维和树脂糊混合后夹到两层薄膜之间,再辊压成板材。其加工设备示意图如图 10-4 所示。

TMC 的制造过程比 SMC 多了一个混合树脂和玻璃纤维的浸渍辊。切断的纤维和树脂,首先通过浸渍辊均匀地混合,混合后的复合物被离心式刮胶辊分散到下部托带上的塑料薄膜上,上面再盖上一层塑料薄膜之后,通过辊子压紧成一定规格的板材,其厚度取决于上面供给的料量和托带前进的速度。由于 TMC 是采用混合而不是浸渍的方法,故可使用高黏度的树脂。TMC 可以使用 400Pa·s 高浓度胶,而 SMC 用胶的最高允许黏度为 100~150 Pa·s。

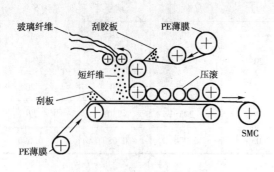
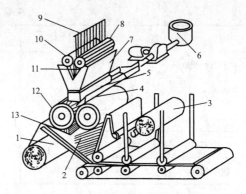

图 10-3 SMC 片材加工示意图　　　图 10-4 TMC 的加工示意图

1-PE 薄膜；2-TMC 混合物；3-PE 薄膜；4-树脂混合物；5-密封；6-储池；7-漏斗；8-刀辊；9-玻璃纤维；10-橡胶辊；11-短纤维；12-浸渍辊；13-离心刮辊

3. SMC 材料模压成型方法

SMC 材料在加热的模具中可以流动,因此便于制造带有筋板或局部凸起的不等厚的大型车身覆盖件。另外,高强度的 SMC 和普通的 SMC 还可以混合使用,例如用 SMC 材料成型制造的添置车门,外表层用光洁性好的 SMCR-30,中间层用高强度型 SMC C30/R20,内层用美观的着色低收缩型 SMC 等 3 种 SMC 材料层叠热压成型为一体的产品。

对于表面要求精度较高的产品,成型模具应采用热作模具钢制造。对于表面精度要求不高的低压成型的大型件,成型模可用铸造工艺制成。一般情况下,应尽量避免在产品结构中设计成不等厚度。实在不行时,为避免在有筋的部位出现缩孔,其面部应稍微加厚一点。选择模具分型面时,要考虑到材料的流动性,尽量使流动的物料同时到达两个端面。当制品形状不对称时,最好是分两个件成型。

SMC 的成型温度为 130~150℃,成型汽车驾驶室的大件时加压时间为 80s,成型周期为 2min 左右,产品的厚度为 2.5~3mm。当产品的厚度比较均匀时,加压时间可缩短到 60s,制品越厚,成型加压时间也越长。但是成型时上模和下模的温度应有不同,要求光洁的一侧的模具温度应高出另一侧 10~15℃。

二、能冲压成型的 FRP 材料

由于 SMC 材料成型车身及其他汽车零部件的速度慢,为了使塑料基的复合材料的成型速度既接近金属材料的冲压加工,又能利用现成的金属冲压设备,以适应大批量生产的汽车工业,于是,能冲压的 FRP 塑料基板材(Stampable Sheet)应运而生。

1. 汽车用冲压成型热塑性塑料片材的种类及其性能

这种材料又称为 GMT,它是冲压成型的玻璃纤维毡增强的热塑性塑料片材,相当于热固性的 SMC 热塑性片材。其典型代表是美国 PPG 公司生产的 Azdel 和 STX 两种冲压成型片材,前者是用玻璃纤维毡增强的 PP 塑料复合材料,后者是一种玻璃纤维增强的尼龙(PA)塑料复合材料。这种冲压成型的 FRP 材料的具体性能见表 10-28。

GMT 的优点如下:

(1)有较高的韧性,冲击强度高。

(2) 密度低,即使玻璃纤维含量达到 40%,其相对密度仍小于 1.3,仅为钢材的 1/7~1/6。
(3) 耐热性好,在较大温度范围内能保持其物理性能。
(4) 具有优良的耐化学药品性和耐水性。
(5) 模量等机械强度高。
(6) 热成型性能好,生产效率高,废料可再生利用。
(7) 能够成型大型车身件,设计自由性大。

冲压成型 FRP 的物理性能   表 10-28

商品名 项目	冲压成型 FRP			
	STX250	STX363	STX504	Azdel
树脂	PA6	PA6	PE	PP
玻璃含量(%)	外板用	结构用		40
相对密度	1.46	1.60	1.11	1.19
抗拉强度(MPa)	111	128~138	50	74~93
弹性模量(MPa)	7000	9000~10000	4000	5000
伸长率(%)	2.25		4	
弯曲强度(MPa)	173	207~234	66	152
变曲弹性模量(MPa)	7370	9000~10000	3000	6000
Izod 冲击强度(缺口)(J/m)	56	304	960	533
热变形温度(1.82MPa)(℃)	193	222	118	154
吸水率(24h)(%)	1.0	1.0		
线膨胀系数(×10^{-5}/K)				2.7
成型收缩率(%)				0.1~0.3

2. GMT 片材的成型工艺

目前在工业中实用的 PP 热塑性预浸片材采用如下两种生产工艺:

1) 熔融浸渍工艺(melt impregnational process)

其工艺示意图如图 10-5 所示,是将两层玻璃毡压合在三层 PP 中,当中是熔融的 PP,最外层可以是薄膜,也可以是熔融的 PP。该夹层结构在高于 PP 熔融的温度条件下加压然后冷却,最后裁割。熔融时,毡是最关键因素。若对流动要求不高时,可用短切毡或连续毡,若有最佳的流动要求时,需要采用一种用玻璃纤维粗纱特制的编织毡。采用该方法生产 GMT 时,玻璃纤维毡是关键性材料,如果片材的性能需要各向同性时,玻璃纤维毡中纤维的取向是完全随意的;若片材的性能需要各向异性时,则毡中的纤维是按所需方向排列的。这种生产工艺又称为层压工艺。

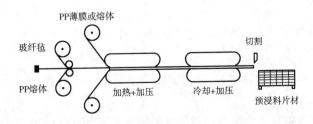

图 10-5 GMT 片材熔融浸渍成型工艺

2)湿法成型工艺

这种方法是在造纸技术基础上发展起来的,如图10-6所示。它是把长度6~25mm的玻璃纤维先分散于水中,再加入PP粉末和一种乳液,这些组分悬浮于水中,待加入絮凝剂后,使树脂粉末和乳液凝结,在液压成型屏筛上分离出来,使形成的毡在高于PP熔融的温度下紧实,使之熔合在一起。

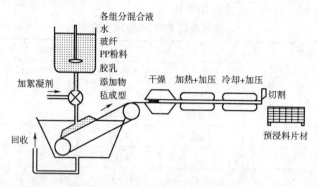

图10-6 GMT片材湿法成型工艺

用这种方法生产的GMT片材,玻璃纤维均匀地分布在片材中,树脂含量容易控制。并可通过选择增强材料与在混合料中加入各种不同的添加剂,使产品具有更高的刚度与硬度、更好的机械性能,以符合汽车所要求的表面外观、阻燃性或静电屏蔽性。例如,为了提高片材的纵向强度,选择单向纤维毡,使纵向强度比横向强度高25%~50%,这种片材适合制作保险杠或平板构件。用湿法生产的GMT,片材在加热后,纤维的流动性好,还可以模压出带金属嵌件或者是密度不同的构件。

3. 应用实例——GMT汽车车门生产工艺

GMT车门的生产工艺也有两种,即可采用熔融浸渍工艺成型的片材,经冲压成型,也可采用湿法工艺成型的片材模塑成型。

如图10-7所示,冲压成型工艺分3个主要阶段:

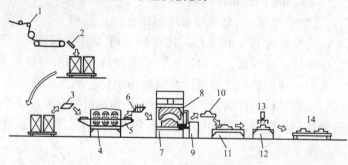

图10-7 GMT的冲压成型过程

1-STX片材生产终点;2-冲切后的坯料;3-坯料;4-红外加热炉;5-传送带;6-预热后的板材;7-压机;8-模具;9-热油交换机;10-制品;11-制品传送带;12-去毛边等后加工;13-后加工检查;14-包装

(1)坯料准备。片材的切料,往往是根据制品的形状、体积,在片材生产线终点进行,以便节省时间和原材料。

(2)坯料加热。采用有多个红外线加热元件的水平式烘炉,将炉温调节至200~220℃,利用一输送机构使坯料通过加热炉。将坯料加热至所需温度的时间要比一般的冲压周期长1~2

倍,加热炉与压力机有联锁控制,即每次压力机开启模具后重新开始一个新的成型周期时,一块加热好的坯料即被推出烘炉送入压力机中。在加热过程中,树脂达到熔融状态时坯料开始膨胀,至达到约为未被加热的冷坯料厚度的2~3倍,这种现象即膨化。膨化的坯料变得柔软,但既不滴液也不会散开。坯料加热切忌温度太高,否则PP发生降解。

(3)冲压成型。加热好的坯料送进预热好的成型模具中(模温约为50℃)。虽然树脂处于熔融状态,但随着在模具中被冷却,黏度很快增大,故压力机的闭合速度十分关键。在采用液压机时,最佳闭合速度为1.5m/min。从物料开始流动到压合的时间约为3s。根据制品厚度不同所需保压时间为10~20s,在此时间内制品固化。成型车门的总成型周期为30~50s。成型后将毛边修去。

成型压力取决于GMT片材的材质和制品的形状、尺寸以及所要求的表面粗糙度、预热温度及模温等,一般根据实际经验确定。

第三节　汽车制造中的黏接工艺

采用胶黏剂与密封胶黏接各种零件,不仅是解决和防止汽车"三漏"(漏油、漏水、漏气)的重要技术措施,而且还会减少零件数目(如弹簧垫圈、开口销、垫片等),降低零件加工精度,并会推动汽车产品结构设计方面的变革。

一、汽车用胶黏剂和密封剂

胶黏剂和密封胶在防止汽车"三漏"方面起着重要作用。为解决车身密封、发动机漏油、液体和气体管路系统的漏水与漏气问题,在汽车生产中必须使用各种胶黏剂和密封剂。

1. 汽车使用的胶黏剂的种类与特点

胶黏剂的种类繁多,按其材料组分可分为:

(1)天然胶黏剂。主要是动物胶和植物胶,多用于黏接木材与织物。

(2)热固性树脂胶黏剂。如环氧树脂与酚醛树脂胶黏剂,其黏接强度高,但耐冲击性差。

(3)热塑性树脂胶黏剂。如聚乙烯醇与丙烯酸酯,其耐冲击性好,但黏接强度低。

(4)橡胶类胶黏剂。富有柔软性,但耐热性较差。

(5)混合型胶黏剂。如酚醛—丁腈等。

2. 环氧树脂胶黏剂

1)环氧树脂胶黏剂的组成

它由环氧树脂、固化剂、增塑剂、填料和稀释剂构成。

(1)环氧树脂。目前世界各国常用的液态环氧树脂的规格与型号见表10-29。

(2)固化剂。加固化剂的目的是为了使某些线型高分子交联成体型结构。环氧树脂固化剂种类繁多,应按使用目的和作业条件进行选择。

(3)添加剂。添加剂的作用是减少树脂固化后的收缩性和热膨胀,改善热传导性和固化产物的机械性能,降低产品价格。一般轻质添加剂如石棉、轻体二氧化硅等,用量为25份以下,中等重添加剂如滑石粉、铝粉,用量可达200份,重质添加剂如铁粉、铜粉,用量可达300份。

(4)增韧剂和稀释剂。增韧剂的作用是增加韧性,提高抗弯、抗冲击强度。增韧剂有苯二甲酸酯类、磷酸酯类、氯化联苯类,用量为5~15份。

液态环氧树脂型号和规格 表10-29

国家	型号	黏度(Pa·s)	平均分子量	环氧值(当量/100g)
中国	E-51(原618)	—	350~400	<0.48
	E-44(原6101)	软化点12~20℃	350~450	0.40~0.47
	E-42(原634)	软化点21~27℃	350~600	0.38~0.45
	E-35(原637)	软化点20~35℃	550~700	0.30~0.40
原苏联	ЭД-5			>0.47
	ЭД-6			0.33~0.42
	ЭД-7			0.26~0.40
美国（壳牌化学公司）	Epon562	0.15~0.21	300	0.60~0.71
	Epon815	0.50~0.90	340~400	0.48~0.57
	Epon820	4.0~10.0	350~400	0.48~0.57
	Epon828	5.0~15.0	350~400	0.48~0.57
	Epon834	—	450	0.34~0.44
日本（日本雪立化学公司）	环氧812	0.001~0.002	306	
	环氧815	0.008~0.011	330	
	环氧819	0.002~0.005	—	
	环氧827	0.09~0.11		
	环氧828	0.12~0.15	380	
	环氧832	0.13~0.16		
	环氧871	0.004~0.009		

为了便于操作并有良好的浸透性,用稀释剂来降低黏度。常用稀释剂有丙酮、甲苯、二甲苯、环氧丙烷等。其用量一般为5~15份。

2)环氧树脂胶黏剂应用实例

我国市场上常见的适用于机械工业的环氧树脂胶黏剂牌号有914、JW-1、SL-4多用途结构胶黏剂等,其中：

(1)914胶。由A、B二组分组成,具有使用简便、固化速度快,黏接强度高的特点,并能室温快速固化。可在±60℃下将金属和一些非金属部件小面积快速黏接。

(2)SL—4胶。是多用途结构胶黏剂,它对钢、铝、铸铁、铜、巴氏合金、玻璃钢、陶瓷、工程塑料等均有极好的黏接强度。

3.酚醛树脂胶黏剂

汽车生产中常用的酚醛树脂胶黏剂见表10-30。

4.聚丙烯酸酯胶黏剂与密封胶

这类胶黏剂的特点是室温固化、无溶剂、单组分、使用方便。除了聚乙烯、聚丙烯、氟塑料和有机硅树脂外,几乎能黏接各种同类或异种材料,并且具有良好的黏接性能。目前国内汽车工业常用的此类胶黏剂,有厌氧胶、501胶、502胶。

酚醛树脂类胶黏剂 表10-30

牌 号	类 型	备 注
FS—2 FS—4 FN—301 FN—302	酚醛-聚乙烯缩丁醛	用于黏接金属、塑料、玻璃等，但不能用于黏接橡胶，使用温度不能高于60~80℃
FSC—1	酚醛-聚乙烯醇缩甲醛型	用于黏接金属、非金属材料，具有良好的耐老化性能
J—01 J—02 J—03 J—04	酚醛-丁腈胶黏剂	用于黏接金属及非金属 J—04 可用于黏接制动片与离合器片等
JX—8	酚醛-丁腈胶黏剂	高弹性高剥离的钣金胶黏剂，黏接金属、玻璃钢、工程塑料、陶瓷等
JX—10		高强度耐高温结构胶黏剂，可在200℃下长期使用，250℃下短期使用，黏接范围同JX-8，可用于蜂窝结构黏接
FN—303(仿苏88号胶)801强力胶	酚醛-氯丁胶	用于黏接金属和橡胶，如车门密封条 801强力胶黏接效果更佳
J—08	酚醛-缩醛-有机硅	耐热结构黏接剂。耐热温度可达350℃，在200℃下仍有较好的持久强度，但弹性不够高

1) 厌氧胶

国产厌氧胶品种与性能见表10-31。

国产厌氧胶品种与性能 表10-31

项目		品种	Y-150	XQ-1	铁锚300	铁锚350
外观 黏度(Pa·s)			茶色液体 0.15~0.30	茶色液体 0.20~0.30	无色透明液 0.01~0.015	深棕色透明液体 0.70~1.0
固化速度 (25℃)	开始固化 时间(min)	无促进剂	数十分钟	—	—	—
		有促进剂	数分钟	数分钟	60	15
	完成固化 时间(min)	无促进剂	24~72	72~168	—	—
		有促进剂	1~2	1~2	8	24
胶接强度	破坏扭矩(N·m)		30~37	—	>29	25
	拆卸扭矩(N·m)		30~37	20	>29	>20
使用温度(℃) 最大允许间隙(mm)			<150 0.3	<100 0.3	−30~120 <0.1	−30~120 <0.1

续上表

项目 \ 品种	Y-150	XQ-1	铁锚300	铁锚350
主要用途	管接头、接合面的耐压密封防漏,各种螺纹件防松及密封,轴承和其他零件的装配固定及密封,不同材料间的粘接及密封	同左	细牙螺纹密封及防松	粗细牙螺纹密封及防松

Y—150厌氧胶是以甲基丙烯酸酯为主体的胶液,将其注入连接螺纹间隙或结合面的缝隙中。由于隔绝空气,胶液在室温下即聚合硬化达到密封和紧固的目的。这种胶是单组分,不必现配用,使用方便,又能在室温下固化。并具有不含有机溶剂、浸润性好、毒性小等优点。

Y—150厌氧胶主要用于在振动冲击条件下工作的机器中,如不经常拆卸的螺钉、螺母及双头螺栓的紧固防松和防漏。亦可用于管路的螺纹连接、凸缘结合面的紧固与耐压密封、固定轴承、填充与堵塞漏缝和裂纹等,防松紧固和防漏。

在使用厌氧胶时,应先用丙酮或汽油除去零件上的油垢,之后涂上胶液再拧上零件,使胶液充满全部间隙,需在室温固化24h以上。

2)501胶和502胶

501胶和502胶也属于丙烯酸酯类胶黏剂。其性能、用途见表10-32。

表10-32 501与502胶黏剂

	501胶	502胶
用途	黏接金属、非金属,如仪器仪表的密封	黏接各种金属、玻璃和一般橡胶(除PVC,氟塑料等)
性能	使用温度-50~70℃,室温抗剪强度>19.6MPa,抗拉强度>24.5MPa,性能较脆,耐碱和耐水性差	使用温-40~70℃,黏接后24h达最高强度,碳钢剪切>14.7MPa,拉伸>29.4MPa
固化条件	在室温下几秒到几分钟就固化	在室温下几秒到几分钟就固化
主要成分	α-氨基丙烯酸酯	α-氨基丙烯酸酯

使用这两种胶时,先将被黏对象表面用细砂纸打磨去除氧化物,再用丙酮浸沾脱脂棉擦洗,以去除油污,涂液要均匀而薄地涂布在两面并在空气中暴露几秒至一分钟后,将黏接件对准并施加接触压力(0.1~0.2MPa),经半分到几分钟内即可黏牢。除去压力,室温放置24h即可使用。

5. 聚氨酯胶黏剂

1)聚氨酯胶黏剂的特性

该胶黏剂系由异氰酸酯为主体加入固化剂和助固剂缩合而成。其优点是可以室温固化,起始黏接力高,有较好的抗冲击性能、剪切强度和剥离强度,能耐冷水、耐油、耐稀酸,价格较便宜。但其耐热性差。多用于非金属之间、金属之间、金属与非金属之间(非结构件)的黏接。它由两个组分(A组分——主体,B组分——固化剂)组成,使用时需进行调配。常用的聚氨酯胶如表10-33所示。

聚 氨 酯 胶 黏 剂 表10-33

牌　号	固化条件与用途
乌利当胶黏剂（聚氨酯101胶黏剂） 聚氨酯404胶黏剂	甲、乙二组分室温固化，适用于纸张、织物、木材、皮革和塑料的黏接，也可用于金属与非金属材料的黏接
熊猫牌202胶黏剂	双组分室温固化，可用于 -20~170℃ 的范围内。主要用于皮革、橡胶、织物、地毯、软泡沫塑料、PVC 等非金属黏接

2）使用聚氨酯胶黏剂应注意事项

(1) 表面处理。先清除被黏物表面的氧化皮，之后脱脂。黏接钢铁时用甲苯或三氯乙烯脱脂，再用0号砂纸打磨。铝合金用化学方法处理氧化膜。塑料表面可用丙酮擦洗，聚乙烯可用浓硫酸进行腐蚀。纸张、织物等物不需要处理。

(2) 配胶。黏接不同的材料，要使用 A、B 两组分配比不同的胶液 (表10-34)。

聚氨酯胶甲、乙组配比 表10-34

被黏接物	聚氨酯胶甲乙组配比
纸张、皮革、木材、织物	甲/乙 = 100/5~10
金属	甲/乙 = 100/10~50
一般的物件	甲/乙 = 100/10~20

(3) 涂胶和固化。配制好的胶液可用涂刷、喷涂或刮涂。使用时，部件或物料两面均需涂胶，第一次涂胶后放置5min后再涂第二次，放置10~20min，待手接触不黏时即可黏接。并在 0.03~0.05MPa 压力下进行固化，加压时间为数分钟至几小时。在室温25℃时需经5~6天方能完全固化。加温固化时，100℃下需 1.5~2h，130℃需 0.5h。此胶未固化时切勿用于高温、高湿条件。

6. 聚硫橡胶密封胶

该胶亦称作液态聚硫化物，此类橡胶在分子主链上都含有硫原子，其最大特点是在常温或低温 (-10℃) 下也能够硫化，硫化产品收缩率很小。硫化后耐油性很突出，对醇类也稳定。此硫化物可在 -54~150℃ 温度范围中使用，耐大气老化性优异，一般可用25年左右。在汽车工业中，该种胶多用于汽车风挡玻璃的密封，其优点为：

(1) 密封胶呈液态，可用于不规则形状黏接和常温下硫化。

(2) 由于弹性好，可减小风窗玻璃的振动，能适应高速行驶和紧急制动。

(3) 风窗玻璃和车身窗框能连成一体，可提高车身强度。

(4) 适于汽车生产过程的高速流水线作业。

我国生产的聚硫橡胶密封胶的牌号与性能见表10-35。

国产聚硫橡胶密封胶牌号与性能 表10-35

性能＼牌号	XM-1	XM-15	XM-16	XM-18	XM-22	XM-22-1
抗拉强度(MPa)	≥2.9	≥2.9	≥2.5	≥2.9	≥2.9	≥2.0
相对伸长率(%)	≥300	≥300	≥250	≥550	≥450	≥350
永久变形(%)	≤10	≤10	≤10	≤15	≤10	≤10
脆性温度(℃)	<-40	≤-40	≤-40	≤-40	≤-40	≤-40
使用温度(℃)	-60~130	-55~130（在燃油箱中）	-60~130（在空气中）	-60~150	-50~130（在燃油箱中）	

7. 液体密封胶

它是一种液体状态的密封材料,亦称为液体垫圈或液体密封垫料。该类胶在常温下是黏稠液体,涂在连接面上,干燥一定时间后便形成一种具有黏性、黏弹性或可剥性的膜,通过这种膜的填充作用使连接部位得到密封。目前液体密封胶已成为一种不可缺少的理想密封材料。既可代替垫片用于各种平面连接,也可代替铅油缠麻用于螺纹连接。

此类胶按其涂布后成膜形态可分为以下几种。

(1) 不干性黏着型密封胶。这种密封胶可含有溶剂(呈液态)也可不含溶剂(呈膏状)。这种垫料成膜后长期不硬化,并保持黏性,故当其受到机械振动和冲击时,涂膜不发生龟裂和脱落现象,而且易于从连接面上去除,连接点也容易拆卸。非溶剂型不干胶不需干燥,涂布后就可以连接,适合于流水线组装或紧急修配场合。

国产不干性黏着型密封胶的性能见表10-36。

国产不干性黏着型密封胶种类与性能 表10-36

性能 \ 种类	7302	W-1	W-4	G-1	MF-1
外观	棕黄色黏稠液	蓝色黏稠液	绿色黏稠液	灰色黏稠液	灰红色黏稠液
黏度(Pa·s)	$(2.3\sim2.8)\times10^2$	$(4\sim4.2)\times10^2$	$(5.5\sim6.0)\times10^2$	$(2.5\sim3)\times10^2$	$(2\sim2.4)\times10^2$
黏接力(MPa)	0.09	0.05	0.06	0.06	0.07
流动性(cm/min)	9.7	0	0	0	0.05
热分解温度(℃)	318	220	241	520	230
密封性能 温度(℃)	120	160	160	300	200
密封性能 泄漏压力(MPa)	1.1	1.3	1.3	1.65	1.4
使用温度(℃)	-40~200	-40~140	180	300	200
耐介质性能	各种油、水、酸	润滑油、汽油、机油	润滑油、汽油、机油	润滑油、汽油、机油	汽油、机油、植物油、润滑油
涂布性能	较好	较好	较好	较好	好
可拆性	容易	容易	容易	容易	较易
储存期	长期	1年	1年	1年	1年

(2) 干性黏着型及干性可剥型密封胶。其中干性黏着型密封胶是涂布后溶剂挥发掉,干膜牢固地黏在连接面上,可拆性、耐振动性和冲击性差,但耐热性好,即在高温条件下具有良好的防漏效果。另一种是干性可剥离性密封胶,在涂布后溶剂挥发掉并形成具有橡胶那样的柔软而有弹性的膜。这种薄膜耐振动、黏着严密,具有良好的可剥离性。

国产干性液体密封胶的种类与性能见表10-37。

国产干性液体密封胶种类与性能　　　　　表10-37

性能 \ 种类	干性黏着型	干性可剥型		
牌号	机床密封垫料	尼龙密封垫料	铁锚609	4号
外观	浅灰色黏液	乳白色黏液	灰色黏液	灰色黏液
黏度(Pa·s)	2.6～2.8	1.5～1.6	3.0～7.9	5～7
黏接力(MPa)	0.31	0.12	0.19	0.35
流动性(cm/min)	9.1	60.0	7.7	20.0
热分解温度(℃)	219	317	370	291
密封性能 温度(℃)	140	220	140	140
密封性能 泄漏压力(MPa)	1.2	15	1.5	1.2
使用温度(℃)	140	-50～250	250	180
耐介质性能	各种油	各种油、液化气、芳香烃、水	各种油、水	各种油
涂布性能	好	好	稍差	好
可拆性	较困难	较易	较易	较易
储存期	—	1年	1年	—

二、胶黏剂在汽车上的应用技术

在了解胶黏剂的种类、特点及适用范围的基础上,在使用胶黏剂时应分析黏接部位工作时所承受的负荷大小、方向及速度,并在此基础上正确地设计接缝状态,掌握黏接部位将遇到的环境条件(如温度、介质等),以正确地选择胶黏剂。此外,还应考虑所用胶黏剂的形态(粉状、液状、膏状)、涂布方式及用量、加热固化时间、压紧力与压紧时间等,使黏接工序适于汽车生产线的装配与速度要求。

1. 黏接设计

1) 接缝形状设计

要求接合面积尽量大,负荷均匀地分布在整个接合面上,受力方向和黏接强度方向一致。对此提出各种设计方案,接缝形状和应力的关系如图10-8所示。

接缝部位的特性,以被黏接物体厚度(t)的平方根和搭接长度(L)的比值(黏接指数)来表示。黏接因素和黏接强度间的关系见图10-9。

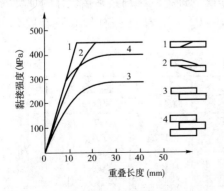

图10-8　接缝形状和黏接静强度的关系

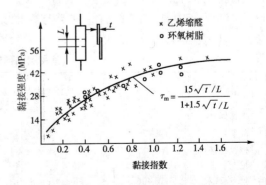

图10-9　黏接指数对黏接强度的影响

2) 被黏接材料种类及其表面形态

汽车制造中所用的材料主要是钢板,其他为铝合金、塑料及FRP。在设计黏接时,应考虑各种材料和胶黏剂的浸润及相互作用的因素。同一品种的胶黏剂对不同材料,由于浸润及表面相互作用力不同,其黏接强度和耐久性会有很大差别。环氧树脂黏接铝合金及钢的黏接强度和耐久性见表10-38,而聚氨酯胶黏剂黏接的FRP材料的强度见表10-39。

环氧树脂黏接的铝合金耐久性 表10-38

合金	初期平均剪切强度(MPa)	保留剪切强度(%)			平均保留百分数
		85%湿度24℃ 3个月	100%湿度52℃ 3个月	5%盐水喷洒 3周	
2036	11.9	96	54	58	69
5020	14.0	89	48	72	70
6151	12.0	97	49	64	70
5085	9.9	82	74	79	78
钢	20.2	86	27	53	55

聚氨酯胶黏接的FRP强度(MPa) 表10-39

试验条件	被黏接物 一般FRP 与一般FRP	低收缩FRP 与低收缩FRP	低收缩FRP 与铁板(有底漆)	铁板 与铁板	铝板 与铝板
-40℃	8.2	4.4	6.9	20.6	11.2
20℃	8.8	5.2	3.8	17.5	11.3
80℃	3.8	3.3	4.5	5.5	4.8
120℃	2.1	2.1	3.0	3.6	4.0
90℃×14天	8.6	5.8	6.8	17.3	—
20℃水×14天(浸渍)	8.7	5.7	7.3	16.5	11.2
40℃、98%RH×14天	8.5	4.2	6.4	14.9	11.0
盐水喷洒×240h	8.6	—	6.7	13.2	10.1
老化试验×500h	8.6	5.5	—	—	—

即使是同一种材料,不同的表面形态,其黏接强度也会有差异,因此应进行脱脂、擦亮研磨等表面处理,以提高黏接强度。

3) 胶黏剂的使用条件

汽车所处的环境条件非常复杂,除了其暴露环境外,还需考虑使用部位可能受到的特殊热、化学药品、光照及外力等所产生的影响。因此,正确的选择胶黏剂是黏接设计的重要内容。

汽车生产中常用胶黏剂的种类与性能见表10-40,耐高温胶黏剂与低温有胶黏剂见表10-41、表10-42。

常用胶黏剂的种类与性能 表10-40

组 分	名 称	制造公司	形 态	黏接条件		剪切强度(MPa)
				温度(℃)	时间(min)	
乙烯缩醛	Redux775	CIBA	L、P、F	155	30	33
酚醛	FM-47	ACC	L、F	177	120	34
橡胶/酚醛	Narmtape102	Whittaker	F	160	60	13
尼龙	FM-1000	ACC	F	177	60	13
尼龙/环氧	MB-406	Whittaker	F	—	—	—
尼龙/环氧	FS-175	东亚合成	F、P、S	180	10	34

续上表

组 分	名 称	制造公司	形态	黏接条件 温度(℃)	黏接条件 时间(min)	剪切强度(MPa)
环氧	AT-1	CIBA	P	180	60	28
环氧	FM-54	ACC	F	107	90	29
环氧	AP-500	东亚合成	P	180	5	39
NBR/环氧	EC-2214	3M	L	121	440	33
NBR/环氧	FM-132-2	ACC	F	107	90	33
聚酰亚胺	MB-840	Whittaker	F	260	120	19

注：L-液态；P-粉末；F-带状；S-溶液状。

高温用胶黏剂的种类与特性　　　　　　　　　　　　　　　　　　　表10-41

胶黏剂种类		使用温度(℃) 短时间	使用温度(℃) 连续	优 点	缺 点	状 态
聚芳烃	PBI	538	232	高温强度优异	需要特殊夹具，在高温下长时间硬化，硬化中产生挥发物，高价	预浸
聚芳烃	PI	482	288	耐热性、耐氧化性好。149℃下开始硬化，不用夹具进行后硬化	高温下保持7.0MPa以上压力有困难。成本高	预浸溶液带
硅树脂		482	232	硬化中不产生挥发物	强度低，高温硬化时间长，价格高	预浸石棉
环氧酚醛		482	177	硬化到一定程度后，可得到较好的性能，价廉	硬化过程中产生挥发物，因此黏接时需要加压。在高温下曝露200h以上则老化	薄膜或膏剂
改性酚醛		177	121	丁腈-酚醛树脂具有良好的耐老化性及剥离强度	在转变温度内，具有一定的剪切强度	溶液涂敷在压延薄膜上
环氧树脂		260	149	应用较为普遍，硬化周期、物理形态多样，硬化中无副产物	不适用于比转变温度显著高的条件下	粉末液状膏状预浸

低温用胶黏剂种类与性能　　　　　　　　　　　　　　　　　　　表10-42

胶黏剂	使用温度(℃)	优 点	缺 点	形 态
聚氨酯	-253～127	剪切剥离强度大，能黏接多种材料，室温固化，价廉	只能在127℃以下使用，不耐潮湿的侵蚀	双组分膏状
环氧-尼龙	-253～82	在很低温度下强度高	剥离强度中等，高温下不能使用，价格高	薄膜
环氧-酚醛	-253～260	性能均一，价格适宜	剥离强度和耐冲击性能差，并需特殊表面处理	带有支撑薄膜
橡胶-酚醛	-73～93	不能在过低温度下使用	使用温度范围小，极低温度下其剥离强度小	压延薄膜
乙烯缩醛-酚醛	-253～129	价廉，在极低温度下具有较好的性能，易于操作	极低温度下剥离强度小，硬化过程中需用夹具	薄膜溶液溶液+粉末
环氧-聚酰胺	-253～82	室温固化，易于操作，价廉	剥离强度小，高温下不能使用	双组分
有填料环氧树脂	-253～177	能黏接各种材料，易于操作	剥离强度极低	双组分

2. 黏接方法

1) 胶黏剂的形态和施工方法

按形态胶黏剂可分为液状、膏状、薄膜状、固体、粉末状。按使用方法可分为双组分混合型、蜜月型、单组分热固化型、单组分室温固化型、溶液挥发型、热熔型等。应根据性能、施工方法、价格等来选择所需要的胶黏剂。

(1) 液状胶黏剂。对于中黏度($0.5 \sim 2\text{Pa}\cdot\text{s}$)的胶黏剂在平面上大量施工时,可采用滚压、刀刮等施工措施;低黏度($0.35 \sim 0.5\text{Pa}\cdot\text{s}$)胶黏剂可以喷射施工。小量涂敷低中黏度的胶黏剂时,亦可手工涂敷。双组分液状胶黏剂采用混合喷射方法。

(2) 膏状胶黏剂。对于此种形态的胶黏剂,使用专门的气流枪涂布。新近开发了可以靠模涂敷的光屏印刷机。

(3) 热熔胶黏剂。这种新胶型的特征是黏接时间短,可采用喷管式涂敷机涂敷成波纹状、带状或线状。亦可用旋转式涂敷机把熔融的胶黏剂靠旋转连续涂敷。但是应注意胶黏剂储池中的热老化问题。

(4) 薄膜状胶黏剂。主要用于薄膜状层压制品的粘接,而对于其他制品则难于实现生产自动化。

(5) 粉末状胶黏剂。可用多孔辊子、喷枪式或流动槽式静电涂敷机、靠模等方法涂敷。

2) 黏接方法和汽车批量生产的适应性

黏接方法一直沿用紧固夹具、冷压、热压、加热炉等常规手段。近年新的热固化技术应推广采用。

(1) 高频感应加热。该方法适用于金属基材的黏接。当基材放置在高频线圈附近时,由于涡流效应使基材发热,几分钟内便把基材加热至很高的温度。该方法的特点是金属材料在连续生产线上不经过接触,便在短时间内达到加热目的。

(2) 高频介质加热。将被黏接的非金属材料物件夹在数兆赫兹高频电流的电极之间,由于被黏接物件的介电损失,在短时间内便达到加热的目的。聚氯乙烯、尼龙、聚氨酯等塑料容易发热,采用这种方法可在短时间内加热绝缘件和不良导体件,主要适用于非金属材料的黏接。

(3) 超声波加热。超声波黏接方法是将超声波传到被黏接的体系内,在黏接界面上摩擦发热来实现加热。当物件的一面或两面是金属时,热损失大,便达不到充分加热的目的。这种加热方法的特点是黏接深部比表面更加有效。

3. 胶黏剂与密封胶在汽车上的应用实例

胶黏剂在汽车上的应用实例见表 10-43,密封胶的应用实例见表 10-44。

胶黏剂在汽车上应用实例　　　　表 10-43

分　类	零部件名称	被黏接物件	胶黏剂种类	使用方法
结构用胶黏剂	制动蹄片	摩擦蹄片-钢板	丁腈/酚醛	加热、加压
	离合器摩擦片	摩擦片-钢板	丁腈/酚醛	加热、加压
	盘式制动摩擦片	摩擦衬片-钢	丁腈/酚醛	加热、加压
	变速器摩擦带	摩擦带-钢	丁腈/酚醛	加热、加压
	电机磁铁	磁体-镀锌表面	环氧	加热

续上表

分 类	零部件名称	被黏接物件	胶黏剂种类	使用方法
准结构用胶黏剂	前罩	钢板-钢板	PVC系和橡胶	自动涂敷
	行李舱盖	钢板-钢板	PVC系和橡胶	自动涂敷
	顶篷	钢板-钢板	PVC系和橡胶	自动涂敷
	门板	钢板-钢板	PVC系和橡胶	自动涂敷
	门玻璃	玻璃-不锈钢板	环氧树脂	高频热压
	后视镜	玻璃-锌	乙烯丁缩醛	热压
	半圆部	钢板-钢板	环氧系	自动涂敷
	风窗玻璃层合	玻璃-玻璃	乙烯基丁缩醛	热压
	风窗玻璃安装	玻璃-涂漆钢板	聚氨酯系或聚硫橡胶	涂敷
	尾灯(组)	丙烯系-聚丙烯	环氧系	热压
非结构用胶黏剂	风窗窗条	橡胶-玻璃、涂漆钢板	聚氨酯系	涂敷
	人造革顶篷	皮革-涂漆板	丁腈橡胶系	喷涂(压敏)
	树脂嵌条	ABS树脂-不锈钢	丙烯酸酯/酚醛	热压
	侧保护条	PVC系-涂漆板	丙烯酸酯	压敏
	侧装饰条	乙烯基板-涂漆板	丙烯酸酯	压敏
	行李舱盖密封条	橡胶-涂漆板	氯丁橡胶	喷枪
	门玻璃密封条	PVC-尼龙束	聚氨酯系	静电移植
	仪表板	发泡聚氨酯-ABS树脂	氯丁橡胶	毛刷
	控制箱	乙烯基板-ABS树脂	丙烯酸酯系	压敏
	车顶篷衬里	皮革-涂漆板	丙烯酸酯	压敏
	成型顶篷衬里	瓦菱-发泡PU	尼龙系	热熔
	成型顶篷衬里	PVC表皮-发泡PU	聚氨酯系	滚子
	门辅助装置孔罩盖	PVC薄膜-涂漆板	丁基胶系	黏接
	坐垫织物	绒布-织布	丁苯胶	滚子
	坐垫	发泡PU-绒布	丁苯胶	喷涂
	车顶篷隔音板	再生棉-涂漆板	氯丁胶	喷涂
	门柱衬里	发泡PU-涂漆板	丙烯酸酯	压敏
	成型地毯	地毯-再生布	聚乙烯系	热压
	三角窗装饰	PVC片-发泡PE	醋酸乙烯	热滚压
	行李舱装饰	PVC薄膜-涂漆板	丙烯酸酯	压敏
	手套箱	发泡乙烯基板-柱	丙烯酸酯	静电

密封胶在汽车上应用实例　　　　　　　　　　　　　　表10-44

种 类	基本材料	形 状	使用实例
点焊密封胶	异丁橡胶	糊状	护围板点焊部位
	丁苯橡胶	糊状	护围板点焊部位
	乙烯基塑料溶胶	糊状	护围板点焊部位
	烷基系树脂	糊状	护围板点焊部位

续上表

种　类	基本材料	形　状	使用实例
车身密封胶	PVC塑胶	糊状	车身接缝密封
	丁苯橡胶	糊状	车身接缝密封
	沥青质	糊状	车身接缝密封
	乙烯塑料溶液	糊状	车身接缝密封
窗玻璃密封胶	聚异戊二烯	糊状	窗玻璃密封垫
	再生胶	糊状	窗玻璃密封垫
	聚硫橡胶	糊状	窗玻璃密封垫
	聚氨酯	糊状	窗玻璃密封垫
	丁基橡胶	胶带	窗玻璃密封胶带

参 考 文 献

[1] 王先逵. 机械制造工艺学[M]. 北京:机械工业出版社,2003.
[2] 王宝玺. 汽车拖拉机制造工艺学[M]. 北京:机械工业出版社,2003.
[3] 徐灏. 机械设计手册[M]. 北京:机械工业出版社,2000.
[4] 郑修本. 机械制造工艺学[M]. 北京:机械工业出版社,2004.
[5] 李庆寿. 机床夹具设计[M]. 北京:机械工业出版社,1984.
[6] 王孝培. 冲压设计资料[M]. 北京:机械工业出版社,1984.
[7] 王小华. 机床夹具设计图册[M]. 北京:机械工业出版社,1992.
[8] 《冲模设计手册》编写组. 冲模设计手册[M]. 北京:机械工业出版社,1988.
[9] 崔令江. 汽车覆盖件冲压成型技术[M]. 北京:机械工业出版社,2003.
[10] 王新华. 汽车冲压技术[M]. 北京:北京理工大学出版社,1999.
[11] 张志文. 锻造工艺学[M]. 北京:机械工业出版社,1988.
[12] 韩英淳,于多年,李伟,赵静宜. 汽车轻量化设计与制造新工艺[M]. 汽车材料与工艺. 2003.5.
[13] 俞新陆. 锻压手册·第3卷[M]. 北京:机械工业出版社,2007,第3版.
[14] 《柔性制造系统》编委会. 柔性制造系统[M]. 北京:兵器工业出版社,1995.
[15] 李尹熙,骆秀云. 汽车塑料应用手册[M]. 北京:机械工业出版社,1989.
[16] 周达飞,吴张永,王婷兰. 汽车用塑料[M]. 北京:化学工业出版社,2003.
[17] 陈家瑞. 汽车构造[M]. 北京:人民交通出版社,1994.
[18] 江苏省科学技术协会. 先进制造技术[M]. 北京:中国科学技术出版社,1997.
[19] 王兴天. 注塑成型技术[M]. 北京:化学工业出版社,1989.
[20] А·П·Нефедов Конструирование Изготовление Штампов Москва: Издательство 《Мошиностроение》,1972.2.
[21] 韩英淳,王学明,唐志强等. CA1040轻型后桥半轴套管正挤与横轧工艺研究[J]. 中国机械工程,1997,8(4):71~72.
[22] 刘静安,谢水生. 铝合金材料的应用与技术开发[M]. 北京:冶金工业出版社,2004.
[23] 宋拥政. 卡车纵梁新型生产线的种类及其应用[J]. 锻压装备与制造技术,2006,10:14~19.
[24] 刘德栋,刘仁,张树礼. 汽车发动机缸体柔性生产线的研制[J]. 组合机床与自动化加工技术,2006,8:82~85.
[25] 宛世剑,韩聪,刘钢,苗启斌,王仲仁. 轿车副车架内高压形成[J]. 锻压技术,2004,3:41~44.
[26] 韩英淳,于多年,马若丁. 汽车轻量化中的管材液压形成技术[J]. 汽车工程,2003(增刊):36~43.
[27] 王以华. 锻模设计技术及实例[M]. 北京:机械工业出版社,2009.